Heinrich Schenker

Beethovens neunte Sinfonie

Literaricon

Heinrich Schenker

Beethovens neunte Sinfonie

ISBN/EAN: 9783965066847

Auflage: 1

Erscheinungsjahr: 2023

Erscheinungsort: Treuchtlingen, Deutschland

www.literaricon.de

Printed in Germany

Cover: Ferdinand Georg Waldmüller, Porträt des Ludwig van Beethoven in 1823, Abb. gemeinfrei

BEETHOVENS NEUNTE SINFONIE

EINE
DARSTELLUNG DES MUSIKALISCHEN INHALTES
UNTER FORTLAUFENDER BERÜCKSICHTIGUNG
AUCH DES VORTRAGES UND DER LITERATUR

VON

HEINRICH SCHENKER

U. E. Nr. 3499

VERLAG DER UNIVERSAL-EDITION A. G.

WIEN 1912 LEIPZIG

DEM ANDENKEN

DES LETZTEN MEISTERS DEUTSCHER TONKUNST

JOHANNES BRAHMS

VORREDE.

»Die wahren Kenner der Dichtkunst sind zu allen Zeiten, in allen Ländern ebenso rar, als die wahren Dichter selbst gewesen.«
Lessing.

Von der Vereinigung der Musikreferenten in Wien aufgefordert, vor ihren Mitgliedern eine Serie von Vorträgen abzuhalten, habe ich dazu die IX. Sinfonie von Beethoven gewählt. Die Vorlesungen sind aus hier nicht zu erörternden Gründen unterblieben. Indessen habe ich keinen Grund, diese Tatsache besonders zu beklagen, da mir die Aufforderung des Verlags, diese Arbeit in eine Monographie zu verwandeln, Gelegenheit gegeben hat, sie bedeutend erweitert und vertieft einem größeren Publikum zugänglich zu machen.

Ich brauche nicht ausdrücklich zu sagen, mit welch hohem Gefühl ich an die Arbeit gegangen bin! Welches Werk der musikalischen Literatur wäre einer nachschaffenden Mühe — das Wort in edelster Bedeutung genommen — würdiger, als die IX. Sinfonie von Beethoven! Ich trug kein Bedenken, das im Jahre 1906 von mir begonnene und der Fortsetzung harrende Werk »Neue musikalische Theorien und Phantasien« (Bd. I: Harmonielehre, Bd. II: Kontrapunkt) der neuen Aufgabe für den Augenblick zu unterordnen, denn kein Opfer war mir groß genug, da es galt, meine Kräfte in den Dienst der IX. Sinfonie zu stellen!

Wie bei jeder Arbeit dieser Art ergaben sich auch bei der vorliegenden gleichzeitig mannigfache Gesichtspunkte, die nicht erst künstlich von außen nach innen in sie hineingetragen zu werden brauchten, die vielmehr als gleichsam organische Elemente des Stoffes von innen nach außen traten und nach Verkörperung förmlich selbst riefen.

So mußte naturgemäß mein erstes Ziel sein, den musikalischen Inhalt des Werkes darzustellen.

Als nicht minder naturgemäß schloß sich dann das nächste zweite Ziel an, auf Grund der durch die Analyse gewonnenen neuen Ergebnisse die entsprechend veränderte Vortragsart mindestens soweit festzulegen, als es Worte in solchem Falle immerhin auszudrücken gestatten.

Nun aber galt es drittens, das Resultat der Analyse sicher zu stellen und vor Mißverständnissen zu bewahren, wodurch nämlich überdies alle eventuell noch möglichen Irrtümer auch vom Beethovenschen Werk selbst ferngehalten werden sollten. Das letztere Ziel konnte ich indessen nicht anders erreichen, als dadurch, daß ich die hervorragendsten Erscheinungen der Literatur, die die IX. Sinfonie betreffen, einer genauen Kritik unterzog und wenigstens die verhängnisvollsten dort enthaltenen Irrtümer aufzudecken mich bemühte.

Man wird mir nun zugeben müssen, daß die hier soeben dargestellten Tendenzen im engsten Zusammenhange stehen und daß ich daher nun auch das Recht hatte, die Einteilung meiner Arbeit eben nach jenen Tendenzen vorzunehmen. Somit erscheinen entlang des Werkes drei Rubriken festgelegt: Analyse, Vortrag und Literatur, die in eben dieser Ordnung Satz um Satz, Abschnitt um Abschnitt, wiederkehren und übrigens auch schon äußerlich zur Unterscheidung gebracht worden sind. Nichtsdestoweniger sei mir gestattet, bezüglich jeder einzelnen der erwähnten Rubriken einige allgemeine Worte, die mir sehr am Herzen liegen, dem Leser mitzuteilen.

I.

Die Analyse des Inhaltes gab mir die erwünschte Gelegenheit, jene bis heute verborgen gebliebenen tonlichen Notwendigkeiten aufzuzeigen, die den Inhalt eben so und nicht anders entstehen ließen. Damit sollte nicht nur die Individualität desselben als speziell desjenigen der IX. Sinfonie, sondern in

weit höherem Maße noch der primäre Charakter eines solchen Inhaltes überhaupt zur Evidenz erwiesen werden.

Am Anfang war der Inhalt!

Möge man doch nur bedenken, daß es zu Beethovens Zeiten noch kein Lehrbuch der Komposition gab, welches ihn mit mehr oder minder geschickten Worten zu jenen geheimnisvollen Quellen geführt hätte, die allein das kunstewige Leben spenden. Wie kam nun aber gerade Beethoven Kunde davon? Man wundere sich nicht, wenn ich darauf folgende scheinbar paradoxe Antwort gebe: Ein in sich so vollendeter Inhalt, wie es der der IX. Sinfonie ist, enthüllt tonliche Schaffensgesetze, die wohl auch die meisten übrigen Menschen in ihren eigenen Herzen tragen, die aber eben nur das Genie allein kraft seiner Naturgabe zugleich auch wirklich in Erscheinung treten läßt! An einer anderen Stelle, im »Entwurf einer neuen Formenlehre«, werde ich den Nachweis erbringen, daß jene Gesetze durchaus nicht bloß willkürliche Erfindungen des einzelnen Künstlers sind, sondern allen Menschen zu eigen gehören. Nur ist es aber freilich höchst tragisch, daß auch, nachdem es einem Genie gelungen ist, sie im Kunstwerk endlich objektiv vor die Sinne zu stellen, die Menschen eben diese Gesetze noch immer nicht als ihre eigenen wiedererkennen und in ihrer Notwendigkeit begreifen! Was so bei ihnen als Zustimmung, Freude und Wohlgefallen am Kunstwerk erscheint, ist daher noch lange nicht als völliges Bewußtwerden der in ihnen selbst deponierten Schaffensgesetze, d. i. der Notwendigkeiten des Inhaltes zu bezeichnen. Vielmehr bleibt es zunächst nur bei einer dumpfen Ahnung des durch ein Genie zur Erfüllung Gebrachten, welche Ahnung allerdings schon allein es ermöglicht, daß sich die Menschen den Inhalt bis zu einem gewissen Grade immerhin assimilieren können. In diesem Sinne bleibt den Menschen das Erzeugnis eines Genies letzten Endes stets leider nur ein fremdartiges Gebilde, dessen Entstehungsgesetze sie umgekehrt als willkürliche Erfindungen des Künstlers

unter dem Namen »Form« bezeichnen! Welch schales Wort für den Ausdruck tonlicher Notwendigkeiten!

Da nun einmal die Natur keinerlei Respekt vor menschlichen Berufen zeigt und die Gaben des Genies nach unerforschlichen Gesetzen, aber sicher ohne Rücksicht auf Berufe, verschenkt, so geschieht es, daß auch Musiktheoretiker, wenn sie mit Genie nicht eben schon von der Natur ausgezeichnet sind, den Erzeugnissen eines Genies ebenso wie die Laien durchaus nur fremd gegenüberstehen, ohne die letzten Notwendigkeiten des Inhaltes zu erfassen. Kein Wunder nun, wenn sie statt Notwendigkeiten ans Licht zu ziehen und ihnen den Weg ins Freie ebenso in Worten zu weisen, als es der Komponist in Tönen getan hat, den umgekehrten Weg einschlagen, nämlich den, auf Grund zahlreicher Vergleiche mit anderen Erzeugnissen sogenannte »Formen« zu konstruieren, um erst durch diese sich den Inhalt zu erschließen. Während also beim Genie ein bestimmter Inhalt nur diese bestimmte und keine andere Gestaltung hervorbringen konnte, begreifen die Theoretiker den Inhalt a posteriori erst durch eine von ihnen willkürlich abstrahierte Form, in der aber keinerlei Notwendigkeit waltet.

Solche künstlerische Notwendigkeiten zu empfinden war indessen mindestens bis heute so sehr Privileg nur der Genies allein, daß nicht einmal noch begabte Tonsetzer, deren Instinkte zu jenen Notwendigkeiten bestimmter als bei den Theoretikern und Laien ausgeprägt waren, die Kraft aufbrachten, sie voll durchzuempfinden und demgemäß als Kunstwerk in Erscheinung treten zu lassen; und so blieb denn auch diesen Tonsetzern, trotz aller Begabung, nichts anderes übrig, als sich mit mehr oder minder glücklich konzipierten Formvorstellungen zu behelfen, denen sie den Inhalt anpaßten! Daß in solchem Falle aber die Kunst sozusagen der Natur entbehrt, d. i. jener letzten Wahrheit, die nur die Notwendigkeit in sich trägt, begreift sich von selbst.

Man wende nun nicht ein, daß es für alle diese Theoretiker und Komponisten sowie für die Laien überhaupt doch keinen anderen Weg geben könne als den, sich den Inhalt durch Formvorstellungen zu erschließen. Denn meines Erachtens müßte es — freilich aber guten Willen und Befreiung von parteiischen Suggestionen vorausgesetzt! — den Menschen gelingen, die Notwendigkeiten des Tonlebens als solche zu erkennen (um erst damit die Grundlage für Formvorstellungen zu erobern), wenn sie nur erst die Einsicht gewonnen haben werden, daß die angeblich willkürlichen Schaffensgesetze der Genies, wie gesagt, in Wahrheit ja ihrer aller Eigentum sind!

Damit nun aber die zur Musik überhaupt veranlagten Menschen soviel als möglich lernen könnten, dasjenige, was in ihnen selbst ruht, zu deuten, um mit den so vertieften und geschulten Instinkten die Werke der Genies desto adäquater zu beantworten, müßte freilich die Anleitung zur Kunst auf desto höhere Forderungen gestellt werden, je weniger allgemein das Genie als Naturgabe verbreitet ist.

Zur Ermunterung auf den rechten Weg mag übrigens nicht wenig auch die Einsicht in die Schäden beitragen, welche die bisherige Kunstpraxis und -Politik, sowie die bisherigen Lehrmethoden samt und sonders verursacht haben. Man sehe doch nur: Dort in den Instinkten des Genies geheim waltende Notwendigkeiten, die wahrlich den übrigen Wundern der Natur in nichts nachstehen, —hier aber beim Theoretiker als Resonanz bloß Formschemata ohne Notwendigkeiten, oder gar beim Laien eine noch hilflosere Naivität! Welches Aufeinanderprallen von Gegensätzen! Wehe der Menschheit aber, wenn sie, wie eben heute, durch Selbüberhebung oder, was dasselbe, durch ungerechtfertigte Unterschätzung des Genies just ihre eigene Unzulänglichkeit dazu mißbraucht, um sich aus eigenem des Richteramtes über »Gut« und »Schlecht« in der Kunst anzumaßen! Was ist da anderes zu erwarten, als was wir in der Tat heute leider zu sehen bekommen? Man schafft höchstens

Schlagworte wie: »Klassizismus«, »Epigonentum«, »neudeutsche Schule«; man spricht vom »Fortschritt«, von einer »reaktionären Musik« und schleudert diese Wörter hin und her, gegen diesen oder jenen, so bar jeder Grundlage, so ziel- und wahllos, daß notwendigerweise dadurch ein Chaos entstand, in dessen Nebeln die wahre Kunst ihren Untergang findet.

Wie sollte denn auch, so lange die Kunstwerke unserer größten Meister nur durch die von den Theoretikern eben falsch abgezogenen Formschemata betrachtet werden, die so durchaus erforderliche Immunisierung gegenüber schlechten Werken (und solcher gibt es doch wahrlich mehr als gute!) wirksam werden? Sind es nicht aber die schlechten Werke, die den guten schaden, sei es auf dem Wege zum künstlerischen oder wirtschaftlichen Erfolg? Und wenn gelegentlich einmal der Laie einen bloß mechanischen Formursprung des Inhaltes zu wittern glaubt und daher verwirft, begeht er dann aber nicht, und zwar wieder nur aus Mangel an wahrer Einsicht, den leider noch viel verhängnisvolleren Fehler, gerade ein solches Werk als ebenfalls zur »Schule der Meister« gehörig zu bezeichnen und so die Genies dafür verantwortlich zu machen, was ihre Nachahmer per nefas hervorbringen? Man erklärt dann leider die Formen mit eben auch der Genies einfach als abgelebt und »überwunden«, ohne zu ahnen, daß dieses Urteil niemals auf jene Kunstwerke zutreffen kann, die mit der in ihnen so irrtümlich vermuteten »Form« wahrlich nichts gemein haben! Und so gerät man in das unerträglichste Dilemma: einerseits Respekt vor »Meistern« bezeugen zu müssen, anderseits aber just ihre Werke für nichts anderes als bloß formale Erledigungen tonaler Probleme auszugeben und zwar als Erledigungen, die heute angeblich längst durch bessere überholt sind. (Woher aber plötzlich die Gabe der Unterscheidung?) Das Dilemma wirkt in der Folge dann aber um so denervierender, als trotz allen Phrasen vom »Fortschritt«, der die Kunst von heute angeblich weit über die eines Bach, Haydn, Mozart, Beethoven hinaus-

geführt habe, die im Kunstwerk eines Genies enthaltenen Notwendigkeiten ihren Sieg dennoch über die schlechten Werke behaupten! Diese Tatsache ist allein schon geeignet über die Wahrheit Auskunft zu geben und bedeutsame Fragen anzuregen! Wie kommt es, müßte man sich doch fragen, daß längst Totgeglaubtes dennoch neu lebendig wirken kann? Hat sich unversehens denn etwa die »Form« geändert und mit ihr auch der Inhalt? Oder soll man unaufrichtigerweise die Wirkung lieber leugnen, etwa bloß weil man sich darüber, was in der Musik eigentlich »Form« ist, falsche Vorstellungen macht und vorgefaßterweise so gerne »fortschreiten« möchte, selbst auch dort, wo ein »Fortschritt« in dem von der Allgemeinheit angenommenen Sinne weder nottut, noch auch überhaupt nur möglich ist? Können denn je künstlerische Wahrheit und Notwendigkeit, sofern sie nur einmal in einem Kunstwerk gegeben sind, in Lüge und Zufallswirkung umschlagen oder sonst irgendwie eine Verminderung erfahren, bloß weil man bestenfalls eine ähnliche Wahrheit auch in einem anderen Kunstwerk anzutreffen vermeint oder wirklich antrifft?

Und so entnimmt man endlich aus alledem, daß es gegenüber einem Kunstwerk doch nur darauf allein ankommt, mit allen Sinnen die ihm eigene Notwendigkeit zu belauschen, es zu genießen, wenn es die Wahrheit einer solchen in sich trägt, es aber zu verwerfen, wenn jene fehlt! Dazu gehört aber wie gesagt die Kunst, Notwendigkeiten des Tonlebens perzipieren zu lernen!

Ich selbst habe bereits in zwei Fällen — bei der Ausgabe der Klavierwerke von Philipp Em. Bach, noch mehr aber bei der Ausgabe der »chromatischen Fantasie« von Seb. Bach (U. E. Nr. 548 und 2540) — dem Spieler einen Wegweiser ins Innere des Kunstwerkes nach meinen besten Kräften zu geben versucht. Indem ich durch eine gütige Fügung des Schicksals diesen beiden Arbeiten nunmehr eine dritte, eben die gegenwärtige, anzureihen in die Lage komme, teile ich bei dieser

Gelegenheit den Freunden meiner Arbeiten mit, daß es mir hoffentlich sehr bald vergönnt sein wird, den glücklichen Zufällen nachzuhelfen und sie in einen weitausgreifenden Plan zu verwandeln. Ich darf es mit Genugtuung bereits als sicher hinstellen, daß ich auch den fünf letzten Klaviersonaten von Beethoven ähnlich zu ihrem Rechte gegenüber mißverstehenden und von laienhafter Eitelkeit besessenen Herausgebern, Lehrern oder Spielern werde verhelfen können. (Diese Arbeit wurde übrigens schon längst auf Anregung maßgebender Stellen meiner Heimat, die auch die Mittel dazu in Aussicht gestellt, in Angriff genommen, jedoch durch Intriguen und Eitelkeiten in ihrer Ausführung gehemmt). Und mehr als das: Sollte mir die Arbeit am Hauptwerk irgendwie es gestatten, gedenke ich in einer neu zu gründenden »kleinen Bibliothek« in kurzen, gedrängten Worten auch von jenen Notwendigkeiten zu erzählen, die in anderen Meisterwerken unserer Genies walten. Und damit hoffe ich gründlichere Beiträge zur Kompositionslehre bieten zu können, als sie sich in modernen Lehrbüchern vorfinden.

II.

In der oben erwähnten Vortragsrubrik habe ich mich bemüht, unbeschadet einer in absehbarer Zeit zu veröffentlichenden Schrift »Die Kunst des Vortrags«, die Vortragsanweisungen soviel als möglich in allgemeinen Grundgesetzen und Regeln niederzulegen. (Ich glaube übrigens der erste zu sein, der ähnliche Grundsätze überhaupt für anwendbar in einer Materie hält, die scheinbar nur ewig wechselnd und flüssig ist.) Selbstverständlich habe ich mich aber auch bemüht, den Regeln überall ihre psychologische Begründung möglichst erschöpfend beizugeben, um von ihnen selbst den Schein des bloß Zufälligen und Willkürlichen fernzuhalten. Aus diesem Grunde hätte die Rubrik des Vortrags von Haus aus eine noch weit größere Ausführlichkeit erfordert; angesichts der größeren Bedeutung der Inhaltsdarstellung aber mußte ich

mich in der 2. Rubrik mit wenigerem bescheiden. Um so mehr obliegt es mir hier in der Vorrede, einige allgemeine Punkte wichtigster Natur noch zu erörtern.

Scheinbar befinden sich meine Vortragsanweisungen im Widerspruch mit der Schreibart Beethovens selbst, d. i. mit der Art, wie er den Inhalt aufgezeichnet hat. Doch löst sich dieser scheinbare Widerspruch, wenn ich das Wesen der Schreibart erkläre. Die Aufgabe der Schreibart ist es nämlich nicht, etwa bloß, wie allgemein geglaubt und gelehrt wird, ganz bestimmte Mittel zum Zweck der Erreichung von angeblich nur durch eben diese Mittel angezeigten und erzielbaren Wirkungen dem Spieler an die Hand zu geben, vielmehr in ihm bestimmte Wirkungen a priori geistig anzuregen, wobei ihm aber die Wahl der zu ihrer Erreichung tauglichen Mittel freigestellt bleibt. Es ist daher falsch, in der Schreibart nichts mehr als bloß die bestimmte Anweisung auf ebenso bestimmte Mittel der Darstellung zu erblicken und in diesem Sinne sie beim Wort zu nehmen. Richtig ist vielmehr, daß sie gerade umgekehrt dem Spieler völlig freie Verfügung über die Mittel gestattet, wenn diese nur tatsächlich jene bestimmte Wirkung erreichen, die allein sie in ihrer geheimnisvollen Weise ausgedrückt zu haben wünscht. Kurz gefaßt: Die Schreibart verkündet und wünscht Wirkungen, äußert sich aber gar nicht über die Mittel der Darstellung!

In diesem Sinne also drückt z. B. ein Legatobogen zunächst bloß den Wunsch nach der Wirkung eines Legato aus, ohne aber anzugeben, auf welche Weise die letztere erzielt werden sollte, und es ist daher falsch, in Berufung eben auf die Schreibart als den angeblich autentischen Wunsch des Autors, z. B. mit einem Legatobogen zugleich auch schon die Vorstellung nur einer, und zwar ganz bestimmten Ausführung von vornherein zu verbinden.

Oder wenn der Autor, um auch von den dynamischen Zeichen zu sprechen, z. B. ein *p* notiert, so will er damit bloß

den Wunsch nach der Wirkung eines *p* ausgedrückt haben, wobei er aber dem Spieler überläßt, fern von jedem absoluten Maß diese Wirkung mit Rücksicht auf verschiedene Umstände, wie z. B. das Instrument, die Oktavenlage des Melos (Höhe oder Tiefe) usw. zu suchen und auszudrücken. Unter Umständen wird daher als *p* z. B. in hoher Oktavenlage ein dynamisches Maß wirken, das, wäre ein absoluter Standpunkt zulässig, als ein *mf*, ja auch als ein *f* gelten müßte!

Ein anderes Beispiel: Ein vom Autor notiertes *sf* bedeutet wieder den Wunsch nur nach der Wirkung eines *sf*, überläßt es aber dem Spieler selbst, von den zahlreichen Hervorbringungsarten diejenige zu wählen, die an der betreffenden Stelle eben mit Rücksicht auf die Wirkung am erwünschtesten ist.

Speziell von den dynamischen Zeichen sei noch außerdem bemerkt, daß sie in den Werken unserer Meister (freilich leider aber nur dort!), weit darüber hinaus bloß dynamische Zustände anzudeuten, eine ganz eigene Rolle in bezug auch auf die Synthese, d. i. die Form, spielen. Sie zeigen in solchem Zusammenhang nicht nur Kadenzen, Modulationen u. dgl., sondern auch Formteile an, indem sie solche binden, auseinander treiben, dehnen, vor Zerbröckelung bewahren usw. Beispiele dafür wird man im vorliegenden Werke wohl genug finden.

Gerade aus diesen Beziehungen von Dynamik und Form ergibt sich aber als Konsequenz, daß jene nicht etwa bloß eine willkürliche Bestimmung der Meister vorstellt, die schließlich bei demselben Inhalt auch anders hätte lauten können, vielmehr ebenso wie der Inhalt selbst eine definitive Unabänderlichkeit bedeutet! Würde beispielsweise die IX. Sinfonie auf uns, ähnlich etwa wie die meisten Werke von Seb. Bach, nicht schon ausdrücklich bezeichnet gekommen sein, so müßte eine kundige Hand die dynamischen Zeichen gemäß dem Inhalt doch wieder nur genau so setzen, als es eben Beethoven selbst getan hat.

So kommt es denn also — dies ist die letzte, wichtigste Konsequenz! — einzig und allein nur darauf an, in der Schreibart zu erkennen, welche Wirkung der Autor mit ihr verbunden haben will! Damit gelangen wir aber nicht nur zur Bestätigung der Tatsache, daß unsere Schreibart — wie ich es schon einmal in der Vorrede zum Kontrapunkt sagte — noch immer kaum mehr als Neumen vorstellt, sondern zugleich auch zur Erkenntnis, daß man, schon um die Schreibart, d. i. um die gewünschte Wirkung auch nur begreifen zu können, sehr wohl die Gesetze des Tonlebens kennen muß! Wie man sieht, kehrt immer wieder dasselbe Postulat zurück!

Aus obigem ergibt sich mit strengster Folgerichtigkeit, daß Unkenntnis der kompositorischen Gesetze die Einsicht in die wahre Bedeutung der Schreibart verhindert und so zugleich zur Ursache einer mangelhaften und falschen Inhaltsdarstellung werden muß! Nun ist aber eine falsche Angabe, bzw. Vorführung des Inhaltes in der Musik mit ganz anderen Folgen als z. B. in der Poesie verbunden. In der Poesie, wie in der Sprache überhaupt, bewirkt nämlich der Zusammenhang der Worte mit Gegenständen der Außenwelt und sonstigen auf sie gegründeten Vorstellungen schon durch sich allein mindestens allgemeine Verständlichkeit und verbürgt sichere Gliederung in Haupt- und Nebensätze usw., welche Präzision übrigens auch äußerlich in der Schrift durch Anwendung von Interpunktion, im mündlichen Vortrag durch entsprechenden Tonfall zum Ausdruck kommt. Anders aber in der Musik: In Ermangelung einer allgemeinen, durch die Außenwelt bestätigten Verständlichkeit müssen hier von Motiv zu Motiv und durch Stufengang jene Beziehungen erst geschaffen und zum Ausdruck gebracht werden, die den Worten und Sätzen der Sprache ähnlich sehen. Der Vortrag also hat in der Musik erst gleichsam Worte und Sätze zu kreieren, Elemente, die in der Sprache schon vor dem Vortrag längst in völliger Bestimmtheit fixiert sind. Unkenntnis der Komposition und was

daraus folgt: Mißverständnis der Schreibart, sowie die falsche Inhaltsdarstellung führen daher in der Musik zu sinnloser Entstellung durch Aufrollung gleichsam falscher musikalischer Worte und Sätze! Es ist dann einfach so, als würde in der Sprache z. B. mitten im Satz plötzlich mit der Wirkung eines Punktes innegehalten, dagegen über Beistriche und Punkte hinweggeeilt, wodurch der Logik ins Gesicht geschlagen würde.

Ohne weiteres läßt sich nun verstehen, daß Werke mit geistvoller und origineller Synthese der Enträtselung, sowie der Ausführung ungleich größere Schwierigkeiten bereiten, als solche mit einfacherer oder verfehlter Organisation. Daher kommt es denn auch, daß echte Meisterwerke, die ja zur ersten Art gehören, in der Regel dem Sinne nach falsch gelesen und entstellt wiedergegeben werden, so daß gerade bei ihnen, die die Hauptnahrung der musikalischen Menschheit bilden, im schärfsten Kontrast zu den nur heimlich empfundenen Vorzügen der Eindruck einer Langeweile unvermeidlich wird. Umgekehrt rufen in natürlicher, freilich aber verhängnisvoller Weise, die Werke der zweiten Art, an jener durch die Vortragenden verschuldeten Langeweile gemessen, einen viel lebhafteren Eindruck hervor. Wer ahnt indessen den wahren Sachverhalt, daß nämlich letzterer lediglich in den um so vieles leichteren Bedingungen des Inhaltes und folglich auch der Ausführung seine Ursache hat? Um wieviel leichter sind doch, trotz täuschendem äußerem Pomp, z. B. Sinfonien von Tschaikowsky oder Bruckner vorzutragen, als solche von Haydn! Um wieviel mehr genialer Züge des Inhaltes sind hier als dort dem Vortrag einzuverleiben! Während nun so bei einfacher organisierten Werken die Leichtigkeit der Ausführung und die Sicherheit in der Beherrschung des Wenigen, das zum Vortrag allenfalls erforderlich ist, die Laien derart täuschen, daß sie mit Entzücken von einem ewigen »Sich-übertreffen« der Vortragenden sprechen u. dgl. m.,

ist es dagegen einsichtsvolleren Dirigenten schon längst kein Geheimnis mehr, daß z. B. eine Sinfonie von Mozart ungleich schwerere Anforderungen als irgend ein »modernes« Werk stellt. Darf dann aber, blos weil Einfacheres mit größerer Sicherheit als das Komplizierte vorgetragen wird, die Gunst der bequemeren Gelegenheit mit auch schon zum Verdienst des Vortragenden eingerechnet und als Grund besonderen Lobes betrachtet werden?

Und welch oberflächliche und fehlerhafte Schlüsse werden von den Laien auch sonst noch aus den obigen Mißverständnissen gezogen! Den langweiligen Eindruck, den der Vortrag eines klassischen Meisterwerks macht, setzen sie auf Rechnung eben des »Klassikers«, den sie sich in kindischer Weise einfach als einen in angeblich starrem Gleichgewicht (der »Langeweile«!?!) verharrenden, um der Kunst willen dem Leben völlig entfremdeten Menschen konstruieren und zurechtlegen; den lebhaften Eindruck der Nichtklassiker dagegen bringen sie — sicher nicht ohne Selbstbeschmeichelung! — mit einem angeblich »modernen Menschentum« der Autoren in Zusammenhang. So verwirren sich in den Köpfen der Laien, bei völliger Ausschaltung jeglichen Schuldbewußtseins und unter Führung der Eitelkeit, alle Vorstellungen von Inhalt und Schreibart, von guter und schlechter Ausführung, von Klassikern und Modernen usw.

Und wie traurig sind nun erst die Konsequenzen, die all diese Verkehrtheiten auch in wirtschaftlicher Hinsicht im Gefolge haben!

Hat man es denn bis heute je bedacht, welch ungeheuere Bedeutung innerhalb der gesamten Güterproduktion dem Schaffen z. B. eines Beethoven auch als wirtschaftlichem Faktor zukommt? Welche Industrie der Welt kann solche Milliardenziffern, wie er, für sich sprechen lassen? Man bedenke doch, daß seine Werke bereits seit mehr als hundert Jahren zur Ausführung gelangen und ihres Daseins Ende wohl noch in Jahrtausenden nicht

abzusehen sein wird! Welch gewaltigen Geldumsatz lösen doch seine Werke aus, wenn man Setzer, Drucker, Verleger, Dirigenten, Klavier-, Violinvirtuosen und sonstige Instrumentalisten, Sänger und Sängerinnen, Orchestermitglieder, Opernhäuser, Chorvereine, Berichterstatter (»Kritiker«), Lehrer (für Klavier, Violine, Gesang usw.) Konzertbureaus, Schneider usw. in Betracht zieht, sofern sie auch mit seinen Werken sich und den ihren den Lebensunterhalt bestreiten! In allen Ländern Europas, Amerikas, Asiens, Australiens und vor aller Augen vollzieht sich dieser unermeßliche Geldumsatz, und dennoch hält sich schon der bescheidenste Krämer in seiner allzu knappen, die eigenen Geschäftsbücher nicht überschreitenden Denkweise für einen wirtschaftlich notwendigeren Faktor als Beethoven, den er bestenfalls als Luxusartikel ansieht, der, aus ästhetischen Gründen vielleicht immerhin notwendig, dennoch der Menschheit materiell zur Last fällt! Auf solchem unverzeihlich kleinlichen Krämerstandpunkt steht bis zur Stunde wohl aber auch die ganze Welt und zwar einschließlich der Ministerien und Regierungen, die — welche Thronrede hat der Kunst denn je überhaupt und gar erst im volkswirtschaftlichen Zusammenhang gedacht?! — noch immer keinen Blick für die unvergleichliche wirtschaftliche Bedeutung eines Seb. Bach, Haydn, Mozart, Schubert, Brahms, Wagner haben! Höchstens ahnt man noch die mehr in die Augen fallende Rentabilität z. B. eines Puccini, und wenn in den letzten Jahren, um reichlichere Einnahmen zu schaffen, nun auch schon die Fremdenverkehrsbureaus bei sogenannten Musikfesten und Musikwochen die musikalische Kunst bereits methodisch zu mißbrauchen gelernt haben, so beweist das erst nur dumpfen Egoismus, der mit allen Mitteln Geld ins Haus schaffen will, nicht aber schon die bewußte Anerkennung der Kunst als eines überragenden wirtschaftlichen Faktors, der unter Umständen auch den notleidenden Gewerbetreibenden auf die Beine zu helfen vermag. Man frage doch nur all diejenigen, die bei solchen

Festen ihre Einnahmen gesteigert haben, ob sie gelegentlich umgekehrt für die notleidende Kunst ein paar Groschen übrig hätten, und man wird sicher nur die Antwort erhalten, daß sie auf solche »Luxussachen« keinen Wert legen. . . . Welche Borniertheit, welche Undankbarkeit liegt doch in einer solchen Auffassung!

Nun wird man mich wohl von diesem Standpunkt aus verstehen, wenn ich den schlechten Vortrag klassischer Meisterwerke als eine Versündigung auch am Wirtschaftsleben der Nationen bezeichne! Ergiebige Geldquellen werden durch selbstverschuldete Erzeugung langweiliger Eindrücke verschüttet, und dort, wo Milliarden neu erblühen könnten, wird bloß armseliges Kleingeld herausgeschlagen! Welche Summen kämen doch schon aus Seb. Bach allein, wenn man davon wüßte, daß seine Werke (sowohl die aufgeführten als die zahllosen noch gar nicht aufgeführten), wahren Vortrag vorausgesetzt, zu derselben Eindrucksfähigkeit, wie etwa ein Verdi, Puccini gebracht werden könnten! Man gebe ihnen nur den Ausdruck, der ihnen von Haus aus zukommt, und es erstehen Geldumsätze, wie sie die Menschheit von heute aus einer solchen Quelle am allerwenigsten erwartet!

Angesichts solcher Bedeutung des Vortrags für die Kunst in künstlerischer sowie kunstwirtschaftlicher Hinsicht berührt nun den einsichtsvollen Musiker um so possierlicher das Treiben der Dilettanten und Laien, die, weil sie eben den kausalen Zusammenhang von Inhalt und Schreibart nicht kennen, sich so gerne just gegen den Meister in Widerspruch setzen! In ihrer Naivität berufen sie sich dabei auf die sogenannte »Auffassung«, die angeblich nur Gefühlssache sei; und statt sich, was so nahe liegt, lediglich daraus eine Ehre zu machen, das eigene musikalische Fühlen in parallele Bahn mit dem des Meisters bringen zu lernen, maßen sie sich eine bessere Empfindung an und trennen sich vom letzteren lieber ab! Dasselbe tun ja übrigens auch jene Herausgeber, berühmte oder

unberühmte, die, angeblich besser als ein Beethoven, Chopin usw. von deren eigenen Werken unterrichtet, daran gar Korrekturen, Änderungen und Zusätze wagen, die ihre laienhafte Unwissenheit ins grellste Licht setzen. Kein Zweifel auch, daß diese Verschiedenheiten in den Ausgaben der Herausgeber an dem Wahn der Laien Schuld tragen, alle Inhaltsinterpretierung sei in letzter Linie nur Gefühlssache und daher auch ihnen selbst, ebensogut wie den vielen Herausgebern, frei überlassen!

Um aber jeglichem Mißverständnis vorzubeugen, sei der hier empfohlene Vortrag endlich auch gegen solche Einwände geschützt, die von authentischen oder angeblich authentischen Schilderungen von seiten der Zeitgenossen Beethovens selbst eventuell bezogen werden könnten. So ist alles, was diesbezüglich z. B. Czerny oder Ries in den Mund gelegt wird, ohne weitere Rücksicht auf Glaubhaftigkeit oder Unglaubhaftigkeit schon von vornherein als unhaltbar zu erklären und zwar aus dem einfachen Grunde, weil auch den beiden genannten Kronzeugen, wie jedem anderen, rundweg die Fähigkeit abgesprochen werden muß, die persönliche Vortragsart Beethovens als solche, d. i. in ihren tiefsten Gründen würdigen, geschweige in Worten schildern zu können. Niemand, und sei es eben auch ein Czerny oder Ries, kann den Vortrag eines Stückes beurteilen, wenn er des letzteren Inhalt nicht eben selbst aufs genaueste kennt! Was wurde nicht alles über das »freie Spiel«, über den angeblich »launenhaften« Vortrag Beethovens geschrieben, — allemal doch nur aber mit der mehr oder minder deutlich ausgesprochenen Vermutung, jene Vortragsart habe ihre letzte Ursache im Mangel am »Einexerzieren« gehabt! Welche Philistrosität und welch eklatanter Beweis dafür, daß die Ohrenzeugen die Kompositionen des Meisters, wie ich schon sagte, eben nicht genügend kannten! Und um diesen Sachverhalt durch einen analogen aus der jüngsten Vergangenheit noch deutlicher zu machen, gestatte man mir darauf hinzu-

weisen, daß ähnlich Irrtümliches ja doch auch über Brahms' Vortragsart von Ohrenzeugen berichtet wurde. Wer, frage ich, Freund oder Feind, war in der Lage, sowohl die Komposition des letztgenannten Meisters, wenn er sie zum ersten Male von ihm selbst vorgetragen hörte, restlos zu erfassen, als an dem eben noch nicht erfaßten Inhalt in einem auch schon etwaige Vorzüge oder Mängel des Vortrags zu messen? Man spricht bis zum heutigen Tage gerne z. B. von einem verwischten Spiel Brahms' — wie wenige haben es aber bedacht, daß der falsche Eindruck von der nur eben Brahms allein so eigentümlichen Oktaventechnik herrührte, die ein so leichtes und, wie man irrtümlich meint, wischendes Spiel geradezu zur unerläßlichen technischen Voraussetzung hatte! Es sei daher bei dieser Gelegenheit nachdrücklichst vor Eindrücken von Ohrenzeugen gewarnt, denen, wer immer sie auch seien, die Gabe fehlte, die noch unbekannte Komposition durch einen noch unbekannten Vortrag — und natürlich ebenso auch umgekehrt — zu begreifen und zu beurteilen!

III.

Entstehungsgrund und Zweck der Literaturrubrik habe ich schon oben angegeben und damit jede Spitze dem Einwand abgebrochen, als würde ich Polemik lediglich um ihrer selbst willen führen. So unbequem gerade dieser Teil meiner Arbeit solchen Lesern oder Schriftstellern sein mag, die (meistens in Ermangelung eigener positiver Leistungen) Polemik eben lieber selbst treiben und daher die Ersprießlichkeit meiner eigenen weder einsehen noch anerkennen wollen, bekenne ich mich gleichwohl von jeder Eitelkeit hier völlig frei und führe den Inhalt meiner Polemik selbst als Beweis dafür an, daß es sich mir lediglich um die Aufhellung der Wahrheit handelt.

Ich erachte es eben als schwerste Gewissenspflicht, jedem möglichen Irrtum entgegenzutreten, und zwar in der Erkenntnis, daß die Darstellung der Wahrheit allein den Menschen noch

lange nicht hilft und genügt, sofern nicht zugleich alle Irrwege abgesperrt werden. Was würde es denn nützen, dachte ich, aufs einfachste zu sagen, welche Bewandtnis es in Wahrheit mit der IX. Sinfonie von Beethoven hat, wenn ich nicht verhüte, daß der eine oder andere Leser schon aus purer Opposition eine soeben mutwillig konzipierte, ganz und gar nicht überlegte, wohl aber abweichende »Auffassung« mir entgegen stellt! Aus diesem Grunde also kam es, daß ich mir die Entkräftung gegensätzlicher Anschauungen besonders angelegen sein ließ. Und es ist wohl ohne weiteres zu verstehen, daß bereits schriftlich festgelegte Irrtümer mir zum Zweck einer sachlichen Polemik tauglicher erschienen, als etwaige noch nicht konzipierte.

Habe ich aber nicht zu befürchten, daß manche Leser, gar unzufrieden damit, daß ich ihnen diese sachlichen Einwände so unliebenswürdig selbst aus den Händen winde, an deren Stelle beliebige andere setzen werden? Fordert bei den meisten doch schon nur die Eitelkeit allein, »Einwände« gegen den Autor um jeden Preis zu erheben! Wie naheliegend dann, den letzteren, wenn dessen Werk die eigene Eitelkeit so besonders schwer kompromittiert, einfach (wie es ja so oft geschieht) z. B. der »Weitschweifigkeit« anzuklagen! Mit allem Aufgebot von Kaltblütigkeit und Heuchelei versichert man öffentlich oder insgeheim, man habe, was der Autor so »weitschweifig« vorbringt, seit langem eigentlich doch schon selbst gewußt und könne daher den Grund der so »überflüssigen« Weitschweifigkeit nicht begreifen!! Auf diesen Einwand, den auch ich bestimmt erwarte, erwidere ich schon im Vorhinein, daß, wie wenig von dem hier dargestellten Inhalt die so Urteilenden gekannt haben, das von ihnen bis dahin Geschriebene oder Ausgeführte aufs leichteste von selbst nachweist, und im übrigen nehme ich auch für mich in Anspruch, was in einem sehr bedeutungsvollen Brief ein Meister wie Emanuel Bach in bezug auf die ihm vorgehaltene Weit-

schweifigkeit erklärt hat: »Will jemand behaupten, meine Versuche wären zu weitläufig, so hat er nichts gesagt, und verräth zugleich eine große Unwissenheit. Ich theile alle Clavierspieler in zwo Klassen: in die erste gehören diejenigen, deren Hauptwerk die Musik ist, und alle Liebhaber, welche gründlich unterrichtet sein wollen. Für die erste Klasse gehören meine Versuche, und kein Paragraph ist für sie überflüssig. Aus den Beiträgen zu meinen Lehrbüchern, welche künftig erscheinen werden, wird man sehen, daß ich nichts Überflüssiges, sondern noch nicht alles gesagt habe. ... Man siehet also deutlich, daß eine Verkürzung eines Lehrbuches für's Clavier zur gründlichen Erlernung desselben allezeit eher schaden als nutzen kann, wenn diese Verkürzung auch sonst keine Unrichtigkeiten hätte. Alle die Herren Compendienschreiber, die ich kenne, haben in gewissem Verstande zu wenig, und in gewissem Verstande zu viel, und was das Schlimmste ist, in aller Relation ein Haufen Unrichtiges gesagt. Was für erbärmliches Zeug trifft man nicht bei einigen an! Die Ursache davon ist diese: Nach den Büchern zu urtheilen, haben ihre Verfasser nie die Composition gelernet, welche sie doch schlechterdings wissen müssen, um ...«

Selbstverständlich ist es endlich, wenn ich mich bei der Auswahl von Schriften (da ja alle nicht berücksichtigt werden konnten!) vorzugsweise an solche von führenden Männern hielt, wobei ich deren chronologische Ordnung beobachtete:

Richard Wagner, in der Schrift »Über den Vortrag der neunten Symphonie von Beethoven« (1873);

Hugo Riemann, im »Katechismus der Kompositionslehre« (1889 bei Max Hesse), 1. Teil;

Hermann Kretzschmar, im »Führer durch den Konzertsaal« (1890);

George Grove, in »Beethoven und seine neun Symphonien« (1896);

Felix Weingartner, in seinen »Ratschlägen für Ausführungen der Symphonien Beethovens« (1906).

Doch sei hier gleich bemerkt, daß mit dem jeweilig an der Spitze der Literaturrubrik von mir angeführten Auszügen aus Gustav Nottebohms »Beethoveniana« und »Zweite Beethoveniana« (J. Rieter-Biedermann, 1872 u. 1887) durchaus kein polemischer Zweck verbunden erscheint, da vielmehr die daraus entnommenen Skizzen den Gegenstand von der interessantesten Seite, nämlich der ersten Heraufkunft der Gedanken zeigen soll. Nebenbei aber bemerkt, welch tiefe Schande für die gesamte Welt der Musiker und derjenigen, die sich für Musik interessieren, insbesondere aber für die deutsche Nation selbst bedeutet es, wenn ein Werk, wie das Nottebohms, das zu den wenigen wirklich wertvollen Monographien unserer Literatur gehört, seit dem Jahre 1872 nicht einmal noch eine II. Auflage erlebt hat! Skizzen selbst eines Beethoven üben also in der musikalischen Welt so wenig Anziehungskraft aus, daß sich im Laufe von 40, bzw. 25 Jahren nicht einmal noch sagen wir: tausend Kompositionslehrer und Schüler gefunden haben, die so unermeßliche Schätze sich zunutze gemacht hätten! Man entnimmt daraus nur das trostlose, aber unwiderlegliche Ergebnis, daß die meisten Musiker sich den Zugang zu ihrer Kunst offenbar leichter, als selbst ein Beethoven machen! Was Wunder dann aber, wenn ihnen nach wohl nun auch die Laien die Musik schon zu besitzen glauben, wenn sie ihr nur irgend welche Freuden, und seien es die billigsten, abgewinnen?

*

Ich glaube sagen zu dürfen, daß mir an den in der Literaturrubrik angezogenen Beispielen der Nachweis schwerwiegender Irrtümer gelungen ist; und nun gestatte man mir, daraus wichtige Schlüsse zu ziehen, und zwar zunächst spezielle auf die hier zitierten Autoren selbst, sodann aber allgemeine eben von den letzteren auf die gesamte musikalische Situation der Gegenwart überhaupt.

Wenn nämlich, wie es sich hier herausstellt, der sonst so originelle und bedeutende Wagner die IX. Sinfonie just in den wichtigsten künstlerischen Punkten, so z. B. in bezug auf Stimmführung, Konstruktion, Instrumentierung, Stil usw. so ganz und gar mißverstanden, fallen damit nicht von selbst dann auch alle jene Konsequenzen ohne weiteres zusammen, die er mit so unerhörter Leidenschaft zu gunsten der Idee eines angeblichen Fortschritts auf Grund der Überwindung der absoluten Musik aus seinen eigenen Mißverständnissen gezogen?

Möchte die Berichtigung der Wagner'schen Irrtümer endlich aber auch einen Beitrag zur Erforschung der Musikernatur Wagners bilden, die ja, wie es zur Feier des 25. Todestages in der Öffentlichkeit freimütig gestanden wurde, trotz der so enormen, ihm gewidmeten Literatur, noch immer keinerlei Beleuchtung erfahren hat.

Der hier geführte Beweis über die primitive Beziehung Wagners zu den so hochstehenden Gesetzen, wie sie in den Werken unserer großen Meister zum Ausdruck kamen — welchen Beweis ich übrigens im III. Bd. meiner »Neuen musikalischen Theorien und Phantasien« noch durch zahlloses anderes Material zu verstärken gedenke, — erklärt also, wieso es Wagner möglich wurde, die absolute Musik zu negieren und das Musikdrama als angeblich allein seligmachendes Ideal unter zahllosen Vorwänden zu bekennen und zu predigen!

Des Weiteren macht der Beweis begreiflich, wieso es kam, daß gerade Wagner der musikalischen Kunst den Todesstoß versetzt hat, indem er die breitesten Schichten für seine eigenen »Musikdramen« (o, das Theater!) in Anspruch nahm und sie so in der Hingabe an die schwierigeren Differenziertheiten der absoluten Musik lahmlegte!

Er war es, der den Zugang zur Tonkunst, unter Beschmeichelung des sogenannten »naiven« Zuhörers, den Laien noch leichter gemacht hat, als ihn diese aus Trägheit, Selbstgefälligkeit oder

Einbildung und stets unter gegenseitiger Versicherung der Befähigung zum entscheidenden »Urteil« auf Grund der sogenannten musikalischen Empfindung, sich schon ohnehin selbst gemacht haben!

Er war es, sage ich, der es auf dem Gewissen hat, wenn eine neue Komponistengeneration jene Vollendung, wie sie in den Meisterwerken anzutreffen ist und die allein das wahre Heil der Kunst bedeutet, auch nur anzustreben endlich ganz unterließ und auf Abwege eines Musikjargons geraten ist, der sich zur echten und vollendeten musikalischen Kunst unserer Meister etwa so verhält, wie das mittelalterliche oder Küchenlatein zum originalen Latein eines Virgil, Ovid, Cicero oder Seneca! Aus diesem Vergleich, den ich buchstäblich aufrecht erhalte, hüte man sich aber gegen mich etwa den Schluß zu ziehen, daß, den Untergang der hohen Kunst unserer Meister immerhin zugegeben, dennoch Hoffnung einer aus neuem Samen neu zu erstehenden Kunst ebenso wieder gehegt werden dürfe, als ja auch auf die lateinische Sprache eben jüngere jüngerer Nationen getreten sind. Denn auf solchen Einwand erwidere ich, daß wohl Reiche vergehen und neue entstehen, Sprachen sterben und neugeborenen Platz machen können, daß also Geburt und Tod das eine Reich hier, die eine Sprache dort als gleichsam bloß Individuen betreffen, denen mit einem anderen Reich oder einer anderen Sprache wieder andere Individuen nachfolgen, bzw. gegenübertreten, — die Tonkunst dagegen aber nach Jahrhunderte langer Entwicklung eine in ihren letzten Ergebnissen unteilbare, von Nation zu Nation, von Rasse zu Rasse, von Jahrhundert zu Jahrhundert auf denselben Gesetzen unwandelbar ruhende Kunst bleibt, die, wenn sie einmal gestorben, eben der ganzen Menschheit und nicht bloß einer bestimmten Nation weggestorben ist! Niemals wird die Tonkunst je auf anderen Gesetzen ruhen können, als auf denjenigen, die in ihr die großen Meister entdeckt haben!

Wagner war es also, wiederhole ich, der jene gewaltige Katastrophe heraufbeschworen, deren Zeugen wir soeben sind! Er war es, der mit gleichsam usurpierter Monarchenmacht das allgemeine Stimmrecht in Sachen der Kunst verliehen, und so die »naiven« Zuhörer, die Millionen Nullen zu sogenannten »Individuen« und »Persönlichkeiten« entfesselt hat! Nun erfüllen die neuen Wagner-Kreaturen die Welt mit ihrem unfruchtbaren Lärm! Welche Farce aber zu sehen, wie sie, statt mit eigenen Leistungen und Beiträgen den vielreklamierten »Fortschritt« in der Kunst nun wirklich, nicht bloß eingebildet zu besorgen, sich mit millionenfachem Aufschrei in der verzweifelten Sehnsucht nach der einen Persönlichkeit vereinigen! Also wieder sind es nicht sie selbst, die helfen, — sie erflehen bloß Hilfe eines anderen! Aber welche Arroganz auch noch in ihrer Verzweiflung und in ihrem Geschrei! (Man kann heute den Bankerott der falschen Persönlichkeiten übrigens auch auf anderen Gebieten sehen, so z. B. auf dem der Politik, wo die allzuvielen unbewiesenen »Persönlichkeiten« in ebensolcher Verzweiflung wieder nur die eine wahre Persönlichkeit ersehnen, die Rat und Wandel in der Not des sozialen politischen Lebens schaffen könnte! Wie deutlich ist daraus zu entnehmen, daß alles Heil einzig und allein doch nur vom Genie zu erwarten ist, das Persönlichkeit auch wirklich betätigt, wogegen die so vielen angeblichen »Persönlichkeiten« zusammengeballt doch wieder nur eine — Masse ergeben!)

Nun zu Riemann. Hält man mit mir die Auslegung Riemanns für falsch, so kann man doch unmöglich seine Theorien, die ihn zu solchen Ergebnissen führten, zugleich auch für richtig halten: Was nützt es ihm also, daß er mit seinem Kontrapunkt gerade dort einsetzt, wo der »strenge Satz« in Wahrheit vielmehr aufzuhören hat; daß er sich einbildet, Kompositionsschüler auf dem besten, weil eben nur kürzesten und allernächsten Wege in die Kompositionskunst einzuführen? Erweist sich doch hier, daß er einer aus der älteren kontrapunktischen Schule hervor-

gegangenen Komposition — die er darum doch nicht für eine schlechte auszugeben wagen wird? — nicht einmal noch deskriptiv gerecht werden kann! Und verraten nicht seine sich allüberall so breit machenden und nur allzu ruhmredigen Schüler, daß die angebliche Annäherung des Kontrapunkts an die Komposition sie erst recht um die Möglichkeit gebracht hat, den Meisterwerken in ihren letzten Notwendigkeiten näherzutreten?

Von den übrigen hier angeführten Autoren ist zu sagen, daß Kretzschmar und Grove in ihren Analysen und Urteilen fast keinerlei technische Grundlage aufweisen, während Weingartner schon durch seine ernsten sachlichen Bemühungen, die allerdings ausschließlich der praktischen Ausführung des Werkes gelten, sehr vorteilhaft für sich einnimmt. Während also bei dem letzteren nur zu bedauern ist, daß er, um zu richtigen Ergebnissen zu gelangen, den rein praktischen Gesichtspunkt nicht auch noch durch Erforschung der Zusammenhänge vertieft hat, ist bei den beiden ersteren völlige Unfruchtbarkeit nach jeder Richtung, d. i. sowohl nach Seite der Auffassung als des Vortrags festzustellen.

*

Nun aber zu den allgemeinen Schlüssen. Zieht man nämlich von den erwähnten Autoren den Schluß ad minores, auf die vielen Musiker, Theoretiker, Schriftsteller, Akademiedirektoren und sonstige Schulleiter, die nicht einmal Kenntnisse besitzen, wie sie jenen gleichwohl nicht abgesprochen werden können, so gewinnen wir das triste Bild der Gegenwart mit all dem Jammer, der ihm eigen ist!

Kann es denn nach den Resultaten meiner Kritik noch als gewagt erscheinen, zunächst auszusprechen, daß das Verkennen der Kunst eines Beethoven bei den zitierten Autoren sich offenbar nicht bloß auf dessen IX. Sinfonie allein beschränkt? Muß nicht sodann aber folgerichtigerweise ein Verkennen der Produktion auch all der übrigen großen Meister angenommen

werden? Wie kontrastiert nun gegen dieses unsagbar traurige Ergebnis der Wahn der modernen Menschheit, daß ihr die Werke unserer Meister, zumal die »IX. Sinfonie«, aufs beste vertraut seien! Muß ich nicht, wenn der Verfasser einer von der Reklame besonders hoch getragenen jüngsten Beethoven-Biographie sich wie folgt ausläßt: »Moderne Bücher über Bach, Mozart, Beethoven oder Wagner mögen interessant sein als Versuche, Altbekanntes in andersartiger Beleuchtung zu zeigen. Reinstofflich aber können sie kaum Neues bringen. Sie sind Luxusliteratur, durch die unser Wissen und Urteil bestenfalls »verfeinert«, aber nicht direkt »vergrößert wird« — muß ich da nicht solchem Irr- und Größenwahn entgegentreten und meine Bereitschaft dem Verfasser gegenüber erklären, ihm ebenso wie Herrn Kretzschmar oder Grove nachweisen zu können, daß er gerade davon nichts weiß, wodurch Beethoven sich von einem beliebigen schlechten Komponisten unserer Zeit unterscheidet?

Ach! wüßte man doch nur erst, wer unsere alten Meister eigentlich seien!

Nach wie vor decken nämlich der heutigen Menschheit den Tisch, diesen nicht nur im Sinne geistiger Freuden, sondern auch des die amerikanisierte Welt so einzig überzeugenden Geldnutzens gemeint, just die so verschrieenen älteren Meister, was ja die jährliche Statistik der Aufführungszahlen auch dem Skeptischesten erweist! Wie undankbar aber eine Welt, die wohl einstreicht, was ihnen die Meister an Freuden und Geldspenden schenken, sich aber nicht einmal die Mühe nimmt, sie soweit kennen zu lernen, als es nötig ist, um sie mindestens nicht mit niedrigen und selbstgefälligen Vergleichen und Gedanken zu beschmutzen! Nur zu sehr gleichen die heutigen Tafelgäste eines Beethoven jenen mit Recht verachteten Parasiten, die sich an der Tafel sattessen, hinterher aber den Gastgeber mißbräuchlich beschwatzen und verhöhnen!

Hier einige Stichproben der unselig verworrenen Vorstellungen, die man mit den Meistern verbindet:

Bald sagt man von einem zeitgenössischen Komponisten, er habe »das Erbe Bachs, Beethovens und Brahms'« angetreten, und ernennt ihn eben des rühmlichen »Erbes« halber zum Stifter des »Fortschritts«; man erklärt es also in diesem Falle für möglich, daß man »Fortschritt« bringen könne, auch wenn man an den »alten Meistern« festhält. Bald aber wird einem anderen Autor das angebliche Festhalten an der »Form der Meister« nur als ein »reaktionäres Musizieren« angekreidet, so daß also dieselben Meister, die dort als Paten des »Fortschritts« gelten durften, sich hier als Mitschuldige eines verschollenen Musizierens erweisen! Wo bleiben da, frage ich, die Meister, und wen meint man mit ihnen?

Oder: man beliebt einerseits, just Brahms einen »Epigonen« zu schelten, verehrt aber anderseits den »Erben« des »Epigonen« als den — vollwertigen »modernen« Musiker! Wer reimt diesen Widerspruch?

Oder: es werden die heutigen »Wunderkinder«, produzierende oder reproduzierende, leichtfertig genug sogar über jene frühreifen Genies und wirkliche Wunderkinder erhoben, aus denen dann schließlich Meister wie Händel, Beethoven, Mozart, Mendelssohn usw. hervorgegangen sind; doch siehe: plötzlich muß das frühreife Genie des jungen Händel zu einer sehr unwürdigen Parallele mit einem durch übermäßige Reklame ungewöhnlich hoch emporgeschraubten komponierenden Wunderknaben herhalten, dem es sicher niemals beschieden sein wird, die Größe eines Händel auch nur zu ahnen! Ich frage: ist nun Händel kleiner oder größer? Welchen Händel hatte also der Autor jener Parallele gemeint, und besteht nicht gegenüber ihm vielmehr der Verdacht, daß er offenbar von Händel das Händel'sche, das Geniale nicht kennt?

Oder: man gefällt sich darin, mit billigem Mut in privaten Gesellschaftskreisen eine Brahms-Dämmerung zu pro-

phezeien, die spätestens in fünfzig Jahren eintritt. (Ach, würden die kleinen Schreihälse doch nur die Tapferkeit besitzen, diese Sottise zu Papier zu bringen, vielleicht trüge ihnen dieser unfreiwillig herostratische Zug mindestens das ein, was ihre eigenen Leistungen ihnen nicht einzutragen vermögen, nämlich das Andenken einer Nachwelt!) Gleichwohl aber wird Brahms als dem musikalischem »Ahnen« eines modernen Künstlers noch immer die beste Marke zuerkannt. Welcher Brahms wird dann also gemeint?

Wie man sieht, ist das Stimmenchaos unentwirrbar! Selbst auf die Gefahr hin, den Meistern als Spendern der herrlichsten musikalischen Wohltaten Unrecht zu tun, betet jeder gleichwohl nur seine »Empfindung«, seine eigene »Naivität« an, und niemand bringt sich zum Bewußtsein, daß Wissen und Können die Naivität ja gar nicht ausschließen!

Man frage doch nur, ob die Kenntnis der deutschen Grammatik all den vielen Millionen, die sich der Sprache bedient haben und noch bedienen, irgendwie und irgendwann die Naivität geraubt hat? Und nur in der Musik sollte es anders sein?

Sieht man nicht also deutlich, daß unsere Zeitgenossen mit der selbstgefälligen Reklame für ihre »Naivität« nur das Recht auf Unwissenheit proklamiert haben wollen? In der amerikanisierten Welt ist ja schließlich auch Unwissenheit zum einträglichen Geschäft geworden; denn wie leicht zieht das Genie der Unwissenheit andere Nullen an sich, die so auf die bequemste, billigste Weise zu »Persönlichkeiten«, wenn auch zu solchen zweiten Grades, werden! Wie einfach die Taktik: Man desavouiert die Meister, ernennt sich selber zum Meister und schlägt andere zu Rittern; nun proklamieren alle den »Fortschritt« und halten sich für dessen Bannerträger! Da man aber, trotz allem Aufwand, den Fortschritt doch nicht selbst erzeugen, höchstens nur durch den vielerwarteten Messias herbeiwünschen kann (welch billige Gebärde!), so vertreibt man sich die Zeit

bis zu dessen Ankunft mit allerhand Unsinn und frevelhafter direkter oder indirekter Lästerung der großen Meister!

Da fährt z. B. irgend ein unmusikalischer Engländer oder kontinentaler Musikwissenschaftler nach einer weltverschlagenen Insel, klaubt dort einen beliebigen Insulaner auf und phonographiert primitive Tonfolgen, um nach einer angeblich wissenschaftlichen Verarbeitung des Stoffes als Resultat ein neues Tonsystem zu verkünden, das auch uns, trotz allen Schätzen unserer musikalischen Kultur, neue gute Dienste leisten könnte!! Wenn ich auch schon davon absehe, daß die Leistungen des betreffenden Musikwissenschaftlers, wie sie uns bis dahin bekannt wurden, ihm nicht einmal noch das Recht einräumen, sich für einen wahren Kenner der musikalischen Kunst zu halten, wie bringt er es, frage ich, fertig, gerade denjenigen unter den Inselbewohnern ausfindig zu machen, der der verläßlichste und musikalischste Gewährsmann ist? Vielleicht ist er nur auf einen völlig unbegabten Insulaner gestoßen? Welcher »Kritiker« urteilt denn dort über das musikalische Vermögen? Dieser Sachverhalt ist ja so grotesk und die Prätension der Musikwissenschaftler so lächerlich-absurd, daß ich mir nicht versagen kann, die analoge Frage zu stellen: Wie wäre es, wenn umgekehrt einmal z. B. ein Chinese sich über unser Tonsystem orientieren wollte und durch irgend einen tückischen Zufall just auf Riemanns oder seiner Schüler Theorien stöße? Gelänge er da wirklich zu einem wahren Bilde jener Praxis, die unsere Meister geübt haben?! Will man denn gar nicht einsehen, daß in den so häufig angewendeten Ausdruckswendungen wie z. B. »China« (beliebig auch Ceylon, Java, Sumatra zu setzen!), »hat folgendes Tonsystem« in allzu anmaßender Weise völlig uneruierbare Tatsachen mitgeteilt werden? Und was die Anempfehlung der vermeintlichen »Systeme« anbelangt, so hat es damit eine analoge Bewandtnis, als würde uns ein moderner Architekt etwa Pfahlbauten als »Fortschritt« in der Architektur anpreisen: »Renaissance, Gotik, antiker

Stil? Was ist das alles heute in der »modernen« Zeit, die neuer Ausdrucksmittel bedarf? Nur die Pfahlbauten allein sind es, die allen modernen Wünschen Erfüllung bringen könnten!« Ich überlasse es jedermann, eine solche Argumentation nach Gebühr zu würdigen, und mache nur darauf aufmerksam, daß die exotischen Systeme (nicht minder wohl auch unsere alten Kirchentonarten) mutatis mutandis nichts anderes als — Pfahlbauten vorstellen!

*

Nun ahnt wohl der Leser den Schluß der Schlüsse:

Man muß es dahin bringen, jedes Kunstwerk in seinen eigenen Notwendigkeiten zu erkennen!

Wo anders aber als in den Meisterwerken kann die Einsicht in solche Natur- und Kunstnotwendigkeiten gewonnen werden?!

Daher, meine ich, wäre erste Gewissenspflicht des gegenwärtigen Zeitalters, gut zu machen, was die früheren Generationen an der Kunst verbrochen haben, und die Gewähr aller Gesundung einzig in der Aneignung der von unseren Meistern überkommenen Schätze zu erblicken! Der hohle Besitz muß endlich zum wahren Eigentum werden!

Man treibe kein mutwillig Spiel mit der Zukunft!

Es ist höchste Zeit, die Angst vor dem »Urteil der Nachwelt« abzulegen! Denn auch in aller Zukunft wird über vergangene, wie über nachfolgende Kunst niemand anderer richten, als doch wieder nur — unsere Meister selbst! Nicht also etwa Ästeten, »Kritiker«, Kaufleute, schöne Mädchen und Frauen usw. werden, wie man annimmt, in späteren Jahrhunderten maßgebend urteilen, vielmehr werden nach wie vor immer wieder nur die Partituren der Meister als Richter fungieren! Eine Sinfonie von Brahms wird, so lange sie erklingt, alle richten, die heute oder später je entweder selbst Sinfonien zu schreiben oder nur über solche zu richten unternehmen! So lange unsere Meisterwerke erklingen, werden sie die Kompo-

sitionen z. B. eines Berlioz, Liszt, Tschaikovsky usw. bloßstellen! Und nur ein einziges Mittel gäbe es fürwahr, den letzteren den Rang der ersteren dennoch zu erzwingen und dieses wäre: sämtliche Meisterwerke endlich auf einem Scheiterhaufen zu verbrennen!

Ich ermahne also: Man treibe nicht Scherz mit der Kunst!

Man breche doch endlich den so unsagbar harten Widerstand der Menschheit, die das Genie allemal zu einer Art bloß kostenloser Sonne empordestillieren und die Kunst als einen schönen Garten nehmen möchte, der von Gottes Gnaden, also wieder nur kostenlos, Freuden der Blüten und Früchte spendet! Sonne, Blüten und Früchte werden uns vom gütigen Schöpfer geschenkt, die Kunst aber von Künstlern, von Menschen; daher besteht ihr gegenüber eine Verantwortlichkeit der Menschheit und die Pflicht zur Pflege!

Wie oft doch, — ach leider nur allzu oft! — ist es den Menschen widerfahren, daß sie, mehr oder weniger schuldbeladen, Saaten und Ernten zerstört haben, ohne daß es ihnen aber gelungen wäre, die Zerstörung je wieder gutzumachen!

Im Organismus jedes einzelnen Menschen gibt es eine schwere Stunde der Krise, die den Untergang des Körpers gleichsam einleitet; noch ahnt der Gezeichnete nicht, daß und aus welcher Ursache seiner die letzte Stunde harrt, aber der Dämon, der einmal eingeschlichen, lauert nur, ihn gleichwohl bald zu fällen. Nicht minder gilt dasselbe aber auch vom Leben jeder einzelnen Nation. Ich fürchte, im Kunstleben der deutschen Nation hat die Generation jener Väter, die in der zweiten Hälfte des 19. Jahrhunderts gelebt haben, eine allzu verhängnisvolle Rolle gespielt! Möge es deren Kindern gelingen, das Unglück abzuwehren!

*

Weder vor sich selbst, noch vor anderen suche man aber die hier vorgebrachten Anklagen und Prophezeiungen etwa damit zu entkräften, daß man sagt, auch längst vor mir hätten schon in früheren Jahrzehnten und Jahrhunderten andere, darunter sogar vielgepriesene Meister, den Untergang der Kunst ähnlich geweissagt, diese sei aber trotzdem noch immer vorwärtsgeschritten! Bei aller Bescheidenheit, die, man glaube es nur, mir in weit höherem Maße als selbst dem harmlosesten Laien gegeben ist, und die mir verbietet, mich in eine Reihe mit den Autoritäten zu stellen, die schon vor mir ähnliche Kassandrarufe ausstießen, muß ich um der Wahrheit willen, die noch höher als Bescheidenheit steht, es dennoch laut erklären, daß eben jene Meister die von mir geübte Art der Beweisführung in musikalischen Sachen selbst noch gar nicht kannten und daher auch nicht geübt haben konnten! Sind nicht aber übrigens, frage ich, die düsteren Prophezeiungen z. B. eines Ph. Em. Bach in traurigster Weise wirklich eingetroffen? Ist nicht, trotz den Genies, die auf ihn gefolgt sind, der allgemeine Habitus des Musikers und Musikfreundes heute wirklich so tief gesunken, als er es vorausgesagt hat? Ist es denn nicht soweit gekommen, daß die stolzesten Werke unserer Literatur, nämlich die Seb. Bachs, nicht einmal zur entsprechend würdigen Aufführung gelangen können, bloß weil sie leider nicht bezeichnet sind und die Musiker mit Generalbaß und Continuo nicht mehr in praxi umgehen können? Ist nicht seitdem auch die Kunst des Improvisierens erloschen? (Den historischen Berichten zufolge vermute ich, daß Mendelssohn wohl der letzte gewesen, der diese Kunst noch besaß; ob auch Brahms sie besessen, ist mindestens nicht bekannt geworden!) Und wer weiß, ob nicht gerade mit jener Kunst des Improvisierens der selbst noch im Pathos anmutig gebliebene Charakter der Empfindung zusammenhing, der über die Werke unserer Meister soviel Licht, Wärme und Heiterkeit ausbreitet und der

seither durch keinerlei philosophische Bekenntnisse oder tolle Jagden nach unaufgelösten Vorhalten usw. ersetzt werden kann?

* * *

Nun glaube ich befürchten zu müssen, daß die Gefühle aller derjenigen, die der IX. Sinfonie je ihre Mühe gewidmet haben, sich desto beleidigter zeigen werden, je mehr ihnen gerade die hier niedergelegte Wahrheit einleuchten wird. Man kennt ja zur Genüge die ränkischen Spiele menschlicher Eitelkeit! Was liegt den meisten an der Wahrheit, wenn ihre Eitelkeit abdizieren muß? Wer je, sei es als Vater, Gatte, Freund oder Lehrer Autorität genossen hat, weiß nur zu gut, wie wenig er sich dazu aufgelegt fühlt, nachzuprüfen, ob er diese Autorität denn auch wirklich mit Recht genieße! Schmeichelt sie nur seiner Eitelkeit, so läßt er sich bequem in ihr ruhen und duldet keine Störung. Tritt an ihn plötzlich einmal eine Wahrheit heran, deren geheime Kraft seine Autorität ins Wanken bringt, so kippt seine Eitelkeit sofort in das Gefühl des Beledigtseins um und er grollt wider den Ruhestörer, ohne zu ahnen, daß er gerade damit den deutlichsten Beweis dafür liefert, daß er die angemaßte Autorität wohl niemals verdient hat! Denn wahrhaftig, nur die Unzulänglichkeit ist es, die, sobald sie entlarvt wird, das Licht scheut und nun so lange tobt, bis durch die schwirrenden Pfeile wieder jenes Dunkel zurückkehrt, das sie bis dahin so wohltätig bedeckt hat.

In diesem Sinne möchte ich nun das förmliche Ersuchen richten, dem Ernste der vorliegenden Arbeit mindestens soviel Respekt entgegen zu bringen, daß man ihr die Ehre bloß sachlicher Entgegnungen erweise.

Wir leben in einer harten Zeit geistigen Raubrittertums, und noch ist kein Maximilian sichtbar, der einen geistigen Landfrieden verheißen könnte. Man schämt sich der fremden Anregungen, wie man sich überhaupt des Lernens schämt, und

wo unsere Vorfahren (selbst ein Goethe!) für zuteil gewordene Anregungen sich öffentlich dankbar zeigten, werden heute just jene Quellen diskreditiert, aus denen man geschöpft hat!

Welches arge Treiben!

Bald verschweigt man den Autor, ohne aber auf den — freilich nur nach Maß der Begabung! — heimlich aus dessen Werken bezogenen Nutzen zu verzichten! Wäre es nicht angebrachter, die eigenen Leistungen zu verschweigen?

Bald versucht man in Ermangelung eigener Leistungen von Wert sich dem Autor mindestens dadurch gleichzustellen, daß man in unredlicher Weise »Einwände« gegen seine Ansichten zu haben vorgibt, wo man, wenn aufgefordert, in Wahrheit keine zu nennen in der Lage wäre!

Oder man entzieht sich der Pflicht, Sachliches mitzuteilen, indem man mit einer Wendung, wie z. B. »hier ist nicht der Ort«, dem Leser vortäuscht, der Urteilende könnte an anderer Stelle ganz bestimmte sachliche Gegengründe wohl vorbringen.

Oder ein Rezensent schmuggelt mit »bekanntlich«, dem ominösen Wörtchen »bekanntlich«, einen ihm bis dahin noch keineswegs bekannten Inhalt ein, um vor dem Leser auf Kosten des Inhaltserzeugers sein eigenes Ansehen künstlich zu forzieren.

Kurz man drückt einerseits Zustimmung aus, schwächt diese aber anderseits durch Andeuten von Einwänden ab, die nicht vorgebracht werden. Wer indessen, wie ich, den Ehrgeiz der Urteilenden kennt und weiß, daß sie, ihre Fähigkeit zur Darstellung sachlicher Einwände vorausgesetzt, sich dafür am Ende genau soviel Platz verschaffen könnten, als sie zur Darstellung ihrer völlig müssigen Gedanken verbrauchen, fühlt sich verpflichtet, so unwürdige Usancen dem vorliegenden Werke gegenüber von vornherein als deplaciert zu erklären. Und so gestatte man zum Beschluß auch für mich die erst jüngst bekannt gewordenen Worte Fichtes sprechen zu lassen, die lauten:

»Wer da forthin über meinen oder irgend eines polemisierenden Philosophen Ton öffentlich urteilen will, der habe vorher das hier Gesagte gelesen und beherzigt; und wenn ich ihn nicht überzeugt, so lege er seine Gegengründe offen und vernehmlich dar, damit ich und andere, die darin denken wie ich, unsere Fehler einsehen und bessern können. Ich bin dazu redlich bereit, und es soll mir keine Überwindung kosten, meinen Irrtum öffentlich zurückzunehmen und dem Publikum und allen Beteiligten über das Abbitte zu tun. Hat einer aber keine solchen Gegengründe, so schweige er still und lasse er gehen, was er vernünftigerweise nicht ändern kann, wie es auch immer auf sein Gefühl wirke. Sein Gefühl dürfte wohl Unrecht haben.«

INHALT.

I. SATZ.

ALLEGRO MA NON TROPPO, UN POCO MAESTOSO.

Plan des ersten Satzes.

Die Notwendigkeit, über die Einteilung der Sätze den Leser zu orientieren, veranlaßt mich, der Darstellung selbst den Plan eines jeden Satzes in einem Schema vorauszuschicken.

Erster Satz.

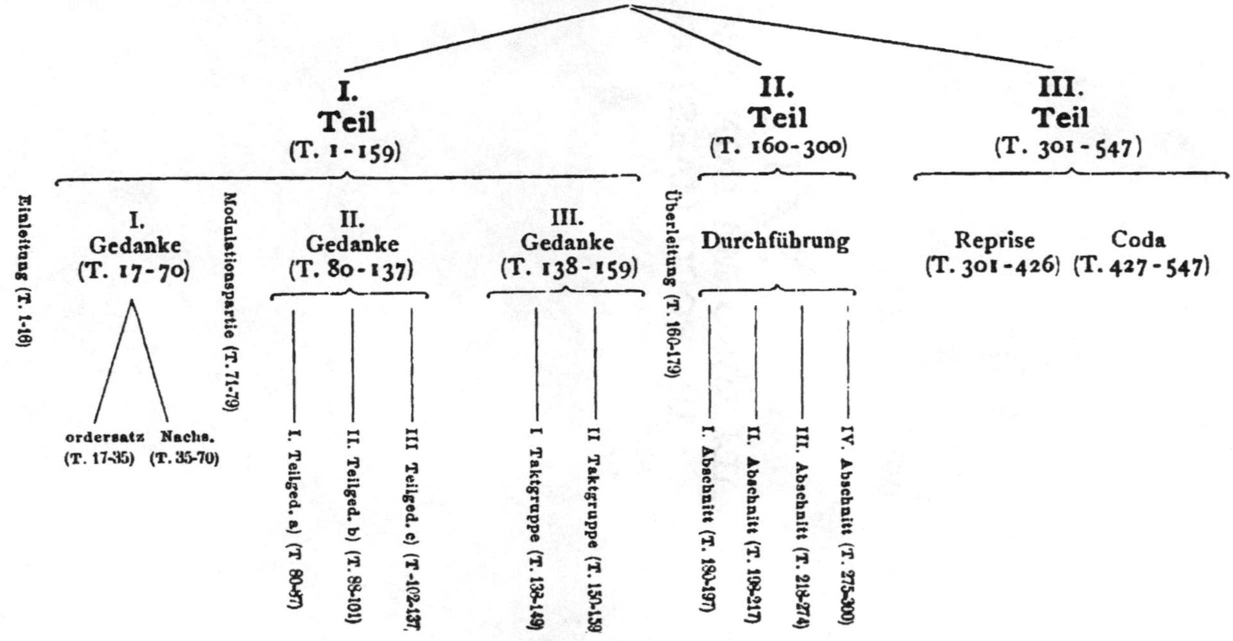

Erster Teil.

Erster Gedanke.

(Takt 1—70.)

Dem ersten Gedanken geht eine Einleitung von 16 Takten voraus, die blos auf zwei Harmonien gestellt ist. Takt 1 ff.

Der ersten der beiden Harmonien, die auf dem Grundton A steht, fehlt die Terz, (vgl. darüber des Verfassers »Neue musikalische Theorien und Phantasien, Bd. I S. 39) weshalb auf ihre Bedeutung wohl kaum a priori geschlossen werden kann; d. h. der Zuhörer kann zunächst nicht wissen, ob er hier vor der I. Stufe in A-moll steht oder vor einer anderen, die dann selbstverständlich auf eine andere Tonart hinweisen würde. Erst in Takt 15 löst eine zweite Harmonie endlich die erste ab; sie steht auf D: da aber auch sie, gleich der ersten Harmonie, der Terz noch entbehrt, so kann die Beurteilung des Quintfalles der beiden Harmonien: A—D, ob hier nämlich I—IV oder V—I oder dergl. vorliegt, erst nur vom Standpunkt der Vermutung erfolgen, und zwar neigen wir mit Recht dazu, hier V—I anzunehmen, da dieser Quintfall stärkeren Wert der Stufen, als z. B. I—IV (vgl. Bd. I § 133 ff.) hervorkehrt. In der Tat wird, wie später gezeigt werden soll, die Bestätigung der Vermutung gerade zugunsten von V—I schon durch den Anfang des Hauptgedankens erbracht werden. Solchermaßen eignen sich die terzlos gesetzten Harmonien wegen ihrer Undefinierbarkeit ganz besonders für den Spannungszweck der Einleitung.

Noch überragender ist indessen die Bedeutung der Einleitung in thematischer Hinsicht; ist sie doch die Geburts-

stätte des Urmotivs, das dem ersten Satz sein Gepräge gibt! Schon bei seinem ersten Erscheinen aber ist das Urmotiv mit der Harmonie derart untrennbar verknüpft, daß man nicht so sehr den einzelnen Quint- bzw. Quartsprung, als vielmehr innerhalb derselben Harmonie erst die Summe mehrerer Sprünge:

Fig. 1.

als das fertige Motiv ansehen darf.

Dieses zu erkennen ist von großer Wichtigkeit, sofern man die beiden ersten Takte des Hauptgedankens selbst verstehen will, der, wie wir sehen werden, doch zweifellos eine ebenfalls nur durchsprungene Harmonie aufweist.

Außerdem aber erleichtert der soeben dargestellte Gesichtspunkt — und nur er allein — zugleich auch das tiefere Verständnis der Organisation der Einleitung. Denn gibt uns nachstehende Skizze einen Abriß derselben:

Fig. 2.

so sehen wir deutlich, daß sowohl das Durchspringen der Harmonie, als die Beschleunigung im Durchspringen eben doch nur auf folgender Grundlage ruhen:

Fig. 3.

Mit dem Durchspringen der Harmonie hängt ja übrigens auch die Gliederung der Einleitung in viermal vier Takte — s. oben Fig. 3 —, wie endlich die Organisation des allmählichen Eintritts der Instrumente zusammen.

Insbesondere verdient der letztere Effekt nähere Betrachtung. Da es galt, das dynamische Anwachsen der Harmonie in Szene zu setzen, mußten im Eintritt der Instrumente gewisse Proportionen eingehalten werden, die jenes zum Ausdruck bringen sollten. Beethoven verfuhr hierbei in der Weise, daß er nach dem Eintritt der D-Hörner in Takt 1 die übrigen Blasinstrumente: Klarinette I, Oboe I, Flöte II, Flöte I, Horn in B in immer kleiner werdenden Abständen setzt:

Fig. 4.

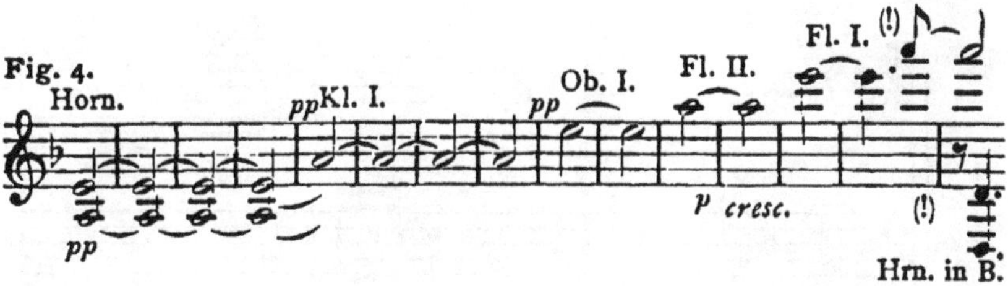

Takt 14. Folgenschwer wird dabei insbesondere die Inanspruchnahme des vierten Achtels in Takt 14: da dieses nämlich ein schwacher Taktteil ist, so wird dessen Betonung durch den Einsatz zu
Takt 15. einem besonderen Reiz ausgestaltet; ähnliches wiederholt sich in Takt 15, wo durch die Kombination mit dem bereits oben erwähnten Harmoniewechsel der schwache Taktteil, diesmal das zweite Achtel, eine noch stärkere Betonung erfährt.

So gewiß es nun ist, daß die soeben geschilderte Einleitung zunächst nur der Tendenz entsprechen will, die ersten beiden Takte des Hauptthemas vorzubereiten, ist es dennoch notwendig, schon hier festzustellen, daß sie sich mit dieser Tendenz allein noch durchaus nicht bescheidet, sondern ihre Rolle weit darüber hinaus spannt; denn wenn wir den Anfang des Nachsatzes des ersten Gedankens, ferner den Anfang der Durchführung und endlich den der Reprise betrachten, so bemerken wir, daß auch dort überall mit die Einleitung wiederkehrt! Muß dann aber folgerichtig diese nicht auch als ein wirklich integrirender Bestandteil des Hauptgedankens selbst betrachtet werden?

Der Vordersatz.

Takt 17 ff. In Takt 17 setzt der Vordersatz des Hauptgedankens selbst ein. Er erstreckt sich von Takt 16 bis Takt 35, und beginnt mit der Tonika in D-moll. Das Motiv der Takte 17—18:

Fig. 5.

durchspringt die Harmonie auf D, wobei, wie man sieht, zum ersten Male zugleich die Terz — hier die kleine: f — einbekannt wird. Dadurch und noch mehr durch die weitere Folge der Harmonien, in der wir unschwer einen durchaus nur der D-moll-Tonart zugehörigen Stufengang erkennen, wird, wie ich schon oben sagte, unsere Vermutung endlich zur Gewißheit, daß schon in Takt 15 der Quintfall A—D als V—I in D-moll und nicht etwa als I—IV in A-moll zu deuten war. Erst vom Standpunkt der den Hauptgedanken eröffnenden Tonika in den Takten 17ff. läßt sich aber auch die volle technische Tiefe der Harmoniewechselkonstruktion in Takt 15 der Einleitung ermessen: in höherem Sinne nämlich darf man den Eintritt der Tonika bereits in Takt 15, zwei Takte vor der Tonika des Hauptgedankens in Takt 17, sozusagen als Antizipation größten Stils genießen! Man weiß, daß Beethoven in der letzten Periode gerne Antizipationen trieb (vgl. Bd. I S. 403 und in der IX. Symphonie z. B. im Scherzo Takt 68, 73, 130, im Adagio Takt 18, 23 usw.), und so darf man wohl auch in Takt 15, durch die großen Maße der Einleitung durchaus unbeirrt, eine groß dimensionierte Antizipation annehmen:

Fig. 6. Takt 15 16 17

Der Stufengang im Vordersatz gestaltet sich nun wie folgt: I in Takt 17—22, IV in Takt 23—24, ♭II in Takt 24—26, V in Takt 27—31, ♯IV in Takt 32—33, V in Takt 33—34, und endlich I in Takt 35. Daß somit der Vordersatz, wie man sieht, mit der Tonika schließt, bedeutet an sich nichts anormales, am allerwenigsten hier, wo ja der Nachsatz (s. später) dazu bestimmt wurde, zur Modulation hinüber zu führen.

Vergegenwärtigen wir uns den thematischen Inhalt des Hauptgedankens, so haben wir in erster Linie die Mannigfaltig-

keit der einzelnen Bestandteile, aus denen der Gedanke zusammengesetzt ist, als dessen besonderes Konstruktionskennzeichen aufzufassen. In diesem Sinne bildet der Inhalt der Takte 17—18:

Fig. 7.

19—20:

Fig. 8.

21—24:

Fig. 9.

25—26:

Fig. 10.

27—30:

Fig. 11.

und endlich die Kadenz der Takte 31—35 deutlich unterscheidbare und streng auseinanderzuhaltende motivische Einheiten.

Vergleichen wir den Ablauf der Stufen einerseits, so wie anderseits den der obengenannten Einheiten, so gelangen wir zur Erkenntnis, daß zwischen beiden ein starker Zusammenhang obwaltet, und zwar in dem Sinne, daß mit dem Stufenwechsel zugleich ein Motivwechsel verbunden wird; unbeschadet

freilich dessen, daß unter Umständen auch noch innerhalb derselben Stufe bereits ein Motivwechsel stattfindet. So entfallen auf die erste Stufe zwei bzw. drei motivische Einheiten, je eine dann auf die IV., ♭II. und V.

Besondere Beachtung aber verdient in Takt 24 der Stufenwechsel IV—♭II: Takt 24.

Fig. 12.

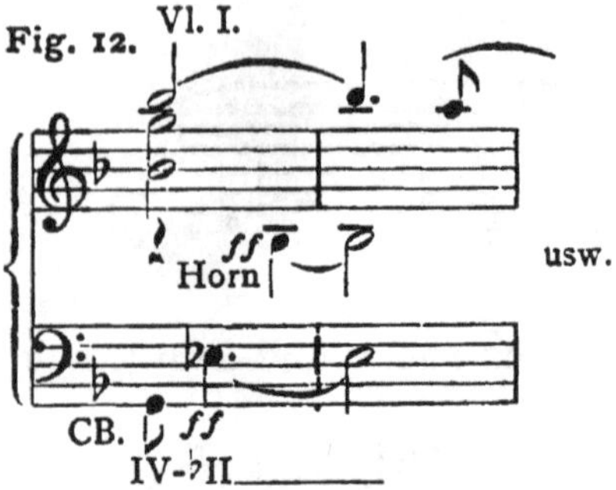

Wir sehen hier nämlich den Grundton Es schon auf dem zweiten Achtel, also auf dem schwachen Taktteil plötzlich mit großer Vehemenz eintreten; doch ist dieser Eintritt weniger um seiner selbst willen da, d. h. um die aparte Wirkung eines Harmoniewechsels auf schwachem Taktteil (vgl. oben ad T. 14) herbeizuführen, als vielmehr um die Wirkung der Synkope zu fördern, die vom zweiten Viertel des Taktes 24 zum Takt 25 hinübergebunden wird. Beethoven liebte es ganz besonders, seine Synkopen gerade in solcher Weise sicherzustellen, wie dies auch durch folgendes analoge Beispiel bezeugt werden kann:

Fig. 13.

Takt 33. In Takt 33—34 weist die Dominante eine Ellipse der Auflösung auf: $V^6_4(^5_3)$ — ähnlich, wie im Scherzo bei den Takten 264—268.

Takt 34. Endlich soll hier noch die vielverkannte Figur bei den Vl. I und bei den Violen in den Takten 34—35 erläutert werden; sie ist nichts mehr und nichts weniger als ein — allerdings genial — auskomponiertes *portamento* von a^2 bis d^1:

Fig. 14.

wie es ja übrigens ganz nackt und deutlich zu gleicher Zeit die Flöten zeigen:

Fig. 15.

(Vgl. über den $^6_4$-Akkord und die Ellipse der Auflösung in Takt 34, sowie über das *portamento* im selben Takte Bd. II^1 S. 124ff.)

Der Nachsatz.

Takt 35ff. Der Nachsatz beginnt schon mit Takt 35 und nicht, wie man allgemein annimmt, erst mit Takt 36. Dieses geht deutlich daraus hervor, daß der Nachsatz, wie schon oben gesagt wurde, mit auch die Einleitung wiederholt, deren Anfang aber hier — man sehe in Takt 35 die analog wie in Takt 1 einsetzenden D-Hörner (und Clar.)! — durchaus nur in den Takt 35 fällt. Somit erscheinen in demselben Takte 35 sowohl das Ende des Vordersatzes, als der Anfang des Nachsatzes kombiniert und ineinander verschränkt. Welches stille Wunder einer organischen Verknüpfung und wie einfach das Mittel,

wodurch es bewirkt wird! Zur rechten Zeit erscheint einfach der Horneinsatz und der Parallelismus mit Takt 1 sorgt dann von selbst für dessen beabsichtigte Wirkung! Selbstverständlich wird, wie in der Einleitung, so auch hier die Gliederung in je 4 Takte durchaus nur von jenem Einsatz in Takt 35 ab gerechnet.

Doch freilich nicht mehr wie in der Einleitung des Vordersatzes auf der Dominante der Tonart, sondern auf der Tonika selbst ist hier die Einleitung des Nachsatzes aufgebaut. Naturgemäß bringt aber diese Veränderung in der Folge bedeutsame Verschiebungen in Hinsicht des Harmonischen und Thematischen mit sich. Denn während nämlich in Takt 15 die Harmonie von A nach D, d. i. von der Dominante zur Tonika Takt 49.
ausbiegen konnte, mußte umgekehrt in Takt 49, von der Tonika weg, die ja soeben konsumiert worden, ein anderer Stufengang eingeschlagen werden: und zwar ist es hier der Terzfall von D nach B, d. i. zur VI. Stufe, der dem Inhalt fortan neue harmonische Wege weist. Nebenbei bemerkt, beruht auf dem letzteren Terzfall der Stufen zugleich auch der weitere Unterschied gegenüber der Situation in Takt 15, nämlich der, daß die neue Harmonie hier selbstverständlich ihre Terz mit sich führt: B—D—F.

Der Hauptgedanke selbst aber, der im Nachsatz in Takt 51 Takt 51 ff.
beginnt, wird hier bloß vier Takte weit geführt, die obendrein, wie gesagt, sämtlich aus der VI. Stufe geschöpft sind. Nach Takt 54 ff.
vier Takten biegt nun der Inhalt im Nachsatz ab, um einen Weg zur Dominante zu suchen (man erinnere sich, daß der Vordersatz mit der Tonika abschloß!), wobei statt jener Motive, die im Vordersatz von Takt 21 ab aufgetreten sind, hier bloß das Motiv des dritten Taktes des Hauptgedankens, zur weiteren ausschließlichen Verwendung gelangt:

Fig. 16.

Inzwischen legen die Stufen folgenden Weg zurück: VI in Takt 55—56, VII (V) in Takt 57—58, $I^{3-\sharp 3}$ in Takt 59—61, IV und ♯IV in Takt 61—62 und endlich V in Takt 63ff. Somit beweist dieser Stufengang aufs entschiedenste, daß der Durdreiklang auf B durchaus nicht sofort etwa schon im Sinn einer B-dur-Tonart gedeutet werden durfte: ist doch die wirkliche Modulation erst einem späteren Zeitpunkt und obendrein dann einem wirklichen B-dur vorbehalten. Möchte doch endlich ein Tonkomplex, wie der der Takte 49—56, deutlich den Hörer belehren, daß, so täuschend oft ein auskomponierter Zustand einer wirklichen Tonart ähnlich sieht, dennoch beide Begriffe (vgl. Bd. I § 76ff.) streng auseinander gehalten werden müssen, wenn sich unser Gefühl nicht in einem Chaos verlieren soll!

Takt 63 ff. Die Dominante in Takt 63 bringt ein neues Motiv:

Fig. 17.

Vielleicht geht man aber nicht fehl, wenn man dieses gleichwohl noch von dem Sechzehntelmotiv der vorausgegangenen Takte ableitet.

In den Takten 67—70 übernimmt sodann der Bass das Motiv, während die Oberstimme in den Takten 68—71 nach Art einer Engführung damit einsetzt. Eben am Ende des Motivs (bzw. der Engführung, also in Takt 71) wird die Modulation nach B-dur in Szene gesetzt.

Modulation.

(Takt 71—79.)

Takt 71 ff. Die Modulationspartie ist außerordentlich knapp gehalten; sie erstreckt sich bloß von Takt 71 bis 79, enthält aber trotz solcher Kürze Raum genug, um sowohl die Erfüllung des rein mechanischen Modulationsprozesses an sich, das ist die Um-

deutung von Harmonien zum Zweck der Gewinnung einer neuen Tonart zu bringen, als damit außerdem auch noch — wie wunderbar! — einen selbständigen kantablen Gedanken, der bereits in B-dur steht, aufs glücklichste zu vereinen.

Was insbesondere den ersten Punkt der Modulationstechnik anbelangt, so beruht diese auf einer Umdeutung der Harmonie: e—g—b, die in Takt 71 Teil der Dominante in D-moll ist (vgl. Bd. I, § 66 und § 108), in eine VII. Stufe aus F-dur, die in Takt 72 ausdrücklich bis zur V. gesenkt wird:

Fig. 18.

d-moll: II — V f-dur: VII—V

welchem modulatorischen Prozeß illustrierend auch der Durchgang zu Hilfe kommt, der im Sinne der Mischung von F-$\frac{\text{dur}}{\text{moll}}$ bei den Bässen die Folge des—c:

Fig. 19.

usw.

bringt.

Doch wird in einem die letztgenannte Dominante neuerdings wieder in II$^{\#3}$ aus B-dur umgedeutet, so daß in Takt 73 bereits die Dominante aus B-dur eintreten kann: Takt 74.

$$\frac{\text{F-dur: V}}{\text{B-dur: II—V}}$$

Und eben auf der Dominante erscheint dann endlich der erwähnte Modulationsgedanke selbst:

Fig. 20.

So sprechend nun dieses Motiv bereits erscheint — »dolce« schreibt Beethoven ausdrücklich vor —, ist es doch zu sehr bloß erst Vorbereitung für das Kommende, um schon als wirkliche Erfüllung einer Gegenwart, die verweilen möchte, gelten zu können. Mit anderen Worten: dieser Gedanke — ich möchte einen solchen die Seele, ja, wenn man das Wort gestattet, das sprechende Auge der Modulation, oder kurzweg das Modulationsauge nennen, und erwähne*, daß es zur Technik unserer Meister gehört, ähnliche Gedanken zu Zwecken der Modulation in den Sonatensätzen zu erfinden —, ruht weniger in sich selbst, als daß er vielmehr in eine weitere Zukunft hinaus weist; demgemäß hat er gerade soviel Selbständigkeit, um sich immerhin als eigener Gedanke zu behaupten, andererseits aber doch noch viel zu wenig Entwicklung und Umfang, um dem ersten oder zweiten Gedanken etwa als ebenbürtig gegenüber treten zu können.

Vortrag.

Die metronomischen Bezeichnungen, wie sie die Partituren der IX. Symphonie aufweisen, rühren sämtlich von Beethoven her und sind daher als authentisch anzunehmen. Er hat sie brieflich nur wenige Tage vor seinem Tode eigens für eine Londoner Aufführung selbst festgesetzt. Über des Meisters Ansichten betreffs des Metronoms aber mag man genaueres in Nottebohms Beethoveniana I, S. 126ff. nachlesen. Dort wird man auch die Bestätigung dafür finden, daß die von ihm getroffene Wahl eines bestimmten Tempos zu Anfang des Stückes, wie sie eben die metronomische Angabe beweist, noch durch-

* Vgl. diesbezüglich des Verfassers »Beitrag zur Ornamentik« (II. Auflage, »Universal-Edition«, Wien) S. 10ff.

aus nicht etwaige Tempo-Modifikationen ausschloß, daß vielmehr der Meister selbst ein freies Spiel dem starren allezeit vorzog*. Mit diesem generellen Vorbehalt darf ich nun wohl in die Darstellung der Einzelheiten des Vortrages übergehen.

Takt 1—16. Hier haben die nacheinander einzeln einsetzenden Blasinstrumente durchaus nur unbemerkt einzutreten; ihr Kommen darf eben so wenig zu bemerken sein, als man etwa beim anschwellenden Winde die Zeitpunkte deutlich bezeichnen könnte, in denen das Anwachsen der Stärke vor sich geht. Es haben daher die einzelnen Einsätze der Blasinstrumente als solche gewissermaßen im Gesamtbilde unterzugehen, und einzig nur das *fortissimo* als geworden vor uns zu treten, ohne daß wir die Einzelheiten seines Werdens bemerken.

Besondere Sorgfalt widme man außer den Bläsern auch noch den Kontrabässen:

Fig. 21.

da bei diesen Instrumenten das *cresc.* über längere Pausen hinweg zum Ausdruck gebracht werden muß. Der *cresc.*-Atem hat hier gewissermaßen in die nächsten Pausen heiß hinüber zu wehen, wie folgendes Bild es zu veranschaulichen sucht:

---

* So lesen wir denn auch im Vorbericht (S. 7) zur »Sammlung vorzüglicher Gesangsstücke usw.« von F. Rochlitz, Mainz, Schotts Söhne, 1838: »Übrigens ist es ja bekannt, und sollte es wenigstens einem jeden sein, der sich für einen Direktor giebt, daß, in neuer, wie in alter Schreibart, der Sinn und Ausdruck der Komposition das Tempo jedes Stückes weit genauer angibt, als irgendein wörtlicher Zusatz; und daß selbst der Metronom der neuesten Zeit (die Erfindung gehört ins Jahr 1805) doch weiter nichts können soll, als grobe Mißgriffe verhüten. Muß ja selbst verschiedenen Nebenumständen bei Aufführungen ein keineswegs unbedeutender Einfluß auf die Bestimmung des Tempos eines und desselben Stücks umgeändert werden, je nachdem z. B. ein Chor stark oder schwach besetzt, in weitem oder in engem Raum zu Gehör gebracht wird, u. dgl. mehr«.

Fig. 22:

Wie denn generell der Grundsatz aufgestellt werden darf, daß ein allgemeines *cresc.* oder *dim.* zur vollen Glaubwürdigkeit in der Ausführung nur dann gelangen kann, wenn daran ganz besonders auch die tiefste Stimme mit beteiligt wird! Wie sündigen meistens dagegen Dirigenten und Klavierlehrer, die für die tiefste Stimme ihr Interesse nur dann bekunden, wenn sie thematischen Stoff mit sich führt, außerhalb solcher Fälle aber die Schattierung und Modellierung der Baßlinie, sogar bei *cresc.* oder *dim.*, außer Acht lassen!

Takt 17. Das *ff* des Hauptgedankens von Takt 17ff. gibt mir Gelegenheit, die Technik des Vortrages eines *fortissimo* hier ein für allemal zu demonstrieren: Ist es klar, daß nicht nur a^2, sondern auch d^2 und f^1 der Figur eigenen Nachdruck erhalten sollen, so muß in der Ausführung jedem dieser Töne von seinem Werte soviel genommen werden, als nötig ist, um frei und elastisch jene Kraft zu sammeln, die eben der jeweilige nächste Nachdruck erfordert. Es wird so gleichsam das Bild des Anspringens geboten, wobei der Moment des Abstoßens vom festen Platze aus, wie man weiß, doch nur mehr das geringste Quantum an Schwerkraft selbst involviert: will man abspringen, so darf man doch am allerwenigsten jenen Ort beschweren und drücken, den man verlassen will. Im Vortrag einer Reihe akzentuierter Töne hat man daher nun Ähnliches zu beobachten, d. h. sich zu hüten, dort Druck zu üben, wo man sich gerade anschickt, einen Sprung nach vorn zum Akzent zu machen. Daher habe man durchaus keine Scheu, einem nachfolgenden Akzent zuliebe Verkürzungen an Notenwerten durchzuführen! Der Gewinn einer solchen Technik ist ein vielfacher: durch das Hervortreiben der akzentuierten Töne gewinnt vor Allem der Inhalt selbst an Plastik; aber

auch die Hand des Streichers bzw. der Atem des Bläsers, um von rein mechanischen Dingen zu sprechen, bewahren dadurch, daß sie die zum Akzent ausholende Kraft stets erneuern, eine frische Beweglichkeit, die eben aus dem auf gesunder psychologischer Basis ruhenden Wechsel kommt.

Takt 19. Das erste Sechszehntel muß vom zweiten abgesondert werden; es darf also nicht, wie man es leider immer hört, so klingen:

Fig. 23.

Ist doch letztere Fassung erst der Durchführung und der Koda vorbehalten, wo sie dann eben bereits als thematische Veränderung des in Takt 19 gegebenen Motivs auftritt*.

Takt 21ff. Die punktierten Noten müssen ausgehalten werden. Man kann sagen, daß hier eine Art *portamento* vorliegt, nur daß dabei der Komponist den gewünschten Wert der einzelnen Töne selbst genau ausschrieb — also ein ausgeschriebenes *portamento*! Trotz den äußeren Werten, wie sie hier zu

---

* Vergleichshalber setze ich hier noch ein anderes ähnliches Beispiel aus Beethovens Klaviersonate D-dur, Op. 10, Nr. 3, Largo e mesto:

Fig. 24.

sehen sind, handelt es sich also im Grunde um dieselbe Wirkung, wie wenn es z. B. bloß hieße:  (vgl. Takt 26).

Takt 24, Eine generelle Bemerkung: Man geht fast niemals fehl, wenn man zum *sf* auf einem schwachen Taktteil — daß damit oft genug eine Synkope verwandt ist, braucht nicht erst näher begründet zu werden — gleichsam hinstürzt, um den schwachen Taktteil eben früher aufzufangen, als es nach der Strenge des Metronoms sonst geboten wäre.

Die Fälschung des Rhythmus, die in einer Beschleunigung besteht, erweist sich in einem solchen Falle deshalb notwendig, weil nur das oben geschilderte Hinstürzen — auf dem Wege einer Ideenassoziation — unserem Ohre das Abbild jenes psychischen Dranges vermittelt, der in der Seele des Komponisten selbst gewaltet hat, als er den stärkeren Nachdruck just auf einen schwachen Taktteil setzte. Ist es nämlich als Norm zu betrachten, daß dem stärkeren Taktteil der stärkere Nachdruck zukommt, so ist es e contrario sicher nur als minder normal anzusehen, wenn umgekehrt einmal mit dem schwächeren Taktteil ein stärkerer Nachdruck verbunden wird. Es muß daher der letztere Effekt, da er ein besonderer ist, auch wieder seine besonderen Gründe haben. Es ist, als wäre nur eine Aufwallung des Blutes Ursache der Veränderung, und eben diese Aufwallung muß nun auch im Vortrag ihren Ausdruck finden, was indessen sicher nicht anders geschehen kann, als dadurch, daß man sie in die äquivalente Energie einer Beschleunigung umsetzt, die doch auch wieder nur von einer wärmeren Blutwelle diktiert sein will!

Takt 27. Da an dieser Stelle noch kein Halbschluß vorliegt, so hat man den Inhalt einfach fortströmen zu lassen, d. h. man behalte, um den Ereignissen der Takte 27—30 das rechte Maß im Fortgang geben zu können, durchaus den weiteren Weg im Auge und denke insbesondere an die in den Takten 31—35 noch zu erreichende Kadenz.

Takt 33—35. Folgendes Bild:

Fig. 25. Vl. I.

zeigt die Verschiedenheit in der Anwendung der Achtelpause bei Vl. I und den Bässen: während nämlich die ersteren absetzen, halten die letzteren den Ton aus und umgekehrt stoßen die Bässe ab, während die Vl. I ihren *portamento*-Lauf ausführen. Es ist aber außerordentlich wichtig, das Abstoßen der Achtel genauestens auszuführen: denn je drastischer dies geschieht, desto wärmer und schöner klingt dann der nächste Toneinsatz!

Um das *portamento* selbst in den Takten 34—35 glücklich auszudrücken, muß vor allem die Idee des *portamento* den Spielern aufs deutlichste zum Bewußtsein kommen bezw. gebracht werden; das Bewußtsein weckt und nährt sodann die Empfindung, und ehe man sichs versieht, klingt es von den Vl. I und Violen, als hätte sich einfach nur der Ton a^2 irgendwie geheimnisvoll zum Ton d^1 gesenkt. So wenig es nun in Hinsicht auf den erwünschten Effekt hier am Platze ist, daß die einzelnen Zweiunddreißigstel gar zu deutlich vernommen werden, so empfiehlt es sich dennoch, zu Beginn des Taktes 35 durch minutiöses Anhalten des ersten 32tels: cis^1 einige, wenn noch so flüchtige Wärme in diesen Winkel der Figur einziehen zu lassen.

Takt 55 ff. Ich erinnere hier an das bereits ad Takt 55 ff. Gesagte und füge nur hinzu, daß um jeglichen *sf*-Akzent herum, selbst im *ff*, die Kraft diminuiert werden muß: auf der einen Seite, eben auf dem Wege zum Akzent, hat die Kraft zunächst auf den Akzent gleichsam noch zu lauern und zu

zielen, andererseits aber auf dem Wege vom Akzent weg entspannt sie sich, um eben nur in der Mitte, d. i. im Akzent selbst, die vorgeschriebene Entladung erfolgen zu lassen.

Takt 63—65. Die Anweisung Beethovens »ben marcato« erfordert Nachdruck auf jedem einzelnen Achtel; somit kann der Vortrag dieser Stelle als Gegenbeispiel der im vorigen Absatz geschilderten Technik gelten.

Takt 71—73. Hier muß mit vollem künstlerischen Bewußtsein die Modulation eben als solche vorgetragen werden. Es stellen sich dann jene geistigen Kräfte beim Dirigenten ein, die ihn befähigen, auch dem Zuhörer die Wendung der Tonart als ein durchaus notwendiges Tonereignis vorzuführen.

Takt 74ff. Man lasse sich durch die »dolce« -Anweisung Beethovens durchaus nicht irre führen, dem hier vorzutragenden Gedanken eine größere Bedeutung beizulegen, als ihm in Wahrheit zukommt; man darf eben nicht vergessen, daß an dieser Stelle, wie ich oben sagte, doch nur ein Modulationsgedanke ausgeführt werden soll. So liegt es denn im Sinne desselben, wenn man schon von hier aus den Blick nach dem kommenden zweiten Gedanken gerichtet hält und, während man dem Modulationsgedanken sich hingibt, dennoch zugleich im Vortrag gleichsam etwas Spähendes beibehält. Daher schalte man alles, was auf ein Verweilen oder Retardieren hinausläuft, an dieser Stelle aus und wende ein *ritenuto*, um ein Nahen des zweiten Gedankens anzuzeigen, blos erst im letzten Takt 79, also knapp vor Beginn des zweiten Gedankens an.

Literatur.

Bei Nottebohm lesen wir auf S. 159:

»Der Beginn der Komposition der IX. Symphonie ist an den Beginn des ersten Satzes gebunden. Die ersten Skizzen zu diesem Satze zeigen, daß Beethoven sich mit der Absicht trug, eine Symphonie zu schreiben. Sie finden sich auf einzelnen zerstreuten Blättern aus dem Jahre 1817. Wie weit die Arbeit Ende 1817

oder Anfang 1818 gediehen war und daß Beethoven schon an die anderen Sätze dachte, kann man aus einem Skizzenbuch aus jener Zeit ersehen. Beethoven schreibt da zuerst:« (folgen die Skizzenzitate*).

Die Skizzen, die Nottebohm an dieser Stelle mitteilt, zeigen die chronologische Ordnung, in der sie entstanden sind. Zu Zwecken des Studiums erscheint es mir indessen weit richtiger, sie hier in der Ordnung vorzuführen, in der sie der definitiven Reihenfolge der Gedanken in der Partitur entsprechen.

So beziehen sich auf die Einleitung sowie auf die ersten Takte des Hauptgedankens folgende Skizzen aus dem Jahre 1817 (1818), s. Notteb. S. 159—160:

Fig. 26.

Fig. 27.

»anfangs vielleicht auch Triolen«

(Speziell zur letzten Skizze äußert sich Nottebohm auf S. 162: »Die Bemerkung bei der sechsten Skizze betrifft die Behandlung der Geigen. Beethoven war in Zweifel, ob statt der angedeuteten Sextolen auch Triolen zu nehmen seien.«)

Aber auch noch folgende Fassung des Hauptgedankens treffen wir unter den Skizzen — s. Notteb. S. 160 — an:

---

* Es sei hier bemerkt, daß die Skizzen aus Beethovens Hand meist der Vorzeichnung entbehren.

Fig. 28.

»Auf einem Blatte« schreibt Nottebohm auf S. 163, »das entweder gleichzeitig mit jenem Skizzenbuch oder etwas später benutzt wurde, entscheidet sich Beethoven

Fig. 29.
»nur 6tel und im Stück 16tel

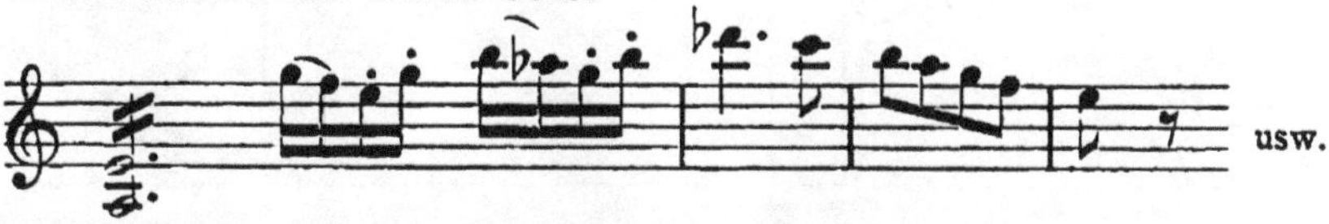

für die Sextolen-Bewegung zu Anfang des ersten Satzes, über die er im Skizzenbuch noch im Zweifel war.«

Offenbar auf den Abschluß des Vordersatzes, Takt 34—35 der Partitur, bezieht sich Beethovens weitere Notiz (Notteb. S. 159):

Fig. 30.

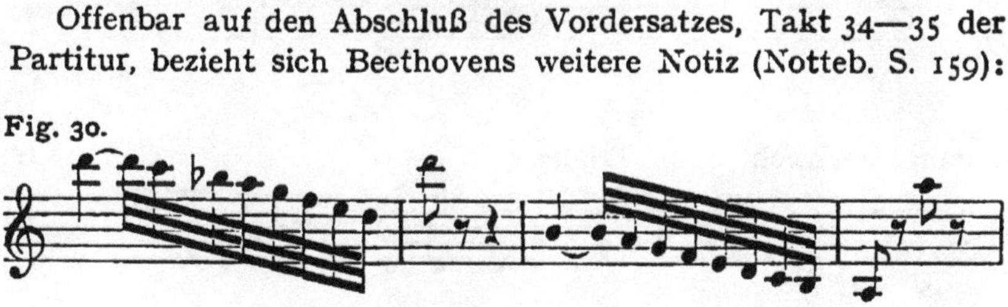

Wie wenig geschickt ist hier noch das portamento ausgeführt! Dem Takt 63ff des Nachsatzes gilt die Skizze (Notteb. S. 159):

Fig. 31.

So stand die Arbeit im Jahre 1817 (1818). Über deren weiteren Fortgang hören wir Nottebohm (S. 164): »Die bisher erwähnten Entwürfe zum ersten Satz der Symphonie und zur Symphonie überhaupt wurden während der Komposition der Sonate Op. 106 geschrieben. Zwei der größten Instrumentalwerke Beethovens fallen also der ersten Entstehung nach so ziemlich in eine und dieselbe Zeit.

In den nächsten vier Jahren läßt sich die Arbeit nicht gut verfolgen. Sie wurde durch die zu anderen Kompositionen unterbrochen. Von größeren Werken entstanden in dieser Zeit die drei Klaviersonaten Op. 109, 110 und 111, die zweite Messe und die Ouverture Op. 124. Am meisten war Beethoven mit der Messe beschäftigt. Erst als diese und die Ouverture und der Chor zur »Weihe des Hauses« in den Skizzen fertig waren, richtete sich seine Aufmerksamkeit fast ausschließlich auf die Symphonie.

Über den Stand der Arbeit, wie sie im Sommer oder Herbst 1822 wieder aufgenommen und weitergeführt wurde, gibt ein Skizzenheft Aufschluß. Die Arbeit zum ersten Satz ist, wie diese Auszüge zeigen,

Fig. 32.

etwas vorgerückt.« Somit hat Beethoven, wie die Skizzen zeigen, die Fassung der den Hauptgedanken einleitenden Takte gegenüber der aus dem Jahre 1817 (1818) plötzlich um vieles verschlechtert, da der Sinn der jüngeren Fassung doch offenbar der ist, die Tonika des Hauptgedankens einfach nur durch primitivste

Aufrollung von V^7 zu gewinnen. Desto entwickelter aber stellt sich uns der Hauptgedanke selbst dar, der bereits alle Ansätze zu den oben dargestellten motivischen Einheiten der Takte 21—24, 25—26 und 27—30 zeigt!

Riemann schildert auf S. 140 den Verlauf der Einleitung sowie den des Vordersatzes immerhin soweit richtig, als es seine Terminologie überhaupt zuläßt. Zwar trifft er es, die Einleitung von dem Hauptgedanken zu sondern; auch übersieht er die Unterdominante nicht (statt von der [erniedrigten] ♭II in D-moll spricht er vom »$^0d^{2>}$ Akkord der neapolitanischen Sexte«); ebensowenig übersieht er in Takt 33—34 die Ellipse beim $^6_4$ auf A; jedoch Beethovens höhere auf die vollendetste Synthesenkunst abzielenden Interessen weiß er leider weder künstlerisch wahr nachzuempfinden, noch theoretisch richtig zu deuten.

So spricht er aus Anlaß der V. Stufe in Takt 33—34 von einem »Halbschluß«, ohne zu bedenken, daß im Gefüge eines Gedankens doch nicht jede Dominante schon an sich den Halbschluß bedeutet, sondern den letzteren erst dann vorstellt, wenn zugleich auch der Inhalt eine einigermaßen abschließende Wendung nimmt, was aber bei Takt 34 doch sicher nicht der Fall ist.

Noch schlimmer ergeht es ihm bei der Beurteilung der Takte 51ff, die er für die »Parallele der Unterdominante (B-dur)« ausgibt: er nimmt hier also statt einer der Haupttonart zugehörigen VI. Stufe schon eine wirkliche Tonart, B-dur, an.

Und nun noch eine Gruppe von Akzidenzfehlern, die von dem soeben genannten Hauptfehler herrühren: »auch diesmal wird der Schluß des vierten Takts (b^+) bestätigt, der Nachsatz gelangt zum Schluß auf der Tonica im achten Takt, aber zufolge Sequenzbildung mit der Terz im Baß, was eine Wiederholung des Nachsatzes bedingt, die zum Abschluß auf der Dominante (a^+) führt.« War denn aber, frage ich, Riemann sich und uns nicht eher eine »Rückmodulation von B-dur nach D-moll« schuldig, und sollen wir dafür bloß mit »Sequenzbildungen« und dergleichen Verlegenheitsprodukten abgefertigt werden?

Über die Takte 63ff äußert er sich: »Der Halbschluß erhält zunächst zwei viertaktige Bestätigungen (a^7 mixolydisch)« — hier folgt Zitat Takt 64—67 — »worauf das letzte Taktmotiv (der Halbschluß ^0a—a^+) nach latenter Verwandlung von d^{VII} in f^{VII} zweimal modulierend nachgeahmt wird« — hier stehen Zitate des Basses aus Takt 71—73 — »womit der Eintritt des B-dur als Tonart des zweiten Themas vorbereitet ist.«

Kretschmar ergeht sich auf S. 114 in folgenden Redewendungen: »Die Schilderung eines Zustandes, dem die Freude fehlt, ist die wesentliche Idee des ersten Satzes. Mit der Formfreiheit, welche die Werke von Beethovens letzter Periode auszeichnet, setzt er zunächst ohne Thema ein. Es wogt und nebelt chaotisch und unbestimmt über den berühmten leeren Quinten. Dann, erst nach 16 Takten, steigt in finsterer Majestät, voll Kraft und Trotz, aber durch einen Zug des Leidens gezeichnet, die Heldengestalt dieses Allegro zu Tage: Welch heroischer Eintritt, wie lang gemessen der Weg — aber wie sonderbar wirr das Ende!«

Um wie viel nützlicher wäre es doch gewesen, statt »vom Zug des Leidens« von den wirklichen musikalischen Zügen des Hauptgedankens zu sprechen, auf die es — zumal in einem »Führer« — doch sicher nur allein anzukommen hat! Wozu soll denn sonst ein »Führer«, wenn er dem Leser ohnehin nichts mehr bietet, als was dieser von selbst schon empfindet und weiß, also nur überflüssige Tautologie von leeren Eindrücken und leeren Worten treibt?

»Langgemessen der Weg« ist unzweifelhaft der Eindruck, den wohl jedermann vom Hauptgedanken empfängt; hatte nicht aber Kretschmar vielmehr die Aufgabe, die technischen Mittel, die zu solcher Wirkung geführt haben — wohlgemerkt trotz bescheidenem Rahmen eines »Führers« und trotz populärer Fassung! — mindestens richtig anzudeuten? Kann die Wahrheit denn nicht auch in kurzer und populärer Darstellung enthalten sein?

Was hat es also zu bedeuten, wenn er vom portamento der Takte 34—35 als nur von einem »sonderbar wirren Ende« spricht? Gerade dieses Rätsel zu entwirren, war ja seine Aufgabe!

Über den Nachsatz schreibt er: »Das Thema setzt gleich darauf zum zweiten Male von einer anderen Seite ein, in B-dur, ohne sich aber wieder so breit zu entfalten«. Man sieht, bloß weil im Laufe des Auskomponierens der VI. Stufe mehrfach der Ton Es gebracht wird, nimmt also auch er, gleich Riemann, beim Nachsatz des Hauptgedankens schon die B-dur-Tonart an!

»Ketten, aus dem Motive

gebildet«, so setzt er fort »decken und vorbereiten den Aufmarsch seiner zweiten Hälfte. Es kapituliert am Schluß und überläßt unmittelbar das Terrain an das zweite Thema und seine Vorläufer.«

Wie schön klingen die letzten Worte und dennoch, wie verraten gerade sie die Unkenntnis des wahren Sachverhaltes! Wie unzulänglich äußert sich darin doch insbesondere die Vorstellung des Komentators von der Modulationstechnik, da er für diese ein schon an sich so fahrlässiges, in technischer Hinsicht aber nun doppelt gefährliches und müßig falsches Wort wie »Vorläufer« überhaupt nur gebrauchen konnte!

Grove schildert auf Seite 306 die Einleitung ganz ausführlich. In bezug auf das Hauptthema meint er zunächst richtig: »Immer weitere Bläser gesellen sich hinzu, mit jedem Takt schwillt die Tonfülle an, bis das ganze Orchester mit erschütterndem Unisono in dem über dem D-moll-Dreiklang gespannten Hauptthema losbricht: (folgt Zitat). Jetzt ergibt sich auch die nahe Verwandtschaft jener abgerissenen Motive des Anfangs mit dem Thema. Gleich diesem bewegen sie sich in den Intervallen des tonischen Akkordes durch die Oktaven abwärts, nur, daß die Auslassung der Terz ihnen einen geheimnisvoll unbestimmten Charakter aufdrückte.«

Naiv und falsch aber ist gleich darauf folgendes: »Noch mehr wie hier tritt das in Erscheinung, wenn dieser »Prolog« nach Aufstellung des Hauptthemas in D wiederholt wird.« Wie schlecht orientieren doch diese Worte über den Nachsatz als solchen und über das so ungewöhnliche Ereignis, daß auch mit dem Nachsatz eine Einleitung (»Prolog« nach Grove!) genau so wieder verbunden wird, wie mit dem Vordersatz!

»Auch dort übernehmen die Streicher Thema wie Begleitung, und zu letzterer gesellen sich aufs neue Klarinette und Horn:

Fig. 33.

Diesmal aber antwortet das Hauptthema gewissermaßen als Vorbereitung für das in der gleichen Tonart stehende Seitenthema in B-dur: (folgt Zitat). Zugleich zeigt uns der Tondichter schon mit ein paar aus dem Motiv:

Fig. 34.

gebildeten Takten, wo er mit den Sechzehnteln und ihrem Rhythmus im Hauptthema (siehe Nr. 17a) hinaus wollte, denen er eine besondere Rolle zugedacht hat. Doch biegt er zunächst aus dem kurz angeschlagenen B-dur wieder nach D-moll zurück und führt ein weiteres, kraftvolles Thema, ben marcato mit dem ganzen Orchester ein.« Das so entscheidende Zitat des Notenbeispiels Fig. 33 ist leider nicht vollständig, daher auch falsch und geeignet, den Leser irrezuführen, da die Hörner, worauf es — s. S. 8 — doch so sehr ankommt, eben schon einen Takt früher einsetzen, bevor Vl. I das Motiv bringen; falsch ist ferner, B-dur anzunehmen und sodann ein Zurückbiegen nach D-moll zu behaupten; endlich ist es mindestens unvorsichtig, aus Anlaß der Takte 63ff. schon von einem »weiteren, kraftvollen Thema« zu sprechen.

Weingartner befaßt sich, s. S. 131ff. meistens mit Fragen des Vortrages, die seine Ansichten über die Form mindestens nicht immer ganz deutlich erkennen lassen. So soll denn die zumal heute so akute Frage der Verdoppelungen der Hörner erst an anderer Stelle dieses Werkes zusammenfassend besprochen und hier nur auf jene Stellen eingegangen werden, die irgendwie auf den Bau der Gedanken Bezug nehmen.

So spricht er von dem portamento in den Takten 34—35 mit folgenden Worten: »Als ob eine riesige gespenstische Erscheinung plötzlich wieder von der Erde verschlungen würde, so dünkt mich, sollte der merkwürdige Lauf in den ersten Violinen und Bratschen und das dimin. verstanden werden. Es ist von größter Wichtigkeit, daß unmittelbar nachher dasselbe atemlose pp eintritt, wie am Anfang.« Wie wenig also ahnt er noch den wahren Sachverhalt, dessen Kenntnis allein ihm doch nur auch den wahren Vortrag hätte vermitteln können!

In bezug auf Takt 76—77 meint Weingartner: »Das Hinzutreten der Flöten ist hier keine einfache Verdopplung. Sowohl im Hinblick auf die vorhergehende Phrase dieses Instruments, der gegenüber diese fünf Noten gewissermaßen eine Ergänzung bilden, wie auch im Interesse der melodischen Führung, die ich so auffasse

Fig. 35.

ließ ich die Flöte usw.« Demgegenüber aber ist auf die leider noch immer so verkannte Eigenheit in der Instrumentationstechnik Beethovens hinzuweisen, der zufolge er oft selbst auch nur für allergeringste Teilchen des Motivs bereits Verdoppelungen in Anspruch nahm, so daß er hierin bis zu jener ganz subtilen Technik vordringen konnte, wie sie sogar in seinem Klaviersatz zu finden ist, was hier durch zwei Beispiele aus der Sonate Op. 106, Adagio, bezeugt werden soll:

Fig. 36.

1a.

1b.

oder:

2.

Vergleicht man 1b mit 1a, so sieht man beim 5. Achtel des ersten Taktes eine Verstärkung durch die Oktave, ganz nach jener

Art durchgeführt, wie sie sonst nur bei orchestraler Musik anwendbar ist. Was uns aber das Beispiel in dem obigen Zusammenhange unserer Darstellung bestätigt, ist, daß eine solche Verstärkung, Beethovens Technik gemäß, ganz plötzlich auch an einer Stelle des Motivs einsetzen kann, die für dieses sonst keinerlei entscheidende Bedeutung aufweist.

Um so selbstverständlicher ist dann freilich die orchestrale Technik Beethovens in einem Falle, wie z. B. dem folgenden:

Coriolanouverture, Op. 62.

Fig. 37.

Wer aber, außer eben Beethoven, würde den Mut haben, mit der Verstärkung durch die Flöte just bei einem Durchgangston (wie hier bei der zweiten Halben g) einzusetzen? Anderseits wer darf durch eine so unerwartet eintretende Verstärkung sich soweit irreführen lassen, um den Gang der Melodie mißzuverstehen und diese gar in der Region der Verstärkung fortzusetzen? (Vgl. dazu noch in Beispiel Fig. 67 die Flöte 1 in Takt 4!)

Außerdem lag es noch in einem anderen Prinzip seiner Technik verankert, wenn er die durch die Verdopplung in Anspruch genommene höhere Lage der Flöte nicht so ohne weiteres aufgegeben: aus dem Grunde einer als schlecht empfundenen Wirkung vermied er es nämlich prinzipiell, eine Oktavenregion bloß zur Verdopplung zu verwenden, sie aber nach getaner Schuldigkeit weiterhin unbenützt zu lassen!

Zweiter Gedanke.

(Takt 80—137.)

Bei Takt 80 beginnt der zweite Gedanke. Er besteht aus drei mehr oder weniger selbständigen Tongruppen, die ich hier mit a, b und c bezeichnen will.

Der Teil a umfaßt die Takte 80—87, b die Takte 88—101, endlich c die Takte 102—137.

Teil a.

Takt 80ff. Der Inhalt dieses ersten Teilgedankens ist folgender:

Fig. 38.

und zerfällt, wie man sieht, in zweimal je vier Takte, wobei die letzteren vier Takte überdies nur eine Wiederholung der ersten vier bringen. Der Stufengang bewegt sich nur innerhalb des Wechsels von I—V. Die Kürze des Gedankens ist es hier also einerseits, die naturgemäß zur Fortsetzung anregt; dazu kommt aber anderseits, daß ja auch vom harmonischen Standpunkte aus der Wechsel der I. und V. Stufe allein noch ungenügend und daher der Fortsetzung bedarf.

Teil b.

Takt 88ff. Nun erscheint der zweite Teilgedanke. Will man seinen Sinn aus dem tiefsten Grunde erfassen, so empfiehlt es sich, den Inhalt auf die Linie folgender Hauptpunkte zurückzuführen:

Fig. 39.

Stufen in B-Dur: I — V — VI — III — VI — I♭7 — IV — V (Halbschluß)

Die Form dieses Gedankens zeigt somit einen Habschluß schon im Takt 95, jedoch wird durch Wiederholung und Dehnung der Takte 92—95 — s. oben die eingeklammerten Taktgruppen — eine weitere Verstärkung des Schlusses in den Takten 95—101 herbeigeführt*.

Teil c.

Mit Takt 102 beginnt der dritte Teilgedanke, der, in sich Takt 102 ff.
selbst zweiteilig gegliedert, Vordersatz und Nachsatz aufweist.

Bei Verbrauch der Stufen: I—IV—V wird der Vordersatz, Takt 102—105, aus zwei verschiedenen Charakteren — s. unten bei Fig. 40 die beiden Klammern — wie folgt, zusammengesetzt:

Fig. 40.

Im Nachsatz aber, der mit Takt 106 beginnt, findet bei Takt 106 ff.
sonst strenger Beantwortung des ersten Motivs sofort auch eine Mischung statt, indem als IV. Stufe in Takt 107 der Molldreiklang benützt wird.

Diese Mollunterdominante gibt hinwiederum Veranlassung, Takt 108 ff.
in den Takten 108 ff. eine ♭II-Stufe (phrygische, vgl. Bd. I § 50) folgen zu lassen, nämlich ces—es—ges für c—es—ges in B-moll, so daß nun das zweite Motiv des Vordersatzes — siehe zweite Klammer in Fig. 40 — hier im Nachsatz bereits aus der

---

* Der Analogie halber seien hier zitiert, z. B.: Beethovens Klaviersonate C-moll, Op. 10, Nr. 1, 1. Satz, 2. Gedanke (Es-dur); Op. 106, Adagio, Takt 10—17 und Takt 18—26 usw.

Harmonie einer ♭II-Stufe in B-moll gezogen wird. Freilich hat Beethoven der bequemeren Schreibart halber das Motiv lieber im Sinne von h—dis—fis geschrieben.

Es hätte den Musikern wohl schon längst auffallen sollen, daß das Motiv der zweiten Klammer der Fig. 40 im Vordersatz — Takt 104—105 — eine andere Bogenartikulation aufweist, als später im Nachsatz — Takt 108—109, siehe unten Fig. 41 —: während nämlich dort in je einem Takt je ein Bogen gesetzt erscheint, umspannt hier dagegen nur ein Bogen beide Takte. Eine künstlerische Empfindung, die sich zunächst dieses auffallenden Unterschiedes bemächtigt hätte, wäre dann ohne Zweifel befähigt gewesen, das große Rätsel auch der nachfolgenden Takte 110—113 zu lösen. Was hat man aber nicht alles und Falsches darin gesehen! Und nur gerade auf das eine und einzig Richtige ist man nicht gekommen, daß der Inhalt der letztgenannten Takte doch nichts anderes vorstellt, als eine Vergrößerung des in den vorausgegangenen Takten gegebenen Motivs:

Fig. 41.

Und nun bewundere man auch die Sorgfalt des Meisters, mit der er in den Takten 108—109 das Motiv mit Absicht zunächst einheitlich unter einem Bogen zusammenfaßt, um es sodann desto wirksamer in den Takten 110—113 durch zwei Bogen sozusagen halbieren zu können: Im selben Maße nämlich, als durch Verlängerung des Bogens in den Takten 108 bis 109 das Motiv gleichsam an Ausdehnung gewann, läßt es

in den nachfolgenden Takten auch eine thematische Vergrößerung* zu.

Was den Baß in den Takten 102—103 (und ähnlich später in den Takten 106—107):

Fig. 42.

betrifft, so wird hier vielfach nur ein Schreibfehler des Meisters und statt dessen folgende Fassung:

---

* Analoge Beispiele einer unmittelbar folgenden Vergrößerung findet man z. B. im Finale der IX. Sinfonie, s. unten 1. Abschnitt, T. 198—199:

Fig. 43.

oder in der Ballade As-dur, Op. 47 von Chopin:

Fig. 44.

und ähnlich, nur freilich bereits mit Zugrundelegung einer Schlußsituation, heißt es bei Brahms, Klavierquartett C-moll, Op. 60, Finale:

Fig. 45.

Fig. 46.

angenommen. Mit Unrecht, denn nur der harmonischen Präzision halber sieht Beethoven davon ab, beim ersten Erscheinen des Motivs sogleich auch den Baß mit an der Nebennotenkonstruktion teilnehmen zu lassen, weshalb er denn auch, was er in Takt 102 noch nicht für gut fand, erst im folgenden Takte 103 wagt.

Ähnlich hat man sich denn auch beim Cello in Takt 111 für die originale Fassung, also für:

Fig. 47.

statt:

Fig. 48.

zu entscheiden (s. die mit * bezeichneten Stellen), da auch hier die Nebennote wieder nur der besseren Verdeutlichung des Grundtons H halber vermieden wird, dessen Oktav ja zur selben Zeit gerade der Sopran bringt.

Daß während der Vergrößerung in den Takten 110—113 das Motiv des Taktes 102, oder besser gesagt, nur der Rhythmus desselben:

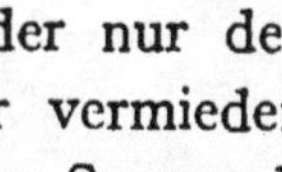

in den tieferen Stimmen fortbenützt wird, ist wohl kaum zu übersehen.

Takt 116ff. Bei Takt 116 hat man sich einen Stufenwechsel zu denken, und zwar ist es hier die V. Stufe, die auf die ♭II-Stufe folgt.

Deutlich ausgeprägt ist die Dominante vollends in Takt 120, von wo ab sie bis zum Eintritt des Schlußgedankens, also bis Takt 132, als ausschließlich herrschend anzunehmen ist: Welche Weite der Stufe!

In den Gängen der Takte 116—119 wird ein Sekundenmotiv erzeugt, das folgende Wandlungen besteht: Zunächst nimmt es in den Takten 116—119 den Rhythmus von Achteln an:

Fig. 49.

um in den Takten 120—127, wie folgendes Bild zeigt:

Fig. 50.

bereits eine Vergrößerung zu erreichen, da Fig. 50 offenbar für:

Fig. 51.

genommen werden muß.

Andererseits aber zeigt die Figur 50, wie an den beiden ersten Sechzehnteln zu sehen ist, zugleich auch eine Verkleinerung. Eben diese Verkleinerung beherrscht nun die Takte 128—129, um in Takt 130 endlich zu folgender Steigerung zu führen:

Fig. 52.

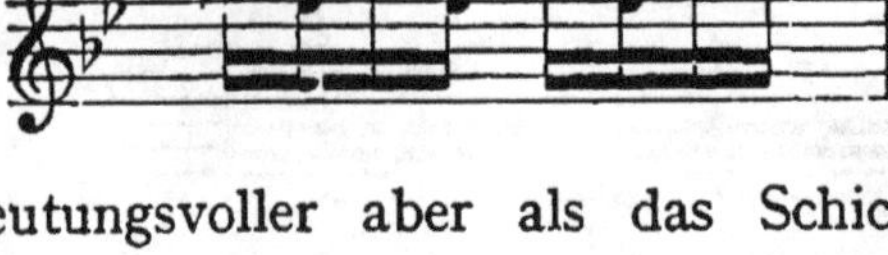

Weit bedeutungsvoller aber als das Schicksal des hier Takt 120 ff.
soeben angeführten Sekundenmotivs ist das jenes Terzmotivs, das zum ersten Mal in Takt 120 bei Fl. I auftritt:

Fig. 53.

Wer würde wohl schon an dieser Stelle vermuten, daß das Motiv, welches, wie folgende Figur zeigt:

Fig. 54.

zunächst bescheiden bloß als Füllsel, fast nur als Verlegenheitsprodukt sich gibt, dennoch — siehe später Takt 138 — bereits den Keim des von Ausdruck so überquellenden Schlußgedankens vorstellt!!

Schon in Takt 128 erscheint das Terzmotiv um zwei Sechzehntel früher:

Fig. 55.

was aber, wie man sieht, doch sicher nur mit der Verkürzung des Motivs bei den Violinen zusammenhängt. In den Takten 130—131 scheint es indessen, als würden beide Motive, das Sekund- und Terzmotiv, mit einander ringen, da die Fassung der Violinfigur beide Lesarten zuläßt:

Fig. 56.

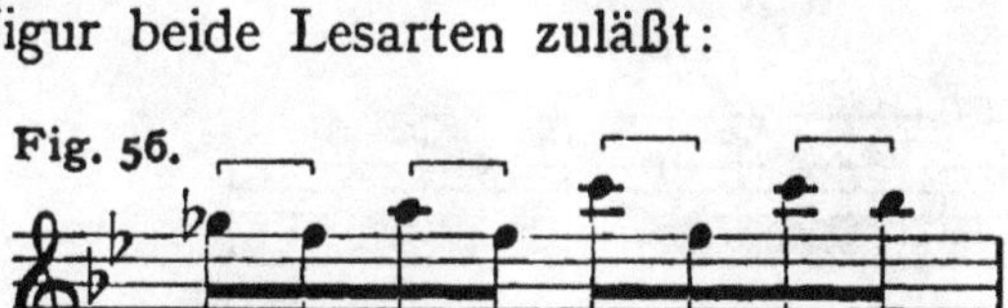

In den nachfolgenden Takten 132—137 aber ist es das Terzmotiv allein, das bei den Bässen in Form eines Dezimsprunges

— vgl. darüber »Neue musikalische Theorien und Phantasien«, Bd. II[1] S. 122 — endlich den Sieg behauptet! Und in weiterer Konsequenz ist es schließlich eben wieder das Terzmotiv, das in Takt 138 bei der Oboe als Hauptmotiv des Schlußgedankens selbst hervorbricht! Daß indessen in den Takten 132—137 bei den Oboen (und in Figurierung auch bei den Violinen) das Motiv des Taktes 20 als Kontrapunkt gegen das Terzmotiv der Bässe verwendet wird, darf über den wahren Sachverhalt nicht mehr irreführen.

Jedoch verdient eben dieser Kontrapunkt aus einem anderen Grunde volle Beachtung. Vergegenwärtigen wir uns nämlich einen Abriß der erwähnten Takte:

Fig. 57.

so fällt uns gleich ins Auge, daß im Vortrage des in 32tel Figurierung aufgelösten Motivs Vl. I und Vl. II alternieren und zwar so, daß die ersteren vorausgehen. (Die Verstärkung der Vl. I. durch Violen in der tieferen Oktave ändert daran gar nichts.) Dieses Alternieren geht in den 6 Takten nun eben dreimal vor sich, wird aber überdies mit einer Abwechslung auch der Oktaven verbunden, in denen die einzelnen Einsätze erfolgen.

Der Verlauf ist im speziellen folgender: In den ersten beiden Takten d. i. in Takt 132—133 bleiben Vl. I und II mit ihren

Einsätzen (es^2 und f^2) in derselben zweigestrichenen Oktave. Beim nächsten Taktpaar, d. i. in Takt 134—135 tritt differenzierend bereits der erwähnte Lagenwechsel hinzu: der Einsatz der Vl. I erfolgt in der zweigestrichenen, der der Vl. II in der eingestrichenen Oktave. Dabei bleibt es nun auch in dem nachfolgenden Taktpaar 136—137: Vl. I setzen mit b^2 in der zweigestrichenen, Vl. II aber (bei Ausschaltung des Oktavenwechsels käme wohlgemerkt jetzt c^3 an die Reihe) mit c^2 in der tieferen Lage ein.

Nun fällt es aber auf, daß im letzten Takt, d. i. in Takt 137, den Vl. II sich gleichwohl auch Vl. I in der höheren Oktave verstärkend anschließen, und daß dabei der Anschluß nicht, wie man es etwa erwarten müßte, mit a^2 (als dem ersten 32tel des zweiten Achtels), sondern überraschenderweise und scheinbar nur unnatürlich und grotesk mit a^1 erfolgt. Wie ist nun, frage ich, dieses Verfahren des Meisters zu erklären? Nun denn, in diesem Takt stand Beethoven vor dem Problem, zwei verschiedenen kompositorisch-technischen Notwendigkeiten gerecht zu werden, zwischen denen aber im Interesse der einheitlichen Wirkung ein Kompromiß geschlossen werden mußte:

So galt es in erster Linie die Konsequenz zu ehren und dem in den Takten 134—135 eingeleiteten Prinzip der Oktavenabwechslung auch in den Takten 136—137 die Fortsetzung zu geben; in diesem Sinne also mußte den Vl. II prinzipiell die tiefere Lage gewahrt bleiben.

In zweiter Linie mußte der Meister zugleich darauf bedacht sein, die 6taktige Gruppe (Takt 132—137) mit einer letzten Steigerung abzuschließen, welche Wirkung bekanntlich nur durch Verstärkungen in höheren bzw. tieferen Lagen erzielt werden kann; es mußten daher Vl. I zur Verstärkung der Vl. II herangezogen werden. (In den beiden letzten Achteln des Taktes beteiligen sich an der Steigerung außerdem noch die Violen.)

Der Einsatz der Vl. I mit a^1 ist nun jenes technische Auskunftsmittel, womit Beethoven in genialster Weise den Ausgleich

der widerstreitenden Interessen erzielt. Die Wirkungen jenes Einsatzes sind nämlich folgende:

Erstens wahrt a^1 bei den Vl. I das Recht der tieferen Oktave, die auch in Takt 137 die führende bleiben soll, und wenn auch gleich darauf durch den Sprung zu b^2 und die Fortsetzung der 32stel in der höheren Oktave dem Interesse der tieferen scheinbar widersprochen wird, so genügt gleichwohl a^1 schon allein, um das Prinzip der Oktavenabwechslung in seiner Wirkung aufrecht zu erhalten.

Zweitens präludiert a^1 vermöge seiner Lage dem ersten Achtel des nachfolgenden Taktes 138, nämlich dem b^1, durch welchen Zusammenhang verhütet wird, daß der letztgenannte Ton ursplötzlich und klanglich ganz unvorbereitet in Erscheinung tritt!

Um diese beiden Wirkungen zu verstehen, ist es ratsam, die von Beethoven vermiedene Setzweise sich zu vergegenwärtigen:

Fig. 58.

Nun hat man wohl alle Ursache darüber zu staunen, was unter Umständen ein 32stel im Tonleben bewirken kann. Welch geistige Energie und welche Subtilität des Ohres müssen unserem Meister zugestanden werden! Im Verlaufe dieses Werkes werde ich noch wiederholt Gelegenheit haben, auf ähnlich tiefsinnige Stimmführungen und Konstruktionen hinzuweisen; leider aber zugleich auch darauf, wie oft sie, gerade wegen der Tiefe, mißverstanden wurden und werden. Der Verlegenheit, solcher Schwierigkeit Herr zu werden, bot sich willig ein sehr bequemes Auskunftsmittel: Man stellte eben, bloß weil man den Grund seiner Schreibweise weniger kannte, als davon wußte, daß er taub gewesen, als letzte Ursache all jener vermeintlichen Unebenheiten einfach — die Taubheit des Meisters hin!

Vortrag.

Takt 80—83. Man hüte sich, das *markato*-Zeichen beim jeweiligen vierten Achtel einfach nur durch äußerlich physischen Nachdruck, wie man es in den Aufführungen leider fast regelmäßig zu hören bekommt, zu erledigen, sondern interpretiere es vielmehr im Sinne einer zarten, fast empfindsamen Betonung des schwachen Taktteils) mit feinstem psychischen Ausdruck, ähnlich wie man z. B.

Fig. 59. Schubert, Streichquartett A-Moll, Andante.

vorträgt.

Man denke sich doch, um den richtigen Ausdruck zu finden, die Figur zunächst *legato*, also wie folgt artikuliert:

Fig. 60.

Kraft eines unumstößlich geltenden Vortragsgesetzes nun — siehe bei Ph. Em. Bach: drittes Hauptstück § 21 S. 88: »Die in Fig. V

Fig. 61.

befindlichen Noten spielt man so, daß der Anfang des Bogens mit dem Finger einen kleinen Druck kriegt« — käme dann den Achteln ein feinabgewogener Druck zugute. Hat man sich letzteren erst nur sicher angeeignet, so lasse man getrost

die Legatobogen weg und behalte auf den Achteln eben nur mehr den Druck allein bei! (Man übersehe doch auch nicht, daß ja eine ähnliche *legato*-Artikulation, als wäre nur sie die längst ersehnte und im Grunde allein vorbestimmte, in den gleich darauffolgenden Takten 84ff. endlich wirklich in Erfüllung geht!)

Takt 84—87. Hier ist dringend die von Beethoven selbst so orientierend gesetzte Anweisung < > als Wegweiser zu beachten! Um die Spieler zu einem ausdrucksvollen Vortrag der hier so melodisch gedachten Sechzehntel durchaus zu zwingen und den Fluß des Gedankens mit Sicherheit über die Hindernisse der Achtelpausen hinwegzuführen, wodurch allein erst der Eindruck einer Variation gegenüber der vorausgegangenen Taktgruppe 80—83 erzielt werden kann, hat Beethoven die hier in Frage kommenden vier Takte eigens mit < > zu einer geschlossenen Einheit auf dynamischer Basis gebändigt. Möchten doch endlich die Dirigenten begreifen, wie sehr in diesem Falle die Herstellung einer solchen mindestens vom Standpunkt der Dynamik sozusagen unteilbaren Einheit schließlich wohl auch mit die melodische d. i. geistige Einheit jener Takte 84—87 einfach durch Vortäuschung und Assoziation binden muß*! Braucht man ja blos einen Vortrag, wie etwa den folgenden zu vermeiden:

Fig. 62.

um, bei nur geringer Energie, die gewünschte richtige Wirkung zu erzielen, die die größere Einheit zum Ausdruck bringt.

Takt 88ff. Als Symbol der inneren Einheit der Takte 88—95 behalte man die oben dargestellte fallende Linie fest im Auge

* Vgl. hierzu die so verkannte *cresc.*-Anweisung in Takt 4—5 des Variationenthemas *(Andante molto cantabile ed espressivo)* aus der Klaviersonate op. 109!

(Fig. 39). Vor allem suche man eben nur jene zum Ausdruck zu bringen und scheue sich nicht, mit dem *cresc.* etwa in den Takten 94—95, zugleich ein *stringendo* zu verbinden, welchen Zeitvorsprung man dann aber durch eine entsprechende Kunstpause vor Beginn des Taktes 96 einzuholen hat.

Die Artikulation der Sechzehntelfiguren von Takt 92 ab begegnet im Vortrage besonderen Schwierigkeiten. Wie wird doch, trotz des Legatobogens vom schwachen zum starken Taktteil, die gesamte Folge meistens leider ohne jeden Ausdruck und fast so, als wäre sie einfach eine Tonleiter oder wiese nur eine normale Artikulation auf, heruntergespielt! Gerade sie aber fordert an dieser Stelle einen besonders ausdrucksvollen Vortrag — zumal es offenbar ist, daß das in Sekunden fallende Melos der Takte 88—92, dem starken Ausdruck doch sicher nicht abzusprechen ist, Anregung nun wohl auch zur Fortsetzung der fallenden Sekunden in veränderter rhytmischer Form, d. i. in Sechzehnteln gegeben hat. Zum gewünschten Ziele dürften hier sowohl die Ausführung des vorgeschriebenen *cresc.*, als die Befolgung der soeben sub Takt 80 erwähnten Vortragsregel, (wonach im Falle einer Bindung von zwei Tönen der erste einen Druck erhält) wohl von selbst führen.

Ob man sich an dieser Stelle nicht noch außerdem des so wirkungsvollen Mittels bedienen sollte, mit zunehmendem *crescendo* und Tempo die Bogenstriche der Streicher länger und immer länger werden zu lassen, bleibe dem Experiment der Dirigenten überlassen.

Takt 110. Die Vergrößerung hat nach Art nur einer Paranthese und gleichsam echomäßig — s. *pp*! — vorgetragen zu werden; daher hat als Hauptinhalt selbstverständlich vor allem sie selbst, nicht aber (wie man es leider zu hören gewohnt ist) der, trotz thematischer Beziehung, bloß nebensächlich begleitende Rhythmus bei den Violen und Celli in den Vordergrund zu treten! Und in weiterer Konsequenz setze man

bei Takt 114 den Inhalt fort, so, als hätte er unmittelbar an Takt 109 angeknüpft, d. h. als wäre die Vergrößerung gar nicht erst dazwischen getreten! Daß solches überhaupt unausführbar wäre, wende man doch ernstlich gar nicht ein, denn eine streng auf die erforderliche Wirkung gerichtete Absicht erhält sicher den Lohn der Erfüllung.

Takt 116ff. *Sempre pp*, die eigene Anweisung Beethovens, die übrigens in Takt 120 ausdrücklich wiederholt wird, bedeutet tiefste Spannung und Erwartung. Mit dem Worte »atemlos« bezeichnet man bekanntlich jenen Zustand des Horchens, in dem alle Nerven des Horchenden vom Subjekt losgelöst, ausschließlich nur auf das Objekt, auf die Erzählung, gerichtet sind. Mit einer ähnlichen Atemlosigkeit haben wir nun auch hier von der Gegenwart uns loszulösen und in die Zukunft zu starren, gleichsam nur dessen begierig, was diese uns wohl bringen mag. Alle Akzente und Drucknüancen müssen daher auf ein Minimum reduziert werden, und ähnlich, wie in harmonischer Hinsicht schon von Takt 120 ab nur die eine Stufe, nämlich die V., förmlich auf die Tonika zu lauern scheint, die aber erst in Takt 138 kommen soll, hat ebenso nun auch aller melodische Inhalt als eine große, gleichsam unter einem einzigen, eben 18 Takte umfassenden Bogen dahinrollende Masse nur dem einen Trieb zu gehorchen, dem Trieb nach der Zukunft des Schlußgedankens!

Gleichwohl widme man in den Takten 120—129 Beachtung auch dem leisen Gegensatz von ges und g zu Beginn der Violinfiguren, indem man nämlich durch verschiedene Färbung beider Töne auch deren Verschiedenheit ins Licht rückt.

Noch mehr aber und zwar trotz des *sempre pp* sei durch folgenden Vortrag:

Fig. 63.

die erste Aufmerksamkeit auf das Terzmotiv der Flöte gelenkt. Empfiehlt sich solcher Vortrag schon aus dem Grunde der oben bereits mehrfach erwähnten Regel, weshalb unter allen Umständen so zu spielen:

Fig. 64.

durchaus falsch wäre, so tritt als ein noch stärkerer Grund für die in Fig. 63 dargestellte Vortragsart der Umstand ein, daß ja das Terzmotiv Keim des Schlußgedankens ist.

Und auch in der Folge widme der Dirigent dem oben dargestellten Schicksal des Terzmotivs seine größte Teilnahme, insbesondere in den Takten 132ff., wo das Motiv bei den Bässen (KB., Vcell. und Fag. I und II) zu finden. Hier dränge er, trotz der thematischen Bedeutung des Motivs und trotz dem *f*, die Oboen sowie die Vl. und Bratschen um einiges zurück und gebe statt dessen dem Terzmotiv, das hier in Dezimverwandlung auftritt, jenen *espressivo*-Ausdruck, der allein auf den Schlußgedanken vorzubereiten vermag! Dazu gehört aber freilich eine Schattierung, wie etwa die folgende:

Fig. 65.

usw.

die dem *sf*-Akzent die überragende Dynamik sichert.

Literatur.

Nottebohm teilt auf S. 164—165 mit, daß Beethovens folgendes Motiv:

Fig. 66.

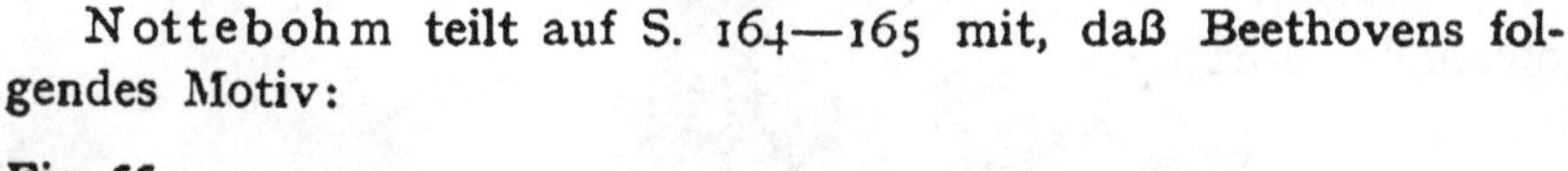

erst im Skizzenheft aus dem Sommer oder Herbst des Jahres 1822 zu finden ist. Über die übrigen Motive aber, die im zweiten Gedanken noch außerdem auftreten, scheinen ihm die Skizzenbücher offenbar keinen Aufschluß gegeben zu haben.

Richard Wagners Verdienste um Beethoven bedürfen nicht erst einer weitläufigen Anerkennung. Was an künstlerischen und agitatorischen Kräften in ihm lag, stellte er speziell Beethoven jederzeit mit größter Begeisterung zur Verfügung. Vielfach und unter verschiedenen Gesichtspunkten hat er in mehreren Schriften seine Beziehung zu Beethoven formuliert. Gleichwohl hat gerade ihm dabei das Schicksal einen bitteren Streich gespielt, denn was und wie er auch über Beethoven dachte, unbewußt und unwillkürlich mündeten alle Gedanken in jenes künstlerische Ziel, das ihm als sein eigenes vorschwebte. Er ging aus, um Beethoven zu suchen, und fand doch immer wieder nur sich selbst. Es war ein tragischer und vielfach verhängnisvoller Circulus vitiosus, in dem er sich gleichsam von sich selbst aus auf dem Umweg über Beethoven wieder zu sich selbst zurückbewegte. Nichts kann die Wahrheit des so unglücklich glücklichen Verhältnisses Wagners zu Beethoven besser demonstrieren als speziell des ersteren Gedanken über die IX. Symphonie, der er bekanntlich eine ganz besondere Sorgfalt in Schrift und Tat zuwandte. Gerade jene Gedanken zeigen, wie wir gleich sehen werden, zwischen der künstlerischen Anschauung und Praxis Beethovens und Wagners eine Kluft, wie sie tiefer und unüberbrückbarer nicht gedacht werden kann. Die Feststellung dieser Tatsache lehrt uns aber den Verlauf, den die Musikgeschichte im 19. Jahrhundert genommen hat, endlich ganz anders begreifen und beurteilen, als man es sonst getan! —

Der leitende Gesichtspunkt und die ständige Sorge Wagners war die »Deutlichmachung des Melos.« So schreibt er in seiner Abhandlung »Zum Vortrag der neuesten Symphonie Beethovens« wie folgt: »Es fehlte diesen Werken (er meint die Beethovens) an Deutlichkeit der Ausführung, weil die Hervorbringung dieser Deutlichkeit nicht mehr, wie bei Haydn und Mozart, in dem verwendeten Organismus des Orchesters gewährleistet war, sondern einzig durch die, bis in das Virtuosenhafte gehende musikalisch geniale Leistung der einzelnen Instrumentisten und ihres Dirigenten ermöglicht werden konnte . . . . . . Diese Deutlichkeit beruht nun, meines Erachtens, auf nichts anderem, als auf dem drastischen Heraustreten der Melodie. Schon an einem anderen Orte wies ich darauf hin, wie es französischen Musikern eher als deutschen

möglich ward, das Geheimnis der Schwierigkeit der hier nötigen Vortragsweise aufzudecken: nämlich, weil sie, der italienischen Schule angehörig, nur die Melodie, den Gesang, als Essenz aller Musik erfaßten ... Indem ich mich aber jetzt vorzüglich dem Beethovenschen Orchester wieder zuwende, kann ich, gerade um des Prinzipes der Sicherstellung der Melodie willen, einen fast unheilbar dünkenden Übelstand desselben nicht ohne nähere Beleuchtung lassen, weil ich hier keine noch so geistig wirksame Virtuosität für fähig erachten kann, gegen die Verletzung jenes Prinzipes Abhilfe zu leisten.«

An sich ist solche Liebe zum Melos eine gewiß nur zu natürliche Voraussetzung, denn welcher Komponist schriebe seine Gedanken mit der widernatürlichen Tendenz, sie dem Bewußtsein des Zuhörers zu — entrücken? Somit war Wagner, wenn er in seinen Schriften vor allem und dringend auf die Notwendigkeit einer Deutlichmachung des Melos hinwies, sicher im Rechte. In bezug aber darauf, was in der absoluten, speziell in der symphonischen Musik das Melos überhaupt bedeute, und wie es im Sinne deutschen Empfindens stilistisch, und speziell wieder in der Symphonie zu behandeln sei, gerade darüber hatte er leider eine andere Anschauung als Beethoven. Die hiefür aus Anlaß der IX. Symphonie sich darbietenden Beweise führen schon ganz allein zu dem berechtigten Schlusse, daß die Deutlichkeit, wie sie Wagner anstrebte, Erfordernis wohl eines theatralischen, nicht aber des symphonischen Stils sein kann. Das Theaterblut in Wagner war es, das ihn dazu bestimmte, alle Deutlichkeit nur so zu verstehen, wie es eine tausendköpfige Menge zu hören begehrt, der eine feinere Ohrkultur nicht zuzumuten ist. Dem Publikum des Theaters muß das Melos sozusagen »obenauf« gesagt werden, und es versagen vor ihm alle höheren unaufdringlichen Künste der Musik, selbst auch dann, wenn sie das Melos sicherstellen. Auf die Theatermenge muß aufs drastischeste eingewirkt werden, schon weil das ewige Gesetz der Menge als einer solchen es erfordert. Anders aber außerhalb des Theaters vor der absoluten Musik, wo das psychologische Prinzip der Menge entfällt.

Ein Beispiel das der VIII. Symphonie angehört, soll uns hier zunächst in die Frage einführen und die Verschiedenheit beider Prinzipien und Stile klarlegen.

So schreibt Wagner in seiner oben erwähnten Abhandlung an einer Stelle: »Von diesem Verfahren, zu dessen Auffindung der große Beethoven allerdings, wie zu jeder anderen wahrhaften Er-

findung nicht minder, erst hingeleitet hat, ist jedoch in keiner Weise die Rede, wenn die unläugbaren Hindernisse für die Verständlichkeit der Melodie besprochen werden, deren Hinwegräumung wir jetzt in das Auge fassen wollen. Vielmehr ist es ein störender, wie zufällig nur eingestreuter Schmuck, den wir in seiner schädlichen Wirkung verblassen machen möchten. So entsinne ich mich nie, den Anfang der achten Symphonie (in F) gehört zu haben*, ohne im sechsten, siebenten und achten Takte durch das unthematische Hinzutreten der Hoboe und der Flöte über dem melodischen Gesang der Klarinette im Erfassen des Themas gestört worden zu sein; wogegen die vorausgehende Mitwirkung der Flöten in den vier ersten Takten, trotzdem sie ebenfalls nicht genau thematisch ist, das Verständnis der Melodie nicht verhinderte, weil diese von den starkbesetzten Violinen hier im Forte zur eindringlichen Deutlichkeit gebracht worden ist?« So bekennt also Wagner ganz deutlich, daß Oboe und Flöte in den genannten Takten ihn vom Erfassen des thematischen Inhaltes abgelenkt haben, woraus folgt, daß er eines besseren Verständnisses halber das Melos offenbar lieber obenauf gesehen hätte.

Nun muß aber dagegen das Beethovensche Prinzip erklärt werden. Da die Klarinette im fünften Takt einsetzt und die

---

* Hier sind die Takte 5—8 gemeint:

Fig. 67.

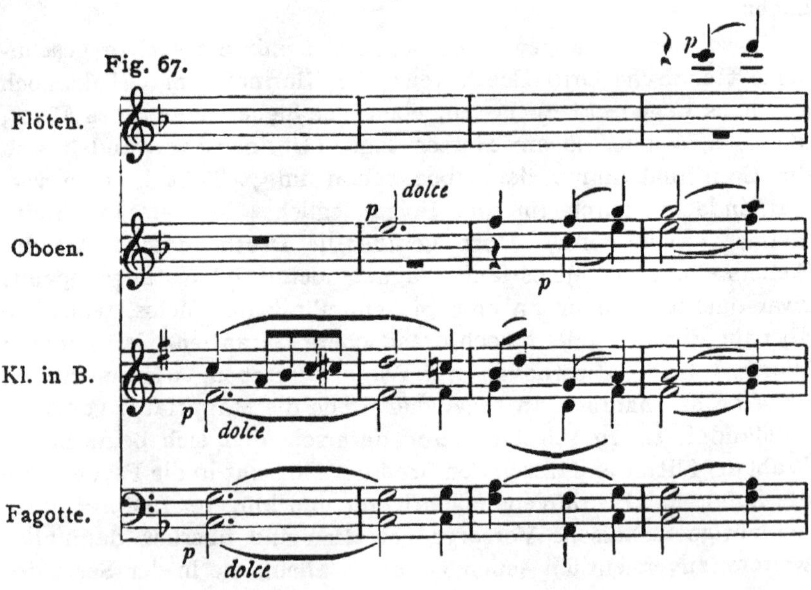

Fortsetzung des vorausgegangenen Inhaltes bringt, ohne aber noch in demselben Takte in der Rolle eines melodieführenden Instrumentes durch die anderen, die blos begleiten, beeinträchtigt zu werden, so heftet sich das Ohr des Zuhörers ganz unwillkürlich eben nur an die Klarinette, der es bis auf weiteres nun zu folgen bereit ist. Gleich günstig bleibt die Situation im nachfolgenden sechsten Takte, trotzdem daselbst bereits die Oboe, wie Wagner sich ausdrückt »unthematisch« hinzutritt. Gewiß sind die Töne der Oboe hier zunächst nur als eine continuale d. i. bloß füllende Stimme aufzufassen, (Wagners neutrales Wörtchen »unthematisch« ist denn doch vom wahren Begriff zu weit entfernt); im selben Maße indessen, als es ohne Zweifel ausgeschlossen ist, daß unser Ohr an das letzte Achtel (h^1) der Klarinette in Takt 5 ohne Hindernis das e^2 der Oboe in Takt 6 als melodische Fortsetzung anknüpfe, entfällt zugleich die Gefahr, daß die Klarinette über dem Hinzutritt der Oboe und später der Flöte ihre führende Rolle auch in den nachfolgenden Takten je einbüßen könnte. Ein Anderes und Schlimmeres wäre es freilich gewesen, wenn Beethoven die Klarinette eben schon im 5. Takte durch füllende Stimmen erdrückt hätte; nun hat er es aber mit sicherem Instinkt vermieden, einen solchen Fehler zu begehen, und so kommt es denn ganz natürlich, daß wir auch in die Takte 6 und 7 hinein der Klarinette folgen, bei der allein wir doch die weitere Spur des Melos zu erwarten haben.

In solcher Art angewendet bedeutet somit der soeben geschilderte technische Griff Beethovens, die Klarinette im 5. Takt noch durchaus ungedeckt zu lassen, eben jene Sicherstellung des Melos, die auch Wagner so am Herzen lag. (Übrigens verwandelt sich die Continualstimme der Oboe schon im 7. Takt in eine verstärkende, wodurch für die Folge jegliches Mißverständnis im Keime erstickt wird.) Doch gerade die Beethovensche Art der Sicherstellung des Melos fand Wagner noch durchaus ungenügend: zwar dachte auch er an eine Sicherstellung des Melos, wünschte aber für dieses offenbar noch drastischere Garantien. Mit anderen Worten: beide, Beethoven wie Wagner, streben, wie ersichtlich, dasselbe an, nämlich an gegebener Stelle die Hauptfabel vor Mißverständnissen zu schützen; nur unterscheiden sich beide in der Wahl der Mittel und durch den Grad der Einsicht in die Psychologie des Zuhörers. Beethovens mächtigerer und klügerer Instinkt hatte die nötige technische Vorsorge getroffen und überließ dann alles weitere zuversichtlich jenen Gesetzen allein, die in der Seele des

Zuhörers so unfehlbar wirken. Der Theatermensch Wagner dagegen, der der Sicherheit der Instinkte und der Technik entbehrte, war in steter Sorge um die Aufnahmsfähigkeit der Zuhörer, und so drängte es ihn, alles überhaupt nur mögliche aufzubieten, um sie zur Gefolgschaft geradezu zu zwingen. Dort bei Beethoven: Sicherheit der Mittel, sicheres Ruhen der Technik in sich selbst und Unbekümmertheit um das persönliche Verhältnis des Zuhörers; hier bei Wagner: Unterschätzung durchaus zuverlässiger technischer Mittel und als Folge davon Gewaltsamkeit im Erzwingen überflüssiger Deutlichkeitsgrade. Man darf wohl im Gegensatz zur Beethovenschen Art diejenige Wagners eher als eine dem italienischen Charakter verwandte — wie naiv verriet doch diesen Sachverhalt das erste Zitat! — bezeichnen; d. h. die Deutlichkeit des Melos, wie sie Wagner suchte, gründet sich auf das drastische Opern-»Obenauf,« wie es das oberflächliche Naturell der Italiener zum Gesetz ihres Opernstils gemacht hat. Mit solchen im strengeren Sinne doch nur italienisch zu nennenden Anschauungen trat also Wagner auch an die IX. Symphonie heran, und die stärksten Gegenbeweise, die Beethoven in seiner Partitur aufhäuft, vermochten nicht, ihn vom Irrtum zu befreien. Viele Stellen der Symphonie sind es, die er, aus diesem oder jenem Grunde, mit diesen oder jenen Mitteln deutlicher zu machen wünschte, als sie uns Beethoven selbst hinterlassen. Von der Ansicht ausgehend, daß für die Zukunft der musikalischen Kunst kaum etwas von so hervorragender Bedeutung sein kann, wie die Einsicht in diesen Abstand Wagners von Beethoven, will ich im Verlaufe dieses Werkes sämtliche Abänderungsvorschläge sowie Vortragsnüancen auf ihre Gründe prüfen, wobei ich sie allerdings, statt in der Ordnung, wie sie Wagners Abhandlung zeigt, in der Reihenfolge der betreffenden Stellen der Partitur, denen sie gelten, anführen werde.

So leitet Wagner seine Vorschläge zur Ausführung der Takte 96 ff. folgendermaßen ein: »Wenn wir gehörig erwägen, von welcher einzigen Wichtigkeit es bei jeder musikalischen Mitteilung ist, daß die Melodie, werde sie uns durch die Kunst des Tondichters auch oft nur in ihren kleinsten Bruchteilen vorgeführt, unablässig uns gefesselt halte, und daß die Korrektheit dieser melodischen Sprache in gar keiner Hinsicht der logischen Korrektheit des in der Wortsprache sich gebenden begrifflichen Gedankens nachstehen darf, ohne uns durch Undeutlichkeit ebenso zu verwirren, wie ein unverständlicher Sprachsatz dies tut, so müssen wir erkennen, daß nichts der sorgfältigsten Mühe so wert ist, als die versuchte Aufhebung der

Unklarheit einer Stelle eines Taktes, ja einer Note in der musikalischen Mitteilung eines Genius, wie des Beethovens, an uns; denn jede noch so überraschend neue Gestaltung eines solchen urwahrhaftigen Wesens entspringt einzig dem göttlich verzehrenden Drange, uns armen Sterblichen die tiefsten Geheimnisse seiner Weltschau unwiderleglich klar zu erschließen. Wie man also einer dunkel erscheinenden Stelle eines großen Philosophen nie vorübergehen soll, ehe sie nicht deutlich verstanden worden ist, und wie man, wenn dies nicht geschieht, beim Weiterlesen durch zunehmende Unachtsamkeit in das Mißverständnis des Lehrers geraten muß, so soll man über keinen Takt einer Tondichtung, wie der Beethovens, ohne deutliches Bewußtsein daran hinweggleiten, es sei denn, daß es uns nur darauf ankomme, zu ihrer Aufführung etwa so den Takt zu schlagen, wie dies gemeinhin von unseren wohlbestallten akademischen Konzertdirigenten geschieht, von deren Seite ich mich aber trotzdem darauf gefaßt mache, wegen meiner soeben mitgeteilten Vorschläge als eitler Frevler an der Heiligkeit des Buchstabens behandelt zu werden. Trotz dieser Befürchtung kann ich es aber nicht unterlassen, an einigen Beispielen noch den Nachweis dessen zu versuchen, daß durch eine wohlüberlegte Abänderung der Schreibart hie und da dem richtigen Verständnisse der Intention des Meisters förderlich geholfen werden kann.«

Unschwer erkennen wir darin zunächst denselben Gedanken wieder, den das zuerst gebrachte Zitat ausdrückt; nun hören wir, was er zum Vortrag selbst an Nuancen sachlich vorschlägt: »In diesem Bezug habe ich zunächst noch einer, der Intention nach richtigen, in der Ausführung jedoch eben diese Intention unklar machenden dynamischen Vortrags-Nüance zu erwähnen .... Ich habe nun gefunden, daß das mit dem zweiten Einsatze der Bläser zugleich auch für die mit der Gegenbewegungsfigur aufsteigenden Streichinstrumente vorgeschriebene crescendo der geforderten entscheidenden Wirkung des più crescendo der Violinen des dritten Einsatzes schädlich ward, da es die Aufmerksamkeit zu früh von dem, in den Blasinstrumenten hiergegen zu schwach behaupteten, vorzüglich melodischen Gedanken ablenkte, zugleich auch dem thematischen Auftreten der Violinen das charakteristische Merkmal dieses Ganges, eben das erst noch folgende crescendo, erschwerte. Diesem, hier nur noch zart sich bemerklich machenden Übelstande wäre allerdings durch dasjenige diskrete poco crescendo, welches leider unseren Orchesterspielern fast noch ganz unbekannt ist, dem più crescendo aber notwendig vorauszugehen

hat, vollständig abzuhelfen, weshalb ich diese so richtige dynamische Vortragsnüance, durch ausführliche Besprechung dieser Stelle, zur besonderen Übung und Aneignung empfohlen haben wollte.«

Eine Kritik dieser Gedanken ergibt sich von selbst aus der Klarlegung jener Prinzipien, die Beethoven an dieser Stelle geleitet haben. In den Takten 92—93 sehen wir bei den Vl. I und Vl. II das Motiv, dessen Herkunft oben gezeigt wurde, in ungestörter Klarheit gesetzt und zugleich in einer Lage, die das Ohr schon durch ihre Höhe sicher anzieht. Indem er somit gerade hier, wo das Motiv zum ersten Male auftritt, alles unterlassen, was die Deutlichkeit desselben hätte gefährden können, so war damit alles getan, was für die Sicherstellung des Melos nur irgend zu tun nötig und möglich war. Unter ebenso günstigen Umständen wird dann auch in den korrespondierenden Takten 96—97 das Melos den Klarinetten I und II anvertraut. Durch diesen doppelten Akt künstlerischer Vorsicht und Klugheit war nun das Motiv derart sicher gestellt, daß der Meister, dem Prinzip der Mannigfaltigkeit und des Kontrastes gehorchend, mit größter Zuversicht nunmehr wagen durfte, das Melos in den nachfolgenden Takten bereits einigermaßen zu verhüllen und in diesem Sinne einer Belastung auszusetzen, ohne befürchten zu müssen, daß darüber der Zuhörer den Zusammenhang und die Fortsetzung verlöre! So verstärkt er in den Takten 98—99 das Motiv der Klarinetten zugleich durch die Flöte II in einer höheren Oktave, während das Emporführen einer Gegenstimme im Takt 99, wie folgendes Bild zeigt:

Fig. 68.

den Violinen I ermöglicht, in Takt 100 jene Höhe zu erreichen, in der sie den erforderlichen Anschluß an Flöte II gewinnen; außerdem hält in den Takten 98—99 Flöte I den Ton g^3 aus, womit sie eine füllende Stimme schafft. Somit steht die Sache auch hier genau so, wie in dem ersterwähnten Beispiel aus der VIII. Symphonie: da die von Wagner als allzustark und daher schädlich empfundenen Belastungen hier wie dort doch erst nur nach völliger Sicherstellung des Melos in Frage kommen, so vermögen sie das Ohr des Zuhörers von dem wahren Wege durchaus nicht mehr abzulenken. Und so besteht denn kein Zweifel, daß gerade die gelinde künstliche Verhüllung auf das Ohr tiefere künstlerischere Wirkungen ausübt, während dagegen ein Fortsetzen der immerzu nackt bleibenden Technik, wie sie die Takte 92—93 und 96—97 zeigen, in der Folge umgekehrt den Eindruck der Monotonie hätte hervorrufen müssen! Wenn nun Wagner den Streichern in den Takten 98—99 ein discreteres poco cresc. empfiehlt, so mag man ja diesen Vorschlag ohne weiteres gelten lassen, zumal es unter Umständen zu demselben Ergebnis führen würde, wenn umgekehrt Flöte II und die beiden Klarinetten zu einem charaktervolleren Vortrag angehalten würden! Verstehen sich doch übrigens ähnliche Schattierungen der Dynamik von selbst und in der Hand des Dirigenten liegt es ja, nach Bedarf Gegenstimmen eventuell dynamisch zurücktreten zu lassen. Wie denn überhaupt die Grade der vom Autor vorgeschriebenen dynamischen Schattierungen doch niemals absolut, sondern stets nur entsprechend dem Hauptinhalt, also relativ verstanden und ausgefuhrt werden dürften. Zugegeben also, daß das von Beethoven in den Takten 98—99 bei den Vl. II und I vorgeschriebene crescendo unter Umständen in der Ausführung etwa sich nur als ein poco cresc. darstellt, so ist die Schreibart Beethovens darum allein doch nicht etwa schon als ein Verstoß gegen die Forderung der Deutlichkeit zu betrachten! Es behält somit, um endlich den Schluß aus der gesamten Darstellung zu ziehen, Beethoven eben Recht, wenn er von anfangs ganz klar dargestellten Meloszuständen späterhin zu einigermaßen verhüllteren hinüberführt. Empfindet man nur die künstlerische Wahrheit dieser psychologischen Fortschreitung, so wird man wohl allezeit Mittel finden, auch ohne jegliche Abänderung der Vorschriften das Melos dem Zuhörer zu verdeutlichen.

Daß Riemann den Beginn des zweiten Themas falsch auffaßt, habe ich bei Gelegenheit der Darstellung des Modulationsgedankens bereits gesagt; aber auch den weiteren Verlauf des Themas miß-

versteht er sowohl in der Hauptsache, als in den Details. Nachdem er auf S. 143 unter dem Titel eines »zweiten Themas« das Zitat der Takte 74—87 (also, wie gesagt, mit auch des Modulationsgedankens), gebracht hat, bemerkt er: »(dasselbe) erhält also zwei viertaktige Bestätigungen und setzt sich dann weiter ausholend in einen zweiten Satz fort«: (hier steht das Zitat der nachfolgenden Takte 89—95). Nun erklärt er weiter; »Der Nachsatz setzt nochmals an, wird aber, statt direkt zu schließen, sequenzartig fortgesponnen, d. h. Ausgang eines neuen Satzes«: (hier Zitat der Takte 96—105). Und noch weiter; »Takt 5—8 (NB. Takt 102—105) wird wiederholt, aber nach Ces-dur gewendet (als H-dur geschrieben), das sich in einem neuen Satze als Akkord der neapolitanischen Sexte ($^{0}b^{2>}$), d. h. als Unterdominante von B-dur enthüllt«: (hier Zitat der Takte 106—119). Und mit den Worten: »der Rest des Thementeils hält sich in B-dur und ist als sogenannter Schlußanhang anzusehen, nämlich (direkt ans vorige anschließend)«: erledigt er unter dem Titel »Schlüsse« endlich den ganzen übrigen Komplex der Takte 120—158!

Als Fehler dieser Betrachtungen Riemanns hat man somit anzusehen, daß er: 1. die Schlußverstärkung in den Takten 96—101 als »Nachsatz« erklärt; 2. in Takt 102, wo sich in Wahrheit ein neuer Teilgedanke angliedert, ein bloß »sequenzartiges Fortspinnen« annimmt; 3. in den Takten 108 ff. schon eine Tonart, »Ces-dur«, behauptet, wo nur eine II. (allerdings erniedrigte) Stufe auftritt; 4. die Vergrößerung des Motivs in den Takten 110—113 als solche verkennt und sie gar als »neuen Satz« hinstellt; 5. eine Rückmodulation von Ces-dur nach B-dur (man beachte die Worte: »das (Ces-dur) sich .... als Unterdominante von B-dur enthüllt«) annimmt; 6. unter dem Titel »Schlüsse« summarisch (»der Rest des Thementeils hält sich in B-dur«) einen großen Taktkomplex begreift, der eine nähere Differenzierung schon deshalb erfordert, weil mit Takt 138 der eigentliche und selbständige Schlußgedanke beginnt; 7. die Vorbereitung des letzteren durch das Terzmotiv bei den Bässen durchaus verkennt, was übrigens noch deutlicher aus seiner falschen Zitierung des Inhaltes der Takte 132 ff. hervorgeht! Ich denke, der Fehler sind hier wahrlich genug, übergenug!

In einer wieder durchaus nur naiven Weise bescheidet sich Kretzschmar, nachdem er zunächst die Takte 74 ff. zitiert, zu bemerken, S. 115: »Auch hier das gewaltige Längenmaß, welches alles Gedanken- und Formenwesen der IX. Sinfonie, und dieses ersten Satzes insbesondere, charakterisiert. Dieselbe dämonische

Unruhe, welche Empfindung und Phantasie immer wieder auf-jagt. Sie treibt hier aus dem Reiche milder Wehmut freundlichen Sehnens, tröstlichen Erinnerns fort in das Ungestüm des Kampfes (hier Zitat der Takte 102—103). Unmittelbar daran reihen sich wieder Bilder des Friedens und des seligen Glückes (Zitat der Takte 110—115) usw. Alle Qual schlummert einen Augenblick; aber auch aus dem sanft wiegenden Traumgebilde treten Gegensätze erkennbar hervor (Zitat der Takte 120—123). Im Nu ist ein neuer Ausdruck da, in welchem diesmal die wild aufschlagenden Bässe die Führung übernehmen: (hier sind die Baßfiguren der Takte 132ff. zitiert).«

Arm an Erkenntnis — ach! wie treiben doch die Komentatoren ödesten Reichtum an Phrasen, leeren Worten und Bildern! Kann man denn damit dem Laien, Spieler, Kunstjünger oder Dirigenten irgendwie nützen?!

Sachlicher gibt sich Grove (S. 309), fällt dabei aber von einem Fehler in den andern. So gehört auch nach ihm der Modulationsgedanke (Takt 74ff.) zum »Seitenthema«; den zweiten Teilgedanken (Takt 88ff.) bezeichnet er als »eine nach G-moll(!) statt nach B-dur auslaufende Codetta«; von den Takten 92—95, die in Wahrheit die Folge der Stufen: VI—I ^{7}—IV in B-dur enthalten, spricht er als von einer Es-dur-Phrase und in weiterer Folge ähnlich auch von »C-moll« und »D-moll«, wo ebenfalls nur Stufen der B-dur-Tonart anzunehmen gestattet ist. In der Motivvergrößerung der Takte 110—113 erblickt er ein »breitgezogenes, zweitaktiges Thema in H-dur«, in der V. Stufe der Takte 120ff. eine »neue Episode«, und ähnlich wie Riemann eilt auch er über die großen Schwierigkeiten des übrigen Restes bloß mit den verlegenen Worten hinweg: »B-dur bleibt nun bis zum Schlusse des ersten Abschnittes die herrschende Tonart.« Welch kurzer Blick, und wie falsch alles obendrein!

Dritter (Schluß-) Gedanke.

(Takt 138—159.)

Der Schlußgedanke besteht aus zwei Taktgruppen: 138—149 u. 150—159.

Takt 138ff. Das Terzmotiv, das die vorausgegangenen Takte in aufsteigender Folge beherrscht hat, erscheint in der ersten Taktgruppe nunmehr absteigend, je zweimal in einem Takte gesetzt. Das solchermaßen neu gestaltete Motiv wird in den Takten 138—145 mehrfach abgewandelt, und zwar in den Takten 138—139 gemäß

der I., in den Takten 140—141 gemäß der II., in den Takten 142—143 gemäß der $I^{\flat 7}$, und endlich in den Takten 144—145 gemäß der IV. Stufe, unbeschadet noch weiterer zahlreicher, hier noch näher auszuführenden Mannigfaltigkeiten, die mit jenen Abwandlungen verbunden sind.

Noch sei außerdem aber vorausgeschickt, daß sich der gesamte harmonische Inhalt in den Takten 138—145 auf die Folge von vier Sextakkorden:

Fig. 69.

reduzieren läßt, die am deutlichsten bei den Streichern ausgeprägt, auch die II. und $I^{\flat 7}$-Stufe in den Takten 140—143 eventuell nur als durchgehende Harmonien erscheinen lassen könnte. Die mißverständliche Auffassung des Schlußgedankens, wie ich sie unten in der Literaturanmerkung ersichtlich mache, und noch mehr der Umstand, daß die Künste der Transposition eines Motivs auf verschiedene Harmonien, wie sie Beethoven in der Konstruktion des Schlußgedankens anwendet, trotz ihrer weittragenden kompositionellen Bedeutung und blos wegen der mit ihnen verbundenen Schwierigkeiten heute so völlig verkannt und in Mißkredit gekommen sind, nötigen mich hier, den einzelnen Transpositionen des Motivs die ausführlichste Darstellung zu widmen.

Dem von Beethoven stets beobachteten Prinzip zufolge, ein Motiv, sobald er es zum ersten Male einführt, auch völlig sicherzustellen, wird das neue Motiv in den Takten 138—139 zunächst, wie folgt, rein und klar geformt:

Fig. 70.

Betrachten wir den hier aufgestellten Typus bloß in horizontaler Richtung, so finden wir das Motiv innerhalb eines Durdreiklanges auf B dreimal gesetzt, wobei es eine volle Oktav, eben von b² bis b¹, abwärts durchläuft.

Takt 140—141. Die nächste Abwandlung der Fig. 70 in den Takten 140 bis 141 lautet wie folgt:

Fig. 71. Ob. 1.

Innerhalb des Molldreiklanges auf C (gleichviel ob im Sinne einer II. Stufe oder nur einer in 6-Akkordform durchgehenden Harmonie) hätte eine genaue Nachbildung des ersten Typus Fig. 70 allerdings nun folgende Gestalt annehmen müssen:

Fig. 72.

Die Gründe aber, weshalb sich diese hier verbot, sind folgende:

1. fordert schon das Gesetz der Mannigfaltigkeit allein — also jenes Gesetz, das zu den stärksten in der Komposition gehört — eine Variante des Modells;

2. entstünde beim ersten 16tel des zweiten Achtels eine Oktav zum Baß, die aber mit der ersten Oktav beim korrespondierenden Sechszehntel des vorausgegangenen Taktes 138 die Wirkung einer Oktavparallele ergeben würde;

3. entfiele bei der Nachbildung (Fig. 72) der harmonische Vorteil eines $\frac{6}{3}$-Akkordes, der bei der Variante Fig. 71 sich so glücklich einfindet.

Nur der letztere Punkt allein bedarf einer Erklärung. Betrachten wir nämlich Fig. 71, so erscheint sie vom Standpunkt der horizontalen Linie, da sie mit der Quint g² be-

ginnt, trotz c^3 als eine Zerlegung des Dreiklangs in der Quintlage. Gerade dieser Umstand aber führt der Stimmführung von vornherein einen sehr wesentlichen Vorteil zu, indem die zu Anfang der Figur entstehende Quart g^2—c^3, zum Baßton Es addiert, einen sicher ausgeprägten $^6_3$-Akkord ergibt, auf den es hier, wie schon oben bei Fig. 69 gesagt wurde, so dringend ankam. (Ein solcher 6-Akkord hätte aber bei der genauen Nachbildung in Fig. 72 gefehlt.)

Damit ist nun zunächst erwiesen, daß der Anfang der hier in Frage kommenden Abwandlung nur so lauten durfte, wie ihn Fig. 71 zeigt. Doch freilich führt die Änderung der ursprünglichen Oktav- in eine Quintlage (stets nur in horizontaler Richtung verstanden!) auch noch zu weiteren Konsequenzen. Denn beginnend mit der Quint, langt das Motiv beim Grundton des Dreiklanges schon zu Beginn des zweiten Taktes an, so daß dem Autor, sofern von der Zeitdauer des Motivs durchaus nicht abgewichen werden sollte, eben noch volle zwei Viertel zur Ausfüllung übrig blieben. Dabei aber unter c^2 zu fallen, verbot sich aus dem Grunde, weil die Figur dann g^1 erreicht hätte, — ein Intervall welches indessen als Terz mit Rücksicht auf den auch am Ende der Figur notwendig auszuprägenden 6-Akkord weniger günstig wäre, als der Ton c^2, der die Sext des Basses oder, was dasselbe ist, den Grundton der Harmonie vorstellt.

In diesem Sinne mußte denn also die Figur so zu Ende geführt werden, daß sie auch wieder mit c^2 beschließen konnte, und so entstand in Takt 141 jene Wendung in der Variante (siehe die Klammer bei Fig. 71), die mit c^2 beginnt und, nachdem ein Umweg über die Quint g^2 genommen wurde, mit demselben Ton auch wieder beschließt. (Man beachte, daß nur auf solche Weise auch wieder der 6-Akkord aufs glücklichste ausgedrückt werden konnte!) Diese Quint c^2—g^2 — das Knie sozusagen der Figur — hebt nun aber zugleich sehr drastisch das Konstruktionsprinzip der Terz auf, worauf

bis dahin sowohl der Urtypus in den Takten 138—139, als auch die Variante in Takt 140 gestellt waren. Diesen Bruch merke man sich und konstatiere als wichtigstes Ergebnis der Vergleichung beider Fassungen, daß die Variante statt dreier Terzbiegungen deren nur mehr zwei aufweist.

Takt 142—143. Die Abwandlung gemäß $I^{\flat 7}$ in den Takten 142—143 lautet:

Fig. 73. Flöte I.

Schon der erste Blick belehrt, daß wir hier vor einer neuen, zweiten Variante stehen. Welche sind nun ihre Entstehungsgründe und welche Beziehungen hat sie zu den beiden vorausgegangenen Fassungen? Nun denn, als oberster Regulator diente auch hier wieder der Gesichtspunkt des 6-Akkords, der sowohl am Anfang, als auch am Ende des Motivs mit vollster Deutlichkeit auszuprägen war.

Ohne weiteres verboten sich daher etwaige Nachbildungen der Fig. 70, wie die folgenden:

Fig. 74.

a)

bzw.

oder b)

also Nachbildungen, die in der Oktav- bzw. Terzlage gebildet, dem Urtypus der Takte 138—139 (eben Fig. 70) näher gekommen wären: widersprechen doch die gleich zu Beginn der Figuren sich ergebenden Intervalle der 4 bzw. $^{6}_{4}$ bei a) und $^{8}_{6}$ bei b) schon von vornherein der Forderung nach dem $^{6}_{3}$-Akkord.

Die Quintlage hingegen hätte, sofern auch das Chroma der erniedrigten Sept mit zu berücksichtigen gewesen wäre, nach Muster der Variante der Takte 140—141, zu folgender Nachbildung führen müssen:

Fig. 75.

In der Tat steht demnach die Fassung, die Beethoven endlich als die definitive (Fig. 73) hingestellt, der Quintvariante näher als dem Urtypus. Was nämlich beiden Figuren 71 und 73 gemeinsam erscheint, ist zunächst, daß sie beim Grundton (b^2) schon zu Beginn des zweiten Taktes (also anders als beim Originalmotiv in Takt 139) anlangen und sodann, daß um den Raum zweier noch übrig bleibender Viertel auszufüllen, ein melodisches Knie (dort in Takt 141 eine Quint-, hier in Takt 143 eine Septbiegung) zu Hilfe genommen werden muß. Daraus aber folgt, daß wohlgemerkt eben auch die Sept, da sie thematische Nachbildung der Quint in Takt 141 ist, selbst wieder thematische Bedeutung hat, daher eine wirkliche Sept vorstellt und nicht, wie leider angenommen wird, etwa nur als Umkehrung einer ursprünglich gedachten Sekund aufzufassen ist!

Dennoch mußte Beethoven, um zur endgiltigen Fassung zu gelangen, an Fig. 75 noch einige Verbesserungen vornehmen:

1. war er genötigt, statt des ersten Sechzehntels f^3 den Ton d^3 zu setzen; denn nur auf diese Weise entsteht, wenn

der Baß addiert wird, der erforderliche $^6_3$-Akkord: f—d—as (nebenbei bemerkt, orientiert die verminderte Quint d³—as³ sofort über die Funktion der Harmonie — vgl. Bd. I § 66 —, die auf den Dreiklang: Es—G—B hinweist);

2. mußte er, trotz Anlehnung der Fig. 75 an das Vorbild der Takte 140—141, die erste Synkope auflassen, da es nicht mehr anging, als viertes Sechzehntel beim ersten Viertel noch den Ton es³ zu gebrauchen, der allein doch nur die Synkope hätte ermöglichen können:

Fig. 76.

Damit fiel aber auch die zweite Synkope an der Wende des Taktes 142, die, sofern sie nach Wegfall der ersten Synkope nun eben selbst als erste erschienen wäre, an dieser Stelle kaum mehr eine gute Wirkung hervorgebracht hätte.

Somit entbehrt die Variante in den Takten 142—143 jeglicher Synkope, wie sie bis dahin Kennzeichen sowohl des Urtypus in den Takten 138—139, als auch dessen erster Variante in Takt 140—141 gewesen. Trotz solchem Mangel an Synkope aber hat man dennoch — darauf liegt wohl der größte Nachdruck — die zweite Variante von der ersten, nicht aber vom Urtypus selbst, abzuleiten!

Alle diese Erörterungen führen nun zu dem letzten Ergebnis, daß die zweite Variante in den Takten 142—143 nicht von der Oboe I, sondern von der Flöte I (siehe oben Fig. 73) vorgestellt wird! Zeigt doch die Oboe folgende Fassung:

Fig. 77.

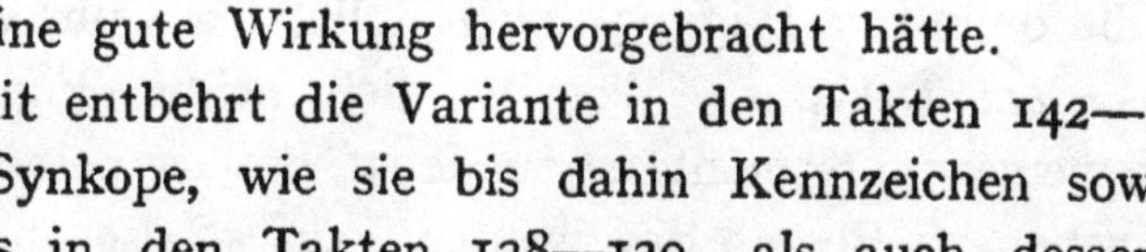

und man braucht hier nur das letzte Sechzehntel g² des ersten Taktes zu betrachten, um in dieser Wendung eine völlige Ab-

weichung vom Melos zu konstatieren, während an derselben Stelle die Flöte — unbeschadet der wegfallenden Synkope — durchaus nur an der vom Urtypus her giltigen Konstruktion

Fig. 78.

festhält. (Eben das g^2 der Oboe bilde dann mit es^2 der Klarinette I und dem c^3 der Flöte eine $^6_3$-Harmonie, was auch wiederum beweist, daß an der Wende des Taktes 142 nur die Flöte allein als Hauptstimme, d. i. als Sopran der Harmonie, unbestritten zu gelten hat!)

Die IV. Stufe wird endlich in den Takten 144—145 in folgender Art auskomponiert: Takt 144—145.

Fig. 79.
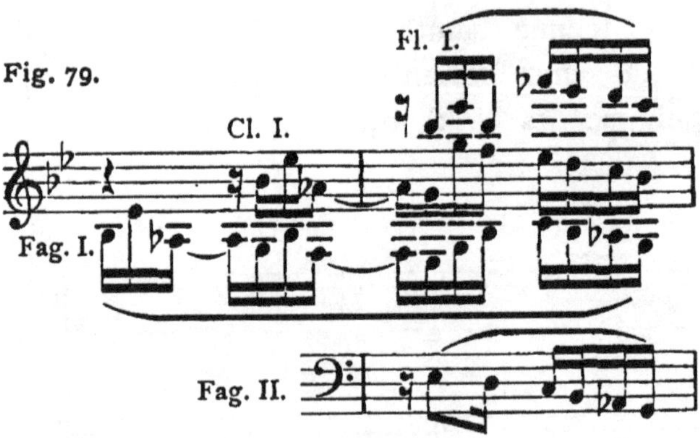

Wie bei der ersten Variante Fig. 71, treffen wir auch hier wieder die Quintlage des Motivs an. Was aber beide Figuren 71 und 79 in ganz neuer (auch bei der zweiten Variante Fig. 73 noch nicht angetroffener) Weise unterscheidet, ist die kanonische Imitation bei Klarinette I und Flöte, die man füglich auch als Engführung bezeichnen könnte. Des weiteren fällt ein charakteristischer Zug der Mannigfaltigkeit auf, der innerhalb der Imitationen darin besteht, daß sich die Flöte, im Gegensatz zu Fagott I und Klarinette I, der Synkope

enthält. Der Umstand aber, daß es ursprünglich so hätte heißen sollen, wie es die synkopierte Fassung zeigt:

Fig. 80.

läßt uns die Sept der definitiven Fassung nur als eine verkappte Sekund (vgl. Bd. II[1] S. 119ff.), nicht aber als eine wirkliche, aus thematischem Grunde geborene Sept erscheinen. Übrigens bestätigt auch die Oboe I:

Fig. 81.

die Wahrheit des Sachverhalts.

Folgende Aufstellung sämtlicher Anfänge und Schlüsse des Urmodells und seiner Varianten zeigen uns die konsequent befolgte Ausprägung des $\frac{6}{3}$-Akkords:

Fig. 82.

Nun geht es in Takt 146 zur Kadenz und zwar zu ♮IV Takt 146 ff.
und V als der geeigneten Nachfolge der zuletzt in den Takten 144—145 erschienenen IV. Stufe. Das Motiv der Kadenz ist neu:

Fig. 83.

Bei den Bläsern erscheinen die Sekundfortschreitungen der Melodie gar in Septsprünge umgewandelt:

Fig. 84.

usw.

Im Zeichen des aus Takt 102 stammenden Rhythmus: Takt 150 ff.
 entsteht in der zweiten Taktgruppe das letzte, ausschließlich auf die Tonika gegründete Motiv:

Fig. 85.

Man entnimmt daraus, daß die Verkoppelung mehrerer rhythmischer Einheiten notwendigerweise auch zur Synkopierung in den Takten 150—153, bzw. zur Verkürzung der Motive in den Takten 153 ff. führen mußte.

Nach Abschluß des ersten Teiles wird in den Takten 158 Takt 158—159.
bis 159 der Weg zur Durchführung gebahnt, und zwar mit Zuhilfenahme jenes Rhythmus, der dem Urmotiv — s. Fig. 1 — eigentümlich ist. Diese beiden Takte mögen nun einerseits

in Anbetracht dessen, daß hier die Tonika fortwirkt, immerhin dem ersten Teile angeschlossen werden; während dagegen der Umstand, daß die Tonika in eine VI. Stufe aus D-moll umgedeutet wird (s. später), sie anderseits zugleich bereits am Charakter der Durchführung partizipieren läßt. So mischen sich in den hier in Frage kommenden Takten (ähnlich wie in Takt 35!) zwei Wirkungen, und zwar vermöge der Tonika sowohl die einer Zugehörigkeit zum ersten Teil, als auch vermöge der thematischen Vorbereitung der Durchführung und der Modulation die einer Zugehörigkeit zur Durchführung.

Vortrag.

Takt 138ff. Wie beim zweiten Gedanken, handelt es sich auch wieder beim dritten (Takt 138—149) hauptsächlich darum, die plastische Wirkung eines musikalisch-organisch völlig in sich abgeschlossenen Gedankens zu erzielen. Es muß daher der Dirigent dort, wo die IV. Stufe eintritt also bei Takt 144, die Empfindung derselben hauptsächlich in dem Sinne ausdrücken, daß er mit allen verfügbaren Zeichen eines inneren Forttragens des Inhaltes — eine minutiös kleine Beschleunigung an der Wende des Taktes 145 genügt hierfür! — sich gleichsam um die nachfolgende V. Stufe heiß bewirbt. Ohne Zweifel gelingt es ihm dann, seine Empfindung des Ganzen auch auf den Zuhörer zu übertragen, und die V. Stufe (Takt 146ff.) erscheint dem letzteren — und darauf kommt es doch in erster Linie an — nun so, als hätte er sie seit langem schon selbst vorausgeahnt.

Im besonderen hat man sehr wohl die Bezeichnungen Beethovens zu beachten, die den einzuschlagenden Weg aufs genaueste andeuten:

Die erste *espressivo*-Bezeichnung sieht man bei Oboe I in Takt 138, woraus folgt, daß hier allein der Ursprung des nun in Frage kommenden Gedankens zu finden ist.

Der zweite *espressivo*-Vermerk steht bei Flöte I in Takt 139, um anzudeuten, daß die Fortsetzung des Melos nun eben bei ihr zu suchen ist; begnügt sich doch um dieselbe Zeit die Oboe bloß mit folgender Wendung:

Fig. 86.

Nebenbei bemerkt, bestätigt diese Art der Fortsetzung jenes Prinzip der Beethovenschen Instrumentations-Technik, wonach er bei Darstellung eines bestimmten Inhaltes aus Gründen der Mannigfaltigkeit sich oft genug zweier oder mehrerer verschiedener Oktaven auch dort bedient, wo der Inhalt im Grunde noch in derselben Oktav geschlossen sich hätte fortbewegen sollen und können*. Eine solche Technik ist durchaus von der oben S. 26—27 dargestellten Verstärkungstechnik zu unterscheiden: fährt doch bei der letzteren die Melodie fort, auch noch in derselben Lage Teil an Teil anzusetzen, so daß die Oktav der Verstärkung für den Inhalt selbst gar

* Ähnliche Anwendung desselben Prinzips finden wir z. B. auch in den Klavierwerken von Brahms:

Fig. 87. Brahms, Intermezzo, Op. 17, Nr. 1.

Brahms, Klavierkonzert, B-dur, 1. Satz.

nicht wesentlich in Frage kommt, während bei der Technik, wie sie die Takte 138—139 (speziell Takt 139) aufweisen, wohl auch die Oktav, in der die Flöte die Melodie fortsetzt, als solche mit in Betracht kommt. (Daher geschieht es ja eben, daß Beethoven den Inhalt der Oboe in Takt 139 gegenüber dem der Flöte verändert.) Daß über die Mannigfaltigkeit der in Anwendung gebrachten Oktaven hinaus die Melodie freilich andererseits denn doch wieder nur auf eine einheitliche, in derselben Lage geschlossen verlaufende Linie zurückgeführt werden kann, hebt den soeben beleuchteten Unterschied der beiden Techniken durchaus nicht auf.

Während nun in den Takten 138—143 das Melos bei Oboe I und Fl. I verbleibt, weist endlich in Takt 144 die dritte *espressivo*-Bezeichnung deutlich auf das Fagott als auf dasjenige Instrument hin, das nunmehr die Fortsetzung des Melos an sich zu reißen berufen ist. Mit den kanonischen Imitationen steigt letzteres dann allerdings über Klarinette I zur Flöte I empor, wo nun in der Kadenz (Takt 146ff.) der Inhalt seine Fortsetzung gemäß der V. Stufe findet.

Es versteht sich von selbst, daß die originale dynamische Bezeichnung Beethovens —< >—, wie sie in Takt 138 bei Oboe I, in Takt 139 bei Flöte I, in Takt 141 wieder bei Oboe I zu sehen ist, als grundlegend zu betrachten ist auch für den Vortrag aller jener Stellen, die eine ähnliche Konstruktion aufweisen, also derjenigen, die vom zweiten Sechzehntel des Viertels bis wieder zum zweiten Sechzehntel des nächsten Viertels sich erstrecken und außerdem eine Synkope mit sich führen. Ein solcher Vortrag müßte übrigens selbst auch dann stattfinden, wenn Beethoven jene Bezeichnung unterlassen hätte, denn wie Fig. 70 (vgl. Fig. 71) zeigt, handelt es sich bei der Verkoppelung der Terzmotive im Grunde nur um eine gestreckte Linie, in der die Terz somit nichts anderes, als bloß eine Ausbauchung, sozusagen einen melodischen Umweg (vgl. Bd. II^1 S. 131) bedeutet, welch letzteren aber anders, als mit

< > auszudrücken, unmöglich ist. Aus demselben Grunde nehmen an der hier geschilderten Art des Vortrages auch jene Stellen teil, die, wie die Quintwendung in Takt 141 oder die Septwendung in Takt 143, an Stelle des Terzmotivs getreten sind. Die Notwendigkeit aber, jene Bezeichnung zu effektuieren, führt von selbst dann auch dazu, das Tempo eben bei jenem Sechszehntel, das den Umweg bedeutet, unmerklich anzuhalten.

Takt 146ff. Für den Vortrag der folgenden vier Takte sei ausdrücklich daran erinnert, daß hier Beethoven als dynamische Basis nur ein einfaches *f* wünscht, aus dem ein *ff* nur beim zweiten Viertel des Taktes 147 bzw. 149 herauszuragen hat! Eben um dieser beiden *ff*-Punkte willen ist es daher nötig, alles *f* ringsum abzudämpfen, weswegen es falsch ist, die viertaktige Gruppe im gleichmäßigen *f* oder *ff* vorzutragen.

Takt 150ff. Erst mit Takt 150 beginnt ein andauernder *ff*-Zustand, doch hat man jene Töne, bei denen Beethoven *sf* (Takt 150, 151, 152) gesetzt bezw. ein einfaches *f* (Takt 155 bis 157) wiederholt hat, auch hier besonders hervorzuheben, was indessen wieder nur möglich ist, wenn man die vorausgehenden Töne allemal eben schwächer spielt.

Mit der Verkürzung bzw. Zusammendrängung der Motive von Takt 154 ab gehe eine Beschleunigung des Zeitmaßes einher, die im Medium der Zeit widerspiegeln soll, was im Medium des Motivischen an Gedrängtheit aufgehäuft ist.

Literatur.

Bei Nottebohm finden wir in bezug auf den Schlußgedanken keinerlei Skizzenmaterial veröffentlicht. —

R. Wagners Stellungnahme zu den Takten 138ff. bestätigt uns neuerdings jenen verhängnisvollen Gegensatz zu Beethoven in betreff der Anschauungen über das Wesen deutscher Instrumentalmusik, wie wir ihn schon oben kennen gelernt haben. In Unkenntnis jenes thematischen Grundes, der Beethoven zwang, in T. 141 das Intervall der Sept bei der Flöte I zu gebrauchen, meint

er: »Wer kann behaupten, diese Stelle je mit deutlichem Bewußtsein von ihrem melodischen Inhalte in unseren Orchesteraufführungen vernommen zu haben? Mit dem ihm eigenen genialen Verständnisse hat sie erst Liszt durch ein wundervolles Klavierarrangement auch der neunten Symphonie in das rechte Licht ihrer melodischen Bedeutung gesetzt, indem er von der hier meistens störenden Einmischung der Flöte absah, da, wo sie die Fortsetzung des Themas der Hoboe in der höheren Oktave übernahm, diese in die tiefere Lage des melodieführenden Instrumentes zurückverlegte, und so die ursprüngliche Intention des Meisters vor jeder Mißverständlichkeit bewahrte.«

Welche Verkennung liegt nicht schon allein in den Worten: »störende Einmischung der Flöte«! Statt in einer solchen, bei Beethoven doch auch sonst wohl schon überall anzutreffenden Setzweise ein hochstehendes Instrumentationsprinzip des Meisters zu erkennen, empfindet Wagner darin gar umgekehrt eine Störung der Deutlichkeit, freilich nur jener Deutlichkeit, wie er sie selbst versteht.

Ich setze das Zitat fort: »Nach Liszt heißen die melodischen Gänge nun so:

Fig. 88.

Wie obige Figur nun zeigt, mißversteht Wagner außer Beethovens leider auch noch Liszts Setzweise, auf die er sich so gerne stützen möchte. Denn, setze ich hierher Liszts Arrangement:

Fig. 89.

so ist es klar, daß dabei in erster Linie doch nur Gründe des Klaviers, das eben ein anderes Instrument als das Orchester vorstellt, gewaltet haben. So war es Liszt doch unmöglich, in Übertragung zunächst des Taktes 139 der Flöte I auch auf dem Klavier in die höhere Oktave zu folgen: Ist nämlich im Orchester die Mannigfaltigkeit der Farben eben Grund und zugleich Rechtfertigung jener Beethovenschen Technik, so muß dagegen das Klavier in Ermanglung ähnlich differenzierter Farben für seinen eigenen Bereich von einer solchen Technik noch durchaus absehen. Wenn daher Liszt »die Fortsetzung des Themas der Hoboe... in die tiefere

Lage des melodieführenden Instrumentes zurückverlegt,« so geschieht das, nicht wie Wagner wünscht, um einen etwaigen Verstoß Beethovens gegen die Deutlichkeit zu korrigieren, sondern lediglich aus rein klavieristischem Grunde, da sonst nämlich die allzugetreue Kopie der Orchestervorlage auf dem Klavier blos absurd geklungen hätte.

Eben diese Zurückverlegung des Melos in die tiefere Oktav bei Takt 139 war aber außerdem noch die letzte Ursache, weshalb Liszt auch bei Übertragung der Takte 142—143 sich wiederum nur an die Lage der Oboe und nicht an die höhere der Flöte zu halten gezwungen war. Kein Zweifel, daß er das Melos der letztgenannten Takte im Gegensatz zu Wagner nur bei der Flöte aufgehoben glaubte. Dieses geht nämlich daraus hervor, daß er als letztes melodieführendes Sechzehntel in Takt 142 nicht das g^2 der Oboe, sondern das c^3 der Flöte setzt! Daß er nicht aber auch die Oktav der letzteren zugleich reproduziert, hängt, wie schon oben gesagt wurde, nur mit dem Wesen des Klaviers zusammen: welch häßliche Wirkung wäre doch entstanden, wenn er an dieser Stelle, nur um notengetreu zu verfahren, ganz plötzlich auch die hohe Lage der Flöte wiedergegeben hätte! Wie deplaciert hätte doch eine solche Höhe hier geklungen, nachdem sie im Vorhergehenden an entscheidender Stelle geflissentlich und mit Recht vermieden worden!

Aus all dem ergibt sich, daß Wagner den Unterschied zwischen einem Klavierarrangement und einer Orchestervorlage übersah, somit kein Recht hatte, Liszts Übertragung als Beweis zu gunsten seiner eigenen Anschauung zu führen, die obendrein, wie schon mehrfach erwähnt wurde, auf völliger Verkennung eines vitalen Orchestrationsprinzipes beruhte.

Scheinbar besinnt sich nun Wagner auf die Wahrheit, wenn er im weiteren Verlaufe seiner Darstellung meint: »Es dürfte nun zu gewagt und dem Charakter der Beethovenschen Instrumentation, in welcher wir sehr wohl berechtigte Eigentümlichkeiten zu beachten haben, nicht richtig entsprechend erscheinen, wollte man die Flöte hier gänzlich auslassen, oder sie nur als unisone Verdoppelung der Hoboe zur Verstärkung herbeiziehen.« Statt aber den »berechtigten Eigentümlichkeiten« nachzugehen und das Wesen der Beethovenschen Instrumentierung zu ergründen, begnügt er sich bloß mit einem Schein von Erkenntnis.

Doch auch von aller Erkenntnis abgesehen lag es wohl sonst so nahe, einem Meister wie Beethoven einfach nur das Vertrauen

zu schenken, das er verdient, und sich von vornherein jeder Korrektur einer Beethovenschen Stimmführung zu enthalten; statt dessen gelangt aber Wagner, von der falschen Auffassung nun einmal gedrängt und vom Wahn einer »Deutlichkeit« besessen, umgekehrt zu dem Entschlusse, dennoch Änderungen zu treffen:

»Ich würde daher raten, die Flötenstimme in ihren Hauptzügen bestehen, nur aber durchaus dem melodischen Gange sie treu bleiben zu lassen, und dem Bläser aufzugeben, in der Stärke des Tones, sowie der Ausdrucksnüance, der Hoboe gegenüber um etwas zurückzuhalten, da wir vor allen Dingen diese als prädominierend verfolgen müssen.«

Da haben wir also ganz deutlich den Irrtum ausgesprochen, daß in den Takten 142—143 die Oboe (und nicht die Flöte) »prädominierend« sei!

»Dennoch würde die Flöte«, so heißt es bei ihm weiter, »in Verbrüderung mit dem in der höheren Oktave gegebenen Gange des fünften Taktes:

Fig. 90.

den sechsten Takt nicht:

Fig. 91.

sondern so:

Fig. 92.

zu spielen haben, und hiermit würde der melodische Gang korrekter behauptet sein, als Liszt wiederum aus Rücksicht auf die Klaviertechnik ihn wiedergeben konnte.«

Nun wundert man sich nicht mehr, wenn Wagner, die Deutlichkeitsmanie übertreibend, in weiterer Konsequenz auch die Oboe in

Takt 139 ändert: »Wollten wir nun einzig noch den zweiten Takt in der Hoboe dahin abändern, daß sie, wie dies im vierten Takte der Fall ist, den melodischen Gang vollständig fortsetzt und demnach:

Fig. 93.

statt:

Fig. 94.

spielt, so würden wir, um der ganzen Stelle bei ihrem, jetzt so gänzlich vernachlässigten Vortrage den richtigen, eine entscheidende Aufmerksamkeit herausfordernden Ausdruck zu geben, auf die Durchführung folgender, durch ein etwas zurückhaltendes Tempo zu unterstützender Nüance zu halten haben, wobei es sich doch nur um die Fortsetzung der eigenen Vortragsbezeichnung des Meisters handeln würde.«

Fig. 95.

Diese künstlerische Einsicht in den Grundirrtum der Wagnerschen Auffassung berechtigt umsomehr Kritik an einer früheren Stelle der Abhandlung zu üben, die noch deutlicher, als die soeben angeführten, den Irrtum enthüllt:

»Wenn aber hier und in häufig vorkommenden ähnlichen Fällen die Abhilfe sehr leicht ist, so treten die höchst bedeutenden Schwierigkeiten, welche zu gründlicheren Abänderungen drängen, namentlich in Bläsersätzen ein, wo der Meister durch die grundsätzliche Umgehung eines Überschreitens des angenommenen Umfanges eines Instrumentes, und in diesem Falle ganz besonders der Flöte,

entweder zu einer völlig entstellenden Abänderung des melodischen Ganges oder zu einer störenden Einmischung dieses Instrumentes durch Hinzutreten mit nicht in der Melodie enthaltenen Tönen bestimmt worden ist. In dieser Hinsicht ist es nun eben vorzüglich die Flöte, welche, sobald sie eintritt, als äußerste Oberstimme das Melodie suchende Gehör unwillkürlich anzieht und, wenn nun der melodische Gang sich in ihren Noten und deren Folge nicht rein ausdrückt, jenes notwendig irreführt. Gegen die hier bezeichnete übele Wirkung scheint unser Meister mit der Zeit gänzlich achtlos geworden zu sein: er läßt z. B. von der Hoboe oder der Klarinette im Sopran die Melodie spielen und setzt, wie um ihre höhere Lage, welche aber nicht ausreicht, um das Thema selbst in der Oktave mitblasen zu können, doch mit in das Spiel zu bringen, für die Flöte von der Melodie abliegende Noten darüber, wodurch die nötige Aufmerksamkeit auf den Vortrag des tieferen Instrumentes zerstreut wird.«

Man ersieht aus all diesen Worten ganz genau, daß Beethovens Instrumentierungsprinzip dem tiefsten Kern nach Wagner völlig fremd geblieben und man muß wohl dem Schicksal danken, daß letzterer nicht gleich alle Linien zur Umkehrung brachte, die ihn dazu — mindestens von seinem Standpunkt aus — verlocken mochten. (Man denke z. B. an die Septsprünge in den Takten 149—150.)

Als allerletztes Resultat ergibt sich somit, daß Beethovens Technik, wie sonst überall, so auch bei der hier in Frage kommenden Stelle durchaus auf tiefster künstlerischer Wahrheit beruht und dem Postulat der Deutlichkeit ebensogut entspricht, als sie auch den nicht minder berechtigten Forderungen der Manigfaltigkeit und des Kontrastes huldigt. Man begreift nun endlich die Wahrheit und so wird, da die Sicherstellung des Melos seitens Beethovens selbst (sofern sie nur erkannt wird), vollständig ausreichend ist, der Vortrag wohl auch ohne leidige Korrekturen den Weg zu den Herzen der Zuhörer finden. Worin man sich Wagner einzig anschließen kann, ist also nur der Vortrag selbst, d. i.: seine Anweisung zu den mehreren — < > —, wie sie in Fig. 95 angeführt wurden. Die Fortsetzung jenes Zitates bringt noch folgendes hinzu: »Dem siebenten und achten Takte würde dagegen ein schön durchgeführtes, schließlich stark hervortretendes Crescendo zu dem Ausdruck verhelfen, mit welchem wir uns jetzt auf die schmerzlichen Akzente des nachfolgenden Kadenzsatzes werfen.« — eine Anweisung, die wohl zu weit geht, und blos auf jene zu reduzieren durchaus ge-

boten ist, die ich selbst oben ad Takt 144—145 mit Begründung empfohlen habe.

Riemanns Irrtum in bezug auf den Schlußgedanken wurde schon oben, auf S. 51, dargestellt. Hier bleibt nur zu erinnern übrig, daß leider auch er Takt 142—143 (gleich Wagner, aber ohne Angabe von Gründen) wie folgt liest:

Fig. 96.

Kretzschmar äußert sich zum Schlußgedanken (S. 115): »Die Holzbläser versuchen zu beschwichtigen; sie bitten um einen freundlicheren Ton:

Fig. 97.

und erreichen es, daß der erste Teil des Satzes mit einer gewissen kräftigen Freudigkeit geschlossen wird.« Um Himmelswillen, welcher geistige Müßiggang, welche Art, über Musik zu schreiben!

Groves Ratlosigkeit in bezug auch auf den Schlußgedanken, wurde schon auf S. 52 dargestellt; es sei hiermit dorthin verwiesen.

Weingartner schließt sich (S. 136ff) in der Frage der Takte 138ff. ganz Wagner an. »Nur Puritanismus« meint er »kann leugnen, daß seine Änderungen hier sowohl, wie an der analogen späteren Stelle ohne jede Verletzung des Stiles eine Klarheit schaffen, die durch notengetreue Wiedergabe unmöglich zu erzielen ist.«

Zweiter Teil.

Durchführung.

(Takt 160—300.)

Allgemeiner Plan.

Beethoven unterläßt es den ersten Teil zu wiederholen; somit setzt die Durchführung — man beachte den auch in dieser Situation (vgl. oben Takt 35) so orientierenden Hornpart! — bei Takt 160 ein.

Der erste Tonkomplex, Takt 160—179, erfüllt in Einem zwei Aufgaben; er bedeutet ebensosehr eine Einleitung für die nachfolgenden Abschnitte, als er auch, da er zwei Modulationen enthält, zugleich eine Überleitung bildet.

Hierauf folgen, als eigentliche Durchführung, vier sorgfältig abgeschlossene Abschnitte:

I.	Abschnitt:	Takt 180—197,
II.	»	Takt 198—217,
III.	»	Takt 218—274,
IV.	»	Takt 275—300,

deren Inhalt durchgehend in der Verarbeitung bloß der Takte 1—4 des ersten Gedankens (Takt 17—20 des ersten Teiles), sowie wieder nur der Takte 1—4 des zweiten Gedankens (s. Takt 80—83) besteht.

Wie in so manchem anderen Werk, hat nämlich auch für die Durchführung des ersten Satzes in der IX. Sinfonie Beethoven jene Technik der Verarbeitung gewählt, die sich strenge an die Reihe der Gedanken und innerhalb derselben wieder an die Reihe der Takte hält. So erscheinen in den ersten beiden Abschnitten Takt 1—2 und, davon zunächst unabhängig,

Takt 3 des ersten Gedankens, im 3. Abschnitt Takt 3—4 ebenfalls des ersten Gedankens und endlich im 4. Abschnitt die Takte 1—4 des zweiten Gedankens*.

Doch gibt hier, in der IX. Sinfonie, Beethoven sämtlichen Abschnitten ohne Ausnahme einen in anderen Werken eben nicht anzutreffenden gemeinsamen Zug von ganz originellem Einschlag, indem er nämlich am Ende des jeweiligen Abschnittes, und zwar völlig mit der Wirkung eines Kehrreims, stets nur Takt 3 des Gedankens (Takt 19 des ersten Teils), sei es in dessen originaler Fassung oder in Form von Verarbeitungen, verwendet! Und gerade dieser Kehrreim ist es, der uns dazu verhilft, die einzelnen Abschnitte voneinander zu unterscheiden. Nun ins Einzelne:

Überleitung.

Takt 160—179. Zu Beginn der Durchführung kehrt die Einleitung und damit eine ähnliche Situation wieder, wie sie uns schon vor Anfang des Vordersatzes und Nachsatzes vom ersten Gedanken entgegengetreten: mußte doch, wie dort, ebenso nun auch hier den beiden Anfangstakten des Gedankens erst präludiert werden! Auf diese Weise wird der organische Charakter des Einleitungsinhaltes (vgl. oben S. 4) nun auch durch die Überleitung erwiesen.

Betrachten wir aber den Verlauf der Tonarten, so bemerken wir, daß hier nicht weniger als zwei Modulationen auftreten:

Die erste Modulation (freilich schon bei Takt 158 einsetzend — vgl. darüber oben S. 61), beruht auf einer Umdeutung der Tonika aus B-dur in eine VI. Stufe aus D-moll, so daß der Stufengang sich, wie folgt, gestaltet:

Takt	158—159,	160—170,	170—
B-dur:	I —		
D-moll:	VI —	V —	I

* Eine ähnliche Technik, und zwar ebenfalls so schön wie hier ausgeprägt, finden wir insbesondere z. B. im großen B-dur-Trio, Op. 97, 1. Satz!

Die zweite Modulation lautet:

Takt 170—178,	178—
D-moll: $I^{\sharp 3}$ —	
G-moll: V —	I

Man entnimmt daraus, daß in Takt 170 die Tonika aus D-moll das Chroma bei der Terz (*fis*) erhält, um sofort als V in G-moll (nicht aber als I in D-dur!) wirken zu können.

Noch dringender ist aber zu beachten, wie sehr sich Beethoven die Kennzeichnung jener Stellen angelegen sein läßt, an denen er die Modulation nach G-moll zu vollziehen, bzw. die Tonika der eben neu gewonnenen Tonart zu setzen vorhat: nachdem er hiefür in Takt 170 und 178 das zweite, also das schwache Viertel bestimmt hatte, läßt er, wohlgemerkt zur Vorbereitung und Ankündigung dieser ungewöhnlichen rhythmischen Ereignisse, Pauken und Trompeten schon in Takt 160 einsetzen:

Fig. 98.

Trp. in D.

Pauken.

Auch in der Folge — siehe außer den Takten 170, 178 auch noch Takt 166, 174, — besteht er darauf, just das zweite Viertel auf dieselbe Weise auszuzeichnen. In Summa sind es also die Takte 160, 166, 170, 174, 178, in denen das zweite Viertel betont wird, was zur Konsequenz hat, daß sich dieselbe Art der Betonung, gleichsam wie durch Fortpflanzung, selbst noch in den ersten Abschnitt hinein bis Takt 187 erstreckt.

Der erste Abschnitt.

Der erste Abschnitt steht bereits auf dem Boden der Tonart G-moll. Takt 180—197.

Das Motiv der Takte 1 und 2 des Hauptgedankens wird zum ersten Mal aus dem *forte* ins *piano* gerückt und die Holzbläser führen die Hauptaktion durch:

In Takt 180 setzt zunächst Fagott I ein; man übersehe dabei zweierlei nicht: 1. daß das Motiv mit dessen Quint, und nicht wie in Takt 1 des Modells mit der Oktav des Dreiklanges beginnt, und 2. daß der KB. gleichwohl auch noch die Fortsetzung des Motivs:

Fig. 99.

ergänzt.

Nun antworten in den Takten 182—183 Flöte I, Oboe I und Klarinette I dem Fagott, und zwar unter Führung der Flöte, wobei indessen diese, statt die Linie stets nur abwärts zu führen, im 2. Takte (Takt 183) plötzlich eine Biegung nach oben (man hüte sich, einer besseren Deutlichkeit halber, diese Linie der Flöte etwa zurecht zu biegen!) vollzieht.

Sodann ist es wieder das Fagott, welches in Takt 184—185 das Motiv aufnimmt, diesmal es aber im Vierklang der Dominante auskomponierend.

Und eben wieder auch in der Dominante antworten endlich Flöte I, Oboe I und Klarinette I (Takt 186—187), nur daß die Antwort — man sehe das ausschließlich bei der Flöte I in Takt 186 notierte *espressivo* — um eine sehr ausdrucksvolle Nüance:

Fig. 100.

verstärkt wird.

NB. folgt aus diesem *espressivo*-Vermerk, daß nach wie vor (also ähnlich wie knapp vorher in den Takten 182—183) ausschließlich der Flöte die führende Rolle auch in den Takten 186—187 verbleibt, d. h. daß nicht umgekehrt gerade sie

etwa bloß als Verstärkung der Klarinette I angenommen werden darf, die dieselbe Tonreihe eine Oktav tiefer bringt. Daraus folgt aber mit Konsequenz, daß nun ebenso auch in den vorausgegangenen Takten 184—185 Klarinette I des führenden Charakters entbehrt, trotzdem sie dort das Motiv eine Oktav höher als Fagott I bringt: man sieht, daß es durchaus nicht, wie man sonst meint, die Höhe allein ist, die über den führenden Charakter einer Stimme ausschließlich entscheidet (vgl. oben S. 73 Wagners irrige Bemerkungen betreffs der Flöte) und so hat man trotz der höheren Oktav der Klarinette I in Takt 184—185 gleichwohl auch in den Takten 180—187 als führend nur Fagott I und Flöte I zu betrachten, die hier gleichsam in einer Wechselrede begriffen sind.

Endlich übersehe man nicht, wie der Kontrabaß durchaus regelmäßig nach jeder zweitaktigen Einheit — siehe Takt 180, 182, 184, 186 — auch der bereits oben erwähnten thematischen Ergänzung (Fig. 99) sich befleißigt.

Die V. Stufe, die bereits in Takt 184 aufgetreten, be- Takt 188—191.
herrscht auch noch die nachfolgenden vier Takte (Takt 188 bis 191), die, in thematischer Hinsicht vom Motiv des Schlußgedankens (Takt 150 ff.) bestritten, zur Kadenz in G-moll in den Takten 192—197 hinüberführen.

In die Kadenz aber Takt 192—197.

Takt: 192—193, 194—195, 196—197
I — IV — ♯IV — V

ist, wie schon oben gesagt wurde, Takt 3 des Hauptgedankens hineingewoben, jedoch mit folgender neuer und sehr ausdrucksvoller Artikulation:

Fig. 101.

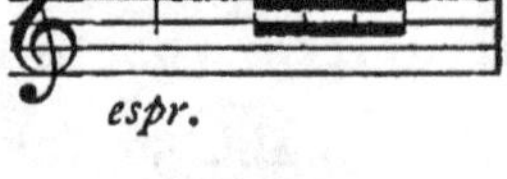

Das von Beethoven bei der Oboe I hinzugefügte *espressivo* zeigt an, daß nur ihr an dieser Stelle die Führung zusteht;

es ist daher falsch, etwa die Klarinetten und die Fagotte, bloß weil sie mit der zweiten Hälfte des in Frage kommenden Motivs das jeweilige erste Viertel der Takte 192—195 füllen, auf Kosten der melodieführenden Oboe I hervorzuheben. An die Oboe I schließt sich melodieführend in den Takten 194—195 die Flöte I an, bis wieder die erstere in Takt 196 die Fortsetzung des Melos zurückerwirbt.

Der zweite Abschnitt.

Takt 198—217. Der zweite Abschnitt weist dieselbe Konstruktion wie der erste auf: Takt 1—2 des Hauptthemas herrschen bis Takt 205, dann geht es sozusagen über das Joch der Takte 206—209 zur Kadenz, die den Takt 3 des Modells wiederbringt!

Die Unterschiede des zweiten Abschnittes gegenüber dem ersten bestehen aber darin, daß:

1. in den Takten 202—203 eine Modulation nach C-moll vollzogen wird, welche neue Tonart eben das Kennzeichen des neuen Abschnittes bildet;

2. die oben geschilderte Wechselrede der Takte 180—187 sich hier im zweiten Abschnitte zwischen anderen Instrumenten, nämlich den Vl. I einerseits und dem Fagott und der Klarinette andererseits, abwickelt;

3. in der Kadenz umgekehrt eine tiefere Stimme, nämlich Fagott — man sehe in Takt 210 den *espressivo*-Vermerk ausschließlich eben beim Fagott! — melodieführend zuerst auf den Plan tritt; und endlich

4. durch Wiederholung der Takte 214—215 eine Schlußverstärkung herbeigeführt wird, so daß der zweite Abschnitt zwei Takte mehr als der erste zählt.

Der dritte Abschnitt.

Takt 218—274. Der dritte Abschnitt umfaßt 56 Takte und übertrifft daher die beiden vorausgegangenen Abschnitte an Ausdehnung. Sein Inhalt besteht, wie schon gesagt wurde, in der Verarbei-

tung der Takte 3—4 des Hauptgedankens — zum ersten Male erscheint somit auch Takt 4 in die Durchführung einbezogen! —, und daß es wieder Takt 3 ist, der auch diesen Abschnitt am Ausgang flankiert, wurde ebenfalls bereits erwähnt.

Die Verarbeitung der Takte 3 und 4 geschieht zunächst nach Art einer Doppelfuge: Takt 218 ff.

Das Thema bei den Bässen moduliert von C-moll nach G-moll und wird von einem Gegensatz in Sechzehnteln bei Vl. II begleitet, der ebenfalls das Motiv des Taktes 3 in sich enthält. In Takt 224 erfolgt die Antwort bei Vl. I (auch Flöte I und II), während die Viola den Gegensatz besorgt. Eine dreitaktige Modulation (Takt 229—231) leitet dann aber nach B-dur hinüber, wodurch nun plötzlich (von anderen Gründen noch abgesehen) der Charakter einer wirklichen Doppelfuge aufgehoben wird.

Der dritte Einsatz erfolgt somit in B-dur: Vl. II führen Takt 230 ff. das Thema, Vl. I, Fl. und Kl. den Gegensatz. Aber schon nach vier Takten, also in Takt 236, nehmen neuerdings Vl. I, (diesmal, außer durch Flöte, auch noch durch Kl. und Fagott verstärkt) das Thema an sich. Es ereignet sich hier also (da, wie übrigens selbstverständlich, jede Modulation und sonstige Überleitung fehlt), daß ganz unmittelbar zwei Einsätze in B-dur aufeinander folgen*. Diese Anordnung findet ihre Erklärung darin, daß im selben Maße, als nunmehr eine langgedehnte Modulation folgen sollte, für diese nun ein desto kräftigeres Widerlager gebaut und daher eben der Kopf des Themas entsprechend verbreitert werden mußte. Der Gegensatz ist bei den Bässen aufgehoben.

Nun setzt bei Takt 240 die Modulation ein, die über D-moll Takt 240 ff. nach A-moll führt, und zwar lautet der Aufriß der Takte 240 bis 250 wie folgt:

---

* Vgl. z. B. bei S. Bach in der sog. dorischen Tokkata die beiden C-moll-Einsätze, die dort ebenfalls unmittelbar aufeinanderfolgen.

Fig. 102.

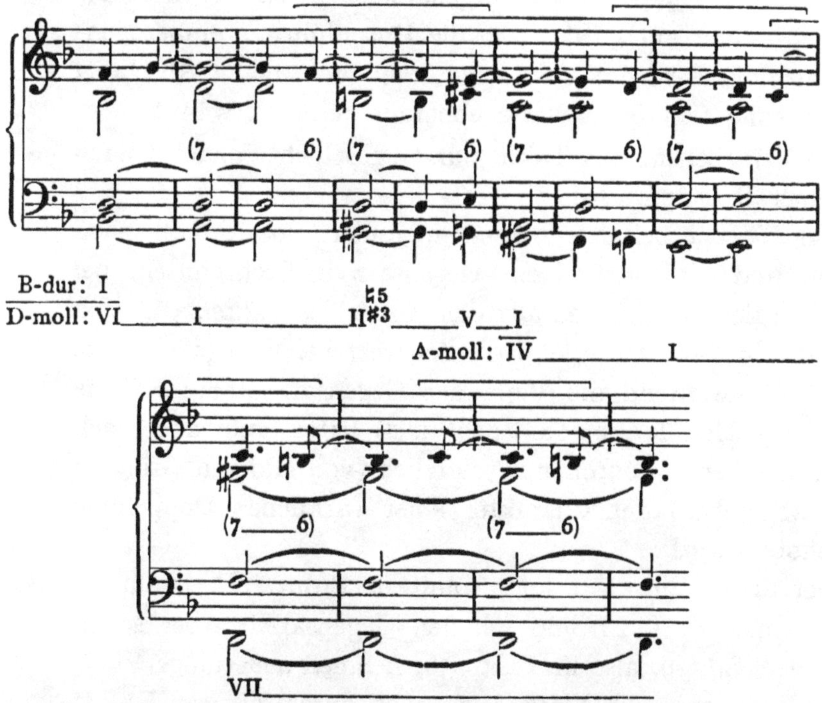

Daraus entnehmen wir nun, daß die erste Umdeutung in Takt 240 D-moll, die zweite in Takt 245 A-moll bringt; ferner daß im Gegensatz zu den vorausgegangenen Takten 237—240, in denen die Harmonie in jedem Takt (in Takt 240 sogar zweimal) gewechselt wird, in den Takten 241ff., und zwar wegen der Synkopen, erst je zwei Takte zu einer Einheit zusammengeschlossen werden.

Dazu kommt, daß eben wegen der Synkopenbildungen 7—6, sowie auch noch aus anderen Gründen die Zerlegungen bei den Vl. I — desgleichen bei den Flöten und Fagotten — sich von Takt 241 ab in weiter Lage, also in Sprüngen bewegen, die schon als solche die Stimmung ins Ungeheuerliche rücken. Die Gewitterschwere dieser Stimmung nun, wie sie sich aus der Verbreiterung der Synkopen in den Takten 241 bis 246, aus den Sprüngen in den Zerlegungen (bei obendrein

gleichzeitig sich vollziehender Modulationsbewegung in den Harmonien) ergibt, wird, doch freilich erst nachdem die A-moll-Tonart erreicht wurde, einfach dadurch endlich wieder besänftigt, daß der Zusammenschluß je zweier Takte umgekehrt wieder aufgehoben, d. i. die Lösung der Synkope noch im selben Takte (siehe Takt 249—251) herbeigeführt wird, durch welche Rückbildung ein allmählicher Übergang zu den normaleren Geschehnissen der weiteren Takte gewonnen wird. Welch klare Einsicht des Meisters in die eigene Absicht und welch adäquate Ausführung!

Treten wir aus der bedrückenden Synkopenwelt, wie gleich- **Takt 253ff.**
sam aus einem Tunnel, ins Freie hinaus, so harrt unser nun auch hier, wie schon gesagt wurde, das Motiv des dritten Taktes. Und zwar kehrt zunächst dessen originale *staccato*-Form wieder, was umso organischer erscheint, als ja auch der Gegensatz bei den Bässen bis zum letzten Augenblick nur eben an dieser Form festgehalten hat. In Takt 259 tritt aber endlich jene schon aus den beiden vorhergegangenen Abschnitten uns bekannte Form auf den Plan, die die Bindung des ersten und zweiten Sechzehntels aufweist; und so wird denn endlich damit der Parallelismus auch des dritten Abschnittes mit dem ersten und zweiten Abschnitt wieder hergestellt.

Wie breit ist hier aber die Basis, auf der sich das alles abspielt! Nachdem in Takt 249 die VII. Stufe erschienen, die hier ja füglich schon als Vorläuferin der V. aufgefaßt werden darf (vgl. Bd. I § 108), kommt endlich die letztere selbst in Takt 255 — siehe die Bässe:

Fig. 103.

Von nun ab ist es ausschließlich eben nur die Dominante, die alle weiteren Evolutionen (sowohl die Auskomponierungen der

$^{6}_{4}$-Vorhalte, als auch deren Lösungen) trägt; erst in den Takten 267 ff. folgt sodann ein desto lebhafterer Wechsel von Stufen, deren Schema lautet:

Fig. 104.

Grundtöne (A-moll: III$^{6-5}_{4-3}$ IV VI$^{6-5}_{4-3}$__________V)

Die auf ihren Grundtönen (ausgenommen die 6-Akkorde der II. und VI. Stufe in Takt 269 und 270) basierten Klänge machen, sofern nur die Stimmführung prävaliert, zunächst den Eindruck des älteren a cappella-Stiles. (In diesem Sinne wären im Grunde nur die III., IV., VI. und V. Stufe in Takt 267, bzw. 268, 269 und 271 als die eigentlichen modernen Stufen anzuerkennen, zwischen denen, wie gesagt, bloß Gesetze der Stimmführung mit Zugrundelegung des Dreiklangsprinzipes (vgl. Bd. I, S. 209) vermitteln.) Nimmt man indessen den Gesichtspunkt der Wechselnoten (in Takt 267, 269 und 270) und des Durchganges (in Takt 268) zu Hilfe, so kommen, wie dies die bei Fig. 104 eingeklammerte Deutung feststellt, die modernen Stufen völlig restlos zum Ausdruck, wodurch zugleich der erste Eindruck berichtigt wird.

Mit Takt 271 treten wir endlich in das Gebiet der letzten Dominante, da die Tonika, die auf diese folgt, bereits den vierten Abschnitt eröffnet.

Der vierte Abschnitt.

Takt 275—300. Der vierte Abschnitt bringt die Takte 1—4 des zweiten Gedankens dreimal und zwar zunächst in A-moll (Takt 275 bis 278), sodann aber in einer Modulation nach F-dur (Takt 279—282) und endlich eben in F-dur (Takt 283—286).

Bei Takt 287 erscheint zum Abschluß des Abschnittes wieder das Motiv des dritten Taktes des ersten Hauptgedankens und zwar in der Fassung der Takte 192ff., der Takte 210ff. bzw. 259ff.

Von Takt 297 ab wird aber wieder die Urform des Motivs — mit Sechzehnteln im *staccato*! — hergestellt. Je zwei Motive werden in einen Takt gedrängt, wodurch eine eigentümliche Spannung entsteht. Diese wird noch dadurch vermehrt, daß jedesmal das erste Sechzehntel, als wollte es gleichsam durch kräftigen Ellbogenruck dem Motiv im Takte Platz machen, einen leidenschaftlichen *f*-Akzent mitbekommt:

Fig. 105.

Es drängt zur Entladung, es folgt die Reprise.

Vortrag.

Takt 160ff. Es ist klar, daß der Vortrag der Durchführung ein desto besserer sein wird, je mehr die oben geschilderten Abschnitte derselben nun eben auch als solche plastisch zum Ausdruck gebracht werden. Um die Wirkung der Plastik zu erreichen, hat man daher gleich beim Eintritt in den ersten Abschnitt — also schon bei den Takten 180—181! — den Geist mit aller Macht auf die hinter dem Joch der Takte 188—194 harrende Kadenz der Takte 192ff. von vornherein zu richten, d. h. man hat den Vortrag des Abschnittes aus einer Art geistiger Vogelperspektive, aus einer Vorempfindung des Gesamtverlaufs des Abschnittes von dessen erster Tonika bis zur letzten Kadenz einzurichten. Nur dann wird die Kadenz als solche des ganzen Abschnittes, nicht aber, wie man es leider nur allzuoft hört, als ein neues Stück für sich vorgetragen werden. Der darauf ruhende Tonfall ist eben in beiden Fällen ein anderer.

Takt 178—180. Mit Rücksicht auf den in Takt 180 kantabel durchzuführenden Vortrag des Motivs beim Fagott, hat dagegen eben dieses Instrument Takt 178—179 noch beziehungslos, d. h. ohne jede Absicht auf das später folgende Motiv zu blasen. Mit anderen Worten: Erst in Takt 180 trete das Fagott stärker hervor!

Takt 190ff. Der in der Bindung des ersten und zweiten Sechzehntels des zweiten Viertels liegende Ausdruck kann nicht anders als nur mit folgender Schattierung erreicht werden: , die übrigens so selbstverständlich ist, daß sie erst ausdrücklich hinzusetzen Beethoven wohl für überflüssig finden mochte. Daß die soeben erwähnte Nüance ein Anhalten des Tempo erfordert, ist hier schon gesagt worden. Doch ist ein solches so minutiös, daß es der Dirigent kaum ausdrücklich anzuzeigen braucht. (Dies ist, nebenbei bemerkt, wohl auch der Grund, weshalb man durch Konvention seit ältesten Zeiten sich ein für allemal lieber auf die oben S. 38 mitgeteilte Regel geeinigt hat!) Gegenüber den melodieführenden Instrumenten Oboe und Flöte hat man — auch daran sei hier erinnert — selbstverständlich Klarinetten und Fagotte im Hintergrunde zu halten.

Takt 195—197. Die a Tempo-Anweisung Beethovens bei Takt 196 (nach dem rit. an der Wende des Taktes 195) hat seinen Grund darin, daß ja die Takte 196—197 bereits selbst ein auskomponiertes ritenuto vorstellen, das außerdem noch durch ein zweites ritenuto zu komplizieren auf die abschüssige Bahn eines nicht endenwollenden ritenuto führen würde.

Takt 198ff. Genau so, wie mit dem Vortrag des ersten Abschnittes, verhält es sich auch mit dem des zweiten Abschnittes.

Takt 218ff. Und auch beim dritten Abschnitt kommt es, trotz dessen Ausdehnung, wiederum auf jene geistige Fernsicht an, die uns schon bei den ersten Einsätzen des (nur in angewandter Weise) fugierten Satzes bereits auch die Synkopen

der Takte 236ff., die Modulationen und endlich die breit ausladende Kadenz in A-moll (Takt 259) zu sehen gestattet! Von solchem Standpunkt aus wird man sich dann aber von vornherein hüten, das *f* bei dem ersten, zweiten und dritten Einsatz zu übertreiben: hat man doch Ursache, alle Energie und Leidenschaft nur für die Takte 241ff. aufzusparen, da man die enge Schlucht der Synkopen zu traversieren hat!

Takt 241ff. Hier versteht sich eine Steigerung aus dem Grunde der Situation von selbst, und keineswegs gerät man mit einer solchen in Widerspruch gegen Beethoven, der ein *cresc.* oder etwa gar ein *ff* ausdrücklich vorzuschreiben wieder nur für überflüssig fand. Denn in der Tat ist von einem wahren *ff*-Zustand noch durchaus verschieden die Steigerung, die hier vom einfachen *f* aus sich erheben und durch Assoziation im Medium der Dynamik gleichsam die Anspannung wiedergeben soll, die erforderlich ist, um die Synkopen zu durchschreiten und die beiden Modulationen zu bewerkstelligen!

Um die zwei Takte andauernde Spannung des Vorhaltes bis zu dessen Lösung (die gleichzeitig wieder Vorbereitung des nächsten Vorhaltes bedeutet) auszudrücken, hat man die Pflicht, bei den Synkopen der Takte 241—252 sich etwa folgender dynamischer Schattierung insbesondere bei den Bässen zu bedienen:

Fig. 106.

Und so auch in den Takten 243, 245, 247, 249, 251.

Takt 252. In Takt 252 beachte man aber das von Beethoven selbst gleichmäßig bei allen beteiligten Instrumenten

hinzugefügte >——, das dazu bestimmt ist, gleichsam den Ausgang der Schlucht zu verdeutlichen.

Takt 274. Am Ausgang des T. 274 empfiehlt es sich, das Tempo wie übrigens selbstverständlich, ein wenig zurückzuhalten, um damit den Abschluß des ganzen Abschnittes anzudeuten.

Takt 275 ff. Was den Vortrag des IV. Abschnittes in dynamischer Hinsicht anbelangt, so übersehe man nicht, daß wohl nur die ersten vier Takte desselben, 275—278, auf dem Boden des *pp* stehen, schon aber die nächsten Takte (Takt 279 ff.) bereits etwas stärker — *poco meno p* (!) schreibt Beethoven selbst vor, der außerdem bei den Hörnern ein *p* hinsetzt — vorgetragen werden sollen.

Takt 283 ff. Das *p* bei den Holzbläsern, Trompeten, Pauken in Takt 283 weist, zumal nach dem vorausgegangenen *poco meno p*, auch bei den melodieführenden Violinen I und II bestimmt auf ein *p* hin, wobei außerdem noch darauf zu achten ist, daß (anders als in den T. 84—87) hier das *cresc.*-Zeichen —< drei Takte (Takt 283—285) umfaßt, während dem *dimin.*-Zeichen >— nur der letzte, vierte Takt (Takt 286) allein reserviert ist.

Takt 287 ff. Im *p* hält sich der Vortrag auch der Takte 287 bis 295, wo dann das *cresc.* zum *f* (bei den Takten 297 ff.) hinüberführt. Im *f* lasse man bereits die Reprise ahnen, zumal deren grandiosen Beginn, und spanne daher zu ihrer Vorbereitung alle geistigen Kräfte an!

Literatur.

Die von Nottebohm S. 160 mitgeteilte Skizze aus den Jahren 1817 (1818):

Fig. 107.

mag, so früh sie auch auf dem Plane erscheint, gleichwohl bereits auf den dritten Abschnitt der Durchführung bezogen werden.

Deutlicher wird freilich die Skizze aus dem Jahre 1822, die Nottebohm auf S. 165 zitiert:

Fig. 108.

und die wie wir wissen, genau so, die Tonart B-dur sogar inbegriffen, endlich in Erfüllung gegangen ist.

Riemann entledigt sich S. 147 seiner Aufgabe so, daß er, statt die innere Natur der Ereignisse und deren Zusammenhang zu enthüllen, einfach nur deskribiert, obendrein im unergründlichen Sprachgebrauch seiner Theorien.

So kommt der Rhythmus der Trompeten und Pauken in Takt 160 für ihn nur als ein »Generalauftakt« (!) in Betracht; welche Konsequenzen dagegen in kompositioneller Hinsicht gerade dieser geniale Zug bedeutet, weiß er nicht zu sagen. Was es ferner bedeutet, daß Beethoven in Takt 160 in das Gebiet der Harmonie A $\left(\frac{\text{Cis}}{\text{C}}\right)$ E, hernach in Takt 170 in das der Harmonie D-Fis-A tritt, das weiß er nun ebensowenig zu erklären; statt dessen schreibt er, ebenso verlegen als naiv-unbewußt: »das erst nur vom zweiten Horn und der zweiten Violine gebrachte a ist als Generalauftakt zu verstehen, und erst mit dem Einsetzen des Tremolo der leeren Quinte a e in den Celli und zweiten Violine (mit den beiden ersten Hörnern) sind wir wieder an den Aufgang zurückversetzt, d. h. wir haben wieder den in höchster Ordnung schweren Wert. Natürlich bleiben, da es sich nicht wieder um Einleitung des Hauptthemas handeln kann, nicht wieder die 16 Takte a^7, sondern bereits nach 8 Takten setzt Beethoven um in D-dur als Dominante der Unterdominante (G-moll), um in dieser den Hauptgedanken zu bringen.«

Was ist uns hier an dieser Stelle sein »Generalauftakt«, wo es sich so dringend um eine Erklärung der harmonischen Wege handelt? Daß es aber nur Unkenntnis ist, wenn er diese schuldig bleibt, folgt schon einfach daraus, daß er bei Takt 170 eben schon von einem D-dur spricht, wo doch nur erst eine mit Chroma bei der Terz versehene I. Stufe in D-moll — der Unterschied ist ja ein sehr großer! — vorliegt, die chromatisiert als V. in G-moll fungiert; und daß er selbst von diesem D-dur dennoch gleich

wiederum nur als von einer »Dominante der Unterdominante« (G-moll) spricht! Das wirkliche G-moll in Takt 178 ist ihm demnach zunächst nur Unterdominante (vgl. auf S. 148 seine Bezeichnung »1. Thema und die Unterdominante«), und erst auf S. 150 spricht er, freilich dann aber ebenso widerspruchsvoll als überraschend, plötzlich von einem »G-moll«, das ihm selbst einige Zeilen vorher noch keine solche Tonart gewesen! — Die Imitationen in den Takten 198 ff. bedeuten ihm schon »Engführungen« (S. 149), wo doch zwischen beiden Begriffen ein strenger Unterschied obwaltet.

Von der ersten Kadenz der Takte 192 ff. spricht er auf S. 149 zunächst an sich noch richtig als von einem »Viertakter, dessen Motive dem ersten Thema entlehnt sind«; auch von der zweiten in C-moll (Takt 210 ff.) heißt es richtig auf S. 150: »Auch die Bestätigung des Schlusses entspricht genau der oben notierten, nur daß sie in C-moll statt G-moll steht«; doch plötzlich vor der dritten Kadenz reißt die Kraft seiner Nachempfindung ab, und statt die in diesem Punkte so eigenartige Synthese Beethovens zu erkennen, der, wie ich oben sagte, das Motiv des T. 3 des Hauptthemas bei allen vier Abschnitten der Durchführung als einen gleichmäßig wiederkehrenden Refrain verwendet, deutet er die dritte Kadenz in Takt 253 in neutralster Weise (S. 152 ff.) bloß so: »Die Durchführung des Motivs  erreicht nun ihren Höhepunkt in der folgenden A-moll Stelle«. (NB. korrigiert leider Riemann im Vertrauen auf seine Theorien, die er offenbar für besser hält, als die Instinkte und die Einsicht Beethovens, dessen eigene Auffassung des dritten Taktes, indem er statt: 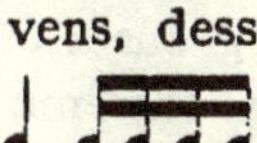 gar so: 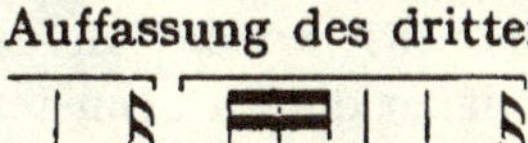 liest, und zwar selbst in der Situation der Kadenzen, die ja Bindungen aufweisen!) Irrtümlicherweise leitet er an dieser Stelle die dritte Kadenz nur vom Kontrapunkt der Bässe ab (der allerdings auch Takt 3 mit sich führt) und darüber übersieht er dann offenbar den höheren Kompositionswillen des Meisters, der ja übrigens auch bei der vierten Kadenz in den Takten 287 ff., wo doch eine solche Vergangenheit gar nicht vorliegt, gleichwohl wieder das Motiv des Taktes 3 noch immer zur Kadenzbildung heranzieht! Es heißt dann (S. 154) bei ihm einfach: »Mit nochmaligem Zurückgreifen auf Motiv 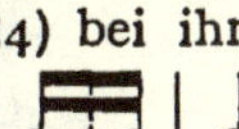 doch mit Fortführung der aus dem vorigen Satze herrührenden Synkope  in den Hörnern, geht

nun die Durchführung schnell zu Ende, indem sie rasch steigend zum *fortissimo*-Einsatz des Einleitungsmotivs in D-dur zurückführt.« Man sieht also deutlich, daß er die vier Kadenzen der vier Abschnitte der Durchführung nicht zu jener eigentümlichen höheren Einheit einer künstlerischen Absicht zu verbinden vermag, die ihnen Beethoven eben kraft eigenartiger, der Erkenntnis nicht weiter zugänglicher Schöpferkraft verliehen hat!

Kretzschmar schreibt auf S. 116: »Die Durchführung entrollt das Faustische Bild weiter: Suchen und nicht Erreichen, rosige Phantasien von Zukunft und Vergangenheit, und die Wirklichkeit von einem Schmerz erfüllt, der seine Rechte plötzlich geltend macht! Der Durchführungsteil ist verhältnismäßig nur kurz: thematisch wird er hauptsächlich getragen von Bildungen aus dem dritten und vierten Takte des Hauptthemas. Das trübe Element tritt in ihm zurück, um mit vollster Kraft bei der Rückkehr in den Hauptsatz auszubrechen.« Schilderungen solcher Art, die jedoch ohne weiteres ebensogut zahllosen Durchführungen in beliebigen anderen Werken gewidmet sein könnten, richten sich wohl von selbst!

Ziemlich ausführlich ist Grove's Darstellung (S. 312ff.), die es indessen an den buntesten Irrtümern gleichwohl nicht fehlen läßt. »Wohl in Voraussicht der großen vom Finale gestellten Anforderungen verzichtet Beethoven hier auf die Wiederholung des ersten Satzteiles, geht vielmehr mit einer seiner unmittelbaren Modulationen gleich von B-dur nach A-moll über,« (hier der erste Fehler!) »zieht einen Doppelstrich über die Partitur, ändert die Vorzeichnung von ♭♭ auf ♭ und beginnt mit der Durchführung. Der Prolog erklingt zunächst in konziserer Form,« (hier der zweite Fehler!) »worauf der energische Rhythmus, den wir aus den Beispielen 25 und 26 kennen, von eindringlichen *sforzandos* noch mehr betont, die Oberhand gewinnt. Damit leitet dann der Tondichter nach G-moll über.« (Dritter Fehler: daß G-moll doch auch schon bei Takt 180 und somit zu Beginn des ersten Abschnittes aufgetreten war, weiß er offenbar nicht. Die Folgen dieses Irrtums bleiben denn auch nicht aus.) »Wohl hat er uns bereits fühlen lassen (siehe Beispiel 20), wie er mit dem Hauptthema zu schalten weiß: er nimmt aber dessen oben schon erwähnten Bruchteil (siehe Beispiel 17a) auch hier zur Hand und entwickelt ihn zu einer viertaktigen Phrase, die er abwechselnd den Oboen und Klarinetten zuteilt. Zum Schluß verleiht er ihm noch ein ausdrucksvolles Ritardando, dessen wir uns gegen Ende des Satzes noch einmal erinnern werden. Vorläufig wendet sich

Beethoven jedoch von diesem Motive zurück zu dem ganzen Thema, wie wir es im Beispiel 17 kennen lernten.« (Vierter Fehler: er hat den ersten Abschnitt als solchen einfach gar nicht erkannt und ihn vielmehr bloß für einen »Prolog« ausgegeben!) »Und da sehen wir seine große Kunst in ihrer höchsten Kraft. Durch die Stufen des Dreiklangs steigt das Thema von der Höhe zur Tiefe hinab, während der Baß mit Pizzikatonoten ihm aufwärts entgegenschreitet und fast eine Umkehrung dieses Themas selbst darzustellen scheint. Wie ausdrucksvoll klagt hier der Halbtonschritt von As nach G beim zweiten Erklingen der Melodie:« (Er meint hier nämlich die 32tel Nebennote as^2 bei Vl. I. in Takt 201). »Aber noch ist die Reihe, die hier sich ankünden mochte, nicht Beethovens Ziel, und so bricht er, gerade wie den Prolog, auch dieses Tonbild bald mit einigen, auf dem Rhythmus von Nr. 25 gegründeten Takten in C-moll ab.« (Fünfter Fehler: er mißt, wie man sieht, den jedesmal zur Kadenz hinüberlenkenden Takten [s. Takt 188ff. und 206ff.] wohl allzu große Bedeutung bei, da er ihre wahre Funktion nicht kennt!) »Er greift nun die von ihm besonders bevorzugten vier Sechzehntel aus Beispiel 17(a) auf«, (sechster Fehler: schon das Wörtchen »aufgreifen« allein bezeigt, daß auch Grove die Konstruktion der Kadenzen fremd geblieben!) »geht aber bald dazu über,« (siebenter Fehler: wie grotesk, den dritten und wichtigsten Abschnitt mit solchen nichtssagenden Worten anzukündigen!) »auch den folgenden Takt des Hauptthemas zur Entwicklung heranzuziehen« (hier sind Takt 3 und 4 des Themas gemeint) »und baut darauf einen längeren Teil des Satzes auf, den er in dieser Weise beginnen läßt:« (folgt Zitat der Takte 218 bis 223). »Die II. Violinen und die Bässe haben hier die eigentliche thematische Arbeit, während die I. Violinen erregt ihr tiefstes G und dann wieder das zwei Oktaven höhere G anschlagen. Sechs Takte nimmt dies in Anspruch, und noch dreimal wiederholt sich der Absatz jetzt mit den Künsten des doppelten Kontrapunktes — so also, daß eine tiefere Stimme von einer höheren übernommen wird und umgekehrt —, andrer kleiner Veränderungen nicht zu gedenken.« (Achter Fehler: für die beiden B-dur-Einsätze geht Grove [»Noch dreimal wiederholt sich der Absatz«], jede Empfindung ab!) »Beethoven hat, wie wir im obigen Beispiel sehen, hier drei Themen miteinander verkettet — das in Sechzehnteln und das in Achteln gehende, sowie das Oktaventhema. Jedes von ihnen aber ist auf die vielgestaltige Verwendung in verschiedenen Tonhöhen und thematischen Be-

ziehungen hin erfunden. Zum Schlusse des Abschnittes haben sich die Bässe der Sechzehntelfigur bemächtigt, während die Violinen die Achtelfigur aufnehmen, in die sie auch ihre, jetzt über eine Oktave erweiterten Intervallsprünge übertragen.« (Neunter Fehler: Die Mitte des dritten Abschnittes ist für ihn Schluß des Abschnittes, — welches Hören!!) »Man sollte nun wohl denken, daß Beethoven dem Thema schon jede Ausdrucksfähigkeit abgewonnen habe, und doch weiß er uns damit nach diesen vierzig Takten wieder ganz Neues zu sagen. Der Ausdruck ist ruhiger geworden, und die Sechzehntelfigur erscheint mit der vom Komponisten stets nur in besonderer Absicht gebrauchten Bezeichnung Kantabile.« (Zehnter Fehler: endlich entdeckt er hier, was er bis dahin schon längst, bei Takt 192 und 210, hätte sehen sollen; freilich hieß es dort vorerst nur »*espressivo*!«) »Ein Duett zwischen I. und II. Violinen entwickelt sich daraus, zu dem die Celli mit der Achtelfigur ihrerseits die Begleitung übernehmen:« (Hier steht das Zitat der Takte 259—266.)

»Doch erinnert sich Beethoven nun auch anderer Tongedanken« (welch abgeschmackte Ausdrucksweise! elfter Fehler) »und mischt für kurze Frist den zweiten Abschnitt des zweiten Themas (Nr. 23) in F ein, indem er das Thema sowohl in seiner ersten Gestalt vorbringt, als auch im doppelten Kontrapunkt die Melodie den Bässen und die Arpeggien dem Diskant zuteilt. Jene Sechzehntelfigur aber ist ihm zu lieb geworden, als daß er sich ihr nicht wieder zuwenden sollte. Er bringt sie mehrfach, auch in der Umkehrung, und wo es denn doch Abschied von ihr nehmen heißt, tut er es im *forte* des gesamten Orchesters.« (Zwölfter Fehler: mit der Wendung »Jene Sechzehntelfigur« drückt Grove eine umfassende, die ganze Durchführung zu klarster Plastik steigernde Konstruktionsabsicht Beethovens aus!)

Weingartner zeigt das nicht genug zu würdigende Streben, die dynamischen Schattierungen aus dem Sinne der Komposition heraus auch dort zu ergänzen, wo Beethoven ein so genaues Bezeichnen für überflüssig, weil wohl für allzu selbstverständlich hielt. Bei Takt 232 übersieht er jedoch, daß die Dynamik mit Absicht von Beethoven selbst noch im Zaume gehalten wird, weil ja erst mit dem Eintritt der Vl. I in Takt 236 alle Register der verstärkenden Blasinstrumente geöffnet werden sollen.

Schade, daß er die Nüancierung, die er speziell nur auf Takt 249ff. anwendet, nicht auch auf sämtliche vorhergehenden Syn-

kopen erstreckt, bei denen doch denselben Grund der Nüancierung anzunehmen geboten ist! (»Die verzweiflungsvolle Schönheit« der Takte 249ff. zur Geltung zu bringen, ist eine zweite Sache und außerdem eigene Pflicht des Dirigenten.)

Auf S. 139 schreibt Weingartner, wenn auch ohne ganz deutliches Bewußtsein, dennoch ganz richtig, über Takt 196 wie folgt: »Die »*a tempo*« in diesen Takten werden merkwürdigerweise sehr oft übersehen und das jeweils vorhergehende kurze »*ritard.*« über die diesem *ritard.* folgenden zwei Takte ausgedehnt. Es ist also darauf hinzuweisen, daß die Schönheit des Vortrages hier gerade darin besteht, das *a tempo* dort eintreten zu lassen, wo es Beethoven vorgeschrieben hat, und diese Takte nicht zu versentimentalisieren. Werden die Achtel richtig punktiert ausgehalten, so ergibt sich, trotz des wieder eingetretenen Hauptzeitmaßes, eine Art von *portamento*, das etwa folgender Vorschrift entspräche:

Fig. 109.

die wieder nur eine Fortsetzung der über den drei Ritardandonoten stehenden Bezeichnung darstellt.«

Dritter Teil.

Reprise.

(Takt 301—426.)

Nach der oben gebotenen erschöpfenden Behandlung des ersten Teiles mag es nun am Platze sein, die Reprise in einer blos fortlaufenden Darstellung zu schildern.

Die Reprise beginnt mit Takt 301, da, wie wir wissen, Beethoven die Einleitung als organischen Bestandteil des Hauptthemas behandelt*. Takt 301 ff.

* In einem kleineren Maßstabe, vielleicht aber gerade deshalb in genialerer Art wendet eine ähnliche Technik Haydn in seiner D-dur-Sinfonie (Payne Nr. 9), letzter Satz, an. Auch dort sehe man, wie zwei einleitende Takte:

Fig. 110.

mit dem Thema selbst in einen organischen Zusammenhang gebracht werden; sie kehren wieder in der Modulationspartie:

Fig. 111.

Gegenüber der Einleitung des ersten Teiles, die auf die V. Stufe gegründet war, unterscheidet sich der Kopf der Reprise zunächst durch den Gebrauch der Tonika D selbst. Deren große Terz *fis* beruht aber nicht etwa, wie es auf den ersten Blick scheinen könnte, auf der Mischung, sondern auf einer Chroma-

---

beim 2. Gedanken:

Fig. 112.

zu Beginn der Reprise (!):

Fig. 113.

und am imponierendsten wohl am Schluß:

Fig. 114.

tisierung zugunsten der zu erwartenden IV. Stufe (vgl. Bd. I § 139ff.):

$$\frac{\text{D-moll: } \mathrm{I}^{\sharp} - \mathrm{IV}}{\text{G-moll: } \mathrm{V}^{\sharp} - \mathrm{I}}$$

Wirkung: (untere Zeile)

Letztere erscheint dann auch wirklich in Takt 312, um dort allerdings sofort selbst wieder chromatisiert zu werden, als würde gleich darauf eben die V. Stufe zu erwarten sein:

$$\frac{\text{D-moll: } \sharp\mathrm{IV} - (\mathrm{V})}{\text{A-}\frac{\text{dur}}{\text{moll}}\text{: } \mathrm{VII} - (\mathrm{I})}$$

Wirkung: (untere Zeile)

Erwägt man nun, daß in den Takten 301—314 Beethoven die Harmonien D—Fis—A und D—F—A auch einfach nur im Sinne einer Mischung aufeinander hätte folgen lassen können, so daß dabei ein Dazwischenschieben der Harmonie: B—D—F—As ganz überflüssig gewesen wäre, so erkennt man desto besser, daß die Harmonie D—Fis—A, wie ich soeben ausgeführt habe, niemals im Sinne einer D-dur-Tonart (die später nur durch Mischung der D-moll-Tonart weichen müßte!), sondern durchaus nur im Sinne einer in der Terz chromatisierten Tonika der sofort eintretenden D-moll-Tonart selbst aufzufassen ist. Es liegt hier also in Wirklichkeit der Stufengang, in D-moll: $\mathrm{I}^{\sharp 3}$— $\sharp\mathrm{IV}^{\overset{7}{\flat 3}}$—(V)—I vor, worin sich die organische Notwendigkeit der Harmonie: b—d—f—as (gis) deutlich erklärt; enthält doch das Chroma prinzipiell eben eine Art von Kausalität, wie sie der Mischung durchaus fehlt*.

* Zu demselben Resultate gelangen wir übrigens, wenn wir den Grundton B in Takt 313 als eine VI. Stufe annehmen. Gemäß dem Tonikalisierungsprozeß würde dann das Chroma bei der Sept (as) freilich auf eine ♭II-Stufe hinzuweisen haben:

Fig. 115.

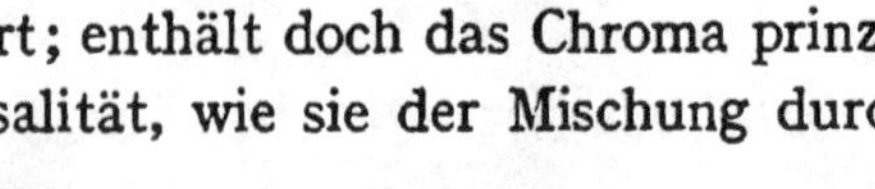

In kompositorischer Hinsicht beachte man endlich noch den Rhythmus der Pauken in den Takten 304, 308, 310, die thematisch mitwirken:

Fig. 116.

Takt 315 ff. Mit Takt 315 beginnt das Hauptthema selbst.

Die Darstellung desselben in der Reprise beschränkt sich nur auf den Vordersatz; aber selbst dieser gelangt nicht, wie im ersten Teil, bis zum Ganzschluß, sondern läuft — s. später Takt 339 — in die Dominante aus, welche Stufe sich eben allein am geeignetsten erweist, den Modulationsgedanken (s. Takt 74 ff.) aufzunehmen.

Für diese Restriktion des Hauptthemas bietet indessen Beethoven einen originellen Ersatz, indem er nämlich nach Art eines Doppelchors Imitationen zwischen den Streichern und Bläsern walten läßt und eben dadurch den Satz künstlich verlängert!

Zunächst sind es je zwei Takte bei den Streichern, die von den Bläsern wiederholt werden: man sehe, wie den Takten 315—316 (= Takt 17—18 des ersten Teils) und den Takten 319—320 (= Takt 19—20 des ersten Teils) imitierend die Takte 317—318 und 321—322 bei den Bläsern gegenüberstehen.

Der Umstand aber, daß die erwartete und fällige ♭II-Stufe, wie die Folge eben zeigt, ausbleibt und statt ihrer plötzlich gar die Tonika selbst erscheint, nötigt uns, die Sept as — als gleichsam eine Ursache ohne Wirkung! — in ihrer Eigenschaft als Sept der VI. Stufe endlich denn doch aufzugeben und lieber in ein gis umzudeuten, mit welcher Umdeutung wir aber — quod erat demonstrandum! — doch nur wieder die erhöhte IV. Stufe gewinnen.

Sodann aber — von Takt 323 ab — nehmen die Imitationen sogar den Charakter wirklicher Engführungen an. Wie nämlich folgendes Bild zeigt:

Fig. 117.

setzen in Takt 324 und 326 die Bläser schon nach je einem Takt ein, d. h. noch ehe die betreffenden streng zueinander gehörenden beiden Takte des Hauptthemas, wie die Takte, 323—324 (= Takt 21—22) und Takt 325—326 (= Takt 23 bis 24), zu Ende gegangen sind.

Von Takt 327 ab wird indessen neuerdings die Imitation von je zwei zu zwei Takten aufgenommen.

In den Takten 315—322 fällt bei den Bässen ein neuer Inhalt auf, der im Werke noch keine Vergangenheit hat. Es wäre verfehlt, ihn bloß zu Ehren der Reprise etwa nur als neuen Aufputz, als harmlosen Zug von Mannigfaltigkeit zu begreifen. Vielmehr stellt er eine organisch notwendige Folgeerscheinung der oben geschilderten Doppelchortechnik dar. Es ging nämlich nicht an, die Bässe der Streicher das *unisono* gar beider Chöre mitmachen und so denselben zweitaktigen Inhalt je zweimal sagen zu lassen, was nicht allein ästhetisch, sondern auch technisch unzulässig war, da es den Charakter der Doppelchörigkeit gänzlich verwischt hätte. Ob er nun wollte oder nicht, mußte sich Beethoven daher entschließen, den Kontrabässen einen eigenen, neuen Kontrapunkt zu geben, der, wie man sieht:

Fig. 118.

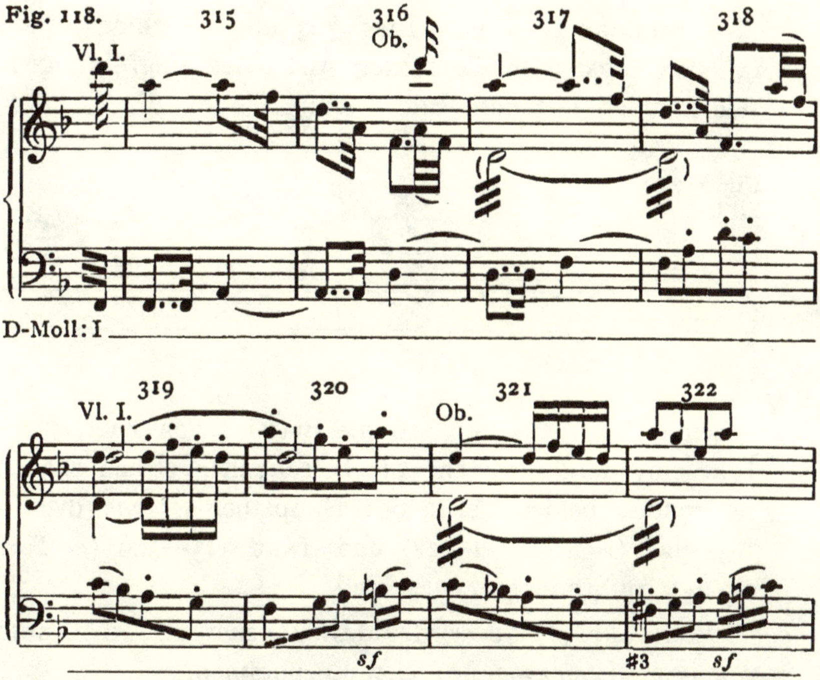

als gleichsam eine in der Tiefe laufende Klammer erscheint, die die beiden Chöre mit ihren 2 × 2 Takten bindet.

Gegenüber den Takten 17—24, die in harmonischer Hinsicht die Stufen I—IV nur in einfacher diatonischer Ausgestaltung brachten, weisen die Takte 315—325 eine Chromatisierung der I. Stufe zugunsten der IV. auf. Diese Chromatisierung ist es eben, die ihren ersten Schatten in wundersamer Weise bereits in Takt 320 vorauswirft: man sehe dort bei den Celli und Kontrabässen das Sechzehntel h vor der Sept c, das freilich erst durch die chromatisierte Terz fis in Takt 322 volles Licht empfängt und auf eine im Sinne der G-Dur-Tonart auszukomponierende Unterdominante hinweist.

Takt 327 ff. Ich sagte schon, daß von Takt 327 ab die Imitationen wieder von zwei zu zwei Takten ihr Spiel treiben. In Frage kommt an dieser Stelle das Motiv der Takte 25—26, das nicht weniger als sechsmal wiederholt wird. Diese große Zahl der

Wiederholungen, in denen Beethoven noch gleichsam eine letzte Schuld an die Durchführung abträgt, wird freilich nur durch den Stufenwechsel ermöglicht, der, über dem Orgelpunkt der Tonika dahinziehend, lautet:

Fig. 119.

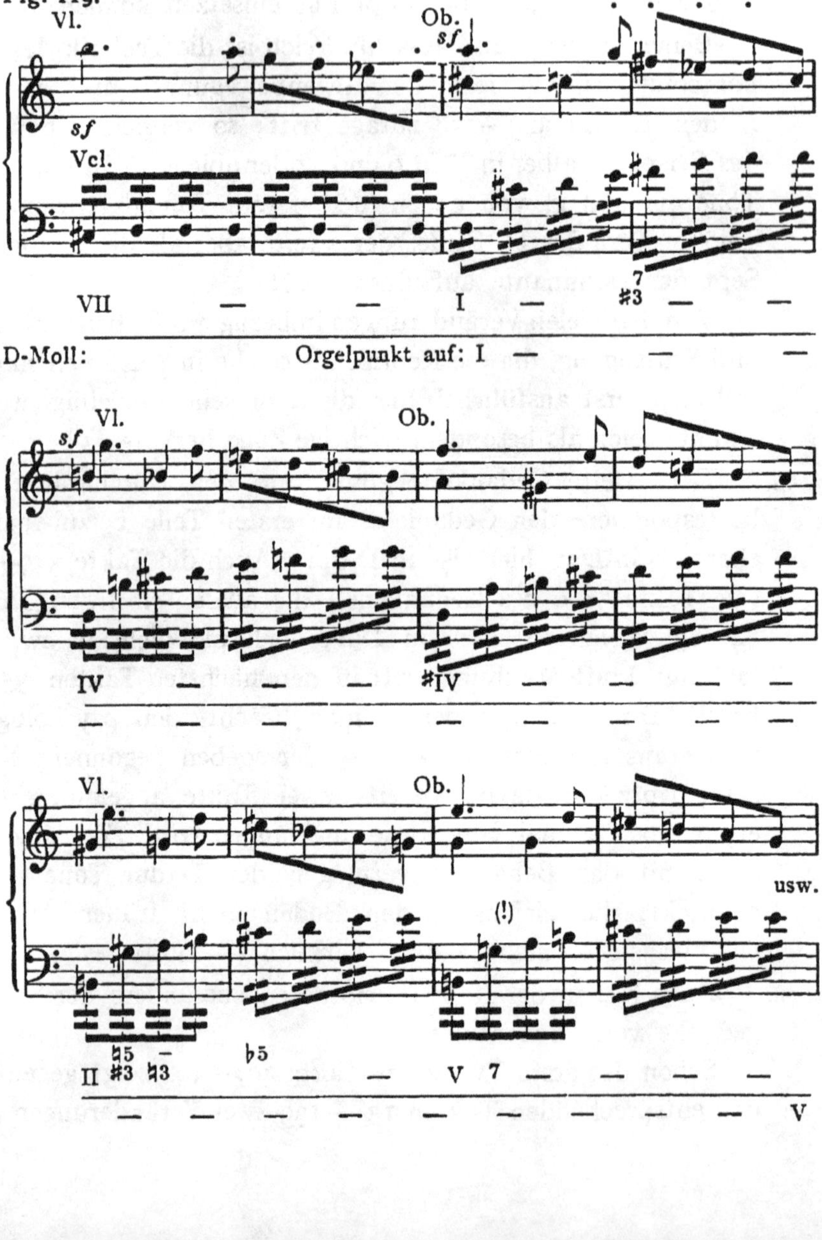

Nun wird es erst durch die Imitationen klar, weshalb Beethoven in Takt 327 die Synkope, wie sie in den Takten 24—25 zu sehen ist, aufgelassen und an ihre Stelle den *sf*-Akzent gesetzt hat: denn würde nämlich das Motiv der Imitationen nicht mit so freiem Anfang ausgestattet dastehen, wie hätten da die Bläser in Takt 329 überhaupt nur einsetzen können?

Bemerkenswert und aufschlußreich ist die Technik des Auskomponierens, wie sie in den Gegenbewegungsfiguren der Celli in den Takten 329—338 zutage tritt; so vergleiche man nur des Beispiels halber in Takt 9 und 11 der obigen Figur die beiden Töne gis und g, von denen der erstere Ton als chromatisch erhöhte Terz der II. Stufe, der zweite aber als die diatonische Sept der Dominante aufzufassen ist!

Von den vielen Veränderungen in bezug auf Instrumentierung und Stufengang, die die Reprise als solche in Anspruch nimmt, soll nicht erst ausführlich hier die Rede sein; nur einige wenige Punkte seien als besonders wichtige Züge hervorgehoben.

Takt 345 ff. Der zweite Gedanke beginnt, um den Durcharakter des korrespondierenden Gedankens im ersten Teile beizubehalten, ebenfalls in Dur, hier also in D-dur. Auch die Takte 349—350 (die Takte 5—6 des Gedankens), die analog sind den Takten 84—85, verharren noch in Dur; doch plötzlich, u. zw. einfach nur kraft Mischung tritt in den nächsten Takten, 351 ff., bereits D-moll ein, wobei — man beachte den psychologisch so überaus interessanten Zug! — der soeben begonnene Nachsatz, trotzdem davon bereits zwei Takte abgelaufen sind, eigens noch einmal von vorne angefangen wird. Wie ingeniös ist damit das Beharrungsvermögen der D-dur-Tonart ausgedrückt, die gleichsam den Boden nicht früher aufgeben will, bis sie es nicht endlich wirklich — muß!

Takt 407 ff. Auch hier in der Reprise erfordert insbesondere der Schlußgedanke volle Beachtung.

Schon der erste Typus der Takte 407—408 zeigt gegenüber den entsprechenden Takten 138—139 zwei Veränderungen auf:

1. fehlt an der Wende des Taktes 407 die zweite Synkope, da die genaue Nachbildung hätte lauten müssen:

Fig, 120.

2. wird die Sekundfolge a^2—g^2, die an Stelle der fallengelassenen Synkope tritt, nur bei der Oboe I beibehalten, während die Flöte die Sekund in eine Sept umbiegt, die eben daher, wie man sieht, keine eigene thematische Bedeutung hat.

In den folgenden Takten 409—410, welche die II. Stufe bringen, bereitet die der letzteren eigene verminderte Quint eine neue Schwierigkeit. Sie ist es nämlich, die einerseits eine Fassung, wie z. B. diese (vgl. Takt 140—141!):

Fig. 121.

wegen der übermäßigen Quart von vornherein verbot. Da aber die auch hier, ähnlich wie in den Takten 138—145, waltende Notwendigkeit, am Ende des Motivs zu einer Sext zum Baß zu gelangen:

Fig. 122.

andererseits eine Fassung erforderte, deren letztes Intervall eben die Sext e (zu g des Basses) bildet, so verbot sich daher ebenso wieder von vornherein eine Figur, wie z. B. die folgende:

Fig. 123.

usw.

die unter e² fällt und dann, diese Grenze nun einmal überschreitend, notwendigerweise zu cis² gelangt, wodurch aber der Charakter der II. Stufe, und zwar zugunsten der VII., völlig aufgehoben wird. In diesem Dilemma nun, die verminderte Quint zu Beginn des Motivs zu meiden, gleichwohl aber die Figur bloß bis e² sinken zu lassen, mußte Beethoven zunächst zu folgender Konstruktion gelangen:

Fig. 124.

Da aber diese Linie wegen der zweimaligen Berührung des Tones b² (zumal in so rascher Folge) einen schlechten Eindruck (vgl. Bd. II¹ S. 140) gemacht hätte, griff Beethoven zum Mittel der Imitation:

Fig. 125.

die hier gleichsam als Ventil gegen die Wirkung der schlechten Linie benutzt wird, wobei die neue Artikulierung bei der Flöte dem Motiv einen intensiveren Ausdruck zuführt.

Die so in den Takten 409—410 gewonnene Fassung des Motivs ist denn nun auch für die nachfolgende Auskomponierung der $I^{\sharp 3}$. Stufe in den Takten 411—412 vorbildlich geworden:

Fig. 126.

Auch hier wirkt die Imitation als Hilfsmittel, und als einziger Unterschied gegenüber dem Modell ergibt sich somit nur der Umstand, daß die Septumkehrung, statt wie dort an der Wende des Taktes 409, hier erst beim zweiten und dritten Sechzehntel des Taktes 412 eintritt.

Das Auskomponieren der IV. Stufe in den Takten 413—414 gestaltet sich endlich wie folgt:

Fig. 127.

Bei der Imitation, die, wie man sieht, auch diese Figur mit den beiden vorausgegangenen teilt, ist wieder nur die veränderte Anordnung der Sprünge der einzige Unterschied gegenüber jenen: so bringt die Oboe einen Septsprung (zwischen dem ersten und zweiten Sechzehntel), während die Flöte einen Quintsprung (zwischen dem zweiten und dritten Sechzehntel) macht, um sodann gegen die Oboe in Sexten und Oktaven zu kontrapunktieren.

Aus der Vergleichung aller Möglichkeiten, die betreffenden Harmonien hier auszukomponieren, ergibt sich nun als letztes Resultat eine bestimmte Progression von der einfachsten und natürlichsten Art, wie sie die Takte 407—408 zeigen, zur kompliziertesten, wie sie in den Takten 413—414 zu sehen ist: noch ist in den Takten 407—408 das Motiv frei von jener Imitation, die erst die nächsten Gestaltungen kompliziert, und selbst bei den Septumkehrungen wird man finden, daß die erste vom schwachen zum starken Taktteil an der Wende des Taktes 409 natürlicher ist, als die folgenden in Takt 412 und 414.

Man beachte aber, daß hier alle Veränderungen und gesteigerten Kompliziertheiten nicht nur auf Rechnung der Reprise allein zu stellen sind, die sie schon als solche zu rechtfertigen in der Lage ist, sondern zugleich auch darauf beruhen, daß das in Frage kommende Melos uns ja schon aus dem ersten Teil bekannt und noch außerdem durch die Deutlichkeit der Takte 407—408 sichergestellt ist, so daß bei entsprechendem Vortrage die späteren Belastungen das Ohr durchaus nicht mehr irreführen können.

Takt 412—413. Bei Vl. I fällt es auf, daß sie ihr Motiv nicht mehr in der Höhe der vorausgegangenen Takte, sondern eine Oktave tiefer fortsetzen:

Fig. 128.

Der Grund davon ist einfach der, daß sie nur durch Tieferlegung den Anschluß an die Lage des nächsten Motivs in den Takten 416ff.:

Fig. 129.

usw.

gewinnen konnten, während sonst zwischen dem Abschluß des Motivs in den Takten 412—413 und dem Beginn des neuen Motivs in Takt 416 sich eine Kluft der Oktave aufgetan hätte; umgekehrt aber das nächste Motiv eine Oktave höher zu legen:

Fig. 130.

widerstrebte Beethoven aus prinzipiellen Gründen des Orchesterstils, wie dies an einer anderen Stelle dieses Werkes noch gezeigt werden soll. Welcher Abstand zwischen dem Toninstinkt eines Beethoven und dem der heutigen Musiker!

Vortrag.

Takt 301 ff. Auch auf den Vortrag dieses dynamisch so breit dimensionierten und in der Literatur wohl ganz einzig dastehenden *ff*-Zustandes, wie er von Takt 301—337 anhält, sind die bereits oben S. 14 u. 17 dargestellten Grundsätze* anzuwenden; d. h. mit Nachdruck und Kraft hebe man blos jene Töne hervor, bei denen Beethoven ausdrücklich entweder *ff*: so z. B. in Takt 301, 305, 309, 311, 312 (bei den Bläsern), 313, 315 usw. —, oder ein *sf*: so z. B. in Takt 315, 316, 317, 320 und 322 (bei den Celli und Bässen) usw. —, oder ein einfaches *f*: so z. B. in den Takten 323, 324, 325 — vermerkt. Solcher Nachdruck erfordert aber, daß, um auch bei dieser Gelegenheit die Technik neuerdings einzuschärfen, knapp vorher die Wucht der Kraft gemäßigt werde.

Takt 323—326. Hier fällt es auf, daß Beethoven die *f*-Vermerke, wie sie Takt 323 aufweist, in Takt 324 dagegen bei Vl.

---

* Vgl. hierzu auch meine Ausführungen in den Erläuterungen zur »Chromatischen Fantasie von S. Bach«, U. E. Nr. 2540.

I, II und Viola aussetzt und ähnlich in den Takten 325—326 verfährt. Was hat das aber zu bedeuten? Erinnert man sich nun, daß in diesen Takten jene Engführung vor sich geht, die ich oben S. 98 geschildert habe, so muß man darüber staunen, mit welcher Sorgfalt Beethoven darauf bedacht war, das *f* der Streicher einzudämmen, sobald die Bläser an die Reihe kommen! Wie anders, als nur durch unbedingten Gehorsam an die die Wirkung so ausdrücklich garantierende Anweisung Beethovens könnte man denn sonst die Engführung hier zum Ausdruck bringen?

Takt 349—354. Nur die getreueste Ausführung der in den Takten 349—350 vorgezeichneten < > bringt hier das plötzliche Abbrechen des Dur, das in Takt 351 dem Moll Platz zu machen hat, zum Ausdruck und sichert so zugleich auch dem Inhalt der nachfolgenden Takte 351—354 die erforderliche Plastizität.

Takt 426. An dieser Stelle verbinde man, um den Beginn der Coda anzudeuten, mit dem Zeichen > zugleich auch ein bescheidenes *ritardando*.

Literatur.

Mit Vorbehalt rein klavieristischer Notwendigkeiten gibt Liszt den Schlußgedanken ganz richtig wieder:

Fig. 131.

Dagegen verdienen schärfste Zurückweisung die Ausführungen und Korrekturen Wagners, die sich auf eben dieselbe Stelle beziehen. Seine Räsonnements enthüllen, daß ihm die Nachempfindung jener oben geschilderten Gründe, die Beethoven für die Septsprünge und Imitationen hatte, völlig versagt war, und so gelangt er dazu, gerade dasjenige hervorgehoben zu wünschen, wovon Beethoven umgekehrt mit Absicht und dem Aufgebot subtilster Technik dringend abzulenken sucht! Kaum ist ein noch größerer Gegensatz schlechthin denkbar, als er in den Tendenzen hervortritt, die an dieser Stelle Beethoven und Wagner gelenkt haben! Wagner meint: »Ungleich schwieriger wird es uns aber fallen, die ähnliche Stelle im zweiten Teile des Satzes, wo sie in veränderter Tonart und Tonlage wiederkehrt, zu gleicher Verständlichkeit ihres melodischen Gehaltes zu bringen. Hier bestimmt die, um der jetzt benötigten höheren Tonlage willen vorzüglich benutzte Flöte, wegen ihres andererseits nach der Höhe wiederum beschränkten Umfanges, zu Abänderungen des melodischen Ganges,

welche seine, im dennoch zugleich ausgesprochenen Sinne der Phrase verlangte Deutlichkeit geradesweges verdunkeln. Halten wir die Flötenstimme der Partitur (hier zitiert Wagner die originale Fassung des Flötenpartes in den Takten 407—414) zu dem, aus der Kombination der Hoboe und Klarinette mit der Flöte sehr wohl erkenntlichen, melodischen Gange, wie er auch der früheren Gestaltung am Schlusse des ersten Teiles entspricht, nämlich:

Fig. 132.

so müssen wir uns entschließen, eine bedenkliche, weil vom richtigen Erfassen der Melodie durchaus ablenkende Entstellung des musikalischen Gedankens anzuerkennen. Da hier eine gründliche Restitution des letzteren sehr gewagt erscheint, weil zweimal sogar ein Intervall zu vertauschen wäre, nämlich im dritten Takte der Flöte

Fig. 133.

statt:

Fig. 134.

sowie im fünften

Fig. 135.

statt:

Fig. 136.

gesetzt werden müßte, so stand diesmal selbst Liszt noch von dem kühnen Versuche ab, und ließ die Stelle als melodisches Ungeheuer bestehen, wie sie jedem dünkt, der in unseren Orchesteraufführungen der Symphonie hier acht Takte lang eine melodische Lücke, weil vollständige Unklarheit empfindet. Nachdem ich unter dem gleichen Eindrucke selbst wiederholt auf das peinlichste gelitten, würde ich mich jetzt vorkommenden Falles entschließen, diese acht Takte von Flöte und Hoboe folgendermaßen spielen zu lassen:

Fig. 137.

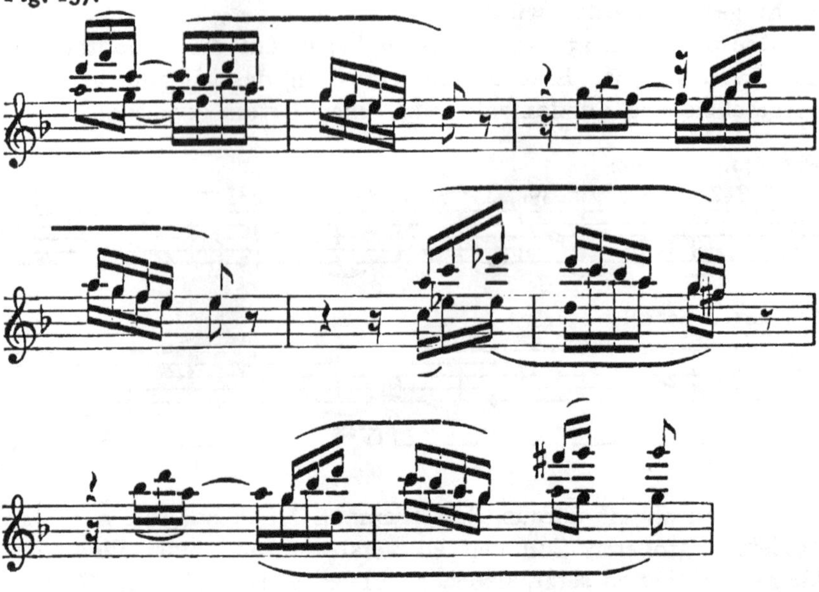

Hierbei würde im vierten Takte die zweite Flöte fortzubleiben haben, die zweite Hoboe würde aber im siebenten und achten, zum Teil ergänzend, so zu spielen haben:

Fig. 138.

Außer der Beachtung der gleichen Nüancen des Espressivo, wie sie für diese Gänge bereits als erforderlich festgestellt wurden, wäre dieses Mal, um dem in jedem zweiten Takte veränderten Melos gerecht zu werden, bereits das drängendere ——, ein besonders hervorzuhebendes *molto crescendo* aber dem letzten der

acht Takte zu geben, durch welches auch der verzweifelte Sprung der Flöte vom G auf das hohe Fis:

Fig. 139.

welchen ich hier der echten Intention des Meisters für entsprechend halte, den entscheidenden Ausdruck gewinnen und in das rechte Licht gesetzt werden würde. —«

Riemann (S. 155—157) irrt in bezug auf die Grundtöne in den Takten 327ff. Eine Gegenüberstellung der von ihm und mir vorgeschlagenen Fundamente mag seinen Irrtum erweisen:

Fig. 140. Riemann.

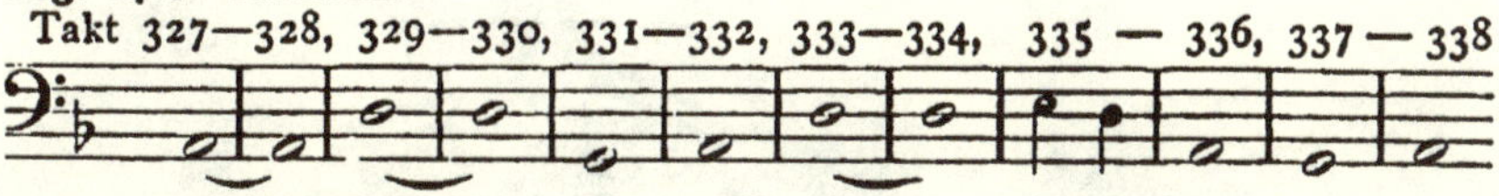

Fig. 141. Scherker.

Man entnimmt daraus, daß Riemann Mühe hat, die auskomponierten größeren Summen zu verstehen und statt ihrer nur kleinere Einheiten setzt, denen zu Liebe er dann aber die Grundtöne seltsam irrational hin- und herschießen läßt.

Kretschmar (S. 116) weiß im ganzen nur folgendes zu sagen: »... an jener Stelle, wo die Pauke 38 Takte lang ihr d wirbelt; wo die beiden Teile des Orchesters heftig und wild gegeneinander angehen — eine Stelle, an welcher die Mittel der musikalischen Kunst den dämonischen Intentionen Beethovens kaum zu genügen scheinen.«

Weingartner (S. 144ff.), der, wie ich schon einmal sagte, sich in sehr löblicher Weise um Schattierungen innerhalb des ff bemüht, entwirft speziell für den Vortrag der Takte 301—336 einen vielfach akzeptablen Plan. Schade nur, daß er sich hiebei irrtümlicherweise im Widerspruch zu Beethoven — »alle Vorschriften«, sagt er, »deuten darauf hin, daß Beethoven ein fortwährendes Fortissimo

von äußerster Kraft gewollt hat« — glaubt und daher, statt einen generellen, konsequent bewußten Vortragsgrundsatz aufzustellen, für an sich richtige Gedanken seltsamerweise gar scheu um Nachsicht wirbt.

Freilich durfte er aber die Trompeten in Takt 310 nicht ändern und einen »thematischen Schritt« dort wünschen, wo ihn Beethoven aus Gründen der oben S. 98 geschilderten Restriktion weder gewünscht hat, noch auch wünschen konnte.

In bezug auf den Schlußgedanken akzeptiert er (S. 151 ff) Wagners Vorschläge. Kein Wunder, denn auch ihm fehlt jener subtile Toninstinkt, der das Melos, nach erfolgter gründlicher Sicherstellung, lieber in Varianten sich wiederholen bzw. fortsetzen läßt, als daß er es, aus Angst vor Mißverständnis, in dürftigster Monotonie stets nur auf dem Präsentierteller unfähigen Zuhörern aufdrängen möchte.

Auch sind ihm die Gesetze des Anschlusses der Oktaven, innerhalb deren Motive überhaupt auftreten, noch fremd und daher empfiehlt er (auf S. 153) in Takt 416 so zu spielen wie in Fig. 130 zu sehen ist, ohne daran Anstoß zu nehmen, daß die Höhe des b^3 als solche ja nicht sozusagen »vom Himmel fallen« darf und nach Takt 412—413 durchaus deplaziert klingen muß. Während Beethoven eigens die Violine I in Takt 413 senkt, um in Takt 416 das Melos in derselben Höhe anknüpfen zu können, verkennt dagegen Weingartner, wie man deutlich sieht, all diese Sorgfalt und geht einer bloß gemeinen Deutlichkeit nach, ohne indessen durch seine überflüssige Änderung im Grunde mehr zu erreichen, als Beethoven, mit ausgeglichenster Anschlußtechnik und unter Wahrnehmung aller künstlerischen Interessen von Höhe und Tiefe, bereits selbst erreicht hat.

Coda.

(Takt 427—547.)

Mit Takt 427 beginnt die Coda. Takt 427—452.

Betrachten wir den Inhalt der Takte 427—430 und den analogen der Takte 431—434 und 435—438:

Fig. 142.

so ist es klar, daß über ihm bis zu einem gewissen Grade noch immer der Geist der Durchführung schwebt. Auf diese weisen nämlich nicht nur der *p*-Charakter der ganzen Taktgruppe und die Artikulation speziell in Takt 429 (die eben aus der Durchführung, siehe dort Takt 192, stammt), sondern noch außerdem — man vgl. die Konstruktion im ersten und zweiten Abschnitt der Durchführung, Takt 180—187 und 198 bis 205! — auch noch die Imitationen, die hier in den Takten 429—430, 433—434, und 436—437 bei den Hörnern, bei der Flöte I, und endlich bei der Klarinette I zu sehen sind.

Worin indessen die Fassung der in Frage kommenden vier Takte (Fig. 142) über die verwandten Fassungen der Durchführung hinausgeht und den speziellen Charakter der Coda ausdrückt, ist zunächst der Umstand, daß hier die Takte 1—3 des Hauptthemas zum erstenmal seit den Takten 17—19 im ersten Teil wieder unmittelbar aufeinanderfolgen: nach der Trennung der Takte 1—2 vom dritten Takt, wie sie in der Durchführung und Reprise zu sehen ist, stellen eben die Takte 427—429 die erste Zusammenfassung vor.

Außerdem aber wird den soeben genannten, hier in der Coda eben neuerdings zusammengefaßten Takten auch noch ein vierter Takt als letzter der Gruppe angegliedert, der daher erst besonders erklärt werden will. Gerade dieser Takt ist es, der sich so lange gegen die Enträtselung gesträubt hat. Er enthält nichts anderes, als die Wiederholung des Motivs des vorausgegangenen Taktes 429, die im Grunde so hätte lauten sollen:

Fig. 143.

wobei indessen das Losreißen des letzten Sechzehntels und das Diminuieren desselben (allerdings nach einer 32tel Pause) zu

einem 32tel nur zu dem Zwecke geschieht, damit nach vollendeter viertaktiger Einheit eine ähnliche zweite Einheit, analog wie an der Wende des Taktes 426 eben wieder mit einem 32tel einsetzen kann.

In der Tat folgen auf die Taktgruppe 427—430 noch zwei Einheiten ähnlicher Art: Takt 431—434 und 435—438. Und daß dabei die Harmonie nicht stillsteht, begreift sich wohl von selbst; bildet doch der Stufenwechsel:

D-moll: I in den Takten 427—430,
V in den Takten 430—434 und
I♯ in den Takten 434ff.

vielmehr im Grunde genommen umgekehrt die Ursache jener Aufeinanderfolge der Einheiten, wobei überdies dringend zu beachten ist, daß der Harmoniewechsel (wie zu Beginn der Durchführung) auch hier wieder beim schwachen Taktteil, d. i. beim zweiten Viertel der Takte 430 und 434, eintritt.

Was die oben erwähnten, ebenfalls aus der Durchführung stammenden Imitationen anbelangt, so bringt die Coda in deren Technik bei sonstiger Übereinstimmung insofern einen neuen Zug hinein, als gegenüber der ersten Imitation der Hörner die zweite bei der Flöte bereits eine erweiterte Auftaktsbildung aufweist. Der Grund dieser Änderung ist hier aber nicht, wie man etwa meinen könnte, blos der der Mannigfaltigkeit und des Kontrastes, sondern ein weit tieferer, der mit dem Codaplan selbst auf die seltsamste und innigste Weise zusammenhängt.

Indem ich mich anschicke, eben diesen Plan in seiner Fortsetzung darzustellen, mache ich den Leser aufmerksam, daß er vor einer der genialsten technischen Leistungen steht, die des Meisters Genius je beschieden war. Beethoven hatte nämlich vor, eben die viertaktige Einheit, in der er die Takte 1—3 des Hauptthemas nach ihren wechselvollen Schicksalen in der Durchführung soeben in der Coda endlich zusammengeschweißt hat, sofort auch wieder zu zertrümmern. Um

nun dieses Ziel zu erreichen, läßt er zunächst zur Verstärkung der in den Takten 431—432 melodieführenden Vl. I in der tieferen Oktave auch das Fagott I mitgehen, jedoch so, daß dieses schon um zwei Sechzehntel früher eintritt. Man beachte aber, daß für solchen Fall doch nur folgende Artikulation:

Fig. 144.

überhaupt denkbar war. Und in eben dieser Fassung verstärkt denn auch in der Tat späterhin dasselbe Instrument in den Takten 435—436 und 439—440 den Gesang der Vl. I.

Ferner erhält aber auch die erwähnte zweite Imitation bei der Flöte I (Takt 433—434), wie folgendes Bild zeigt:

Fig. 145.

die soeben (Fig. 144) dargestellte Auftaktsbildung, der sich dann auch alle weiteren Imitationen bemächtigen. Dadurch gerät nun das Ohr des Zuhörers in arge Verwirrung, da es wegen der gemeinsamen Auftaktsbildungen nicht so leicht mehr die Imitationen bei den Hörnern, der Flöte I, Klarinette I usw, von den bloßen Verstärkungen beim Fagott zu unterscheiden. d. i. jene eben als Imitationen, und diese bloß als Verstärkungen zu hören vermag. Damit schafft der Meister die erste Etappe auf dem Wege zum Ziel. Es folgt die zweite:

Betrachtet man nämlich das Verhältnis der Imitationen zu der grundlegenden viertaktigen Einheit (bei Vl. I), so kann man sagen, daß trotz dem einerseits unzweifelhaft thematischen Charakter der Takte 429—430 (= Takt 19) der Inhalt der-

selben anderseits durch das Dazwischentreten der mit der erweiterten Auftaktsbildung versehenen Imitation im gewissen Sinne doch nur zum Kontrapunkt gegenüber der letzteren herabgedrückt wird. Diese Wirkung war nun Beethoven sehr wohl bekannt und gerade sie nahm er zum Ausgangspunkt seiner Operationen, als er daran ging, die viertaktige Einheit zu zertrümmern. Er brauchte nur, wie er es eben in Takt 440 zum ersten Mal getan, durch eine Pause Takt 2 des Hauptthemas von Takt 3 loszureißen:

Fig. 146.

um die beiden letzten Takte der Gruppe in ihrer Wirkung noch tiefer, als es bis dahin geschehen, als die bloß eines Kontrapunktes gegenüber der immer mehr gesteigerten thematischen Bedeutung der Imitation herabzudrücken. So wächst zusehends die Bedeutung der Imitation bei der Klarinette I in Takt 440ff., in Takt 444ff., so daß in den Vordergrund alles Interesses und auf Kosten der viertaktigen Gruppe eben doch wieder nur mehr der Inhalt der Takte 1—2 des Hauptthemas allein treten muß!

Die durch die Pause von den Takten 1—2 abgeschnürten Takte 3—4 der ursprünglichen Einheit verlieren in den Takten 441—442 und 445—446 sozusagen unter der Wucht der Imitationen an Wert und Boden, bis sie endlich völlig verschwinden. Zum ersten Mal vermissen wir sie in Takt 449, wo dann sozusagen der Nahkampf:

Fig. 147.

beginnt, der zur letzten Entscheidung drängt. Von der viertaktigen Einheit ringsum aber freilich keine Spur mehr! Doch hätte es zu dieser hochdramatischen Peripetie niemals kommen können, wenn nicht in Takt 430 bei Gelegenheit der Sechzehntel der Vl. I zum ersten Mal eben jene seltsame Auftaktsbildung beim Fagott (Fig. 144) geschmiedet worden wäre, die dann den Kopf des neuen Motivs zu bilden berufen ward.

Takt 453 ff. Nach Zertrümmerung der Einheit setzen jene Kadenzbildungen ein, die wir bereits aus Takt 359—368 (= Takt 92—101) kennen. Man unterlasse aber nicht, zu beachten, daß zum Vorteil der gegenwärtigen Situation die Violinen diesmal ihre Figur mit a^2 und nicht (wie dort) mit d^3 beginnen. Nach diesen Kadenzen kehrt nun auch hier in der Coda von Takt 463 ab, analog wie bei Takt 102 des ersten Teils und Takt 369 in der Reprise, jenes Motiv wieder, das aus dem Rhythmus eben des Taktes 102 gewonnen ist. Der Stufengang in den Takten 463—469 ist folgender: IV — $\flat$II — V — III — VI — $IV^{\natural 3}$ — VII — V (vgl. Bd. II^1 S. 102).

Takt 469—476. Auf der Dominante, die in Takt 469 erreicht wird, intoniert das Horn die Takte 3—4 des ersten Gedankens und zwar in jener Fassung, die schon genau so, bis auf Takt 472, in der Durchführung Takt 218 ff. erschien; daß indessen die dort geschaffene Situation hier in der Coda in die Haupttonart zurückgebracht wird, versteht sich freilich von selbst.

Mit den Kontrapunkten aber, die die Holzbläser dazu besorgen, hat es hier folgende Bewandnis: zuerst wird in den Takten 470—476 jene ältere Fassung vorausgeschickt, die (s. Takt 192 ff., 210 ff., 259 ff.) die Bindung des ersten und

zweiten Sechzehntels beim zweiten Viertel mit sich führt, und erst von Takt 477 ab kehren die Kontrapunkte genau so wieder, wie sie bei Takt 218 ff. dem Motiv entgegentraten. (Die Oboe zeigt in den Takten 470—473 eine ansteigende Linie cis²—fis², welche Linie sodann auch von der Flöte in den folgenden Takten 474—476 nachgeahmt wird.)

In Takt 477 tritt eine Ablösung des Hornes durch das Streichorchester ein, welches den Inhalt der bereits genannten Takte 218 ff. noch genauer, als das Horn, nachbildet und außerdem statt D-dur nunmehr D-moll bringt. Die Kontrapunkte verbleiben nach wie vor bei den Holzbläsern. Takt 477—494.

Von Takt 484 sucht Beethoven den Weg zur Unterdominante; dazu benützt er das Achtelmotiv, indem er es, wie folgende Figur zeigt

Fig. 148.

in 6-Akkordbildungen und obendrein sogar mit Benutzung des Chroma bei der Terz fis in Takt 488 aufwärts führt. (Man kann diese Kette von 6-Akkorden unbeschadet des nach kontrapunktischen Begriffen darin mit enthaltenen Ablaufes mehrerer Vorhalte: 5—6, 5—6, 5—6 usw. als einen einzigen, breit konstruierten Durchgang betrachten.)

Bei Takt 489 wird endlich die IV. Stufe erreicht, — doch siehe da, statt nun den fälligen Ton g zu bringen, erhöht ihn Beethoven ganz überraschenderweise sofort, also unvermittelt, zum gis²:

Fig. 149.

Es geschieht dies selbstverständlich in Extase: er schießt nämlich sozusagen übers Ziel, wenn er statt zum g sofort auf gis hinstürzt! (Daher auch der Vermerk *ff* gerade beim Tone gis.) Nach Überschreitung des gesuchten Höhepunktes aber drängt es Beethoven, die Tonflut zum Tone g gleich wieder zurückzuebben; dieses Zurückbiegen der Linie bewerkstelligt er in der Weise, daß er zuerst gis in as umdeutet, wodurch er die Linie dann noch logischer zum g zurücksinken lassen kann. (In der Oszillation der Töne as und es in Takt 490 und 492 sind wohl bloß Nebennoten der Töne g und d zu erblicken; indes kann man dieselben, wenn man will, auch als selbständige Stufen und zwar als $VI^{\flat 7}$ und $\flat II$ betrachten, in welchem Falle Takt 493 nur Durchgangscharakter hätte.) In Takt 494 tritt bereits die V. Stufe ein, wobei der Ton g einen Vorhalt der Sext f bildet, die bekanntlich selbst den üblichen Vorhalt bei der Dominante V^{6-5}_{4-3} vorstellt.

Die Kontrapunkte bei den Bläsern passen sich selbstverständlich der jeweiligen Harmonie an, wie sie eben das Streichorchester zum Ausdruck bringt. Von zartester Poesie und ganz besonderer Empfindlichkeit in der Anpassung erscheinen sie in den Takten 490—494.

So liest man in Takt 490 bei der Oboe:

Fig. 150.

eine Variante, in der das erste Sechzehntel e^2 sich auf die Harmonie gis—b—d in D-moll bezieht, das vorletzte Sechzehntel es^2 aber bereits auf die in demselben Takte erfolgende Um-

deutung des gis in as Rücksicht nimmt und der Harmonie b—d—as (scheinbar in Es-dur) folgt.

Der Harmonie es—g—b zuliebe, wie sie oben als eine Nebennotenharmonie, beziehungsweise als ♭II.-Stufe in D-moll angenommen wurde, wendet, ebenso wie die Oboe am Ende des Taktes 490, auch die Klarinette in Takt 492 den Ton es^2 an:

Fig. 151.

Ähnlich ersieht man aus der Figur des nachfolgenden Taktes 493:

Fig. 152.

daß die Harmonie g—b—d wieder nur aus dem Milieu der ♭II-Stufe zu erklären ist.

Erst der Takt 494 bringt mit dem Tone e bei Oboe I und Fagott I deutlich die Diatonie selbst:

Fig. 153.

zu Ehren, die freilich, trotz der Erniedrigung der II. Stufe und dem sie ausdeutenden Kontrapunkte, bis dahin im Grunde doch nicht aufgehoben wurde.

Seltsamerweise mündet die zuletzt geschilderte Szene in Takt 495 ff.
dieselbe Kadenzbildung, die wir kurz vorher bei Takt 453 vernommen haben. Die hierbei in Anwendung gebrachte Variante hebt, mindestens meinem Gefühle nach, den Hörer durchaus

darüber nicht hinweg, daß die Kadenzbildung von Takt 495 ab leider wieder mit dem Tone a beginnt*.

In den Dienst der Kadenz tritt von Takt 505 ab jene Konstruktion, die wir schon aus der Durchführung (vgl. Takt 192—197 und Takt 210—217) kennen und die hier freilich nach der Haupttonart transponiert erscheint. Doch sei außerdem noch auf die Abkürzung hingewiesen, die in der letzten Konstruktion gegenüber den beiden früheren zutage tritt: sie hängt damit zusammen, daß während dort je zwei Stufen, und zwar die I. und IV. der G-moll bzw. C-moll-Tonart, in Aktion traten, hier dagegen nur eine Stufe, und zwar die VII. der D-moll-Tonart gebraucht wird. Die Wiederholung der Takte 505—508 in den Takten 509—512 gibt Beethoven Veranlassung zu einer verwegenen Instrumentierungs-Variante, die sich zwischen Oboe I und Flöte I abspielt:

---

* Um wieviel präziöser doch benahm sich in solchen Fällen Brahms. Z. B. in seiner IV. Sinfonie, in der er das Modulationsmotiv des 1. Satzes:

Fig. 154.

in der Coda wohl noch zweimal, aber in folgenden verschiedenen Stellungen vorführt:

Fig. 155.

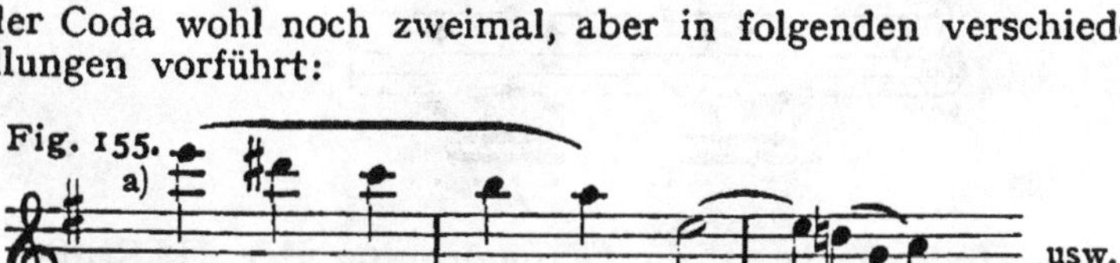

Fig. 156.

Fig. 157.

Man hat das Recht, diese gebrochenen Oktaven als einen im Grunde klavieristischen Effekt zu bezeichnen. Die Übertragung desselben auf das Orchester ist ein seltenes Wagnis, dem in der Ausführung der vom Autor erhoffte Erfolg leider nicht immer beschieden ist.

Nun breitet sich von Takt 513—526 ein siebenmal zur Wiederholung gelangender Basso ostinato: Takt 513ff.

Fig. 158.

aus, über dem ein neuer Kadenzgedanke:

Fig. 159.

mit einem durch seltsame Balladenstimmung temperierten Marschcharakter dahinzieht. Die Basso ostinato-Figur mag wohl am besten von der fallenden Tonreihe der beiden vorausgegangenen Takte, siehe Fig. 157, abzuleiten sein. Man übersehe ferner nicht, daß in den Takten 513—520 Horn und Oboe in einer Art Nachahmungsverhältnis (zur »Engführung« fehlen einige Merkmale) stehen.

Zusammengedrängt (ohne Nachahmung) erscheint derselbe Inhalt in den Takten 521—526.

Die Takte 527—530, enthalten zweimal den Stufengang I—VI—II—V, und führen zum letzten Orgelpunkt auf der ersten Stufe. Dieser wird mit I♮3—♯IV—V in den Takten 531 bis 534 bestritten und gelangt in den Takten 535—538 zur Takt 527ff.

Wiederholung. Das gesamte Streichorchester einschließlich der Kontrabässe (!) bringt hier jene uns schon aus der Durchführung (s. Takt 241—248 bei Violine I, Flöten und Fagotten und desgleichen Takt 287—296 bei den Celli) bekannte, in gespenstischen Sprüngen sich ergehende Variante des Motivs des vierten Taktes. Die Bläser tragen inzwischen eine an sich selbst seltsam scheinende Tonreihe vor:

Fig. 160.

in der wir aber vermöge des oben angegebenen Stufenganges die Terz der I. Stufe fis, den Grundton der erhöhten IV. Stufe gis, und endlich den Grundton der V. Stufe unschwer erkennen. Bei den letzten Takten 539—547 beachte man, wie sich die Takte 1—4 des Hauptthemas hier neuerdings wieder zusammenfinden; daß sie gerade in ihrer ursprünglichen Gestalt zum letzten Male erscheinen, ist bezeichnender, als daß zwischen Takt 1—2 und Takt 3—4 des Themas immerhin auch eine viertaktige Einschaltung erfolgt.

Vortrag.

Takt 427ff. Eigens mit einem *espressivo*-Vermerk bei Vl. I lenkt Beethoven die Aufmerksamkeit auf die, wie wir gleich unten sehen werden, so sehr verkannte Figur des Taktes 430. Was diese bedeutet, habe ich bereits oben gesagt; um sie nun entsprechend auszudrücken, ist folgende Schattierung allein am Platz:

Fig. 161.

Daß sodann innerhalb des *crescendo*, sowie des *diminuendo* die besondere Artikulation der Bögen noch außerdem zum Ausdruck gebracht werden muß, versteht sich von selbst.

Der neue zweite Einsatz hat aber unter allen Umständen bereits wieder im *p* und mit derselben mystischen Entrücktheit wie der erste Einsatz vorgetragen zu werden. Denn man übersehe nicht, daß Beethoven — wie schildert doch nur seine Bezeichnung schon allein den Gang der Handlung aufs Treffendste! — eben das *p* als Grundstimmung bis Takt 439 walten läßt und zum ersten Male das *cresc.* erst dort notiert, wo er eben daran geht, die viertaktige Einheit (die bis dahin dreimal sich behauptete) unter immer schmerzvoller werdenden Aufwallungen zu zertrümmern. Nur das Werk des Zertrümmerns geht somit unter gleichzeitig wachsender dynamischer Anspannung vor sich, während die bis dahin intakt gebliebenen Einheiten noch im völligen *p* verharren, unbeschadet freilich einzelner Schattierungen, die nur gleichsam die Oberfläche des *p* kräuseln.

Ferner ist es Pflicht des Dirigenten, an dieser Stelle die Imitationen der Flöte und Klarinette von den bloßen Verstärkungen des Fagotts deutlich durch besondere Tongebung abzusondern. Zu diesem Zwecke hat er nun entweder das Fagott schwächer, oder die Flöte bzw. die Klarinette stärker blasen zu lassen. Von Takt 441 ab hat übrigens Beethoven selbst die imitierende Klarinette durch die Flöte verstärkt, wodurch den Imitationen ihr dynamisches Übergewicht über das noch immer bloß verstärkende Fagott gesichert wird.

In den letzten Takten, etwa von Takt 449 ab, geselle sich zum *cresc.* meinetwegen auch ein *stringendo*, so daß nun die mehreren zusammenwirkenden Assoziationen (wie z. B. die immerzu steigende Dynamik und die zugleich wachsende Beschleunigung) die Arbeit des Zertrümmerns uns deutlich vor die Sinne bringen mögen.

Takt 453 ff. Nach Zertrümmerung alles dessen, was vorausgegangen, erfolge endlich hier die erste *ff*-Entladung! Von

beredsamster Wirkung ist es, wenn, gemäß dem oben ad Takt 24 ausgesprochenen Grundsatz, der Ton h bei Vl. II, Violen und Celli gleichsam in Überstürzung etwas zu früh angegriffen, dafür aber desto länger angehalten wird. Im übrigen verweise ich in bezug auf den Vortrag dieser Stelle auf das ad Takt 88ff., S. 55ff. Gesagte.

Takt 463ff. Man erinnere sich des ad Takt 17ff. und 55ff. formulierten Grundsatzes und treibe, trotz grundlegendem *forte*, die *sf*-Akzente als solche desto stärker hervor.

Takt 469ff. Da hier das Horn und die übrigen kontrapunktierenden Bläser in bezug auf Artikulierung des Motivs differieren, so hat man durch jenen Vortrag, den ich ad Takt 19 und bereits geschildert habe, den Unterschied zu entsprechendem Ausdruck zu bringen.

Takt 477ff. Der Verlauf der Dynamik, der in diesen Takten wie folgt lautet:

Takt 774 — 481 — 489 — 489 — 490 — 492 — 493
sempre p — *cresc.* — *f* — *ff* — *dim.* — *piu p* — *pp*

hat nicht nur bei den Streichern allein zum Ausdruck zu kommen: noch wichtiger ist es, daß auch die Bläser in paralleler Weise den Aufstieg zum *ff* und den Abstieg zum *pp* mitmachen. Dieses wäre übrigens unter allen Umständen zu fordern, auch wenn es nicht Beethoven selbst ausdrücklich so gewünscht hätte. Und zwar ist als der hier in Frage kommende Grundsatz die Lehre aufzustellen, daß im selben Maße, als doch nur erst das Auskomponieren den Klang als solchen erweist (vgl. Bd. I S. 176ff.), auch die Ausführung aller dynamischen Schattierungen demselben Zwecke dient. Daraus folgt, daß, wenn Beethoven die wechselnden Harmonien zugleich auch durch die Kontrapunkte bei den Bläsern — wie oben gezeigt wurde — so umständlich zu erweisen sucht, es durchaus notwendig ist, die Dynamik nicht nur auf die Brechungen der Streicher allein (die, wenn sie auch ohne Zweifel thematische Bedeutung haben, für die Darstellung der

Diatonie selbst verhältnismäßig nur wenig Inhalt erbringen) anzuwenden, sondern ebenso, wenn nicht noch mehr an den so beweiskräfig auskomponierten Kontrapunkten durchzuführen.

Hier das Bild der Kontrapunkte:

Fig. 162. Takt 479.

Sagt das Bild der Dynamik, frage ich, nicht alles schon durch sich selbst? Wie wälzt sich doch vom *sempre p* der Oboe I in Takt 479, das *cresc.*, das zum ersten Mal beim

Fagott in Takt 481 notiert wird, durch alle Wechsel der Instrumente hindurch:

in Takt 483 — Oboe I: *cresc.*
in Takt 484 — Flöte I: *cresc.*
in Takt 485 — Fagott I: *cresc.*
in Takt 486 — Oboe I: *cresc.*
in Takt 487 — Klarinette I: *cresc.*
in Takt 488 — Flöte I: *cresc.*
in Takt 489 — Fagott I: *cresc.*

bis es in Takt 490 — man vgl. an dieser Stelle eben das *ff* bei den Streichern und gleich darauf den Beginn des Abstieges (*dim.*) — bei der Oboe zum ersten Mal einen Bruch erleidet. Hier eben notiert Beethoven bei der Oboe ein *cresc.* zu Beginn des Taktes und bereits ein *dim.* am Ausgang desselben — welche Sorgfalt in der Bezeichnung! Von nun ab steht aller Wechsel der Instrumente umgekehrt im Zeichen des *dim.*:

in Takt 491 — Flöte I: *dim.*
in Takt 492 — Klarinette I: *più p-dim.*
in Takt 493 — Flöte I: *pp*
in Takt 494 — Oboe I: } *pp-(cresc.)*
Fagott I: }

Nichts ist nun einfacher, als nach der ausdrücklichen Weisung Beethovens zu verfahren. Der Dirigent nehme die Bläser zunächst allein vor, um sie im Vortrag eines kontinuierlich ansteigenden *cresc.*, sowie umgekehrt eines kontinuierlich fallenden *dim.* (von Takt 490 ab) derart einzuüben, daß sich der Eindruck einer streng geschlossenen, scheinbar wie von nur einem einzigen Bläser ausgeführten *crescendo-* bzw. *diminuendo*-Linie ergibt. Es nehme der jeweilig folgende Bläser eben den Stärkegrad auf, den sein Vorgänger am Ende des Taktes erreicht hat, um ihn dann im Laufe des Taktes selbst zu steigern bezw. zu mildern und die gleiche Aufgabe wieder dem Nachfolger zu überlassen.

Takt 527ff. Nur die volle, stets gegenwärtige Empfindung der Taktgruppierung, wie ich sie oben dargestellt habe, vermag jene Wirkung zu erreichen, die hier, in der Welt der letzten Kadenzen, zu erzielen möglich ist. Am besten empfiehlt sich, folgende Schattierung hiebei anzuwenden:

Fig. 163.

Dem *cresc.* folgend schicke man sich an, beim ersten Viertel des starken Taktes (Takt 527, 529, 531 und 535) das *ff* zu entladen, schwäche dann aber, dort angekommen, plötzlich das *forte* umgekehrt ab, um in der nächsten Taktgruppe neuen Spielraum für ein ähnliches Verfahren zu gewinnen: indem so gleichsam nur die *crescendo*-Stürzen allein auf die starken Takte hinweisen, weicht man der Monotonie eines andauernden (übrigens doch niemals recht ausführbaren!) *ff*-Zustandes aufs glücklichste aus.

Daß Beethoven auf die Plastizität dieser Taktgruppen zielt, geht aus seiner eigenen Bezeichnung hervor: man sehe das erste *ff* bei Takt 531 und das nächste erst bei Takt 535 (d. i. zu Beginn der nächsten viertaktigen Gruppe).

Literatur.

Zu unserer größten Überraschung erfahren wir aus Nottebohm (S. 159), daß jene Stelle der Coda, Takt 469, in der das erste D-Horn in D-dur das Motiv der Takte 3—4 des Hauptthemas intoniert, in visionärer Weise von Beethoven schon zu einer Zeit erschaut wurde, als nicht einmal noch das Hauptthema selbst

für ihn feststand. Hier die Skizze, die aus dem Jahre 1817 bzw. 1818 (!!) stammt:

Fig. 164. Corno I.

Welch wundersames Quidproquo in den schöpferischen Kräften eines Genies: noch besitzen sie das nächste nicht, und ahnen bereits das Fernste!

Weniger mag es aber verwundern, wenn Beethoven im Jahre 1822, in dem sein Geist bereits intensiver mit der IX. Symphonie beschäftigt war, wie folgt, skizziert (vgl. Nottebohm, S. 165):

Fig. 165. Ende.

worin der Kern der grandiosen Steigerung der Takte 483ff. wohl unschwer zu erkennen ist.

Riemann geht an der genialen Konstruktion der Coda leider ganz vorüber, da er darüber nur folgendes zu sagen weiß (S. 157): »... setzt unter schnellem Rückgang der Dynamik zum Piano eine lange Coda an, sozusagen noch eine kleine Extradurchführung, zunächst eine Konstruktion der beiden hauptsächlich in der Durchführung verarbeiteten Motive:«

Fig. 166.

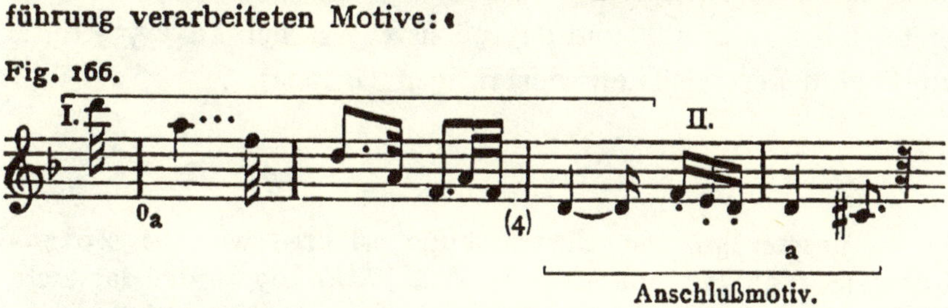

Nichts ist hier zunächst so deutlich, als daß er den Inhalt des Taktes 430 verkennt und übersieht, daß er dem des Taktes 429

völlig gleich ist. Kein Wunder daher, wenn ihm auch alle späteren Ereignisse, die sich, wie wir wissen, nun gerade an die seltsame Fassung des Taktes 430 knüpfen, dem tiefsten Grunde nach völlig verschlossen bleiben. Es heißt dann nur einfach bei ihm (S. 158): »Das Anschlußmotiv lenkt mehrere Mal in die neue Harmonie hinüber; zunächst ist der weitere Aufbau (Nachahmungen dieses Halbsatzes):

a^7 (2.—4. Takt) d^7 (5. Takt, Anschlußmotiv)	Kette von Halb-
d^7 (auch im Anschlußmotiv)	sätzen mit steter
d^7—g^7 (4. Takt) c^7 (5. Takt)	Zurückdeutung von
c^7—a^7 (4. Takt) a^7 (5. Takt)	8 zu 4, bis endlich
a^7 (zweimal zweitaktig)	mit einem 4a der
a^7 (zweimal zweitaktig)	Fortgang aussieht:«

Das Motiv der Bässe in Takt 513—514 leitet er, um auch dieses hier noch zu erwähnen, von den Bässen der Takte 318—320 ab.

Auf dem Niveau eines trivialen Zuhörers steht Kretzschmar, wenn er auf S. 116 über die Coda folgendes mitteilt: »Am Schlusse der Coda, in deren Mitte das Horn einen überaus freundlichen und zuversichtlichen Lichtblick fallen läßt, wird die freudlose Grundstimmung des Satzes zu vollständiger Gebrochenheit. Wir glauben in der Melodie der Oboe einen Trauermarsch intoniert zu hören, bis die Klänge der anderen Instrumente stärker und stärker werden und noch einmal kurz, aber rapider, Schmerz und Trotz neben einander stehen.«

Grove schreibt (S. 316ff): »Daran schließt nun eine Coda von solcher Ausdehnung und inneren Größe, als wollte sie alles in uns auslöschen, was wir zuvor in diesem Satze erlebt. Das Hauptthema (Nr. 17), von den in der Gegenbewegung aufsteigenden Bässen begleitet, dazu viel weiter und mannigfaltiger ausgesponnen als bisher, eröffnet sie, worauf dann jenes stürmisch bewegte Thema Nr. 24 in den Vordergrund tritt.« O, welch rasches Tempo der Darstellung; wüßte man nicht, daß es nur Ratlosigkeit gegenüber den Ereignissen in der Coda bedeutet, wenn er ausnahmsweise gerade hier so wenig erzählt, man müßte wahrlich annehmen, er spare seine Feder für wichtigere Aufschlüsse auf.

»Die in der Durchführung zu so großer Bedeutung erhobenen beiden Takte (Nr. 31) fehlen natürlich auch hier nicht« (wie naiv sind diese Worte!) »und sind zu einem ausgehaltenen A der Streicher dem Horn und der Oboe zugeteilt. Gleich darauf werden sie von den Streichern übernommen, während das A nun in den Hör-

nern liegt. Nochmals kehrt dann die bewegte Phrase (Nr. 24) wieder, und die Violinen schnellen hierzu mit einem Lauf in der Gegenbewegung empor. Auf eine frühere Periode des Satzes zurückgreifend, führt Beethoven jetzt das zweimalige *ritardando* ein, dessen wir auf Seite 312 gedachten, und bereitet das Ende vor. Doch lastet noch etwas Unausgesprochenes auf ihm, ein Wort, das er bisher im Busen verschlossen, ein Bekenntnis über das hinaus, was er uns bis jetzt verkündet. Sein ungebunden freier, jede Fessel verachtender Sinn, der gerade in jenem Jahre 1823 in einer fast krankhaft überreizten Form nach Auswegen suchte, hatte sich bisher kundgegeben — der kurzen, hierbei nicht ganz in Beethovens kraftvoll bestimmter Art gelungenen Stellen ist ja soeben gedacht worden —, und aus allem sprach sein hohes, kerniges Wesen, offenbarte sich aber auch sein weiches, tiefempfindendes Innenleben. Jetzt entschleiert er vor uns eine sonst sorgsam verhüllte Seite desselben, macht uns zum Vertrauten seiner seelischen Qualen, läßt uns in sein von Schmerzen zerrissenes Herz schauen. Und aus diesem nur vermochten solche Töne sich loszuringen, wie sie nun unsere Seele rühren.« Wie wird er aber auf einmal üppig und redselig, da ihm ein Stimmungsbild winkt, das ihn aus den Nöten retten soll!

»Die Streicher beginnen mit einer zweitaktigen, sich stetig wiederholenden Figur:« (hier steht das Zitat der Baßfiguren aus Takt 513—514) »zu der die siebente Symphonie im ersten Satze ein Gegenstück bietet, und die wir als einen Orgelpunkt auf D ansprechen können, dessen dämonische Wirkung in dem Schwanken des Grundtons verborgen liegt. Er beginnt *pianissimo* und schwillt im Verlaufe von sechzehn Takten stetig bis zum *fortissimo* an, während über ihm, in die rührende Klangfarbe von Oboen, Klarinetten und Flöten getaucht, ein leidenschaftlicher Klang ertönt«: (hier folgt das Zitat der Takte 514—521). »Kann Gram und Herzensnot wohl schlichtere und ergreifendere Klagelaute finden als diese? Was den Tondichter in den letzten Jahren seines Erdenwallens beschwerte und niederdrückte, seine Taubheit und seine mißlichen Verhältnisse, seine Empfindlichkeit und körperlichen Leiden, dazu die Sorge um seinen Neffen, Enttäuschungen mit den Freunden wie die Nichtachtung der Mitwelt — all das, was er an Kummer in sich hineinfraß und nur kurz einmal in ein paar Briefworten offenbarte, ringt hier in Tönen nach Ausdruck. Und wenn irgendwo, so hat er hier erreicht, was er wollte: il proprio e proposto effetto. Es ist, als sähen wir die Tränen über

seine Wangen rinnen. Doch nur für Augenblicke unterliegt ein Beethoven so dem Sturm seines Innern, und sich wieder zu seiner ganzen Größe emporrichtend, schließt er den Satz, wie auch den ersten der achten Symphonie, mit dem Hauptthema machtvoll ab.«

Weingartner befaßt sich (S. 153ff.) in dankenswerter Weise damit, die Nüancierung der Takte 427ff aufs genaueste durchzuführen. Speziell die Violine I nüanciert er in den T. 429—430 wie folgt:

Fig. 167.

Man vergleiche damit die von mir oben Fig. 161 gegebene Schattierung und bedenke, daß ja Takt 2 unseres Beispiels die Lösung eines Vorhalts vorstellt, die allezeit schwächer als der Vorhalt selbst vorgetragen werden soll. Jedenfalls kann < beim 2. Viertel des 2. Taktes in Fig. 167, sofern es nicht cum grano salis genommen wird, eine große Störung verursachen.

Einen sonderbaren, unerklärlichen Standpunkt nimmt er aber (S. 158) in bezug auf Takt 490 ein: »Ich habe es nicht als störend empfunden, wenn die Figuren der Holzbläser beim ff durch die Streicher verschlungen und erst beim Diminuendo wieder hörbar wurden; im Gegenteil übte gerade dieses Wiederhervortreten auf mich stets einen eigentümlichen Zauber aus.« Fiat fortissimo, pereat melodia? Doch nein! Wenn nur erst das *crescendo* in der von mir oben angedeuteten Weise von Takt 481 ab systematisch auch bei den Bläsern gepflegt und ausgestaltet wird, so kann es nicht fehlen, daß das Ohr von selbst auch in das größte Fortissimodickicht hineinhören und dort das Motiv bei der Oboe in Takt 409 herausfinden wird.

II. SATZ.

MOLTO VIVACE.

Zweiter Satz.

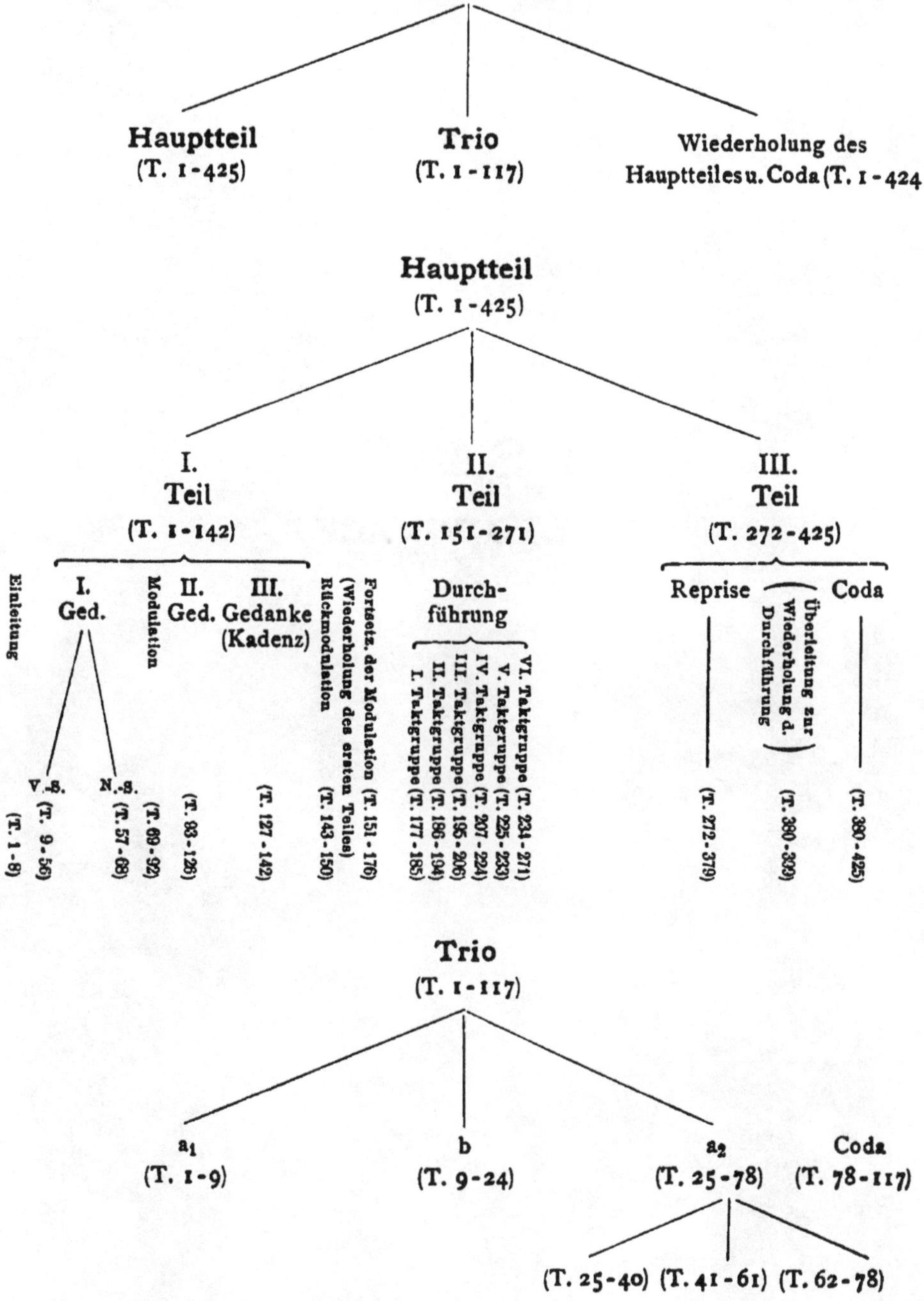

Hauptteil.

Des Hauptteils erster Teil.

(Takt 1—142.)

Der erste Teil weist überraschenderweise die große Form eines Sonatensatzes auf, die somit nur allein als die Ursache der großen Ausdehnung des Scherzo anzusehen ist.

Eine Einleitung von acht Takten präludiert dem ersten Takt Hauptgedanken. Sie enthält den Kern des Scherzo, das Motiv 1—8. einer Oktave in folgendem Rhythmus:

Fig. 168.

In den genannten acht Einleitungstakten wird der Molldreiklang der Tonika durchsprungen, wobei originellerweise die eigens in f und F gestimmten Pauken eben die Terz f schlagen:

Fig. 169.

Die Pauken stehen somit hier nicht, wie meistens üblich, bloß im Dienste des Rhythmus, sondern sie beteiligen sich auch thematisch-motivisch am Inhalt*.

Der erste Gedanke hat Vordersatz und Nachsatz: Takt 9ff.

Der Vordersatz (Takt 9—56) wickelt sich zu Anfang in einem Fugato ab, das folgendes Thema:

* Beispiele ähnlicher Verwendung der Pauken zeigt uns Beethoven schon in seiner I. Sinfonie, in »Fidelio«, wo die Pauken in A und Es gestimmt sind usw.

Fig. 170.

aufweist. Der Einsätze gibt es fünf, und ihre Ordnung ist: Violino II, Viola, Cello, Violino I und Kontrabaß, wobei, dem strengen Prinzip einer tonalen Fuge durchaus folgend, der Comes zu nachstehender Gestalt gelangt:

Fig. 171.

Es wird somit, wie es die Regel logischerweise fordert, die den dux eröffnende Dominante der Tonart mit der Tonika derselben beim comes beantwortet.

Die Holzbläser beteiligen sich am Fugato in der Art, daß sie das Thema bloß skizzieren, indem sie eben nur die jeweilig ersten Viertel bringen.

Takt 29 ff. Nach Vollendung des Fugato tritt ausschließlich der Kontrapunkt:

Fig. 172.

(Vl. I.)

in den Vordergrund. Liest man der Reihe nach Kontrabaß Takt 29—32, Celli Takt 33—36, Violino I Takt 37—40, Violino II Takt 41—44, so erhält man den Gang des Hauptinhaltes, unbeschadet der mehreren so leicht desorientierenden Nachahmungen, die gleichsam nach Art von Engführungen sich bei Violino I in den Takten 35—36, bei der Viola Takt 39—40 und schließlich bei Violino I in den Takten 43—44 noch außerdem bemerkbar machen.

Eben die letztere Nachahmung ist es aber, die berufen ist, den Inhalt fortzusetzen und zwar derart, daß die beiden letzten Takte des Kontrapunktes (siehe Takt 45—46) dreimal zu je 2 Takten — also in einer Tripelordnung! — nacheinander gesetzt werden. Was so in den Takten 45—50 gebracht wird, erscheint nun in den weiteren dreimal zwei Takten um eine Terz erhöht. Man beachte: genau zu Beginn der Tripelordnung setzt nach vorausgegangenem *sempre pp* ein *cresc.* ein, das zum *ff* im Nachsatz führt. —

Der Nachsatz fängt wieder mit dem Fugatothema an; doch wird schon nach vier Takten die polyphone Schreibweise verabschiedet und von der homophonen abgelöst, indem der Kontrapunkt angeschlossen wird. Der Baß stützt das Thema nur mehr harmonisch und prägt die Stufen aufs bestimmteste aus. Man beachte aber, wie sich Beethoven in Takt 68 und 72 der Antizipationen der in den jeweilig nächsten Takten 69 und 73 fällig werdenden Stufen bedient. Diese sind eben ein besonderes Merkmal der Werke seiner letzten Schaffensperiode (vgl. oben S. 5). Bedenken wir außerdem noch, daß ja gerade in den Takten 68—69 die Modulation nach C-dur stattfindet, so haben wir in der Antizipation des T. 68 ein weiteres besonders drastisches Hilfsmittel auch der Modulation zu erkennen. Takt 57 ff.

Nach zwölf Takten des Nachsatzes setzt die Modulation nach C-dur ein und bedient sich in den Takten 69—76 zunächst des Kontrapunktmotivs, sodann aber in den Takten 77—92 eines neuen und selbständigen Modulationsgedankens: Takt 69 ff.

Fig. 173.

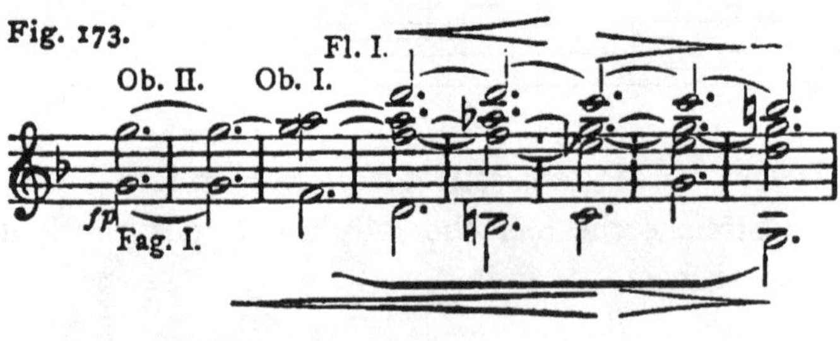

Letzterer ist, wie man sieht, achttaktig und bewegt sich in folgendem Stufengang: V—II—VII$\flat^{7}$—I—V$\flat^{6-5}_{4-3}$. Noch deutlicher wird der Stufengang in den nachfolgenden Takten 85—92, wo die Bässe selbst die Grundtöne der Stufen bringen. Originell ist die dynamische Schattierung des Modulationsgedankens: das *cresc.* sucht die I. Stufe im sechsten Takt (Takt 82) zu erreichen, worauf das ***dim.*** erst in den letzten drei Takten (Takt 82—84) abflaut.

Takt 93 ff. Mit Takt 93 beginnt der zweite Gedanke. Er weist eine technisch hochstehende Konstruktion auf, die nur verstanden werden kann, wenn man das Verhältnis des Inhaltes zum Stufengange in Betracht zieht.

Zunächst entwickeln nicht weniger als 16 Takte, und zwar Takt 93—108, bloß die I. Stufe. Der Gedanke der aus ihr gezogen wird, lautet:

Fig. 174.

Er wird von den Holzbläsern im *ff* vorgetragen, während das ganze Streichorchester, ebenfalls im *ff*, das rhythmische Urmotiv des Scherzo:

Fig. 175.

usw.

dagegen aufspielt.

Nun macht aber die Harmonie, bloß weil die I. Stufe Takt 109ff. bisher vereinzelt geblieben, ihr Recht auf Fortsetzung des Stufenganges geltend. Und zwar kann es hier um so weniger bei der Tonika allein bleiben, als außerdem auch die Melodie ihrerseits doch nur erst mit der Terz e, also nach Art eines bloß unvollkommenen Ganzschlusses abschließt. So bringen denn in der Tat die folgenden Takte rascher drängenden Stufenwechsel: die I. in Takt 109—110, die IV. in Takt 111—112, die VII. in Takt 113—114, die III. in Takt 115—116. Die Stufen bringen aber erwünschtermaßen zugleich auch neuen Inhalt. Das Motiv der neuen Taktgruppe lautet:

Fig. 176.

Es ist nun klar, daß für diese Figur das Urmotiv (Fig. 168), wie es gerade in der vorhergegangenen 16-taktigen Taktgruppe beim Streichorchester (vgl. Fig. 175) angewendet wurde, den unmittelbaren Entstehungsgrund abgegeben; außerdem erkennen wir in ihr nicht nur Takt 1—2 des Fugatothemas Fig. 170, sondern, was eine geheimnisvollere Beziehung bedeutet, zugleich auch Takt 1—2 des zweiten Gedankens:

Fig. 177.

Dennoch muß das Motiv in der Art, wie es eben hier für den Gebrauch der neuen Taktgruppe erzeugt worden, als eine neue und selbständige Variante bezeichnet werden. Streng genommen gibt daher nur die Flöte in den genannten Takten den Inhalt genau wieder:

Fig. 178.

wobei indessen Beethoven — nur eine solche verschleiernde Technik gehört stilistisch eben zu einer Symphonie! — den Hörer mit einem Motiv in Gegenbewegung beim Streichorchester:

Fig. 179.

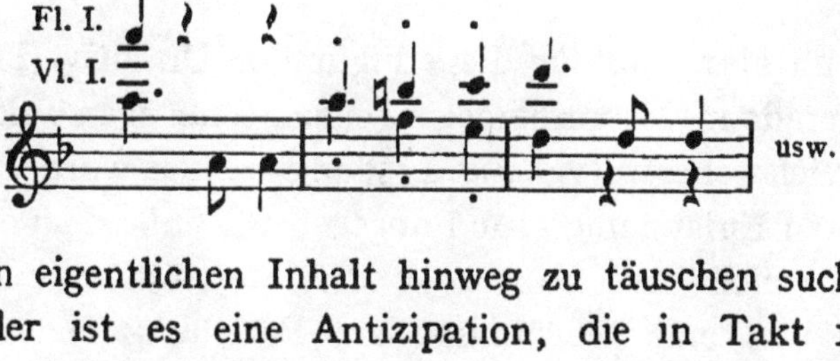

über den eigentlichen Inhalt hinweg zu täuschen sucht.

Takt 117ff. Wieder ist es eine Antizipation, die in Takt 116 zur nächsten Taktgruppe und zwar der Takte 117—126 hin-

überführt. Eine *Legato*-Oase inmitten des großen Staccatowirbels im Scherzo, ist eben diese Taktreihe seit jeher den Lesern und Spielern ein Rätsel geblieben. In der Tat ist ihr Sinn ziemlich schwer zu erhorchen. Nur bei starker Empfindung läßt es sich gleichwohl verstehen, daß in jenen Takten im Grunde eine Erwiderung auf die erste Taktgruppe des zweiten Gedankens Takt 93ff. stattfindet. Man sehe doch nur die folgende Gegenüberstellung*:

Fig. 180.

a)

b)

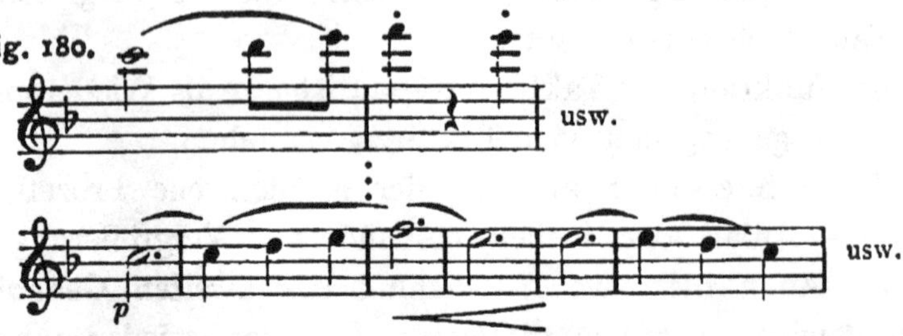

Muß man nicht daraus die Überzeugung gewinnen, daß Takt 117—120 eine Vergrößerung der Takte 93—94 bildet, die außerdem noch den Kontrast des *legato* bringt? Dieses gibt aber den Fingerzeig, daß auch die nachfolgenden Takte 125 bis 126 ebenso nur als eine Vergrößerung des korrespondierenden Taktes 97 anzunehmen sind:

Fig. 181.

* Den Inhalt des T. 117ff. — (Fig. 180b) — auf Fig. 176 zurückzuführen, deren Legatoausgestaltung sie bedeutet, wäre freilich das Nächstliegende; kommen wir nicht aber, wie bei Fig. 180a zu sehen ist, auf einem Umweg (zufolge der Gegenüberstellung bei Fig. 177) am Ende doch wieder zur Urform der T. 93 ff. zurück?

Allerdings fehlt nach Takt 126 die genaue Nachbildung auch des Taktes 98, doch was will dieser Umstand gegen die Wahrheit jener thematischen Beziehung sagen? Es klingt an dieser Stelle gleichsam so, als würden sich die Takte 125—126 anschicken, eine Erwiderung zwar auch wieder auf die Gesamtheit der Takte 97—98 zu bieten, ohne daß es ihnen aber gelänge, diese Absicht voll zu erreichen: somit geben die Takte 125—126 die Vergrößerung lediglich des Taktes 97 wieder, ohne aber jene Fortsetzung zu finden, die als Vergrößerung des Taktes 98 geboten war.

Die Funktion der Takte 121—124 ist nur als Wiederholung der vorausgegangenen vier Takte zu verstehen.

Weit interessanter aber ist der harmonische Prozeß, der sich aus Anlaß der soeben geschilderten Vergrößerung abspielt. Auch hier, wo der Schluß des zweiten Gedankens geformt wird, liegt, wie zu Beginn desselben, wieder nur eine Stufe zugrunde; es ist das die I. Stufe, zu der Beethoven, wie schon oben gesagt wurde, mittelst einer Antizipation (Takt 116) gelangt. Die I. Stufe führt bei der Sept das Chroma b mit sich, als müßte es zur Unterdominante gehen. Wo bleibt nun aber diese? Ohne plastisch in Erscheinung zu treten, fehlt sie gleichwohl im Harmoniegetriebe nicht ganz: sie verbirgt sich im Tone f^2 bei Vl. I in Takt 119 und auch aus dem Ton fis im Takte 120 (bei Viola, Vcl. u. CB.) lugt sie hervor. Man sehe folgenden Aufriß:

Fig. 182.

und man wird sich davon überzeugen, daß hier die I. Stufe die IV. nur gleichsam niederhält, ohne sie aber ganz mundtot machen zu können*.

Zwar drückt schon der Inhalt des Taktes 126 dadurch, daß die Fagotte von der bisher innegehabten, so gefährlichen und mehrdeutigen 6-Akkordstellung fortrücken und insbesondere dadurch, daß Vl. II den entscheidenden Leitton h^1 bringen, den Sieg der Tonika über die Unterdominante aus; dennoch ist dieser Sieg nur ein vorläufiger, so daß es nunmehr zur letzten, endgiltigen Kadenz, die hier somit zugleich den dritten Gedanken vorstellt, erst recht kommen muß. Die Kadenz spielt sich von Takt 127 bis 143 ab: Takt 127 ff.

Fig. 183.

Sie gelangt zur ersten Austragung in den Takten 127—130; die Takte 131—134 bringen sodann deren Wiederholung! In Takt 135—138 streiten Tonika und Dominante gegeneinander ganz allein, und endlich siegt über die Dominante in den Takten 139—142 die Tonika in Takt 143. —

Außerordentlich interessant ist die Baßführung in den Takten 127—134. Man sehe insbesondere in Takt 129, wie im

* Ähnliche Wirkung hört man z. B. bei Händel, Saul, Arie des David, Part. S. 91:

Fig. 184.

Baß die I. Stufe durch das Quartintervall zur Auskomponierung gelangt:

Fig. 185.

und beachte beim dritten Viertel des Taktes 130 die Antizipation zur I. Stufe des nachfolgenden Taktes 131:

Fig. 186.

Und nun mag man des weiteren mit dem Baßgang der Takte 129—130 den der Takte 133—134 vergleichen, um die leicht wahrnehmbare Veränderung selbst zu sehen.

Takt 143 ff. Eine originelle Rückmodulation leitet zur Wiederholung des ersten Teiles hin. Indem Beethoven vom Dreiklang auf C ausgeht, gelangt er mit drei fallenden Terzschritten, d. h. C—A—F—D zum Dreiklang auf D, den er aber flottweg eben schon als Tonika von D-moll angenommen haben will. Jeder Terzfall soll hier somit nach Wunsch des Autors eine bereits konsumierte Modulation vorstellen, so daß immer durch Umdeutung einer jeweiligen Tonika in eine III. Stufe sofort die nächste Tonart gewonnen wird:

Fig. 187.

C-Dur: I

A-Moll: III——I

F-Dur: III——I

D-Moll: III——I

Da indessen die Dreiklänge in diesen Modulationen nur das Urmotiv, nicht aber einen über die Diatonie deutlich orientierenden Inhalt bringen, und in diesem Sinne gleichsam leer laufen, so sind sie leider nur wenig beweiskräftig; ihre Wirkung nähert sich vielmehr derjenigen von Harmoniefolgen im alten a cappella-Stil, die bloß auf dem Wege der Stimmführung gewonnen wurden. Trotz so markanter, fallender Terzschritte (wie sie indessen die Vokalepoche doch sicher nicht kannte) vermag hier also dennoch der Ablauf der vier Dreiklänge nicht auch zugleich schon die gewünschte Wirkung eines Wechsels von vier Tonarten hervorzubringen; so sehr und mit Recht ist seit Überwindung des Prinzipes der Stimmführung, als des für die Folge der Harmonien ausschließlich maßgebenden (vgl. Bd. I S. 209), für die Bedeutung des Dreiklanges eben nur dessen Auskomponieren allein entscheidend geworden!

Vortrag.

Der Vortrag des Scherzo bietet unter sämtlichen Sätzen der Symphonie wohl die geringsten Schwierigkeiten. Dennoch ist es nötig, hier von einigen Stellen ausdrücklich zu sprechen, deren wahre Ausführung dem allgemeinen Empfinden leider noch fern liegt.

Die metronomische Bezeichnung Beethovens lautet: Molto vivace 𝅗𝅥. = 116.

Takt 68. Der Harmoniewechsel beim dritten Viertel muß als Antizipation zum Ausdruck gebracht werden.

Takt 72. Auch hier ziehe man den Harmoniewechsel, ebenso wie bei Takt 68, als Antizipation ans Licht.

Takt 77ff. Sehr schwierig ist es hier, die dynamische Schattierung nach der eigenen Anweisung Beethovens auszuführen. Es empfiehlt sich, mit dem *cresc.* zugleich auch eine Beschleunigung zu verbinden, die genau bis zu dessen Grenze, d. i. bis zur Erreichung der Tonika in Takt 82 anhält; umgekehrt gebe das *dim.* sich in einem Zurückhalten des Tempo kund, wobei aber freilich sowohl die Beschleunigung als das Zurückhalten nur die allergeringsten Maße aufzuweisen haben.

Takt 93ff. Der Vortrag dieser Stelle macht gerade heute besondere Schwierigkeiten. Nicht etwa, daß der Inhalt selbst oder dessen dynamische Verhältnisse schon von Haus aus durch ein Verschulden Beethovens einer korrekten Ausführung widerstreben würden, — nein, was vielmehr als unüberwindliches Hindernis uns dabei erscheint, ist eine Schwierigkeit, von der Beethoven noch gar nichts wußte, die in der Folge der Zeit erst wir selbst aus Eigenem hineingetragen haben. Und zwar hat es damit folgende Bewandtnis:

Zu Beethovens Zeiten war nämlich, wie historisch feststeht und was übrigens von selbst einleuchtet, das Orchester naturgemäß ein kleineres, als das von heute. Noch war damals aus eben diesem Grunde das Verhältnis zwischen Bläsern und Streichern ein durchaus normales, so daß die Dynamik der beiden Klangkörper sich entweder wirklich die Wage halten oder doch mindestens der Kontrast der Farbe ein in seiner Art nicht minder wahres Gegengewicht bilden konnte, indem er (wenn freilich nur in übertragenem Sinne) glücklichsten Ersatz für ein etwaiges Manko an Kraft bei den Bläsern bot. Mit anderen Worten: niemals waren zu Beethovens Zeiten die Streicher so stark, daß ihnen die Bläser dynamisch nicht hätten standhalten können, sei es nun wirklich al pari oder mit günstigem Ersatz durch den Farbenkontrast. Seit jener Zeit hat sich aber dieses Verhältnis sehr zu ungunsten der

Bläser verändert. Denn war es einesteils einfach nur mit eine Folge der zunehmenden Menschenzahl, wenn dem größeren Publikum zuliebe nun auch größere Konzertsäle gebaut und die Orchester entsprechend vergrößert wurden, so war es anderenteils in noch viel höherem Grade das Verhängnis zunehmender Verflachung, wenn man alle Aufmerksamkeit, statt der aufrichtigen Darstellung eines sorgfältig erkannten Inhalts, absurderweise bloß der Äußerlichkeit der immer mehr und mehr auszugestaltenden Orchestermasse widmete. Man pflegte einseitig die Zahl der Ausführenden als solche und vergaß darüber den Inhalt. Die böse Folge konnte nun nicht ausbleiben: denn je weniger die Zahl der Orchestermitglieder über die letzten Fragen des Inhaltes selbst entscheidet, desto mehr stellte sie sich einer inhaltsgerechten Darstellung in den Weg, dort, wo nicht die Zahl, sondern eben nur der Inhalt dringend zu Worte zu kommen hat. Von solcher Art ist in der Tat denn auch die hier in Frage kommende Stelle: Die Fabel ist bei den Holzbläsern; dem Vortrage derselben steht aber heute das allzu krasse Mißverhältnis zwischen Bläsern und Streichern im Wege, das wir selbst in der oben angedeuteten Weise wohlgemerkt eben erst in der Zeit nach Beethoven geschaffen haben. Das Dilemma ist ohne Zweifel sehr schwierig, denn es gilt hier, einem äußerlichen Umstand Rechnung zu tragen, der zur Zeit der Entstehung des Inhaltes als dessen Komponent noch gar nicht in Frage kam. Wie sollen wir nun diese nachträglich entstandene Forderung erfüllen? Sie einfach aus der Welt zu schaffen, wäre freilich das beste Auskunftsmittel, da doch die größtmöglichste Vertiefung der Inhaltsdarstellung wieder nur bei kleinem Orchester wohl sicher zum Ziele führen würde. (Daß sich als weitere Konsequenz davon die Rückkehr zu kleineren Konzertsälen und die Verminderung der Einnahmen ergäbe, versteht sich ebensogut fast von selbst.) Es ist indessen nicht anzunehmen, daß man gerade diesen idealen Weg einschlagen werde, denn

je weiter an Zeit, desto mehr berauscht sich die Masse an ihrer neu errungenen Macht und gibt, indem sie angeblich mit Recht große Orchestermassen fordert, leichten Herzens schöne Inhaltswirkungen preis, von denen sie ja freilich nichts weiß und die sie auch auf dem Wege, den sie beschreitet, sicher doch niemals erreichen kann.

Somit muß die Lösung unserer Frage unbedingt leider nur vom Standpunkt gerade des gegenwärtigen Mißverhältnisses versucht werden. Und da meine ich: soll gegen die Wucht des gesamten Streichorchesters der Bläserpart durchdringen können, so empfiehlt es sich, — wohlgemerkt unter Beibehaltung der originalen Instrumentierung auch bei den Hörnern! — die dynamische Schattierung, wie folgt, einzurichten:

Fig. 188.

Eine solche Schattierung ist dann nicht nur geeignet, überhaupt Licht und Schatten in das *ff* hineinzubringen, sondern auch, worauf es eben hier am meisten ankommt, den Bläsern eine größere Deutlichkeit zu ermöglichen, und zwar dadurch, daß um eine Zeit, da die Bläser den für den Inhalt jeweilig so charak-

teristisch entscheidenden schweren Takt 93, 97, 101 und 105 absolvieren, die Streicher ihre Kraft noch zurückhalten, um diese erst in den folgenden Takten zu steigern, wo die Deutlichkeit der Melodie bei den Bläsern eben nicht mehr gefährdet ist.

Takt 117ff. Entsprechend der wahren Bedeutung dieser Takte, wie sie oben dargestellt wurde, hat man sie in steter Spannung, deren korrelater Ausdruck ja das Zeichen $<$ in den Takten 119—128 bedeutet, vorzutragen. Man vermeide also, bei diesem Inhalt als einem angeblich nur schönen Lyrism zu verweilen, und kämpfe vielmehr den latenten Kampf zwischen der Tonika und der Unterdominante heiß mit, jenen Kampf, der ja Vorbedeutung einer sehr bald zu erwartenden letzten Kadenz ist. Den inneren Blick eben schon auf diese gerichtet, trete man also in Takt 117 ein, schaffe heißen Atem durch ein Drängen zur IV. Stufe hin (siehe das *cresc.*-Zeichen) und beschleunige endlich das Zeitmaß beim *cresc.* der Takte 123—126, bis das erreichte doppelte Ziel sowohl der Kadenz, als des *forte* (in den Takten 127ff.) allem Ringen ein Ende macht.

Takt 127ff. Hier genieße man die Gegenwart der Kadenz und gebe sich den *f*-Akzenten hin, die Beethoven so fürsorglich zu Beginn eines jeden Taktes gesetzt hat. Schon der Nachdruck aber, den die *f*-Akzente als solche erfordern, macht das Tempo strammer, von dem psychischen Moment abgesehen, das soeben ad Takt 117 dargestellt wurde.

Literatur.

Nach Nottebohm (S. 157) ist das Thema des Scherzo schon im Jahre 1815 (also acht Jahre vor der endgiltigen Inangriffnahme) entstanden:

Fig. 189. »Fuge«

Im Jahre 1817 aber lautet das Thema des geplanten fugierten Satzes (vgl. Nottebohm, S. 158) wieder anders, und zwar:

Fig. 190.

Noch in demselben Jahre, bzw. Anfang 1818, formuliert Beethoven den comes just nach dem neueren, zweiten Thema (s. Nottebohm S. 161):

Fig. 191.

obgleich er in demselben Skizzenbuche zugleich auch noch am ersten Thema aus dem Jahre 1815 festhält, woraus hervorgeht, daß also um diese Zeit in der Fantasie des Komponisten die beiden Themen um die Vorherrschaft konkurriert haben.

Im Jahre 1817 (1818) notiert der Meister ein neues Motiv zum Scherzo:

Fig. 192. 3tes Stück.

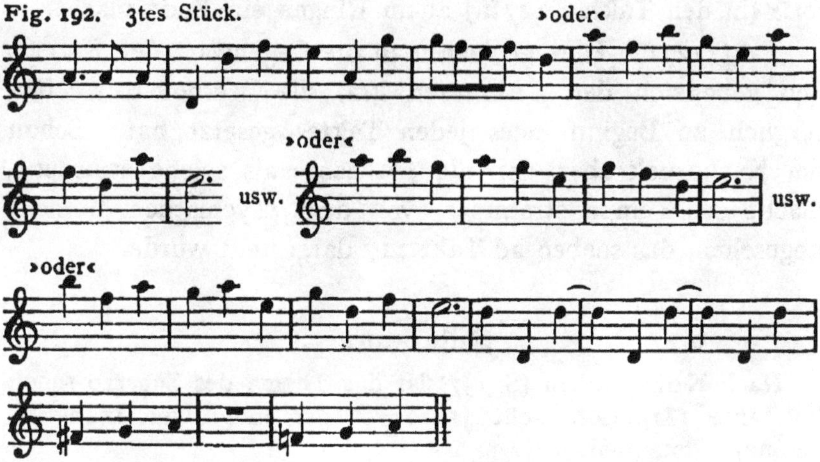

das er — s. die Takte 5—7 des obigen Zitats — in der endgültigen Fassung (s. T. 127 ff.) als Kadenzmotiv geprägt hat!

Im Sommer oder Herbst 1822 schwankt Beethoven (s. Nottebohm S. 164—167) in der Plazierung des Scherzo überhaupt.

Bald plant er es als viertes, also letztes Stück der Sinfonie (mit dem Vermerk »recht fugiert« beim zweiten Thema), bald bezeichnet er es als »zweites Stück« und notiert (S. 167):

Fig. 193.

Noch in den Monaten Mai bis Juli 1823 ringt er mit beiden Themen. Hören wir Nottebohm (S. 170):

»Ein in die Monate Mai bis Juli 1823 zu setzendes Taschen-Skizzenbuch enthält außer der endgiltigen Form sehr nahe kommenden Entwürfen zum ersten Satz, Entwürfe zum zweiten und dritten Satz der neunten Sinfonie. Interessant ist es, zu sehen, wie hier Beethoven die zwei Fugenthemen aus den Jahren 1815 und 1817 heranzieht, wie er durch Verlängerung derselben nahezu das jetzige Thema gewinnt, und wie er dabei auf anderen Stellen, auf den dreitaktigen Rhythmus usw. kommt. Wir setzen einen Teil der Skizzen her, können jedoch nicht durchweg für die Richtigkeit der Aufeinanderfolge einstehen, da das Skizzenbuch, als zum Gebrauch außer dem Hause bestimmt, eines von denen ist, welche vorne und hinten anfangen, also keinen Anfang haben.«

Eben diesem Skizzenbuche entnehmen wir (Nottebohm S. 171 bis 173), daß der Kontrapunkt (oben Fig. 172) in einem früheren Stadium verschieden lautete, bald so:

Fig. 194.

bald aber auch so:

Fig. 195.

Eingehend beschäftigt sich Wagner mit dem Vortrage der Takte 93 ff. Die Gedanken, die er aus diesem Anlasse mitteilt, zeigen mehr als all die anderen, die er in derselben Abhandlung publiziert, welche Irrtümer es waren, die es ihm möglich gemacht haben, speziell in bezug auf die Hörner so tiefgreifende, verhängnisvolle Änderungen vorzuschlagen. Fast Satz um Satz,

Gedanke um Gedanke enthüllen eine allzu unbekümmerte Unkenntnis der wahren Sachlage, die in ihren Folgen desto verhängnisvoller werden sollte, je weniger man eine solche Unorientiertheit gerade bei einem Künstler vom Range Wagners erwarten darf. Es ist hoch an der Zeit, Wagners Irrtümer zu widerlegen, wenn man nicht anders in den sentimentalen Fehler verfallen will, einen noch größeren Künstler, nämlich Beethoven, einen Schaden zuzufügen, nur um die Infallibilität Wagners zwangsweise aufrecht zu erhalten. Liegt es nämlich, wie man sich einbildet, durchaus im nationalen Interesse, Wagner als unfehlbare Autorität hinzustellen, so wüßte ich nicht, warum es weniger im nationalen Interesse liegen sollte, einen Beethoven und seine Kompositionsprinzipien als mindestens ebenso unfehlbar zu betrachten! Will man denn ernstlich Wagner das Recht einräumen, in Sachen Beethovens besser, als Beethoven selbst, Bescheid zu wissen? Doch endlich zur Widerlegung.

Wagner meint: »Es ist unverkennbar, daß bei Beethoven nach eingetretener Taubheit das lebhafte Gehörbild des Orchesters so weit verblaßte, daß ihm die dynamischen Beziehungen des Orchesters nicht mit der Deutlichkeit bewußt blieben, wie dies gerade jetzt, wo seine Konzeptionen einer immer neuer sich gestaltenden Behandlung des Orchesters bedurften, ihm unerläßlich werden sollte.«

Welch arge oratio pro domo! welch ein grotesker Einfall, die Taubheit Beethovens als Ursache angeblich ungenügender oder schlechter Instrumentierung anzugeben, blos weil diese nicht ganz im Sinne Wagners ausfiel! Man denke nur: was die Streicher spielen, was die Flöten, Oboen, Klarinetten, Fagotte blasen, läßt selbst auch Wagner bis auf einige kaum noch ernst zu nehmende Kleinigkeiten als Wunder der Instrumentierungskunst gelten; sind es aber nur die Hörner und Trompeten, die in seinen Gesichtskreis treten, sofort verkennt er den Grund ihrer Setzweise, nur eben weil er selbst, aus seinem eigenen Blut heraus und für seine dramatischen Zwecke mit ihnen die Vorstellung einer anderen Setzweise verbunden hat. Ihm kam es leider niemals zum Bewußtsein, daß Beethoven nur rein stilistische Gründe zwangen, die Hörner gerade so zu verwenden, wie er es eben getan. Und da er die einzige Wahrheit jener Gründe nicht erreichen konnte, setzte er an deren Stelle eine Menge Irrtümer, deren Basis die geradezu lächerliche Annahme einer offenbar nur partiell zu nennenden Taubheit bildet!

Doch hören wir weiter: »Wenn Mozart und Haydn in ihrer vollen Sicherheit der formalen Behandlung des Orchesters die zarten Holzblasinstrumente nie in einem Sinne verwendeten, nach welchem ihnen eine mit der des starkbesetzten Quintettes der Saiteninstrumente gleiche Wirkung zugemutet würde, sah hiergegen Beethoven sich veranlaßt, dieses natürliche Kraftverhältnis oft unberücksichtigt zu lassen.«

Auch der Irrtum will seine Begründung haben! Und so sehen wir Wagner eifrig bemüht, den von ihm so willkürlich angenommenen Grund in seiner vollen Ausgestaltung zu zeigen. Ohne zu ahnen, daß der Irrtum doch wieder nur zu einem Irrtum führen kann, wagt er, nur um durchaus günstige Schlüsse zu erzwingen, gleich zwei irrtümliche Behandlungen in einem Satze! So spricht er zunächst von einem »stark besetzten Quintett« der Saiteninstrumente bei Mozart und Haydn, worauf die letzteren Meister angeblich von vornherein Rücksicht genommen hätten, während die Wahrheit in diesem Punkte vielmehr diese ist, daß der Streichkörper eben noch nicht so stark besetzt war, so daß Mozart und Haydn ein Rivalisieren der Streicher und Bläser ohne Schaden wagen konnten, was denn auch oft genug geschah.* Ebenso unrichtig ist es endlich aber, wenn er behauptet, Beethoven habe das natürliche Kraftverhältnis oft »unberücksichtigt gelassen«; denn die Voraussetzung eines noch nicht allzu stark besetzten Streichquintetts war ebenso wie bei Mozart und Haydn noch immer auch bei Beethoven gegeben, eine Voraussetzung, welche ihn nun eben zu jener Instrumentierungsart, die ihm Wagner vorwirft, ohne weiteres berechtigte.

Wir lesen ferner bei ihm: »Er läßt die Blasinstrumente und die Saiteninstrumente als zwei gleich kräftige Tonkomplexe mit einander abwechseln oder auch in Verbindung treten, was uns, seit der mannigfachen Erweiterung des neueren Orchesters, allerdings sehr wirkungsvoll auszuführen ermöglicht ist, in dem Beethovenschen Orchester aber nur unter Annahmen, welche sich als illusorisch erwiesen, zu bewerkstelligen war. Zwar glückt es schon Beethoven zuweilen, durch Beteiligung der Blechinstumente den Holzblasinstrumenten die entsprechende Prägnanz zu geben: allein hierin war er durch die zu seiner Zeit einzig erst gekannte Beschaffenheit der Natur-Hörner und -Trompeten so kläglich beschränkt, daß gerade aus

* Man sehe doch nur die Jupiter-Sinfonie, 1. Satz, und besonders daselbst im Finale achter Takt nach Beginn der Reprise!

seiner Verwendung dieser Instrumente zur Verstärkung der Holzbläser diejenigen Verwirrungen hervorgingen, welche wir jetzt eben als unzubeseitigend dünkende Verhinderung des deutlichen Hervortretens der Melodie empfinden. Dem heutigen Musiker habe ich nicht nötig, die hier berührten Übelstände der Beethovenschen Orchesterinstrumentation erst aufzudecken, denn sie werden von ihm, bei der uns jetzt allgemein geläufig gewordenen Verwendung der chromatischen Blechinstrumente, mit Leichtigkeit vermieden; zu bestätigen ist nur, daß Beethoven sich genötigt sah, in entfernten Tonarten die Blechinstrumente plötzlich abbrechen oder auch in grellen einzelnen Tönen, wie sie gerade die Natur der Instrumente einzig darbot, völlig störend, und von der Melodie, wie von der Harmonie ableitend, mitwirken zu lassen.«

Darauf ist zu erwidern, daß es Beethovens gutes Recht war, die normalen Verhältnisse seines Orchesters unter Umständen dahin auszunützen, daß die Streicher und Bläser als ebenbürtige Faktoren gegen einander ausgespielt werden. Stand doch die Verwendung der Hörner, wie ich schon oben andeutete, lediglich unter dem Gesichtspunkte des symphonischen Stiles, hing aber nicht, wie Wagner meint, durchaus nur von der Beschaffenheit des Instrumentes allein ab. Zwar ist es richtig, daß gegenüber den Naturhörnern unsere Ventilhörner einen etwas erweiterten Inhalt aufweisen, doch was will dieser minimale Unterschied in einer Frage bedeuten, die lediglich eine des Stiles und nicht des Tonumfanges gewesen? Zugegeben ferner, daß die Tongebung bei den Naturhörnern — hier sehe man die Gegenüberstellung beider Typen*:

Fig. 196.

* Vgl. Artur Niloffs »Instrumentations-Tabelle«. U. E. Nr. 1999.

Ventilhorn in F.

usw.

— eine vielfach schwierigere und weniger ausgeglichene gewesen, als es die bei den Ventilinstrumenten von heute ist, was will auch dieses in der Frage ihrer Verwendung bedeuten, bei der, wie ich sagte, nur der Stil allein zu entscheiden hatte? Waren doch schließlich all die Übelstände nicht minder auch Beethoven selbst bekannt, und was liegt näher zu denken, als daß sie wohl alle schon bei der Anlage der Instrumentierung von Beethoven mit in die Rechnung einbezogen wurden?

Am entscheidensten waren eben hierin nur die rein stilistischen Gründe. Man braucht nur Beethovens (wohl auch Haydns und Mozarts) Hornsatz, z. B. in seinen symphonischen Werken oder in der Oper einerseits, und in den kleineren Kammermusikwerken (Quintett Op. 16! Sonate Op. 17!) andererseits zu vergleichen, um sofort zu bemerken, daß er in jenen Werken von dem verfügbaren Inhalt eben nur weniger und auch anders Gebrauch machte, als in diesen. Weniger virtuosenhaft dort als hier, so möchte man den Unterschied am kürzesten präzisieren! Man kann diese fein differenzierte Instrumentationspraxis unserer Klassiker auf den Instinkt bei ihnen zurückführen, der sich, wie folgt, definieren läßt: Es ist überhaupr unstatthaft, von den Mehreren in allem und jedem durchaus dasselbe zu erwarten und zu verlangen, wie von den Wenigen, und daher ist es ebenso unbillig, von mehreren Spielern (oder Zuhörern) dasselbe, wie von den wenigeren zu fordern!*

* Daher hütete sich z. B. Mozart, der als die verkörperte Wahrheit unserer Kunst zu bezeichnen ist, in seinen Opern alle jene tieferen und stärkeren Künste spielen zu lassen, die er sonst doch allezeit für Sinfonie und Kammermusik bereit hielt; und es ist danach sicher als stilistischer Verstoß gegen jenes unwiderleglich geltende Gesetz anzusehen, wenn z. B. Beethoven im »Fidelio« gar einen Kanon oder Variationen u. dgl. komponierte, wo er doch in der Hauptsache freilich mit Mozart die differenzierte Praxis gemein hatte.

Erklärt sich nun schon damit allein ein gut Teil des Hornproblems, so kommt noch hinzu die Wirkung eines anderen Gesetzes, das im Instinkt der Meister nicht minder begründet war und das lautete: Kontrast und Mannigfaltigkeit in allem und jedem und so auch in den — Klangfarben! Darauf beruht es nun eben, wenn die Klassiker es vermeiden, den Klang der Hörner, sei es in Kantilenen oder auch nur als Füllung, irgend zu perpetuiren. Sie sind vielmehr sorgfältig bemüht, gerade den Hornklang so oft als möglich gleichsam zu lüften, nicht nur um die gesunde Kontrastwirkung zu erreichen, sondern auch um der wahren Natur des Hornes nicht Unrecht zu tun, das, wenn es (wie leider heute so üblich!) dauernd dominiert, die Melodie sowohl dem Sinn als dem Klang nach nur zu sehr verweichlicht und eben daher wenig dazu taugt, jede beliebige Melodie zu führen. (Und ähnlich, wie beim Horn, nur sogar aus noch strengerer Gesinnung, widerstrebte es den Klassikern, den Klang auch der Trompete ungelüftet zu lassen oder ihn gar zur Melodie zu zwingen.)

Wagner zieht aus seinen Gedanken folgende Konsequenzen: »Ich darf es für überflüssig erachten, den zuletzt bezeichneten Übelstand durch Vorführung vieler Beispiele erst kenntlich zu machen, und verweise dafür sogleich darauf, wie ich selbst in einzelnen Fällen, wo die durch ihn entstandenen Störungen des deutlichen Verständnisses der Intentionen des Meisters mir endlich unerträglich wurden, abzuhelfen suchte. Eine ganz von selbst sich darbietende Abhilfe fand ich darin, daß ich den zweiten Hornisten, wie den zweiten Trompetern, gemeinhin anempfahl, die Stellen, wie

Fig. 197.

oder

Fig. 198.

den hohen Ton in der untere Oktave, also:

Fig. 199.

zu blasen, wie dies ja den einzig in unseren Orchestern noch verwendeten chromatischen Instrumenten leicht zur Verfügung steht. Bloß durch diese Abhilfe fand ich, daß bereits große Übelstände beseitigt wären.«

Dem gegenüber zu behaupten, daß es durchaus nicht gerade die »größeren Übelstände« sind, die Wagner beseitigt zu haben glaubte, bedeutet wahrhaftig noch kein besonderes Wagnis; denn gegenüber demjenigen, was der Inhalt selbst vorstellt, wie wenig kommt da noch in Frage, ob beide Hörner so blasen, wie bei Fig. 197 und 198 zu sehen ist, oder in der Fassung, wie sie Wagner in der Fig. 199 anweist? Ist der Sinn des Nachschaffenden einzig nur auf die Wiedergabe des Inhaltes gerichtet, so wird er bald einsehen, daß sowohl zur Eruierung als zur Darstellung eines Beethovenschen Inhaltes die Gesichtspunkte einer konstruktiven Synthese allezeit mehr beitragen, als bloß eine Ausgestaltung von Kontinualtönen bei den Hörnern, die über die originale von Beethoven selbst hinausgeht. Denn nichts ist einfacher, als anzunehmen, daß der Meister einen Ton von wirklicher Bedeutung nicht erst der Unzulänglichkeit des Instrumentes geopfert haben würde, und genau so, wie er sonst das Melos bei allen anderen Instrumenten als Hauptsache sicherzustellen wußte, tat er es auch beim Horn, sofern eine solche Sicherstellung eben durch das Horn in Frage kam! (Diese Antwort hat nun aber auch jenen Ausführungen Wagners zu gelten, die er dem Beethovenschen Trompetensatz widmet.)

In der Linie der Wagnerschen Gedanken liegt es also, wenn er in bezug auf den zweiten Gedanken des Scherzo sich folgendermaßen äußert: »Hier ist es den schwachen Holzbläsern, also zwei Flöten, zwei Hoboen, zwei Klarinetten und zwei Fagotten, aufgegeben, gegen die Wucht des im vervierfachten Oktav mit der Figur:

Fig. 200.

fortgesetzt im Fortissimo sie begleitenden Streichinstrument-Quintettes, ein wie im kühnen Übermute sich behauptenden Thema eindringlich aufrecht zu erhalten. Die Unterstützung, welche ihnen

hierbei von den Blechinstrumenten zu Teil wird, fällt in der zuvor bezeichneten Art so aus, daß sie die Deutlichkeit des Themas durch lückenhaft eingeführte Naturtöne weit eher stört als fördert. Ich rufe einen Musiker auf, mit gutem Gewissen zu behaupten, daß er diese Melodie jemals in Orchesteraufführungen deutlich gehört habe, ja, ob er sie nur kennen würde, wenn er sie nicht aus der Lektüre der Partitur oder aus dem Spiele des Klaviersauszuges sich entnommen hätte? In unseren üblichen Orchesteraufführungen scheint man noch nicht einmal zu dem nächstliegenden Auskunftsmittel, das *ff* der Streichinstrumente beträchtlich zu dämpfen, gegriffen zu haben, denn so oft ich noch für diese Sinfonie mit Musikern zusammenkam, fuhr hier alles mit der wütendsten Stärke hinein. Auf dieses Auskunftsmittel war ich selbst jedoch von jeher verfallen, und glaubte mir hiervon genügenden Erfolg versprechen zu dürfen, sobald ich auf die Wirkung der Anstrengung verdoppelter Holzbläser rechnen konnte. Die Erfahrung bestätigt aber meine Annahme nie, oder nur höchst ungenügend, weil immer den Holzblasinstrumenten eine schneidige Energie des Tones zugemutet blieb, die ihrem Charakter, wenigstens im Sinne der hier angetroffenen Zusammenstellung, stets zuwider bleiben wird. Ich wüßte, sobald ich jetzt diese Sinfonie wieder einmal aufzuführen hätte, gegen das unläugbare Übel des in Undeutlichkeit, wenn nicht in Unhörbarkeit Verschwindens dieses ungemein energischen Tanzmotives, kein anderes Abhilfsmittel zu versuchen, als die Zuteilung einer ganz bestimmten thematischen Mitwirkung wenigstens an die vier Hörner. Dies wäre vielleicht in der folgenden Weise ausführbar:

Fig. 201. Hoboen und Klarinetten.

Hörner in D.

Hörner in B.

Fagotte.

»Es wäre nun zu versuchen, ob die hier angedeutete Verstärkung der Noten des Themas genügte, um das Quintett der Streichinstrumente in dem vom Meister vorgezeichneten ff die begleitende Figur ausführen zu lassen, worauf es andrerseits vorzüglich ankommt, denn der Gedanke Beethovens ist hier ganz unverkennbar derselbe übermütig ausgelassene, welcher bei der Rückkehr des Hauptthemas des Satzes in D-moll zu dem unvergleichlich wilden Exzeße führt, wie er je nur durch die originellsten Erfindungen dieses Einzigen, Wunderbaren zum Ausdruck kommen konnte. Bereits dünkte es mich daher eine sehr üble Abhilfe, vermöge welcher das Hervortreten der Blasinstrumente durch ein Zurückhalten der Streichinstrumente befördert werden sollte, weil sie den wilden Charakter der Stelle bis zum Verkennen aufheben mußte. Mein letzter Rat geht demnach dahin, das Thema der Blasinstrumente so lange, und sei es durch die Trompeten zu verstärken, bis es, selbst bei dem energischesten Fortissimo der Streichinstrumente, im rechten, durchdringenden Sinne deutlich hervortritt und herrscht.«

Da sieht man nun aber, wie notwendig es ist, vor allem doch selbst den Inhalt zu erkennen, bevor man daran geht, ihn anderen

zu vermitteln. Welch grober und im Grunde unverzeihlicher Fehler ist es, wenn Wagner, wie aus obigem hervorgeht, annimmt, auch der zweite Gedanke des ersten Teiles sei dynamisch bereits auf der Höhe der ersten Takte der Reprise zu halten; lehrt doch der Vergleich der Instrumentierung des zweiten Gedankens im ersten Teil, sowie des ersten und zweiten Gedankens der Reprise, daß in bezug auf Dynamik Beethoven mit voller Absicht und echt künstlerischem Bewußtsein einzig und allein doch nur den ersten Gedanken der Reprise am höchsten ausstatten wollte, welchem Höhepunkt gegenüber die beiden anderen Stellen, d. i. der zweite Gedanke sowohl des ersten Teils als der Reprise Zustände einer bloß bescheideneren Dynamik vorstellen sollten. Somit hätten schon diese Gründe allein Wagner von jeglicher melodisch allzu drastischer Beimischung der Hörner in den T. 93ff. von vornherein abhalten sollen!

Dazu kommt aber noch, daß Beethoven wahrlich nichts so leicht gehabt hätte, als die von Wagner vorgeschlagenen Töne den Hörnern in den Mund zu legen: gehörten doch gerade diese Töne zu den allergebräuchlichsten des gesamten Umfanges! Wenn nun so Beethoven hier beim 2. Gedanken Töne zu setzen versäumt hat, die er sonst in allen Orchesterwerken jederzeit wohl ohne weiteres zu setzen gewohnt war, wie kann man da noch ernstlich behaupten, daß nur die so kläglich »beschränkte« Beschaffenheit der Naturhörner davon die Ursache gewesen?!

Und von alldem noch abgesehen, fragt es sich endlich: wie durfte denn Beethoven vom Standpunkt des Stils die Hörner plötzlich „thematisch" einführen, um sie dann überdies für eine so ungewöhnlich lange Dauer in der thematischen Rolle beizubehalten? Ist es denn gar so schwer das Schaffensgesetz nachzuempfinden, welches bei einem Instrumente von der Beschaffenheit des Hornes, dessen charakteristische Farbe schon allein anhaltende Zustände ungemischter Art gefährdet, eben Mischung verschiedener Charaktere, d. i. bald eines obligaten thematischen, bald eines bloß kontinualen Charakters dringend anbefiehlt?!

Kretzschmar meint (S. 116): »Der zweite Satz nähert sich der Freude schon mehr. Er beginnt über folgendem Thema« (hier wird Fig. 170 zitiert), »welches später auch in der Verkürzung von drei Takten gebraucht wird, ein Fugato erst heimlich und leise: am Schlusse im fröhlichsten und lautesten Tumult der dahinjagenden Instrumente. Nur auf einen kurzen Augenblick wird dieses muntere Treiben von Momenten müden Sehnens« (hier

folgt die Melodie der Takte 77—84 d. i. des Modulationsgedankens) »abgelöst, die derb fidelen Tanzweisen der Bläser« (Zitat: Fig. 173), »denen die Streichinstrumente in kräftigen Streichen des Anfangsmotivs des vorigen Themas zujauchzen, ersticken sie sogleich.« Ohne Zweifel hätte Kretzschmar seine Sache besser gemacht, wenn er, wohlgemerkt bei derselben Kürze, statt der allzuvielen Worte: »Kurzer Augenblick — munteres Treiben — Momente müden Sehnens — kräftige Streiche — zujauchzen — ersticken« lieber doch wirklich orientierende Begriffe, wie: »Modulationsgedanke, und zweiter Gedanke« vermittelt hätte. Doch freilich ....

Grove meint in bezug auf den comes (s. S. 321): »Nach vier Takten antwortet die Bratsche eine Quinte tiefer« usw. Dies ist mindestens unvorsichtig ausgedrückt; denn in Wahrheit liegt ja die Tonart, A-moll, in welcher der comes steht, eine Quinte — höher!

Vom Modulationsgedanken (Takt 77—92), den Grove das »zweite Thema« (!) nennt, weiß er nur zu sagen: »Vom Piano steigert es sich zum Fortissimo und zeigt an den mit einem * bezeichneten Stellen besonders feine harmonische Wendungen.« Er zitiert hierauf die Melodie der Takte 77 bis 92, bei der er die Harmonien der Takte 81 und 83 mit * bezeichnet: woraus folgt, daß ihm hier schon $VII^{\flat 7}$ und V^{76} besonders imponieren: wie schade nun, daß es ihm versagt war, die wirklich »feinen harmonischen Wendungen« Beethovens wahrzunehmen!

Am possierlichsten ist es aber, wenn er vom zweiten Gedanken selbst, Takt 92 ff, als von einem bloß »weiteren Thema« spricht und die abschließende Taktreihe 117—126 folgendermaßen definiert: »Diesem aber folgt noch ein langausgesponnenes viertes, von dem hier die Anfangstakte aufgezeichnet sein mögen.« wobei er aber unter Fig. 41 — man müßte es für unmöglich halten, stände es nicht schwarz auf weiß zu lesen! — die Melodie bloß der Takte 123—129 zitiert! Man denke nur: der 7. Takt einer Einheit wird als deren erster (»Anfangstakt«!!) empfunden, und die deutlich sich abhebende Gruppe der endgiltig kadenzierenden Takte 127 ff. für die Takte 5—8 usw. jenes angeblich geschlossenen und selbständigen »vierten« (?!) Themas ausgegeben! Und zum Beschluß heißt es: »Hierauf schwillt die Tonflut wieder zum pp ab, und nach einer Pause von drei Takten stehen wir am Ende dieses nun zur Wiederholung gelangenden ersten Teiles.« Wie wenig und wie falsch obendrein ist das alles!

Weingartner (S. 159 ff.) schließt sich Wagner an: »Ich gebe hier die von Wagner vorgeschlagenen, aber, wie aus seiner

und Porges' Schrift hervorgeht, praktisch noch nicht erprobten Änderungen wieder, die es ermöglichen, das Thema in den Bläsern mit dem ihm eigentümlichen Charakter herauszuhören, ohne daß das Streichquartett abgedämpft zu werden braucht, was auch Wagner bereits als ein unzulängliches Auskunftsmittel erkannt hat.«

Des Hauptteils zweiter Teil.

(Takt 151—271.)

Durchführung.

Takt 151—176. Mit Takt 151 beginnt die Durchführung. Zunächst sehen wir von Takt 151—158 allerdings eine ähnliche Serie dreier fallender Terzschritte, wie sie am Schluß des ersten Teiles die Rückmodulation besorgt haben. Von D-moll ausgehend, gelangt somit Beethoven in vier Takten nach Es-dur: D—B—G—Es. Und auch darin sieht der letzten Taktgruppe des ersten Teiles (T. 143—150) die erste Taktgruppe der Durchführung (T. 151 bis 158) ähnlich, daß hier wie dort die letzten drei Takte eine Generalpause bilden. Schon daraus allein schließen wir, daß der Modulationstrieb, wie er in der Rückmodulation zutage trat, offenbar noch nicht erloschen ist. Und in der Tat stürmt es von Takt 159 unaufhaltsam Terzschritt um Terzschritt fort: Es—C—As—F ‖ Des—B—Ges—Es ‖ —Ces—As—E—Cis bis endlich zu A, so daß man die Summe der T. 151—176 wenigerals die eigentliche Durchführung, denn zunächst als F o r t s e t z u n g d e r M o d u l a t i o n anzusehen hat. In dreimal vier Takten werden somit fallend zwölf Terzschritte oder, was hier dasselbe, zwölf Tonarten zurückgelegt. Die Modulationen beruhen, wie man sieht, sämtlich auf der Umdeutung: $\frac{\text{I}}{\text{III}}$ — I. Nur einmal, und zwar in Takt 168—169, muß Beethoven zur Enharmonik greifen, indem er As-moll in Gis-moll umdeutet, um von hier E-dur zu gewinnen, welche Tonart in der Folge zu Cis-moll und dann zu A-dur (in Takt 171) führt. Nach den zögernden Ansätzen der fallenden Terzschritte in den beiden

vorausgegangenen Gruppen 143—150 und 151—158 — die Rolle der beiden 3-taktigen Generalpausen wird nun dadurch klarer! — versteht es sich von selbst, daß die zwölfmalige Abwicklung von Terzschritten, wie sie in den T. 159—171 vollzogen wurde, in ihrer Unaufhaltsamkeit zugleich mit einem *cresc.* organisch verbunden sein mußte. In den Takten 171 bis 176 wird die Modulation nach E-moll beschritten.

Der Generalplan für die nachfolgenden Ereignisse der eigentlichen Durchführung läßt sich nun in Hinsicht der Taktgliederung folgendermaßen angeben:

Dreimal drei Takte — Beethoven schreibt ausdrücklich »Ritmo di tre battute« vor — bilden die erste Taktgruppe 177—185. Genau so wieder bringt das Prinzip von 3 × 3 Takten die zweite Taktgruppe 186—194 hervor. Standen nun aber solchermaßen die beiden Gruppen im Zeichen der Zahl 3, und zwar nicht nur in bezug auf die grundlegende Einheit (der »tre battute«) allein, sondern originellerweise außerdem noch auch in bezug auf die Bildung der ganzen Gruppe (3 × 3), so schreitet die Konstruktion der dritten Taktgruppe 195—206, eben darin fort, daß sie der Norm sich nähernd nunmehr 4 × 3 Takte bringt. Die höchste Steigerung erfährt indessen die Konstruktion erst dadurch, daß eine innere Organisation von 6 × 3 Takten die vierte ausgedehnteste Gruppe, Takt 207—224, hervorbringt. Eine fünfte Gruppe von 3 × 3 Takten (T. 225—233) ist es aber, die, an Umfang kleiner als die vorausgegangene, in sehr geeigneter und gelinder Weise wieder zur vollen Norm einer viertaktigen Gliederung hinüber vermittelt. Diese kehrt endlich als sechste Taktgruppe bei Takt 234 wieder — siehe daselbst die Bezeichnung »Ritmo di quattro battute« —, um fortan die Durchführung bis zum Schluß zu beherrschen.

So bleibt denn noch übrig, darauf aufmerksam zu machen, daß eben von Takt 234 angefangen zunächst dreimal je vier Takte (also 234—237, 238—241, 242—245) zu hören sind, daß ferner die nächsten zwei Takte 246—247 nur eine Verstärkung

der letzterwähnten viertaktigen Einheit bedeuten, und daß endlich von Takt 248 ab durchaus ohne jedes Hindernis je vier Takte sich zu Einheiten sammeln. Nach Ablauf eben der letzten sechs viertaktigen Einheiten setzt die Reprise bei Takt 272 ein. —

Nun zur speziellen Betrachtung der Durchführung in thematischer und harmonischer Hinsicht.

Takt 177—185. Zu Beginn der »Ritmo di tre battute«-Gruppe (s. Takt 177) treten die Takte 1—3 des Scherzo-Themas auf. Die Tonart ist E-moll und die nachfolgenden (wohlgemerkt aber nicht mehr im Fugatostil verharrenden) Einsätze sind wohl am besten abzulesen bei Fagott I in Takt 177—179, bei Klarinette I und Oboe I in Takt 180—182, und wieder bei Fagott I in Takt 183—188.

Takt 186—194. Die nächste Gruppe steht in A-moll; die drei Einsätze folgen einander in der Ordnung: FlöteI, sodann Klarinette I und Fagott I, und endlich wieder Flöte I (Takt 186—188, 189 bis 191, 192—194). Es fällt somit auf, daß Beethoven in beiden soeben erwähnten Gruppen den jeweilig ersten und dritten Einsatz durchaus nur solistisch, dagegen den mittleren mit einer Oktavenverstärkung bringt.

Takt 195—206. Nun tritt mit Takt 195 originellerweise die Pauke an die Spitze der jeweiligen »tre battute«-Einheit und bringt die F-dur-Tonart schon durch ihre Stimmung von selbst mit. Doch wird der erste dreitaktige Einsatz hier nicht mehr wie in den beiden vorhergegangenen Taktgruppen noch zweimal wiederholt (also in Summa dreimal gesetzt), vielmehr schreitet, wie folgendes Bild zeigt:

Fig. 202.

die melodische Linie gar durch zwei dreitaktige Gruppen immerzu steigend fort, so daß erst in sechs Takten eine höhere Einheit zur Vollendung gelangt. Dieser Umstand bildet daher den eigentlichen Grund, weshalb von Takt 195 ab, wie ich schon oben sagte, die frühere Gliederung von 3 × 3 Takten einer neuen von 2 × 3 bzw. 4 × 3 Takten weicht! Hat dort nämlich die strikte Wiederholung des gleichsam noch schmalen dreitaktigen Einsatzes Gelegenheit gegeben, diesen dreimal zu bringen, läßt dagegen hier die Bindung von gar sechs Takten zu einer höheren Einheit nur mehr die Möglichkeit zu, die breiter gewordene sechstaktige Bildung bloß zweimal zu setzen. Das kompositionelle Gesetz ist klar: je kleiner die Einheit, desto beweglicher ist sie, je größer dagegen, desto weniger eignet sie sich zu zahlreichen Wiederholungen im Nacheinander! So bringt denn in der Tat die nächste Taktgruppe 201—206 eine Wiederholung der Takte 195—200 (bei Pauke und Oboe), eben als zweite und letzte.

Mit einem neuen 3-taktigen Motiv: Takt 207—224.

Fig. 203.

setzt bei Takt 207 die folgende Gruppe ein, die aus der neuerdings eben kleiner gewordenen motivischen Einheit den Vorteil entsprechend zahlreicherer Wiederholungen zieht; ich sagte oben, daß die Taktgruppe 207—224 solcher sechs aufweist, wobei indessen zugleich eine Rückmodulation nach der Haupttonart — diese wird bereits bei Takt 213 erreicht — erfolgt. Noch ist aber zu bemerken, daß hier inzwischen das Urmotiv den bisher angestammten ersten Platz in der Folge der drei Takte (tre battute) eingebüßt hat, und daher erst den jeweilig zweiten Takt zu beziehen genötigt war; siehe Takt 208, 211, 214, 217, 220 und 223. Diese Verschiebung hängt logischerweise damit zusammen, daß die neue

Motivbildung im Grunde das Urmotiv ja überflüssig gemacht hat, das daher, wenn es nicht anders hier aufgegeben werden sollte, bis auf weiteres nur mehr eine sozusagen neutralere Stelle einnehmen mußte.

Takt 225—233. Bei Takt 225 tritt indessen das Urmotiv bereits wieder an die Spitze der »tre battute«-Gruppen und mit ihm kehren bei dieser Gelegenheit nicht nur das Hauptthema (wenngleich dieses zunächst eben nur erst im tre battute-Rhythmus), sondern auch die frühere Anordnung der Takte 177 bis 187 zurück. Bezüglich der letzteren beachte man aber den Unterschied, daß hier anders als dort, also umgekehrt gar die beiden äußeren Einsätze in Verdopplung erscheinen (siehe Oboe I und Klarinette I in den Takten 225—227, Flöte I und Oboe I in Takt 231—233), während der mittlere Einsatz in Takt 228—230 bei Fagott II solistisch auftritt. Welche bewundernswerte Minutiosität in der Instrumentierung!

Nun zur letzten Etappe der Durchführung.

Takt 234—271. Bei Takt 234 erscheint das Thema des Scherzo endlich in der Gesamtheit aller seiner vier Takte! Um den Gang der Handlung an dieser Stelle zu verstehen, hat man das Thema in Takt 234—237 beim Contrabaß, in Takt 238—241 bei Vl. II, in Takt 242—245 wieder beim Contrabaß zu verfolgen. Doch muß wahrheitsgemäß wohl zugestanden werden, daß Beethoven es hier dem Hörer ungleich schwerer als dem Leser gemacht hat, den wahren Sachverhalt deutlich zu erfassen. Denn wie in den Takten 234—245 zu sehen ist, lasten auf dem Thema durchweg Nachahmungen und Engführungen so schwer, daß dieses selbst oft kaum wahrgenommen werden kann. (Man sehe diesbezüglich: in Takt 235 beim Vcl., in Takt 236 bei der Viola, in Takt 237 beim Horn; ferner: in Takt 239 bei der Klarinette I, in Takt 240 bei Vl. I und in Takt 241 bei dem Fagott [auch bei Klarinette II]; und endlich: in Takt 243 beim Horn, in Takt 244 bei der Viola und in Takt 245 wieder beim Horn.) Freilich, weiß man nur aber, welchem Zweck

jene Nachahmungen zu dienen haben, begreift man auch, weshalb Beethoven sich entschloß (vielleicht auch entschließen mußte), sie mit in den Kauf zu nehmen. Nun denn, er wollte damit — gleichsam thematisch! — jene später in Takt 248—251 bzw. in Takt 256—259 und 260—263 auftretenden Zerlegungen vorbereiten:

Fig. 204. (T. 248—251; Klang.)

die (man erinnere sich der ersten Zerlegung des Tonikaklanges in der Einleitung!!) sich lediglich in den Dienst der Harmonie und der mit dieser verbundenen Stufengangtendenzen stellen. Wie unvermutet wäre aber eine solche Situation über uns hereingebrochen, wenn wir nicht schon früher in irgend einer Weise zur Erwartung einer solchen Konstruktion angeregt worden wären! Auch übersehe man nicht, daß bei zunehmender Steigerung in den Takten 260—267 endlich auch Vl. I (verstärkt durch Flöte I und Oboe I) aus V^{6}_{4} ebenfalls eine Zerlegung u. zw. in Vergrößerung ziehen:

Fig. 205.

Ähnlich wie in den T. 313 ff. des ersten Satzes setzt Beethoven auch hier knapp vor V^{6-5}_{4-3} in T. 260 ff. die Harmonie $B^{\flat 7}$, die freilich nach Umdeutung des B in Gis als $\sharp IV^{\flat 7}$ erscheint und als solche denn auch von ihm offenbar ge-

meint wird. (Daher der Weg von D in Takt 237 über die fallenden Quinten G und C in Takt 238—241 zu B und Es in den Takten 242—245). Interessant ist es aber zu sehen, wie Beethoven noch sozusagen im letzten Augenblicke der Kadenz durch die scheinbar undiatonischen Harmonien B und Es (die in Wahrheit ja die VI. und ♭II. Stufe in D-moll sind) sich zu einer neuen rührend schönen Bildung anregen läßt:

Fig. 206. Vl. I.

Bei Takt 260 tritt die Dominante ein und zwar mit den Vorhälten $^6_4$, die allerdings nicht zur Auflösung gelangen, da bei Takt 268 bereits die I. Stufe unmittelbar darauf folgt:

Fig. 207.

Vortrag.

Takt 177ff. Um die Durchführung richtig wiederzugeben, genügt es nicht, sich bloß des »Ritmo di tre battute« allein bewußt geworden zu sein. In noch viel höherem Maße ist es vielmehr notwendig, sich die oben klargelegte Konstruktion der ganzen Durchführung stets vor Augen zu halten; denn nur so wird man die Disposition der Tonfälle und Akzente treffen können, die durchaus andre sind, wenn man nur erst in höchstens drei Takte hinaushört, und wieder andre, wenn der Blick schier unbegrenzt eben auch die letzten Fernen des Synthesenhorizontes ahnt. Daher sei hier der Plan mitgeteilt, dem der Dirigent zu folgen hat:

dreimal drei Takte: Takt 177—185,
dreimal drei Takte: Takt 186—194,
viermal drei Takte: Takt 195—206,
sechsmal drei Takte: Takt 207—224,

D. h. er wisse davon, daß er zunächst eine Art höherer Takttriole vor sich hat, bei der freilich der einzelne Takt wieder eine Triole (eben die »tre battute«) in sich begreift; hernach richte er sich wieder auf die normalere Tripelordnung (4 × 3) ein, indem er 2 × 3 : 2 × 3 dirigiert; endlich fasse er 6 × 3 im Sinne von 3 × 3 : 3 × 3 zusammen und steigere alles Vorausgegangene.

Takt 234. Vor allem hat man jene Stimmen hervortreten zu lassen, die hier Träger der viertaktigen Themaerscheinung sind, also:

den Kontrabaß in den Takten 234—237,
die Vl. II in den Takten 238—241 und wieder
den Kontrabaß in den Takten 242—245.

Takt 260ff. Vl. I haben die Zerlegung des Molldreiklanges mit vollem künstlerischen Bewußtsein eben als solche zu interpretieren und daher das *cresc.* nicht nur bei den langgestrichenen Tönen in den Takten 260—263, sondern auch in den nachfolgenden Takten 264—267 über Pausen hinweg auszuführen.

Literatur.

In dem schon oben S. 153 erwähnten Skizzenbuch aus den Monaten Mai bis Juli 1823 findet sich — vgl. Nottebohm, S. 170ff. — die Idee des »Ritmo di tre battute« wie folgt ausgedrückt:

Fig. 208.

Auch der Weg zur Reprise (vgl. Takt 264 ff.) steht in den Skizzen fest:

Fig. 209.

Wie Beethoven nun gerade erst im Sturm der Reprise endlich auf die wahre Gestalt des Hauptthemas gekommen ist, wird noch später zu zeigen sein.

Kretzschmar äußert sich zur Durchführung überhaupt gar nicht.

Grove (S. 323—324) schreibt: »Hier« (gemeint ist Takt 177) »eröffnen nun mit humorvoller Wirkung die Fagotte den Reigen. Beethoven schreibt jetzt Ritmo di tre battute, dreitaktigen Rhythmus, vor, so daß also je drei Takte zusammengehören. Demgegenüber aber hält die Pauke an ihrem alten Rhythmus fest« (was soll das nur heißen?!) »und schlägt in diesem zuerst nach je drei Takten, beim fünften Male aber erst nach vier Takten dazwischen.« Welch schlechtes Hören, Beobachten und Schildern! Welch sträfliche Selbstgefälligkeit, in solcher geistigen Verfassung es zu wagen, das Werk, das man selbst noch gar nicht kennt, anderen zu interpretieren! Aber freilich, Grove kannte alle Anekdoten, die die IX. Sinfonie betreffen, und bei der Neigung, Kunsttratsch darzustellen, wie leicht verwechselt man diesen mit einer Analyse! Hören wir weiter:

»Dies, sowie das Hineinziehen des Fagotts scheint bei der ersten Aufführung die Hörer besonders enthusiasmiert zu haben.

Der dreitaktige Rhytmus wird wieder von einem viertaktigen abgelöst, und Hörner wie Trompeten setzen dem Tongebilde duftige Lichter auf. Es ist bewundernswert, mit welcher Konsequenz Beethoven das Thema festgehalten, wie er es seinen Zwecken als führende Melodie, als Begleitstimme oder zur Füllung des Gewebes dienstbar gemacht hat. Jede Betrachtung erschließt da neue Schönheiten. Mit ganz außerordentlicher Sorgfalt hat Beethoven die Vortragsnüancen angezeichnet; in der ersten gedruckten Partitur in Folio, und wahrscheinlich noch mehr im Manuskript, sind sie seiner Gewohnheit nach dicht zwischen den Notenzeichen gesät. Daher liegt die Schuld sicher nicht an ihm, wenn seine Absichten nicht verstanden werden. Diese minutiösen Angaben gehören ja zu den besonderen Merkmalen Beethovenscher Manuskripte, und sie haben diesmal auch bis zu einem gewissen Grade ihren Weg in die gedruckten Partituren gefunden.«

Wie kühn er doch nur die Ewig-anderen denunziert, die die Absichten Beethovens nicht verstanden haben! Wer will es mir selbst da noch übel nehmen, wenn ich die allzustarke Posse entlarve?

Des Hauptteils dritter Teil.

(Takt 272—425.)

Reprise und Coda.

Durch die Pauke in ganz besonderer Weise: Takt 272 ff.

Fig. 210.

signalisiert, tritt die Reprise bei Takt 272 ein.

Der erste Gedanke wird stark abgekürzt, indem ohne weiteres bloß der Nachsatz (siehe Takt 57 ff. des ersten Teils) zur Verwendung gelangt.

Sodann wird, ähnlich wie im ersten Teil des Scherzo (anders aber als in der Reprise des ersten Satzes!), eine wirkliche Modulation* (Takt 288 ff.) gebraucht, die nach B-dur führt. In dieser Tonart erscheint denn auch der Modulationsgedanke

* Über die verschiedenen Techniken der Modulation im Sonatensatz wird im III. Bd. meiner »Neuen musikalischen Theorien und Phantasien« ausführlich zu sprechen sein.

(Takt 296ff.), und erst eine weitere, zweite Modulation (siehe Takt 304—305), die auf der Umdeutung $\frac{\text{B-dur: I}}{\text{D-moll: VI—V}}$ beruht, bringt die Haupttonart endlich zurück.

Takt 304ff. Zunächst ist es der Modulationsgedanke, der von der Haupttonart Gebrauch macht. Entspricht nun diese Wiederholung des Modulationsgedankens an sich einerseits genau dem Verfahren Beethovens im ersten Teil, wo er ihn, wie wir wissen, ebenfalls zweimal nacheinander (Takt 77—84 und 85 bis 92) gesetzt hat, so überschreitet hier der Meister jenes Verfahren anderseits darin, daß er den Modulationsgedanken noch außerdem zweimal setzt, so daß in Summa letzterer (statt zweimal) gar viermal erscheint! Es ist bezeichnend, daß Beethoven in den Wiederholungsfällen ebenfalls nur an der Haupttonart festhält, wenn er auch freilich dabei, wie folgender Plan zeigt, von dem Recht auf Mischung von Dur und Moll Gebrauch macht:

Fig. 211. Takt 306—313 in D-Dur:

Fig. 212. Takt 314—321 in D-Moll:

Fig. 213. 322—329 in D-Dur:

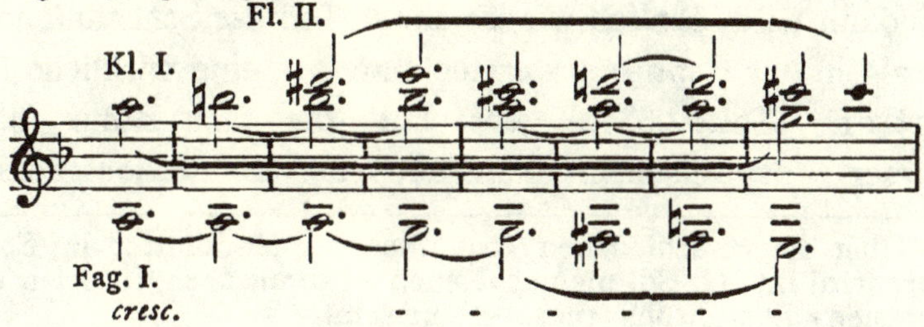

Nun mögen diese Varianten den Leser dazu anregen, auch die weiteren Veränderungen, denen der Modulationsgedanke sonst in bezug auf Stufen und Instrumentation vom Autor unterworfen wird, aus Eigenem zu suchen.

Der zweite Gedanke (Takt 330ff.) erscheint zunächst in D-dur, doch gelangt schon bei Takt 338, d. i. bei der Wiederholung der abgelaufenen acht Takte, D-moll zur Herrschaft, um fortan bis zum Schlusse des Teiles zu regieren. Takt 330ff.

Der Schluß des zweiten Gedankens (Takt 354—364) bekennt deutlicher als der korrespondierende im ersten Teil (siehe Takt 117ff.) die Stufen: was dort erst nur latent geblieben und noch unterdrückt erschien, tritt hier offenkundig ans Licht, — siehe die Stufenfolge: I♯ (Takt 354) — IV (Takt 355) — ♭II (Takt 356—367) — ♮II (Takt 368) — V (Takt 369). Takt 354ff.

In den Takten 380—387 werden die modulierenden, fallenden Terzschritte der Takte 143—150 selbstverständlich durch diatonales Durchspringen der Tonikaharmonie entsprechend ersetzt. Takt 380ff.

Da auch der zweite Teil zur Wiederholung gelangen soll, so wird in den folgenden Takten 388—399 der Weg zur Anschlußharmonie auf Es (siehe Takt 159) gebahnt, so daß man von dieser Taktgruppe als von einer Überleitung zur Wiederholung der Durchführung sprechen darf. Takt 388—399.

Erst nach vollzogener Wiederholung geht es in den Takten 400—407 zur Dominante und Fermate, auf welche endlich die **Coda** folgt. Takt 400ff.

Die Coda, die im Grunde aber schon bei Takt 380 begonnen, hat bei Takt 408 zunächst den Kampf zwischen der I. und IV. Stufe (Takt 408—409 und 410—411) zum Inhalt: u. zw. erscheint das Hauptthema, das hier bloß auf Takt 1—2 reduziert wird, bald auf dem Boden der I., bald auf dem der IV. Stufe, wobei ich zum Zweck dieser Betrachtung allerdings Takt 408ff.

nur die horizontale Summe des Themas allein ins Auge fasse, da nämlich der Inhalt:

Fig. 214.

mit der harmonischen Summe:

D-Moll: I

und entsprechend:

Fig. 215.

mit der harmonischen Summe:

D-Moll: IV

identisch ist.

Den Platz behauptet von Takt 416 ab das Thema nur in der Fassung der I. Stufe. Trotzdem aber hat man gerade hier in Hinsicht des Stufenganges den Eintritt schon der V. Stufe zu erkennen — dieses bewirkt der Baß schon mit der Übernahme des Themas in seine tiefere Region —, nur daß freilich der Quartvorhalt (V^{6-}_{4-}) bis Takt 424 anhält, und dessen Auflösung (V^{-5}_{-3}) in der zweiten Hälfte des T. 425 erfolgt. Die letzten Takte des ersten Hauptteiles, Takt 424—425, zeigen, trotzdem erst sie den vollen Abschluß bilden, bereits eine veränderte Taktart, nämlich ₵ an. Es wäre indessen sehr kurzsichtig und falsch, wenn man daraus, daß diese letztere Taktart zugleich nun auch die des folgenden Trio ist, schließen wollte, Beethoven habe etwa die Absicht gehabt, zum Trio zwar attacca, dennoch aber in nur rein äußerlicher Weise hinüberzuführen. Denn bedenkt man, daß die melodische Pointe der vorausgegangenen Takte 416—423 keine andere ist als:

Fig. 216.

so durfte der Autor dieselbe bescheidene Pointe im Wege auch einer anderen Taktart suchen:

Fig. 217. *Presto.*

Man hat somit nur die Töne a und d in einer bestimmten Schnelligkeit abzuwechseln, und wenn nach Wunsch Beethovens — siehe bei Takt 416 die Vorschrift »stringendo al tempo« — diese Schnelligkeit zunehmen soll, so daß bei Takt 424 ein *Presto* ¢ erreicht wird, so darf man nicht vergessen, daß aus dem oben geschilderten motivischen Grunde doch offenbar ein ganzer Takt der früheren $^3/_4$-Taktordnung mit der Halben der neuen ¢-Taktordnung (𝅗𝅥. = 𝅗𝅥) identisch sein muß. So stellt sich unter dem Schutze motivischer Identität die scheinbar nur äußerliche Verbindung vom ersten Teil und dem Trio in Wirklichkeit vielmehr als eine organische dar!

Vortrag.

Takt 416ff. Um den Übergang zum Presto ¢ nach der Weisung Beethovens »stringendo il tempo« richtig auszuführen, ist es notwendig, sich als den Kern des Inhaltes durchaus nur die Folge der Töne a—d (siehe oben S. 176) stets gegenwärtig zu halten. Hat man so innerhalb der viermaligen Wiederholung der soeben genannten Tonfolge (Takt 416—423) die vom Meister geforderte Beschleunigung vollzogen, so kommt man dann von selbst auch zum richtigen Zeitmaß des Presto, wo die Halbe 𝅗𝅥 gleich ist dem ganzen Takt 𝅗𝅥. des vorausgegangenen Teils.

Die metronomische Bezeichnung beim Presto lautet 𝅗𝅥 = 116.

Bezüglich der Frage aber, ob hier, wie die Partituren in der Ausgabe von Schott oder Breitkopf und Härtel es anführen, 𝅝 = 116 anzunehmen oder ob 𝅗𝅥 = 116 besser am Platze sei,

muß die Entscheidung zugunsten der letzteren Metronomisierung fallen. Denn diese finden wir ausdrücklich in dem Dedikationsexemplar Beethovens an König Friedrich Wilhelm III. von Preußen, sowie in dem (oben schon erwähnten) Briefe Beethovens an Moscheles. Nach Nottebohm (siehe dessen Beethoveniana S. 132) schickte nämlich der Meister dem Verleger die metronomische Bezeichnung allerdings erst, »als die Partitur schon erschienen war, am 13. Oktober 1826«, so daß eben aus diesem Grunde die Bezeichnungen erst später der Ausgabe einverleibt werden konnten. Doch dieses allein wäre noch nicht Ursache der falschen Angaben geworden, wenn nicht, wie Grove (S. 308, Fußnote) mitteilt, in der Schottschen Partitur die Note (𝅗𝅥 = 116) »am Kopfe der Seite ihren Strich verloren« hätte, »so daß sie eine ganze zu bedeuten scheint«. »Am Fuße der Seite«, so ergänzt Grove seine Mitteilung, »hat die betreffende Note ihren Strich behalten, wie es in Beethovens Absicht lag«.

Literatur.

Die Skizzen aus dem Jahre 1823 verraten — s. Nottebohm S. 170ff. —, daß das Fugenthema, d. i. das Hauptthema des Scherzo, in der endgiltigen Fassung erst beim Eintritt in die Reprise geprägt wurde:

Fig. 218.

Es versteht sich, daß von dieser Eroberung eine rückwirkende Kraft ausging und daß erst jetzt Beethoven die beiden früheren

Fassungen der Fugenthemen, wie sie ihn seit den Jahren 1815 bzw. 1817 (vgl. oben S. 151 ff.) begleiteten, aufgab.

Auf die Fortsetzung des Themas in der Reprise beziehen sich offenbar die Takte 6 ff. der Fig. 218; wie denn außerdem auch noch andere Skizzen, z. B. folgende:

Fig. 219.

ein hartnäckiges Ringen mit demselben Problem bezeugen. Indessen kamen für die definitive Fassung des Themas die hier zitierten weiteren Takte gar nicht in Betracht.

Ob die Steigerung, wie sie die nachstehende Skizze zeigt:

Fig. 220.

sich auf die Steigerung in der Modulation, Takt 288 ff., bezieht, ist schwer zu entscheiden; ohne weiteres ist es aber klar, daß die geplante Steigerung von Takt zu Takt, die wir in einer anderen Skizze treffen:

Fig. 221.

von Beethoven ganz fallen gelassen wurde.

Endlich findet sich in den Skizzen dic Urform auch für die Takte 416 ff.:

Fig. 222.

Aus dem Jahre 1817 bzw. 1818 stammt folgender Entwurf des Schlusses (Nottebohm S. 161—162):

Fig. 223. »Schluß«.

»NB. Hier muß es scheinen, als wolle man das Trio in D machen, jedoch geht es hernach überraschend in B.«

Die Takte 276 ff. geben Wagner Anlaß zu folgenden Bemerkungen und Vorschlägen: »Es ist nämlich unverkennbar, daß die Beschränktheit des von Beethoven nach keiner Seite hin prinzipiell erweiterten Orchesters, bei der allmählich eintretenden gänzlichen Entwöhnung des Meisters von der Anhörung von Orchesteraufführungen, diesen zu einer fast naiven Nichtbeachtung des Verhältnisses der wirklichen Ausführung zu dem musikalischen Gedanken selbst brachte. Wenn er, eingedenk der älteren Annahme hierfür, die Violinen in seinen Sinfonien nie über

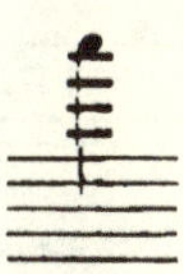

hinaus zu schreiben sich für gehalten erachtete, so verfiel er, wenn seine melodische Intention ihn über diesen Punkt hinaustrieb, auf das fast kindlich ängstliche Auskunftsmittel, die darüberliegende Note durch einen Hinabsprung in die tiefere Oktave ausführen zu lassen und hierdurch unbesorgt den melodischen Gang zu unterbrechen, ja geradeswegs undeutlich zu machen. Ich hoffe, daß man in allen Orchestern bereits darin überein gekommen ist, im großen Fortissimo des zweiten Satzes der neunten Sinfonie nicht, wie aus dem einzigen Grunde der ängstlichen Vermeidung des hohen B in den ersten Violinen die Stelle geschrieben ist:

Fig. 224.

sondern wie die Melodie es will:

Fig. 225.

in den beiden Violinen und der Bratsche zu spielen. Auch nehme ich an, daß die ersten Flötenbläser es jetzt zaglos über ihr Instrument vermögen,

Fig. 226.

statt

Fig. 227.

herauszubringen.« —

Wäre es nicht die besondere Weite, die Wagner seiner irrtümlichen Auffassung selbst beilegt, fast wäre sonst der Anlaß zu klein zu nennen, der auch an dieser Stelle mich zwingt, Wagner entgegenzutreten.

Bedenkt man nämlich, daß der oben dargestellte Instinkt und Stil des Meisters auch in der Setzweise der Streichinstrumente sich geltend machte, so daß er diese von vornherein in der Oper und den Sinfonien weit weniger virtuosenhaft als in den Kammermusiken verwendete und wieder auch hier eben je nach dem Milieu, d. h. am virtuosenhaftesten im Streichquartette und dagegen weniger virtuosenhaft in Kammermusiken mit Bläsern, wo die Technik der letzteren durchaus den Stil des ganzen Werkes mit bestimmen hilft; bedenkt man all dieses, so staunt man über den Mut Wagners, wenn er allen Ernstes den Grund dieser sämtlichen durch Instinkt und Stil so unendlich schön differenzierten Erscheinungen bloß in der »allmählich eintretenden gänzlichen Entwöhnung des Meisters von der Anhörung von Orchesteraufführungen« erblickt! Wie kleinlich und von welch niedrigem Standpunkt beurteilt er den Stil überhaupt, wenn er Beethoven eines »kindlich ängstlichen Auskunftsmittels« bezichtigt gerade dort, wo er Stil im erhabensten Sinne des Wortes pflegt!

Wie schade doch, daß Wagner sich nicht näher in der Setzweise der übrigen Werke Beethovens umsah. Wie hätte ihn gleich z. B. folgende Stelle aus Op. 106:

Fig. 228.

darüber belehren müssen, daß nicht etwa Angst vor dem b³ es war, die ihn in Takt 3—4 unseres Beispiels eben diesen Ton noch vermeiden ließ; schrieb er doch gleich darauf:

Fig. 229.

Ähnliches findet man auch im Beispiel Fig. 36b (S. 26) aus dem Adagio derselben Sonate. Wie weit entfernt man sich doch von der Wahrheit, wenn man angesichts eines solchen Beispieles auch wieder nur von einer etwaigen Angst vor dem h³ sprechen wollte, das ja im Scherzo mehrmals angetroffen wird! Diese und andere

ähnliche Stellen würden, wenn Wagner sie auf Stil geprüft hätte, wohl zur Genüge den Beweis erbracht haben, daß in der Musik nicht nur eine Tonreihe allein, sondern, was den Musikern bisher noch völlig entgangen ist, wohl auch die Tonhöhe als solche sozusagen ein bindendes Motiv werden kann! »Nichts berührt man umsonst« sagt Goethe. Dieser Spruch gilt aber nicht allein vom Berühren der Menschen und Dinge, auch Oktaven dürfen nicht beliebig berührt werden! Es hat immer seine Konsequenzen (oder sollte sie mindestens haben), wenn der Komponist sein Motiv in diese oder jene Tonhöhe stellt: schon auch die Tonhöhe als solche bindet ihn dann! Man braucht nur an die schlechte Wirkung der auf Takt 416ff. des ersten Teiles angewendeten Korrektur (s. oben S. 106—107) zu denken, um zu verstehen, was ich hier meine. Und zur weiteren Bekräftigung sei hier noch ein anderes Beispiel aus Beethovens Sonate Op. 110 hinzugefügt. Nachdem der Meister in Takt 25 ff. wie folgt geschrieben:

Fig. 230.

erachtet er es für seine Pflicht, die zuletzt gewonnene Tonhöhe (f^3—b^3) schon als solche auch beim nächsten Gedanken zu erwidern:

Fig. 231.

Daß hier aber nichts anderes als nur eine Erwiderung auf die frühere Tonhöhe vorliegt, geht einfach daraus hervor, daß er ja in Takt 30 (wohl auch ohne größeren Schaden der Melodie) schließlich in der zweigestrichenen Oktave hätte verbleiben können!

Auf den zweiten Gedanken der Reprise kommt Wagner mit folgenden Worten zurück: »Bei der Wiederkehr der Stelle in D sind ja an und für sich die Trompeten zur Mitwirkung herbeigezogen, leider aber wieder in der Art, daß sie nur das Thema der Bläser verdecken, so daß ich hier mich abermals genötigt sah, den Trompeten, wie den Streichern eine charakterlose Mäßigung anzuempfehlen.«

So kurz dieser Passus ist, so gibt leider auch er gleichwohl Anlaß zu moralreichen Bemerkungen und Entgegnungen. Vor allem entnimmt man daraus, daß das musikalische Hören selbst eines Wagner noch kein völlig richtiges Hören war. So sah er deutlich die Trompeten in der Reprise, wußte aber dennoch ihren Sinn noch nicht zu deuten. Er brachte sich nicht erst zum Bewußtsein, weshalb im ersten Teil die Trompeten noch fehlten, in der Reprise aber eintraten, und doch konnte einzig und allein gerade nur die Antwort, die er auf diese Frage sich zu erteilen gehabt hätte, ihn zur Wahrheit führen, d. i. zur Erkenntnis dessen, was Beethoven dem Höhepunkt als solchem schuldete, wie er der Synthese nach sozusagen tiefer liegende Punkte dynamisch auch schwächer schattierte, weshalb er zu Ehren der Reprise zwei bis auf den Unterschied der Tonart sonst gleichlautende Stellen kaum merklich noch durch die verschiedene Mitwirkung der Trompeten unterscheiden ließ usw. Wagner begnügte sich, sie einfach nur zu sehen, und schon genügte ihm dieses unzulängliche Sehen, um an Beethoven Verstöße auszusetzen, die ihm in Wahrheit fremd sind. Ja, man erkennt es nun deutlich, alle Sünden Wagners wider Beethoven rühren davon her, daß für die Erfassung der Konstruktionskunst Beethovens sein Sinn nicht ganz ausreichte. So lange aber nicht gerade diese Erkenntnis der Konstruktion Führerin dem Nachschaffenden ist, bleibt die Darstellung des Inhaltes ausgeschlossen!

Setzt man an Stelle des Wortes »charakterlose Mäßigung«, das Wagner oben in Hinsicht auf das reduzierte *ff* der Trompeten gebraucht, ein anderes Wort, nämlich »Schatten im Fortissimo«, so erhält man statt eines nur auf den einzelnen Fall unliebsam angewendeten und daher eben desorientierenden Wortes eine wirklich produktive Anregung, die weit über die bloß hier in Frage kommende Stelle hinausgeht und überdies billigt, was Wagner mit dem Adjektiv »charakterlos« verhöhnt. Es ist hier eben nur in Ordnung, wenn die Blechinstrumente ihr *ff* dämpfen, da, wie gesagt, auch das Fortissimo so gut wie das *f* oder *p* seine Schatten fordert (s. oben S. 16, 67 usw.).

Weingartner schließt sich in bezug auf Takt 276 ff. Wagner an. Was den zweiten Gedanken (Takt 330 ff.) betrifft, meint er (S. 163 ff.): »Im Original finden sich hier die Trompeten hinzugezogen, wie Wagner sehr richtig bemerkt, »»leider aber wieder in der Art, daß sie nur das Thema der Bläser verdecken.«« Er sah sich bei der Aufführung dann auch genötigt, diesen Instrumenten »»charak-

terlose Mäßigung«« anzuempfehlen. Von der bereits erwähnten Ansicht ausgehend, daß, wenn man schon Abhülfe eines Übelstandes anstrebt, dies gründlich geschehen muß, entschloß ich mich, ebenfalls Wagners Anregung folgend, die Trompeten das Thema verstärken zu lassen, was nun seitens der Spieler keineswegs mit charakterloser Mäßigung, sondern mit charakteristischer Kraft geschehen möge.« Auf S. 164—165 folgt die Darstellung seiner Vorschläge in Noten. Auch Weingartner fehlt also, wie man sieht, die Einsicht in die drei verschiedenen Instrumentierungsnüancen, wie sie Beethoven für den zweimal erscheinenden zweiten Gedanken wie für den Anfang der Reprise in Anwendung gebracht hat.

Trio.

(Takt 1—117.)

Dem Trio liegt der Plan zugrunde, eine offenbar russische Tanzmelodie ganz im Sinne der nationalen Eigentümlichkeit realistisch auszuführen und darzustellen. Dazu gehört aber im Grunde wenig, und zwar nur, daß die Melodie ein ums andere Mal einfach wiederholt werde: die zahllosen Wiederholungen sind es dann, die schon als solche die Nerven bis zur Extase und Raserei aufpeitschen, um sie endlich auch ganz zu erschöpfen. Dem Autor gibt, doch freilich unbewußt, eine solche endlose Serie von Wiederholungen schon durch sich selbst zugleich das Bild einer ältesten Musikepoche wieder, in der die Menschen die Länge eines Tongebildes nicht anders noch, als vorläufig in primitivster Weise blos erst durch ununterbrochene Wiederholungen erzeugen, somit eben nur aus den letzteren sozusagen Sättigung ihres Musikhungers beziehen konnten. Bezeichnet man als das Thema des Trio folgende Melodie:

Fig. 232.

so muß man sagen, daß, sofern auch die Repetitionen ausgeführt werden, Beethoven diese nicht weniger als 23mal im

Verlaufe des Trios wiederholt! Doch wie wußte Beethoven den Realismus in der Nachbildung eines primitiven Musikzustandes gleichwohl nur mit den künstlerischesten Mitteln darzustellen*! Er bannt die geplanten zahlreichen Wiederholungen in eine feste Form und benützt außerdem die günstige Gelegenheit des Orchesterapparates, um sie auch der Farbe nach verschieden zu bringen.

Was nun die Form anbelangt, so empfiehlt es sich, sie als eine dreiteilige Liedform: a_1—b—a_2 mit Coda aufzufassen.

Takt 1—9. Der erste Teil a_1 läuft von Takt 1 bis Takt 9, — wobei unter erstem Takt hier jener verstanden wird, der (sonst Takt 426) das Trio so drastisch mit dem *ff*-Posaunenstoß eröffnet:

Fig. 233. Tromb. basso.

und wobei speziell für die bloß äußerliche Frage der Taktbezeichnung die Wiederholung in der Partitur nicht mitgerechnet wird. Er enthält aber in sich bereits viermal die Melodie, sofern dafür auch die Ausführung der Wiederholung wirklich in Betracht kommt. Hier, im ersten Teil, sind es nur

---

* Man vergleiche damit die durchaus verwandte Technik im Scherzotrio aus dem Streichquartett Op. 59 Nr. 2; als Gegensatz dazu aber die überflüssig brutale, nur wenig künstlerische Gesichtspunkte aufweisende Technik Tschaikowskys in dessen Sinfonie F-moll, Finale, in bezug auf das Motiv:

Fig. 234.

usw.

die Holzbläser allein, die die Melodie vortragen: Thema bei Oboe I und Klarinette I, Kontrapunkt bei Fagott I und II.

Das Mittelstück b erstreckt sich von Takt 9 bis 24 und hat, Takt ausgenommen vielleicht den Anfang des Motivs, der immerhin 9—24. über Anregung der Hauptmelodie entstanden sein könnte:

Fig. 235.

selbständigen thematischen Charakter. Es ist zweiteilig gegliedert: Takt 9—16 und Takt 17—24.

Desto reicher ist das dritte Stück der Liedform a_2 ent- Takt wickelt. Man darf sogar so weit gehen, es in sich selbst wieder 25—78. als eine selbständige dreiteilige Liedform anzusehen, als deren a_1: Takt 25—40, als b: Takt 41—61, und endlich als a_2: Takt 62—78 zu betrachten sind. Aus dieser reichen Struktur zieht nun Beethoven in Hinsicht der Melodie, die hier wiederkehrt, den großen Vorteil, daß er sie in a_1 vom Horn viermal, in b von Fagott einmal und in a_2 von den Violinen I und II wieder viermal, also in Summa neunmal vortragen läßt.

Werden nun aber, wie es bei einer dreiteiligen Liedform öfter vorkommt, die Teile b und a_2 wiederholt, so ergeben sich in allen drei Teilen des letzten Stückes aus eben diesem Grunde insgesamt 18 Wiederholungen der Melodie.

Coda.

In der Coda (Takt 78—117) sind es endlich die tieferen Takt 78 ff. Streichinstrumente, Viola und Violoncell (Verstärkung bei der Klarinette), die die Melodie noch einmal, und zwar zum letztenmal bringen.

Was die Tonart betrifft, so ist zu bemerken, daß D-dur durchaus im ganzen Trio festgehalten wird, wobei der erste Teil (s. Takt 9) den Halbschluß, der mittlere und der letzte Teil dagegen vollkommene Ganzschlüsse (Takt 24—25 und Takt 78)

erhalten. Gerade dadurch wird es möglich, daß, von der absoluten Tonhöhe abgesehen, die Melodie bis auf eine einzige Ausnahme (Takt 41—45) allemal mit d beginnt, so daß erst durch solches obstinate Festhalten nicht nur an der Tonart, sondern auch am Ausgangspunkt der Tonika der Eindruck einer wirklich nationalen (russischen) Eigentümlichkeit erzeugt wird. Der Ausnahmefall, um den es sich handelt, betrifft Takt 41: die Melodie beginnt hier beim Fagott I mit dem Dominantenton! Und gerade daran schließt sich bei Takt 45 eine weitere Ausnahme. Während nämlich sonst die Melodie einfach nur wiederholt wird, was aber, wie man weiß, an sich noch durchaus keine thematische Verarbeitung bedeutet, wird an jener Stelle, wie folgendes Bild zeigt, der erste bescheidene Versuch auch einer solchen gemacht:

Fig. 236.

In der Coda wird dann derselbe Zug — doch freilich bereits von der Tonika aus! — wie folgt erwidert:

Fig. 237.

Welch künstlerischen Geschmack bedeutet es nun, im Rahmen des kleinen Genrebildchens sich einerseits etwa noch weitergehender thematischer Verarbeitungen (deren Beethoven ja gewiß fähig war!) zu enthalten, und wie hoch muß gerade bei solcher Enthaltsamkeit andererseits die Durchbildung bewertet werden, mit der Beethoven gleichwohl noch den an sich doch so bescheidenen Parallelismus der Taktgruppe 41—53 und der Takte 78—102 betreibt!

So viel vom Plan im allgemeinen. Im speziellen seien nur einige Details hier erwähnt.

Der Rhythmus des Kontrapunktes, der zum erstenmal bei den Fagotten auftritt:

Fig. 238.

deutet an, daß offenbar wohl auch die Melodie erst mit der zweiten Halben des Taktes zu beginnen hat, was übrigens in Takt 5 und 9 bestätigt wird:

Fig. 239.

Damit deckt sich denn auch der oben beim Kontrapunkt angegebene Stufengang, der deutlich auf einen Halbschluß bei der ersten Halben des Taktes 5 abzielt und denselben Effekt noch deutlicher bei der ersten Halben des Taktes 9 sucht:

Fig. 240.

Am Kontrapunkt hält nun Beethoven durchaus fest, u. zw. wo immer er ihn bringt, über oder unter dem Thema, bei diesem oder jenem Instrument. Auch das Staccato der Figur behält er bis auf zwei Ausnahmefälle, in denen mit denkbar größter Wirkung umgekehrt ein Legato angewendet ist, durchweg bei. Einmal geschieht es in Takt 45ff. bei der Oboe:

Fig. 241.

und das andere Mal in der Coda in Takt 110ff., wo es ebenfalls heißt:

Fig. 242.

Vortrag.

Takt 426—427. Der Posaunenstoß, der den ersten Teil vom Trio scheidet, kann nicht kräftig genug gebracht werden! Dem Dirigenten muß es allezeit gegenwärtig sein, daß Melodie wie Kontrapunkt vom dritten Viertel ab beginnen; dieses Bewußtsein, dem Orchester mitgeteilt, zeitigt vielfach einen interessanteren Tonfall, als er sonst zu hören ist.

Literatur.

Nach Nottebohm (S. 175) lauten die Skizzen zum Trio wie folgt:

Fig. 243. Trio.

Daraus entnimmt man, daß Beethoven das Trio ursprünglich im Zweiviertelktakt notierte. Dieselbe Notierung weist übrigens auch noch das Originalmanuskript (in der königlichen Bibliothek in Berlin) auf, doch hat Beethoven selbst später jeden zweiten Taktstrich ausradiert und das bereits erwähnte Dedikationsexemplar an König Friedrich Wilhelm III. enthält die endgiltige Vierviertelnotierung.

Endlich mag hier auch noch die Mitteilung Nottebohms (S. 170) »Der zweite Satz war ungefähr im August 1823 im Entwurf fertig« im ergänzenden Sinn Platz finden.

Kretzschmar (S. 117) schreibt: »Der Mittelsatz, welcher das Trio vertritt, hat als Hauptgedanken folgende unverkennbar Beethovens russischen Musikstudien entsprossene Melodie« (folgt Zitat Fig. 231). Fantastisch klingt die Fortsetzung: »Er schlägt pastorale Töne an und spielt in seinen simplen Hirtenweisen auf ländliche Vergnügungen an, aber auch in mächtig mystischen Geigenklängen auf Sonnenaufgänge und erhabene Freuden der herrlichen Natur«(?!)

Grove (S. 324 ff.) bringt die mit Sorgfalt zusammengestellten historischen Daten, orientiert aber über den Inhalt selbst, wie nach den früheren Proben nicht anders zu erwarten ist, entweder ungenau oder falsch. Den ersten, so charakteristischen Schritt in die thematische Verarbeitung bei den Takten 41 bzw. 45 begleitet er aufs naivste mit Sätzen, denen der Sachverhalt nicht im geringsten zu entnehmen ist. »Wie nun das Fagott das Thema aufnimmt, geht

die Begleitung (siehe Beispiel 42) in einer reizvollen Variation auf die Oboe über, und das Horn übernimmt die harmonische Füllstimme.... Wie spannend ist dann in der weiteren Folge die Modulation nach F-dur (Takt 7) vorbereitet... Die Schönheit dieses Abschnittes liegt namentlich in dem Gesange der Oboe begründet, und Berlioz hat nicht so Unrecht usw.«

Die Anekdoten aber, die er vorbringt, ersetzen eine gute Analyse keineswegs, umso weniger, als sie nicht einmal recht verbürgt sind. Möchte man doch endlich begreifen, daß eine gute Inhaltsdarstellung eine bessere Werbekraft besitzt, als all der Anekdotenplunder, der den Hunger nach Erkenntnis am Ende doch nicht zu stillen vermag. Am pikantesten wirkt ja in solchen Fällen nicht gerade die nacherzählte Anekdote selbst, sondern das Verhältnis des vom Inhalt des Werkes so wenig unterrichteten Schriftstellers zur Anekdote: statt sie nämlich auf sachlichen Gehalt und Richtigkeit zu prüfen und eventuell als erdichtet zu entlarven, erzählt (aus Mangel an nötigen sachlichen Wissen zur Kritik eben unfähig) der Schriftsteller einfach die Anekdote nach, und da ist es denn possierlich zu sehen, wie die Ignoranz des einen (des Schriftstellers) die Ignoranz des anderen (des Anekdotenvaters) zu Hilfe nimmt, wobei sich gleichwohl die beiden Beteiligten den Besitz der hellsten Wahrheit einbilden!

Weingartner gibt eine genaue Anleitung zum Vortrag des Oboensolo in den Takten 41ff. Einige Korrekturen, die er an Wagners und Bülows Willkürlichkeiten anbringt, sind ganz zutreffend zu nennen.

III. SATZ.

ADAGIO MOLTO E CANTABILE.

Dritter Satz.

- Einleitung — (T. 1 - 2)
- Variationenthema (Adagio, B-dur, C) — (T. 3 - 24)
- Zwischenthema (Andante moderato, D-dur, 3/4) (T. 25 - 42)
- I. Variation (Adagio, B-dur, C) — (T. 43 - 64)
- Wiederholung des Zwischenthemas (Andante moderato, G-dur, 3/4) — (T. 65 - 82)
- Freie Überleitung zur II. Var. (Adagio, Es-dur, C) — (T. 83 - 98)
- II. Variation (Adagio, B-dur, 12/8) — (T. 99 - 120)
- Coda — (T. 121 - 157)

Adagio molto e cantabile.

Der dritte Satz ist ein Variationensatz, allerdings einer von besonderer Struktur.

Dem Variationenthema präludiert eine zweitaktige Tonerscheinung:

Fig. 244.

Diese Erscheinung einfach nur als »Einleitung« zu bezeichnen, ist sicher noch kein Verstoß, doch eben so sicher ist es, daß sie damit allein noch durchaus nicht enträtselt wird. Da die genannten zwei Takte dem Thema vorangehen, wäre es demgemäß nur billig, die Lösung des Rätsels schon an erster Stelle zu bieten. Indeß folge ich darin lieber der Chronologie der Beethovenschen Erfindung, indem ich den Inhalt der Einleitung erst erkläre, bis ich deren Quelle, nämlich das Thema, dargestellt haben werde. Denn ebensowenig als Beethoven selbst die ersten zwei Takte hätte erfinden können, bevor er das Thema festgesetzt hatte, ebensowenig vermöchte auch der Leser den Sinn jener zu fassen, bevor er das Thema kennen gelernt. Man gestatte mir daher, zunächst das letztere darzustellen.

Takt 3—24. Wir sehen das Thema, rein äußerlich betrachtet, auf ein chorisches Prinzip gestellt, in dem Sinne nämlich, als der Inhalt desselben zu gewissen Teilen zwischen Streicher und Bläser aufgeteilt ist. Dringt man aber tiefer in den Bau des Gedankens ein, so empfindet man alsbald die Bläser nicht gerade organisch am Inhaltsaufbau beteiligt, und in der Tat ist es nötig, sie vorerst wegzudenken, wenn man — und hierin wird man durch den Anblick der unten mitgeteilten Skizzen durchaus nur bestärkt — den wahren Kern des Themas sich aneignen will. Nach Weglassung der Bläserpartie bietet uns das Thema somit folgendes Bild:

Fig. 245.

Daraus entnehmen wir, daß in den Takten 1—4 des Gedankens (3—6 der Partitur) der Weg zunächst von der Tonika zur Dominante als zum Halbschluß begangen wird, worauf dann die folgenden vier Takte sich nun offenbar bestreben, den Schluß zu bringen. Indessen gedeiht der Inhalt, wie Takt 8 der Fig. 245 zeigt, nur bis zu einem »unvollkommenen Ganzschluß« und so muß denn der Weg zum vollkommenen Schluß nun erst recht von neuem gesucht werden. Beethoven bedient sich hierzu des bekannten Mittels, die vorausgegangenen vier

Takte einfach zu wiederholen, nur daß er statt des unvollkommenen Ganzschlusses in Takt 11, 12 und 13 eben den vollkommenen herbeiführt. Soweit bietet das Thema bloß der Konstruktion nach, vom ästhetischen Eindruck freilich abgesehen, eine durchaus gewöhnliche Erscheinung. Ins Ungewöhnliche rückt es erst durch die Art, wie die Bläser daran teilnehmen. Wenn nämlich die letzteren Takt 4 der Fig. 245:

Fig. 246.

und in der Folge ähnlich Takt 8 wiederholen:

Fig. 247.

so entspricht das allerdings zunächst noch dem landläufigen Gebrauch von sogenannten Echoeffekten. Wirklich interessant wird aber die Situation erst im dritten Teil des Themas, wo die Beteiligung der Bläser plötzlich eine andere wird; denn hier fallen sie echoartig zum ersten Mal schon nach zwei Takten, d. i. nach Takt 9 und 10 des Themas ein:

Fig. 248.

beantworten hernach desgleichen den letzten Takt des Absatzes (Takt 13):

Fig. 249.

wiederholen aber schließlich außerdem noch den ganzen dritten Teil im vollen Umfange der vier Takte (Takt 10—13):

Fig. 250.

Es ist überaus wichtig, die Gründe der im letzten Teil des Themas so veränderten Taktik der Bläser kennen zu lernen. Hätte es Beethoven auch im dritten Teil des Themas mit den Bläsern so gehalten, wie bis dahin, d. h. hätte er die echomäßige Beantwortung erst nach Abschluß des Teiles gebracht, so würde das ohne Zweifel die Wirkung einer Monotonie hervorgerufen haben: dreimal dieselbe Art angewendet, hätte die Mitwirkung der Bläser sicherlich diskreditiert. Wenn nun diese üble Wirkung verhütet werden sollte, so mußte unter allen Umständen ein anderer Weg eingeschlagen werden. Daher erklärt es sich, daß Beethoven den Gang des Inhaltes hier schon nach zwei Takten unterbricht, um Platz für die Bläser zu schaffen. Er darf dies an dieser Stelle um so eher tun, als ja der Inhalt uns im Grunde bereits vertraut ist und daher eine Variante in der Behandlung zuläßt: was in den vorhergehenden vier Takten kompositionell noch anfechtbar gewesen wäre, wird hier, bei der Wiederholung, ein zulässiges Mittel der Inhaltsdehnung. Rechnet man zu dieser ersten Beantwortung seitens der Bläser nun noch die zweite nach Schluß des dritten Absatzes, siehe Fig. 248, so weist somit letzterer gegenüber dem ersten und zweiten Absatz eine zweimalige Mitwirkung der Bläser auf, und damit ist, stilistisch genommen, zugleich der Übergang zu jenem Akt der Teilnahme der Bläser gewonnen, der der umfassendste ist, weil er, wie schon oben gezeigt wurde, den ganzen dritten Absatz (Takt 14—17 in Fig. 250) zur Wiederholung bringt. Es enthält also die Beteiligung der Bläser in sich selbst eine rationelle Steigerung: nur

erst je einmal wirken sie beim ersten und zweiten Absatz mit, schon zweimal beim dritten, um endlich nach Abschluß des dritten Absatzes gar eine viertaktige Gruppe ganz aus eigenem zu bestreiten.

Daß aber dieser Plan von seiten Beethovens wohl durchdacht war, beweist am besten die Art, wie er die dynamischen Zeichen im Verlaufe des Themas anbringt. Man sehe nämlich, wie er beim ersten Absatz erst in Takt 4 des Themas und beim zweiten Absatz < > ebenso wieder nur erst im letzten, d. i. vierten Takt fordert, wodurch er der Empfindung des Lesers bzw. Spielers die beiden viertaktigen Absätze desto plastischer als Einheiten vermittelt; dasselbe Zeichen finden wir aber beim dritten Absatz schon nach zwei Takten, wodurch die Unterbrechung des Inhaltes aufs deutlichste angezeigt wird.

Es versteht sich von selbst, daß die oben dargestellte Mitwirkung der Bläser am Thema dieses zunächst bloß im rein äußerlichen Sinne, d. i. quantitativ verlängert. Ohne Zweifel war eben die Tendenz zur Verlängerung das bestimmendste Moment bei der Wahl der Konstruktion. Indessen ergibt jene Verlängerung von selbst eine günstige Rückwirkung zugleich auf den Inhalt des Themas, d. h. dieser wird durch die Nachahmungen der Bläser wohl auch qualitativ vertieft. Insbesondere kommt die Nachahmung dem zweiten Takte des dritten Absatzes, d. i. Takt 10 der Fig. 245 zugute: hier erscheint der Ausdruck durch sie derart vermehrt, daß wir begreifen, weshalb Beethoven den Inhalt gerade dieses Taktes auf den Lippen hatte, als er die Einleitung (vgl. oben Fig. 244) formte:

Fig. 251.

und ebenso wieder, als er (siehe später Takt 144, 145, 146, 147) den ganzen Satz zu schließen sich anschickte*.

Endlich ist nicht zu übersehen, daß mit der letzten viertaktigen Nachahmung der Bläser Beethoven auch den großen Vorteil einer zwanglosen Überleitung zum nächsten Gedanken gewinnt:

Fig. 252.

B-Dur: V__________ (III#3)
D-Dur: I__________

Welcher Reichtum wohltätiger Wirkungen fließt ihm nun so aus seiner künstlerischen Konsequenz! Man denke: er zieht zu einem zunächst wohl nur äußerlich scheinenden Effekt die Bläser heran, und siehe da, es gewinnt dadurch der Gedanke

---

* Als Beispiel einer ähnlich erfundenen Einleitung sei hier des Vergleichs halber die Einleitung zum dritten Satz, Andante cantabile, des Klavierquartetts von Schumann, Op. 47, zitiert:

Fig. 253.

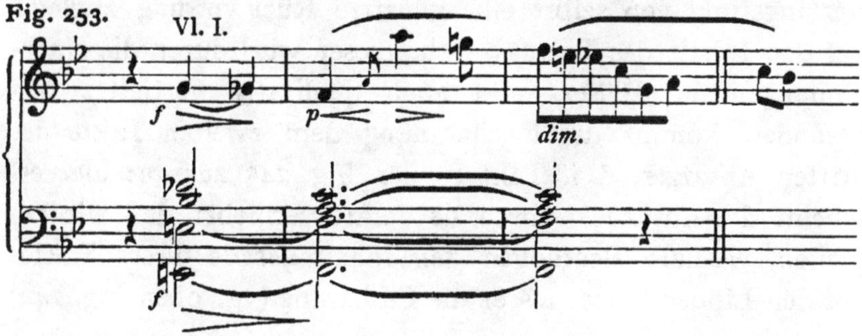

welches Motiv nun späterhin ständig als Refrain des Themas beim Violoncello, bei der Violine, beim Klavier usw. wiederkehrt, wie z. B.

Fig. 254.

(Schluß des Themas.)

sowohl an Länge als an Reichtum des Ausdrucks, wie sich noch außerdem die Gelegenheit einer besseren Verbindung mit dem nachfolgenden Gedanken ergibt! Doch freilich gehört die konstruktive Fantasie eines Meisters wie Beethoven dazu, aus derselben Quelle Segen nach so viel Richtungen hin zu schöpfen!

So bleibt nur übrig, die Technik näher ins Auge zu fassen, mit der Beethoven den jeweiligen Übergang vom Streicher- zum Bläserchor und umgekehrt vollzieht.

Überaus kunstvoll ist gleich der erste Übergang, Takt 6—7 der Partitur (hier Fig. 246). Da die Bläser erst beim letzten Achtel des Taktes 6 einzusetzen haben, benützt Beethoven die Vl. II und Violen dazu, die Lücke mit folgender Figur zu füllen:

Fig. 255.

die — man sehe die Lage des Zeichens < > bei Vl. II und Viola — den Eindruck erweckt, als würden, bildlich gesprochen, menschliche Arme begehrend nach einem Gegenstande langen, der so nah erreichbar ist! Und ebenso wieder scheinen mit derselben Figur in Takt 7 bei dem dritten und vierten Viertel die Klarinette II und Fagott I:

Fig. 256.

umgekehrt gleichsam nach dem Streichorchester zu langen, das ja die Fortsetzung des Themas bringen soll. Hat man

nicht alle Ursache, einen so außerordentlich schönen technischen Griff zu bewundern? Man sehe doch nur die damit verbundene dynamische Anweisung: ist hier nicht diese schon für sich allein betrachtet ein vielleicht ebenso wertvolles Ereignis, wie die Erfindung des Inhaltes selbst? Man braucht die Anweisung, ohne ihre letzten Gründe zu verstehen, nur äußerlich zu befolgen, und das Ziel einer innigen Verbindung beider Chöre ist (selbst trotz Unwissenheit des Spielers) dennoch erreicht! Welcher Triumph des Künstlers, seine Idee gegen jedermann in solchem Maße sicherzustellen! (Ob die zuletzt erwähnte Figur nicht auch sonst noch eine geheimnisvolle Beziehung zur Einleitung unterhält, mag dahin gestellt bleiben. Ich selbst möchte sie lieber bestreiten und in den ersten Wendungen des Fagott II, Fagott I und Klarinette I (s. Fig. 244) eher nur eine motivische Anspielung auf die erste Wendung bei Klarinette I erblicken.)

Einfacher gestaltet sich die Situation in Takt 11 und 12 der Partitur, hier Fig. 247: der Bläserchor findet hier eine günstige Gelegenheit, den Inhalt der Vl. I schon vom vierten Viertel des Taktes 10 ab aufnehmen zu können; es entfällt dadurch die Notwendigkeit eines weiteren besonderen Aufwandes in der Art der Verbindung. Die Sache liegt so glatt, daß, nachdem die Streicher beim dritten Viertel des Taktes 11 mit dem Inhalt fertig geworden, nunmehr die Bläser beim vierten Viertel ohne Hindernis einsetzen können.

Desto kunstvoller war der Übergang von den Bläsern zu den Streichern bei Takt 15, hier Fig. 248, zu schaffen. Mußte es doch vermieden werden, daß Vl. I den Takt 15 einfach nur pausieren und dann ohneweiters erst in Takt 16 mit g^2 anfangen:

Fig. 257.

weshalb es denn eben einer besseren Verbindung halber an dieser Stelle heißt, wie bei Fig. 246 zu sehen ist.

In Takt 18 liegt die Sache ähnlich glatt wie in Takt 11 (s. Fig. 249).

Über den Stufengang ist wohl kaum etwas besonderes zu vermelden, ausgenommen die Antizipation in Takt 18:

Fig. 258.

(vgl. Bd. II[1] S. 124 ff.), die eine originelle Nachbildung gleich darauf bei den Pauken in Takt 19 findet:

Fig. 259.

und die — man staune darüber! — die Wiege der sensationellen, in der Literatur wohl einzig dastehenden Paukenquint am Schlusse des Satzes (worüber später bei Takt 153) vorstellt!

Der Satz sollte ein Variationensatz werden. Wie ein solcher in der Regel abläuft, weiß ja jedermann: eine Variation folgt auf die andere, wobei zwischen ihnen nur selten irgend eine strengere technisch-mechanische Verbindung hergestellt wird. Diesmal hat sich Beethoven indessen die Sache nicht ganz so leicht gemacht.

Schon einmal, und zwar im Finale der Eroica-Sinfonie, hatte er der Variationenform einen gar originellen Einschlag gegeben, indem er sie nach folgendem, leider bis jetzt noch so wenig verstandenen Plane durchgeführt hat.

Dort folgen auf das Thema a):

Fig. 260. Thema a):

drei Variationen, deren letzte als Kontrapunkt des Basses folgende Melodie bringt:

Fig. 261. Thema b):

Von nun ab gestaltet sich der Variationengang derart, daß bald der Kopf des Themas a), d. i. bloß die Takte 1—4 desselben, bald die Melodie des Themas b), entweder ganz oder auch nur wieder teilweise, zur Verarbeitung gelangt. Hier das Bild des Gesamtverlaufes:

Thema a) . . . . in Es-dur
Variat. 1 . . . . in Es-dur
Variat. 2 . . . . in Es-dur
Variat. 3 . . . . in Es-dur
Thema b) . . . . in Es-dur
Thema a) . . . . in C-moll usw. (Takt 1—4, Fugato)
Thema b) . . . . in D-dur (ganz durchgeführt)
Thema a) . . . . in G-moll (Takt 1—4)
Thema b) . . . . in C-dur (bloß Takt 1—8!)
Thema a) . . . . in Es-dur (Takt 1—4, Fugato)
Thema b) . . . . in Es-dur (poco andante)

endlich Coda mit Benutzung von Teilen des Themas b).

In den Klaviervariationen Op. 35, denen bekanntlich dasselbe Sujet zugrunde liegt, hatte Beethoven allerdings das ersterwähnte Thema a) von vornherein ausdrücklich bloß als »Basso del Thema« und erst die Melodie im Thema b) als das eigentliche Variationen-»Thema« bezeichnet. In der Tat folgen in jenem Opus die Variationen ausschließlich nur dem letzteren und zwar selbst auch dort, wo außerdem noch die Baßfigur, Thema a), ganz deutlich, wie z. B. in Variation No. IX, mitzitert wird.

Anders aber in der Eroica, wo es an einer solchen Orientierung überhaupt ganz fehlt. Doch ist dieser Mangel nicht darauf zurückzuführen, daß Beethoven sie etwa einfach nur vergessen, sondern vielmehr darauf, daß sie hier der veränderten Variationen-Tendenz widersprochen hätte.

Bedenkt man nämlich, daß im Eroica-Finale das Thema b) (außer dem ersten Auftreten) im weiteren Verlaufe noch dreimal, davon aber wohlgemerkt zweimal der ganzen Länge nach (in D-dur und Es-dur) und nur ein einzigesmal bloß zur Hälfte (in C-dur: Takt 1—8) variiert, dagegen das Thema a) (das ursprüngliche »Basso del Thema«) späterhin niemals mehr anders, als bloß im Umfange der Takte 1—4 benützt wird, so möchte man zur Annahme neigen, daß dem Meister auch hier, ähnlich wie in Op. 35, offenbar wieder nur das Thema b) als das eigentliche Variationenthema vorgeschwebt hat. Als weitere Konsequenz einer solchen Anschauung ergäbe sich aber die Annahme, daß Beethoven vielleicht nur die unmittelbare Aufeinanderfolge der Variationen des Themas b), d. i. des Hauptthemas, inhibieren wollte, zu welchem Zwecke er sich eben der Zwischenspiele und zwar in Form verschiedener Variationen der Takte 1—4 des »Basso del Thema« bediente. So aufgefaßt wäre die von Beethoven in der Eroica angewendete Variationentechnik eine bloß rein äußerliche Erledigung des Problems, eine mechanisch unmittelbare Aufeinanderfolge von Variationen einfach nur zu verhüten.

Dennoch will es mir scheinen, daß es möglich wäre, den Plan der Eroica-Variationen auch noch tiefer zu deuten. Im selben Maße nämlich, als ja das Thema a) (»Basso del Thema«) offenbar doch schon von Haus aus nur vorbereitend und grundlegend für das Thema b) gedacht wurde, scheint es dieselbe bloß vorbereitende (präludierende) Rolle auch im weiteren Verlaufe beibehalten zu wollen. Daher meiner Ansicht nach die immer wiederkehrende Restriction des Themas a) auf nur vier Takte (die freilich in der thematischen Durcharbeitung Ersatz findet!), daher auch die Art der Verbindung, wie sie zwischen dem ersten Fugato und dem Thema b) in D-dur oder zwischen dem Thema a) in Es-dur und dem Thema b) in Es-dur (poco andante) usw. zu sehen ist.

So nun aufgefaßt, bilden je ein (in Abkürzung) präludierendes Baßthema und je eine darauffolgende Variation des Themas b), also erst die beiden Partien zusammen, die höhere Einheit nur eben erst einer vollgiltigen Variation, so daß der oben aufgestellte Plan in diesem Sinne nunmehr folgende Korrektur erfahren darf*:

---

* Wie falsch urteilt aber Kretzschmar über das Finale (S. 88): »Das Finale der Eroica ist in seiner ersten Hälfte ein Variationenzyklus, dem folgendes einfache Thema zugrunde liegt«: (Notenzitat.) »Dasselbe, welches Beethoven früher schon zu den Klaviervariationen (Op. 35) und auch zur Musik des Ballets: »Die Geschöpfe des Prometheus« benutzt hat. Von der dritten Variation ab baut der Komponist über dieses Thema eine innige Gesangmelodie« (Notenzitat), »welche in dem Satze als zweites Thema fungiert. Nachdem sie durchgeführt, wird die Variationenform verlassen, das Thema erscheint umgestaltet in eine Fuge; in anderen Gruppen sind nur wenige Noten benutzt, auf Augenblicke verschwindet es ganz. Mit dem G-moll-Satze, der marschartig kräftig einsetzt, tritt die Variationenform wieder ein; die einzelnen Variationen haben freie Schlüsse; im übrigen wiederholt sich der ganze Prozeß der ersten Hälfte. Bis dahin erscheint das Finale der Eroica, so viele schöne Momente darin vorkommen, im Verhältnis zu den anderen Sätzen etwas zu leicht. Am Ende jedoch, mit der frommen Episode, in der das zweite Thema als Andante erscheint, erhebt es sich und schließt allerdings etwas kurz abgebrochen, aber mit dithyrambischem Schwunge.«

Thema a)	
Variat. 1	
Variat. 2	
Variat. 3	
Variat. 4	Thema a) in C-moll usw.
	Thema b) in D-dur
Variat. 5	Thema a) in G-moll
	Thema b) in C-dur
Variat. 6	Thema a) in Es-dur
	Thema b) in Es-dur

Hier im dritten Satz der IX. Symphonie geht nun Beethoven einen ähnlich originellen Weg. Wieder ist es seine Absicht, eine unmittelbare Aufeinanderfolge der eigentlichen Variationen zu verhindern. Er bedient sich eigens zu diesem Zwecke einer Melodie — der Umstand, daß er diese noch früher als das Thema selbst erfunden hat (siehe unten), verschlägt sicherlich nicht gegen den mit ihr endgiltig verbundenen Zweck —, um sie zwischen die Variationen zu schieben. Eine künstlerische Konsequenz hat es sodann gefordert, daß in ähnlicher Weise nun auch das Thema selbst bereits von der ersten Variation getrennt werde. In beiden Fällen benützt der Meister die gleiche Melodie, die, zweiteilig gegliedert, d. i. aus Vorder- und Nachsatz bestehend, das erste Mal — zwischen Thema und erster Variation — in den Takten 25—40, und das zweite Mal — zwischen erster und zweiter Variation — in G-dur, Takt 65—80, auftritt. Bei aller schon oben erwähnter Ähnlichkeit in der Tendenz in bezug auf die Variationenform wäre wohl der Vorzug jener Disposition einzuräumen, die Beethoven in der Eroica getroffen hat. Denn was dort zwischen die einzelnen Variationen des zweiten Themas tritt, ist ja Verarbeitung mindestens des grundlegenden Baßthemas, das zum zweiten Thema (welches als Kontrapunkt des Baßthemas entstanden) schon von Haus aus eine organische Beziehung unterhält. Diese organische Zusammengehörigkeit beider Themen ist es

nun, die den Variationen dort einen gebundenen Charakter aufprägt, trotzdem, wie gesagt, die einzelnen Variationen des zweiten Themas durch Verarbeitung des ersten auseinander gehalten werden. Unmöglich kann aber eine ähnliche Gebundenheit im Variationensatz der IX. Symphonie aufblühen, wo doch zwischen dem Thema und dessen Variationen einerseits und der als Zwischenglied verwendeten Melodie andererseits keinerlei organische Beziehung obwaltet. Der Mangel an Gebundenheit nun bringt sogar einige Trübung mit sich, denn beim Erklingen der Melodie gerät unsere Empfindung in Zweifel, ob denn hier nicht vielleicht eine Abart der Rondoform ihrer Ausfaltung entgegengehe. Dieser Zweifel allein genügt uns aber schon, um sagen zu können, daß das Beethovensche Wagnis, der Variationenform eine solche neue Gestalt zu geben, von anderen Komponisten nur dann nachgeahmt werden darf, wenn die Einbuße an Reinheit und Präzision der Form ähnlich doch mindestens mit der Schönheit des Zwischenglieds erkauft werden kann*.

Takt 25—42. Das oben erwähnte Zwischenthema lautet:

Fig. 262.

* Im Andante aus Op. 47 von Schumann findet sich, sofern dieser Satz immerhin auch als ein Variationensatz angesprochen werden darf, eine ähnliche Technik von Einschaltungen zwischen den Variationen. Der Plan des Satzes besteht in seiner völligen Nacktheit offenbar darin, daß das Thema vom Cello ausgeht, die übrigen Instrumente, eines nach dem andern, passiert, um schließlich wieder zum Cello zurückzukehren. Die Ordnung ist nun diese: Cello, Violine, Klavier, Viola und Cello; jedoch finden darüber hinaus — schon die Notwendigkeit eines Kontrastes zur B-dur-Tonart führt dazu! — auch zwei Einschaltungen statt und zwar ist die erste (in Ges-dur) zwischen die Themavorträge des Klaviers und der Viola, und die zweite zwischen den Vortrag des letzteren Instrumentes und den des beschließenden Cello eingefügt.

Sie fordert zu keiner besonderen Bemerkung heraus. Es ist in ihr alles, Stufengang wie Instrumentierung, durch sich selbst wohl ohne weiteres klar. Überaus einfach ist auch die Modulation, mit welcher der Übergang zur ersten Variation vollzogen wird:

Fig. 263.

Die erste Variation steht wieder in B-dur und wird in Takt
Sechzehntel-Figurierungen ausgedrückt, die von den Violinen I 43—64.
vorgetragen werden. Doch freilich, wie kunstvoll und beredt sind diese und in ihrem starken Ausdruck höchstens wieder nur vergleichbar jenen Figurierungen, die Beethoven im Adagio der Klaviersonate Op. 106, in der Arietta aus Opus 111, im Variationen-Adagio des Streichquartetts Opus 127 oder im Lento des Streichquartettes Op. 135 geschrieben hat! Eines besonderen Studiums würdig ist dabei die ungewöhnliche Bogenartikulation der Violin-Figuren, da eben sie es ist, die den Ausdruck so intensiv fördert; man sehe diesbezüglich z. B. Takt 50, 51, 53, 56, 57 usw.*.

* Wer weiß, ob diese Art von Artikulation nicht auf Haydn zurückzuführen ist, der mit ihr in seinen Sinfonien und Quartetten oft genug einen ähnlich retorisch-pathetischen Charakter verband; siehe z. B. Sinfonie C-dur, Universal-Edition No. 98 vierhändige Ausgabe (Nr. 7).

Ferner ist zu beachten, daß, ähnlich wie bei dem Thema, die dynamischen Schattierungen auch hier wieder durchaus auf ein plastisches Hervortreiben der Konstruktion (siehe < > in Takt 46, 51, 54 usw.) zielen!

Was die Instrumentierung anbelangt, so ist zu bemerken, daß in dieser Variation sowohl Flöten als Oboen fehlen und der Kontrabaß erst in den letzten Takten hinzutritt. Der Grund davon ist der, daß die erstgenannten Instrumente für die führende Rolle in der gleich nachfolgenden Zwischenpartie aufgespart werden. Eine ganz aparte Kunst wendet aber Beet-

---

Fig. 264.

oder Sinfonie B-dur, Payne Nr. 38, Adagio:

Fig. 265. Vl. I.

hoven an die Lösung des Problems, wie die Mitwirkung der Bläser hier zur Ausführung gelangen soll. Zunächst ist die Bedeutung der Tatsache zu würdigen, daß er das von Grund aus eigentlich doch unorganisch zu nennende wiederholte Einfallen der Bläser dennoch als organischen Bestandteil des Themas immerhin soweit respektiert, daß er es auch in den Variationen mitführt. Außerdem aber kommt dabei in Betracht, daß die Sechzehntel-Figurierung der Violinen dem Autor willkommene Gelegenheit bietet, die Übergänge vom Streicher- zum Bläserchor und umgekehrt noch geschmeidiger als im Thema selbst auszugestalten; siehe z. B. in Takt 51—52:

Fig. 266.

Dieselbe chromatische Modulation, die vom Thema zur ersten Zwischenpartie geführt hat (s. Fig. 252), dient auch zur Verbindung der ersten Variation mit der zweiten Zwischenpartie, nur daß ein weiterer Quintfall hinzugefügt wird:

Fig. 267. Kl. I.

Takt 65—82. Ich sagte schon, daß das **Zwischenthema** zum zweiten Mal in G-dur steht. Es versteht sich aber, daß es bei dieser Gelegenheit vielfach Änderungen aufweist, so in bezug auf die Kontrapunkte (s. z. B. Takt 73ff.), sowie auch in bezug auf die Instrumentierung, s. z. B. das Horn in den Takten 73ff.:

Fig. 268. Hörner in B.

Mit Takt 80 ist die zweite Zwischenpartie abgeschlossen, und an die Reihe kommt die zweite Variation. Doch hat es Beethoven für besser befunden, sich zu dieser erst einen besonderen Weg zu bahnen. Er tut das hauptsächlich aus dem Grunde, weil er die quantitativ vermehrte Bewegung der zweiten Variation, die im $^{12}/_{8}$-Takt verläuft, vorbereiten will! Es ist nun bewundernswert zu sehen, mit welchen Mitteln er diesem scheinbar nur rein mechanischen Ziele zustrebt.

Zwei überleitende Takte, die, von einer geringfügigen Nüance abgesehen, eine Transposition jener Modulation vorstellen, die Takt 41 (siehe Fig. 263) aufweist, führen zur Tonart Es-dur.

Takt 83—98. Nun kehren der C-Takt sowie das Adagiotempo zurück, und mehr als das: wir empfangen, wie sich die Situation in Takt 83 anläßt, sogar den Eindruck, als stünden wir (was unserer Erwartung ja durchaus entspricht!) wirklich eben vor der zweiten Variation, nur freilich vor einer in Es-dur. Indessen ist, was wir in den Takten 83—98 erleben, nicht die Variation selbst, sondern zum Zweck der Kreierung der Triolenbewegung erst nur eine freie Fantasie über Takt 1 und 2 des Themas (in den Takten 83—91) mit anschließender frei gebildeter Kadenz (in den Takten 92—96)*.

---

* Die Anwendung einer ähnlich freien Fantasie finden wir z. B. in den Variationen der Arietta aus Op. 111; entfernt verwandt ist auch die Technik im Adagio des großen B-dur-Trio, siehe die letzte Variation usw.

So bringt zunächst Klarinette I die Takte 1—2 des Themas, hieran schließt das zweite Es-Horn* eine Wiederholung derselben in der tieferen Oktave (Takt 85—86) an, um sie dann noch um eine weitere Oktave tiefer zum dritten Male zu bringen:

Fig. 269.

Von nun ab aber verwendet Beethoven bloß den ersten Takt des Themas und zwar wie folgendes Bild es veranschaulicht:

Fig. 270.

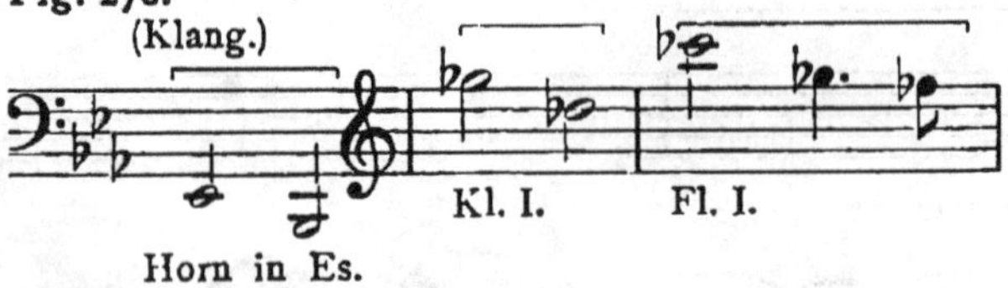

zuerst beim zweiten Es-Horn (Takt 89), sodann bei Klarinette I in Takt 90 und endlich bei der Flöte I in Takt 91. Damit haben die Nachahmungen ihr Ende gefunden und in den nachfolgenden Takten schließt sich die erwähnte freie Kadenz an.

Von Takt 83 ab stehen wir auf dem Boden der Es-dur-Tonart. Das Gesetz der Mischung aber (vgl. Bd. I § 38 ff.) wandelt in Takt 89 Es-dur in Es-moll um und nun gelangen wir in Takt 90 eben von der letzteren Tonart über Ges- nach Ces-dur in Takt 91: $\frac{\text{Es-moll I}}{\text{Ces-dur III—V—I}}$, in welcher Tonart denn auch die Kadenz vor sich geht. Erst in Takt 98 erfolgt jene entscheidende Modulation:

---

* Es fällt auf, daß in den folgenden Takten Beethoven just den vierten Hornisten vor die große Aufgabe gestellt hat. Vielleicht hängt diese Disposition des Meisters mit der tiefen Lage des Hornpartes zusammen.

Fig. 271.

die nach B-dur als nach der Tonart der zweiten Variation zurückleitet.

Von besonderem Reiz in technischer Hinsicht ist der Kontrapunkt bei der Klarinette I in Takt 85ff.:

Fig. 272. (Klang.)

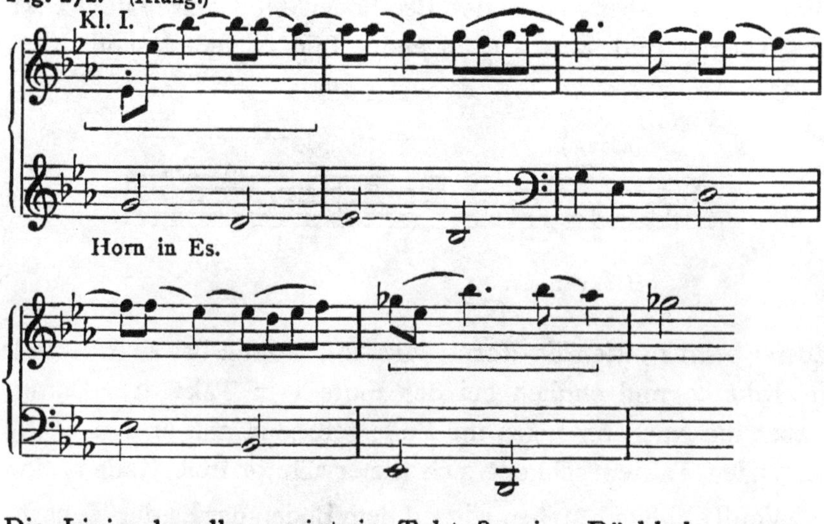

Die Linie desselben zeigt in Takt 89 eine Rückkehr zur ursprünglichen Situation des Taktes 85, weshalb wir an dieser Stelle den Eindruck haben, als würde eine Nachbildung der Takte 85—88 zu folgen haben. Nun übersiedelt aber der Kontrapunkt ins zweite Es-Horn:

Fig. 273. (Klang.)

um endlich in Takt 93 in das Motiv der Kadenz zu münden. (Von Takt 92 ab geht die Flöte I mit dem Horn.)

Als das eigentliche Kadenzmotiv mag das folgende Motiv bezeichnet werden:

Fig. 274.

Es erscheint zuerst in Takt 93 bei Flöte I und Horn, wird dann in Takt 94 von der Klarinette I und endlich in Takt 95 noch einmal vom Horn wiederholt. Das letzte Mal geschieht es allerdings in einer freien Variation:

Fig. 275.

die gleichwohl deutlich genug das entscheidende Quartintervall Ges—Ces aufweist!

Endlich aber zum Wichtigsten: in Takt 85 bringen die Streicher im *pizzicato* den Ton b, zunächst in folgendem Rhythmus:

Fig. 276.

aber schon in Takt 87 wird die Rhythmisierung verändert:

Fig. 277.

Zunächst ein scheinbar völlig belangloses Ereignis, müssen gerade diese ersten Triolen als der Ursprung jener Triolenbewegung betrachtet werden, die die zweite Variation beherrscht!

Takt 99—120. Die zweite Variation (*lo stesso tempo*) beginnt mit Takt 99. Wieder ist es eine Figurierung, die Vl. I, mit womöglich noch gesteigerter Kunst, durchführen. Der vermehrten Bewegung der Sextolen im $^{12}/_{8}$-Takt entspricht es, daß in dieser Variation, anders als in der ersten, an der Darstellung des Inhaltes nunmehr das ganze Orchester teilnimmt. Insbesondere hat man zu beachten, daß die Figurierung der Vl. I zugleich von der Flöte I, Oboe I und Fagott I begleitet wird, die das Thema in der ursprünglichen Erscheinung bringen:

Fig. 278.

Die Klarinetten dagegen werden ausschließlich für jene Stellen aufgespart, in denen — siehe Takt 102—103, 107—108, 110—111 und endlich 114ff. — die sozusagen offizielle echoartige Mitwirkung der Bläser schon von Haus aus geboten ist! Eben diese Stellen bieten außerdem noch die Gelegenheit, die Kunst

Beethovens zu bewundern, mit der er hier die jeweiligen Verbindungen vom Streicher- zum Bläserchor noch fester als in der ersten Variation knüpft. Hat schon in der ersten Variation Takt 51—52 das Beispiel einer innigen Verknüpfung geboten, so ward es Beethoven möglich, bei den Sextolen der zweiten Variation, wie das nachstehende Bild der Takte 102—103 es zeigt (ähnlich in Takt 107—108), eine noch innigere Verknüpfung zu erreichen:

Fig. 279.

In Takt 111 fällt der reiche Hornpart auf:

Fig. 280.

und analog in Takt 117:

Fig. 281.

ein Hornpart, der, mit gutem Bedacht eigens für die beiden letzten Echoeinschaltungen reserviert, deren hervorstechendstes Merkmal geworden ist!

Am Ausgang der zweiten Variation in Takt 119 harrt unser wieder jene Situation, die wir aus Takt 23—24 im Thema und Takt 63—64 in der ersten Variation bereits kennen. Doch erfährt sie hier zu unserer Überraschung plötzlich eine andere Lösung als dort, da der Schlußfall von der V. Stufe zur I., der in den genannten Takten gleichsam in der Luft lag, endlich wirklich vollzogen wird. Dieser Schlußfall ist es denn auch, der in der Tat das Signal zur Coda gibt! Noch folgt nämlich in Takt 120 ein zweiter Schlußfall: V—I, doch wird, da die letztere Stufe das Chroma bei der Sept, d. h. As annimmt und so ein weiterer Weg in Sicht kommt, eben damit sozusagen die Pforte der Coda eröffnet!

Takt 121—157. Der Beginn der Coda in Takt 121 bedeutet also nichts weiter, als die in den Kadenzen übliche Wendung zur Unterdominante: $I^{\flat(\natural)7}$—IV(—V). Die letztere Stufe gibt dann die Anregung, nun erst neuerdings wieder den Schluß zu suchen. Es ist daher falsch, an dieser Stelle bereits eine wirkliche Es-dur-Tonart (wie es leider immer geschieht) anzunehmen! Man braucht doch nur den Blick in die folgenden Takte zu werfen, um sich davon zu überzeugen, daß die Haupttonart nicht einen Augenblick lang verlassen wurde; als Beweis diene der Stufengang:

Takt 121, 122—123, 124, 125—126, 127
B-dur: IV — I-V — II — V — I usw.

Daß indessen der wahre Sinn der Coda bedauerlicherweise bis heute ein Rätsel bleiben konnte, liegt weniger daran, daß ihre harmonische Struktur verkannt wurde, als vielmehr an den Schwierigkeiten, die ihre thematische Beziehung dem Verständnis bereitete.

Zwar läßt sich in den Takten 123—124 das Quartmotiv des ersten Taktes des Themas ganz deutlich vernehmen (wobei

außerdem noch die Engführung zwischen Vl. I und Fagott I beachtet werden möge!):

Fig. 282.

doch entzog sich bis heute noch der allgemeinen Erkenntnis, daß wohl auch schon die Figur in Takt 121 eine Variation jenes Quartmotivs vorstellt:

Fig. 283.

Und ebensowenig wurde es bisher klar, daß endlich auch noch die Kantilene in Takt 125 doch wieder nichts anderes als eine Variation des originalen Motivs bedeutet:

Fig. 284.

(Die Nachahmungen dieser Kantilene bei der Flöte I in den Takten 125—126 sind wegen ihrer künstlerischen Konsequenz

als Nachzügler der Engführung der Takte 123—124 nicht hoch genug zu werten!)

Vergegenwärtigt man sich die ganze Fabel der Takte 121 bis 126:

Fig. 285.

so begreift man nun, wie selbstverständlich es Beethoven fallen mußte, nach Abschluß des Taktes 126 den weiteren Weg so zu gehen, wie er ihn eben ging:

Fig. 286.

Hatte er nämlich den ersten Takt des Themas ohnehin schon zweimal (in Takt 125 und 126, oder, wenn auch die vorausgegangenen Einsätze mitgerechnet werden, in Summa gar fünfmal) zur Wiederholung gebracht, was war natürlicher, als von Takt 127 ab einfach nur mehr das Thema fortzusetzen? Welch einfache und zugleich so tiefe Logik in dieser Konstruktion! Und mehr als das, — in der Treue gegen das Thema geht Beethoven selbst auch in der Coda (!) soweit, daß er dem vierten Takt des Themas sogar noch den obligaten Echoeffekt der Bläser anschließt, der in den Takten 129—130 von Vl. II, Klarinette, Oboe I und Flöte I in Szene gesetzt wird:

Fig. 287.

War es aber, wie wir wissen, sowohl beim Thema als auch bei den Variationen allemal nur ein Halbschluß, der die ersten vier Takte beschloß, so wendet dagegen Beethoven in der Coda an derselben Stelle (Takt 130) bereits den Ganzschluß an; doch tut er es nur zu dem Zwecke, um mit Zuhilfenahme einer Chromatisierung ($I^{\flat 7}$) die Wiederholung der Takte 120 ff. zu erzwingen, welche Wiederholung nämlich die konstruktiv erforderliche Schlußverstärkung herbeiführen soll. In der Tat kehrt in Takt 131 das Quartmotiv wieder, das in den Takten 133—136 obendrein sogar in einer Vergrößerung erscheint:

Fig. 288.

Die Takte 137—138 korrespondieren mit den Takten 125 bis 126. Endlich aber bringt Takt 138 den Schluß: die bisher in der Coda bereits aufgehäufte Spannung, die sich, wie wir gesehen haben, eben in der unaufhörlichen Suche und Sehnsucht nach dem Schluß ausgedrückt hat, löst sich endlich in den Takten 139—140 in einer neuen, ausdrucksvollen Wendung auf:

Fig. 289.

die freilich zum Thema selbst in keinerlei thematischer Beziehung steht. Streicher und Bläser alternieren im Vortrag

dieser eintaktigen Kantilene, deren Eintreffen und Gegenwart der Meister bedeutungsvoll genug mit folgendem originellen Akkompagnement bei Pauke und Horn (vgl. Takt 19) feiert:

Fig. 290.

Horn in Es. (Klang.)

Pauken.

Nun schickt aber Beethoven jener Kantilene — eine Konsequenz, deren Kühnheit wohl ihresgleichen sucht! — erst recht die weitere Fortsetzung des Themas nach: da er in der Coda Takt 1—4 des Themas nun einmal gebracht hat, so war nichts natürlicher, als daß er, doch freilich nach Maßgabe des besonderen Zweckes für die Coda, auch die Folge der nächsten Takte des Themas, d. i. der Takte 5 und 6 bringt (vgl. dazu das oben ad Takt 127 Gesagte!):

Fig. 291.

(Takt 5 ———————— 6 des Themas!)

So zieht denn also auch in die Coda das Thema ein; begreiflicherweise bleibt es hier aber nur bei einem Zitat der Takte 1—6, das überdies so arrangiert ist, daß Takt 1—4 des Themas im ersten Teil der Coda, die Takte 5—6 aber, weit getrennt von den ersteren, erst im zweiten Teile Platz finden!

Doch auch selbst mit diesem außerordentlichen Triumph künstlerischen Wagemuts bescheidet sich Beethoven noch immer nicht; seine Kunst und Konsequenz treiben ihn zu noch Kühnerem! Nicht nur bringt er in den Takten 143—144 die Takte 5 und 6 des Themas (in der Coda Takt 141—142) zur Wiederholung:

Fig. 292.

weil er dies dem Prinzip der Inhaltsdehnung durch Taktverdopplung — also jenem Prinzip, das er ja schon aus Anlaß des Taktes 1 des Themas (siehe Takt 125 der Coda!) befolgt hat — schuldig sein zu müssen glaubte; nicht nur gibt er ferner dem Takt 6 des Themas sein Echo bei der Klarinette wieder (siehe Takt 145—146), wie er es damit bis dahin, d. h. sowohl im Thema als in den beiden Variationen zu halten pflegte:

Fig. 293.

nicht nur, sage ich, hat er das alles getan — und dieses ist wahrlich genug —, sondern er geht eben noch weiter, indem er sogar die Echoantwort der Klarinette wiederholt!

Vergegenwärtigen wir uns nun Takt 141—147:

Fig. 294.

so entnehmen wir daraus, daß just Takt 6 des Themas dreimal nacheinander gesetzt wird! Nun versteht man es besser, weshalb gerade dieser Takt zur Seele der Einleitung werden mußte! Vielleicht geht man nicht einmal fehl, wenn man auch in den nachfolgenden Takten 147—148, wie folgendes Bild es veranschaulicht:

Fig. 295. Kl. I. (Klang.)

nur eine Vergrößerung des hier in Frage kommenden Motivs erblickt. Auch möchte ich es ebenso noch aus der zweiten Hälfte des Taktes 149 herauszuhören empfehlen:

Fig. 296. Vl. I.

trotzdem mit Takt 149 ohne Zweifel die letzte Kadenzformel beginnt.

Wie immer man sich übrigens zu den motivischen Beziehungen stellen mag, so ist für keinen Fall aber der Zug zum unvollkommenen Ganzschluß zu verkennen, der den Inhalt des Satzes von dem Augenblick an beherrscht, wo Takt 6 des Themas auf den Plan getreten ist, dem jener unvollkommene Ganzschluß eben eigentümlich. (Man sehe diesbezüglich nicht nur die Flöte in Takt 150—151, sondern auch die Klarinetten in Takt 152, desgleichen Vl. I in Takt 153.) Den unvollkommenen Ganzschluß in der Mitte des Taktes 151 stattet der Meister, ebenso wie den Schluß in Takt 139, mit besonderen Instrumentaleffekten aus; diesmal aber sind es Pauken und Bässe, die wie folgt alternieren:

Fig. 297.

während der Satz der Hörner (schon von Takt 151 ab) den Meister zu derselben Setzweise auch bei den Pauken in den Takten 153—154:

Fig. 298.

inspiriert, die übrigens, wie ich schon ad T. 19 sagte, ihre Assoziation im letzten Grunde außerdem noch in der Fig. 257 findet.

Die letzten Takte 154—157 machen den Eindruck, als wollte der Meister sich durchaus von dem unvollkommenen Ganzschluß befreien und dafür endlich einen vollkommenen eintauschen. Er macht, wie Takt 154—155 zeigen, eine letzte Anstrengung, doch immer wieder rückt das Ziel der Sehnsucht unerreichbar fort, der Ganzschluß bleibt unvollkommen auch noch in Takt 156:

Fig. 299.

ja, aus den Tonatomen des Motivs schwindet gleichsam die letzte Kohäsion (siehe Vl. I in Takt 155—156), und klang noch die Flöte in Takt 156 im *legato*, so klingt sie im letzten Takt 157 — bei unvollkommenem Ganzschluß! — nur mehr so:

Fig. 300.

Der Satz ist erloschen.

Vortrag.

Die metronomische Bezeichnung für das Hauptthema hat Beethoven mit ♩ = 60 angegeben.

Zu voller Wirkung gelangt das Thema erst durch die Ausführung im »*mezza voce*«, wie es Beethoven ausdrücklich vorschreibt.

An der *mezza voce*-Anweisung erkenne man in Beethoven zugleich einen der größten Vortragskünstler aller Zeiten! Wie man denn, um den in meiner Ausgabe der »chromatischen Fantasie« (siehe S. 46) bereits ausgesprochenen und scheinbar paradoxen Gedanken auch hier zu wiederholen, sich endlich daran gewöhnen muß, in unseren großen Meistern nicht nur die großen Komponisten, die Erfinder schöner Gedanken und schöner Synthesen, sondern auch die über alle bloß Reproduzierenden weit hinausragenden Vortragskünstler zu sehen! Die Bezeichnung des von ihnen stammenden Inhaltes ist nicht minder genial als die Erfindung des letzteren selbst, und erst in ihrer Wechselwirkung geben Inhalt und Bezeichnung zusammen das eigentliche Bild wieder, das ihnen vorschwebte: die Bezeichnung hilft den Inhalt ebenso erschließen, wie umgekehrt uns erst der letztere auch die erste begreifen läßt. Im Verlaufe dieser Sinfonie haben wir Proben solchen Zusammenhanges oft genug gesehen; hier im Adagio aber ist es fast unmöglich, zu einem rechten Vortrag zu gelangen, wenn man den Sinn der Bezeichnung nicht erfaßt, d. h. wenn man nicht unter allen Umständen dem Meister als dem von den Wirkungen eben am besten unterrichteten Vortragskünstler gehorcht.

Beethoven war es nämlich klar, daß eine so lange und in so breitem Zeitmaß dahinströmende Kantilene unmöglich vollen Brustton gestattet. Kein Sänger von Geschmack würde es denn auch wagen, eine so weite Strecke Gesanges mit heller und offener Passion zu tragen, und eben ganz im Sinne geschmackvollen Gesangsvortrages — der, nebenbei bemerkt, einem Beethoven näher als uns heute stand! — wünschte daher der Meister das *mezza voce* für den Vortrag des langen Themas. Wer, wie ich, das letztere, trotz Beethovens Vorschrift, leider nur zu oft auch mit erhabenem und nachdrücklichem Pathos vortragen hörte, kann wohl am besten den klugen und geschmackvollen Instinkt des Meisters bewundern.

Man folge Beethoven strikte auch darin, erst in Takt 6 und 11 < > auszuführen. Die Anweisung hat einen tiefen Sinn. Der einer künstlerischen Synthese nicht gewachsene Instinkt der sogenannten musikalischen Menschen neigt bei einer Kantilene, wie der hier in Frage kommenden, dazu, ein *cresc.* zum dritten, desgleichen zum siebenten Takt der Melodie (Takt 5 und 10 der Partitur) zu machen, also wie folgt:

Fig. 301.

Beethoven aber, der die Sorge hatte, die Einwürfe der Bläser vorzubereiten, verlegt die erste dynamische Aufwallung erst knapp vor die genannten Einwürfe und gewinnt so doppelten Vorteil: nicht nur, daß die Bläserechos dadurch auch thematisch (!) motiviert erscheinen, verhilft er noch außerdem, sofern die auffälligen Halbierungen von je zwei und zwei Takten, wie sie Fig. 301 zeigt, vermieden werden, dem Gesamtbilde der Melodie zum Eindruck einer stetigeren Einheit.

Takt 23—24. Man beachte, daß *pp* nicht beim vierten Viertel des Taktes 23, sondern beim ersten des nachfolgenden notiert ist; das will sagen, daß die Antizipation, wie sie durch das vierte Viertel des Taktes 23 vorgestellt wird, mit vollem Bewußtsein eben als solche vorgetragen werden muß.

Takt 25ff. Die metronomische Bezeichnung des Andante moderato lautet 𝅗𝅥 = 63. Scheinbar nur um weniges schneller als das Zeitmaß des vorausgegangenen Adagio, bedeutet jene Bezeichnung in Wirklichkeit gleichwohl eine intensivere Beschleunigung, da damit gerade die Dreiviertel-Taktart kombiniert wird. Welch reichere Bewegung, rein quantitativ gemessen, kommt doch hier schon innerhalb bloß einer Harmonie zustande!

Takt 43ff. Beethoven hält auch bei der Variation an den dynamischen Bezeichnungen des Themas unverändert fest, die er ja als einen eben integrierenden Bestandteil der Konstruktion überhaupt gar nicht mehr fallen lassen konnte. Doch sei hier erinnert, daß sich damit wohl sehr gut auch noch etwaige weitere bescheidene Schattierungen vertragen, wie z. B. solche, die mit der Artikulation der Sechzehntel bei den Vl. I zusammenhängen, die aber Beethoven als zu selbstverständlich nicht erst ausdrücklich auszuschreiben für nötig erachtete. Auch läßt sich nicht vermeiden, daß in den Takten 50—51 aus dem Grunde beschleunigten Bogenwechsels zugleich eine Beschleunigung des Tempo sich ergibt: vielmehr ist letztere als parallel gehende Assoziation des *cresc.* in Takt 51 durchaus nur willkommen zu heißen!

Takt 55ff. Hier wird die Artikulation der Vl. I noch sensibler, als sie bis dahin gewesen:

Fig. 302.

Diesen gleichsam vor Seligkeit so hold verworrenen Atemzügen gebe man daher nur getrost ihre eigenen minutiösen Schattierungen, sofern nur sonst die aus der Konstruktion erfließende Hauptschattierung: *cresc.* > *p*, die Beethoven fordert, nichts von ihrer Geltung und Wirkung einbüßt. Zu jener Innenschattierung gelangt man aber am besten, wenn man sich bestrebt, den Ausdruck der Norm zu vermeiden, wie sie in folgender Artikulation zutage träte:

Fig. 303.

Takt 73ff. Schon die Instrumentierung — siehe besonders die Hörner — deutet auf einen Menuettcharakter, also jenen Charakter, der gemäß den Skizzen (siehe unten) dem Andante von Haus aus zugedacht war. Es liegt keine Ursache vor, das Menuettartige hier im Namen des Andante zu meiden.

Takt 83ff. Der Vortrag dieser Stelle kann nur dann gelingen, wenn er die Konstruktion (die ja den Inhalt bedingt) hervortreibt. So hat man denn (vgl. oben S. 213ff.) zunächst dreimal je zwei Takte zu gliedern:

Takt 83—84 (Klarinette)
Takt 85—86 (viertes Horn)
Takt 87—88 (viertes Horn).

Hernach gehe man den Imitationen von Takt zu Takt nach:

Takt 89: viertes Horn
Takt 90: Klarinette I
Takt 91: Flöte I.

und ziehe endlich in den Takten 92ff. aus all den Ereignissen sozusagen die Summe der Kadenz.

Takt 96. Dem Hornisten muß, wenn er mit richtigem Tonfall den Anschluß an die Flöte in Takt 93 und an die

Klarinette in Takt 94 (deren Nachfolge er bringt), gewinnen soll, das Bewußtsein des Motivs als einer Variation des Kadenzmotivs beigebracht werden. Aus demselben Grunde empfiehlt sich für ihn übrigens auch folgende Nüancierung:

Fig. 304.

Takt 99ff. Im Verlaufe der zweiten Variation beachte man insbesondere das feste Rückgrat, wie es den ersten Violinen die das Hauptthema selbst in seiner ursprünglichen Gestalt wiedergebenden Bläser so präzise darbieten. Mehr als die Figurierungen verbürgt nämlich jenes Rückgrat, daß der quantitativ so angewachsenen Tonmenge auch hier die Wirkung einer plastisch geschlossenen Einheit, wie sie eben das Thema selbst hat, voll gesichert werde. Außerdem findet sich bei den Bläsern deutlicher als bei den Vl. I jene Hauptschattierung wieder, die, aus der Konstruktion erflossen, eben auch in dieser Variation nicht fehlen durfte. Bei den Vl. I selbst kommen dazu einige neue Bezeichnungen, die (siehe < > schon in Takt 101, *cresc. dim.* in Takt 103, die *marcato*-Zeichen > in Takt 105 und später in Takt 109) den Vortrag der um so viel breiter dahinströmenden Tonflut regulieren helfen sollen; niemals vergesse man aber über diesen aus einem anderen Grunde notwendig gewordenen Detailanweisungen jene eigene Anweisung Beethovens ins Große, die, wie die Bläser zeigen, nach wie vor die dominierende bleibt! Somit verhelfe man den Detailanweisungen nur soweit zu ihrem Rechte, als die noch krauseren Artikulationen — ich verweise z. B. in Takt 106 auf:

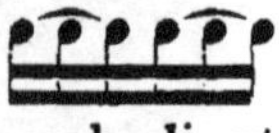 und in Takt 107 auf: 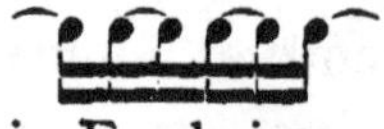

usw. — unbedingt als solche gleichzeitig in Erscheinung treten müssen.

In einem Falle, wie ihn die hier in Frage kommende Variation bietet, ist es von größtem Vorteil, sich des ausgiebigsten Sukkurses der Nüancierung auch bei den Bässen zu versichern. Denn unendlich überzeugender wirkt — vgl. oben S. 13 — die Hauptschattierung (z. B. in Takt 107, 110, 111—113), wenn sie nicht nur bei den Bläsern und den übrigen Streichern, sondern auch bei den Celli und Kontrabässen durchgeführt wird.

Der Grundsatz, alle Nüancierung auch bei den Bässen durchzuführen, kann eben nicht oft genug als prinzipieller wiederholt werden! Denn es zeugt noch von sehr niedriger Kultur, wenn die Nerven des Reproduzierenden erst soweit sind, bloß die Melodie (die meistens in der ohnehin anziehenden Höhe und nur selten in der Tiefe sich befindet) beherbergen und tragen zu können. Ein so primitiver Nervenzustand erinnert buchstäblich an die geistige Verfassung eines Kindes, das, vor dem Klavier sitzend, sich mit allem Vorstellungsvermögen nur erst der rechten Hand allein zu widmen fähig ist. Haben aber die Künstler schon seit geraumer Zeit gelernt, in dieselbe geistige Einheit außer der Melodie auch noch mehrere andere Stimmen zu fügen, so muß endlich einmal doch wohl auch der bloß Reproduzierende lernen, ihnen nach mindestens doch zwei Linien, d. i. die der Melodie und des Basses, gleichzeitig aufs Lebendigste zu führen, womit er dann — um im Vergleich fortzufahren — jenen Zustand des Kindes erreicht, das die linke von der rechten Hand unabhängig zu machen und gleichzeitig mehrerlei Verschiedenes zu denken bereits erlernt hat. Man ahnt aber kaum, wie wenig noch selbst die namhaftesten Dirigenten und Klavierspieler darin geübt sind, die Bässe zu modellieren und ihren Nüancenbeitrag in Anspruch zu nehmen!

Takt 125ff. Hier gehe man durchaus der oben dargestellten Konstruktion, d. i. der Einheit der Takte 125—130 nach, wobei Takt 125 mit Takt 126 für identisch genommen werden mögen.

Takt 129—130. Diese beiden Takte als Abschluß des Vorausgegangenen vertragen wohl eine kleine Dehnung des Zeitmaßes, die gleichsam durch Assoziation die Beruhigung einer Kadenz wiedergibt.

Takt 141 ff. Ähnlich wie früher bei Takt 125 ff., mache man sich auch hier die Konstruktion zur Führerin:

Takt 141—142 = 143—144 und
Takt 144 = 145 = 146 = 147!

Literatur.

Nottebohm (S. 173) teilt mit:

»Das Adagio wurde ungefähr im Oktober 1823 im Entwurfe fertig. Zuerst entstand die Melodie des Mittelsatzes. Sie wurde geschrieben, bevor der erste Satz in den Skizzen fertig war. In ihrer ursprünglichen Fassung

Fig. 305. Thema.

erscheint sie in anderer Tonart und mit einer unbedeutenden Melodie, von der sie sich, auch nachdem sie nahezu ihre endgiltige Fassung gefunden,

Fig. 306.

nicht frei gemacht hat.« (An dieser Stelle folgt die weitere Darstellung der Skizze, die die zweite Melodie der ersten Skizze mit einigen Veränderungen nach A-dur transponiert zeigt.)

»Hier«, so fährt Nottebohm auf S. 176 fort,

Fig. 307.

»wird ein anderer Anfang versucht. Ohne Zweifel ist diese Melodie in einem Konversationsheft aus dem Herbst 1823 gemeint, wo der Neffe schreibt: ‚Mich freut nur, daß du das schöne Andante hineingebracht hast'.«

Was das Hauptthema anbelangt, so lautet nach Nottebohm S. 177 einer der ersten Entwürfe wie folgt:

Fig. 308.

Von diesem Entwurf sagt Nottebohm: »Er entstand, nach unserer Annahme, zwischen Mai und Juli 1823.«

Wie man hier sieht, erliegt Beethoven der ersten Lockung des vollkommenen Ganzschlusses schon in Takt 7 und 8! (Man denke nur, die Erfahrungen so vieler Werke vermochten selbst einen Beethoven vor solchem Irrtum nicht zu bewahren: wie gefährlich ist doch das Reich der Töne!) Damit ist nun aber der Entwurf für immer besiegelt: der allzu starke Abschluß tötet sozusagen die Virilität der Töne ab und keine Fortführung will da mehr gedeihen. Noch aber sträubt sich freilich Beethoven zunächst gegen die Konsequenzen des begangenen Fehlers und sucht um so dringender jenseits des vollkommenen Ganzschlusses eine größere Länge des Themas durch eine Schlußverstärkung zu erzielen: doch alle Mühe ist vergebens. Nun langt er nach dem Halbschluß (siehe das Vi — de) als dem vermeintlichen Retter in dieser Situation.

Gleich darauf heißt es bei Nottebohm: »Eine etwas später geschriebene, in den Juli 1823 zu setzende Skizze bringt diese Fassung:«

Fig. 309.

Daraus entnimmt man, daß Beethoven in Takt 8 den unvollkommenen Ganzschluß und damit zugleich die Möglichkeit der geeignetsten Fortschreitung gewinnt. Nun war nichts natürlicher, als einfach den Inhalt ab Takt 5 zu wiederholen. Mitten im Glück des neuen Auswegs packt ihn aber, wie die Skizze ebenfalls deutlich zeigt, plötzlich die Idee des chorischen Prinzipes, der er sich, im ersten Sturm, begreiflicherweise noch ganz kritiklos hingibt. So stellen nämlich die Takte 11 und 12, wie auch Takt 15, offenbar die Antwort der Bläser vor. (Im letzteren Punkte bin ich demnach anderer Meinung als Nottebohm, der so urteilt: »Beethoven dachte hier noch nicht daran, den letzten Takt jedes Abschnittes, wie es in der Partitur geschieht, von den Blasinstrumenten wiederholen zu lassen. Höchstens (!) könnte man im 15. Takt der letzten Skizze eine solche Wiederholung finden.« Der Fortschritt der zweiten Skizze gegenüber der ersten ist somit unverkennbar und zwar nicht nur in Hinsicht des wichtigsten Punktes, nämlich der Eroberung des unvollkommenen Ganzschlusses, sondern in bezug auch auf andere minder wesentliche Momente. Zu den letzteren zähle ich das chorische Arrangement, weiters aber auch die Neuschaffung der so ausdrucksvollen Portamenti (Antizipationen) in Takt 5 (f^2) und 11. Gegenüber Neuerwerbungen von solcher Bedeutung kommt es dann freilich zunächst nur wenig in Betracht, wenn Beethoven die Möglichkeit auch einer weiteren Anbringung von Portamenti vorläufig noch übersieht und überflüssigerweise den Inhalt der Takte 1—2 gegenüber der ersten Skizze sogar wesentlich verschlechtert. (Dadurch nämlich, daß in der ersten Skizze b^1 schon im zweiten Takte erscheint, wird der Dreiklang b-d-f, der hier in horizontaler Linie entwickelt [d. i. auskomponiert] wird, sofort aufs deutlichste empfunden, während das Zögern jenes Tones, der ja Grundton des Dreiklanges ist, in der Fassung der zweiten Skizze, wo er erst im dritten Takte erscheint, den Nachteil geringerer Anschaulichkeit verursacht.)

Die Erfüllung fast sämtlicher Wünsche bringt die nachstehende Skizze:

Fig. 310.

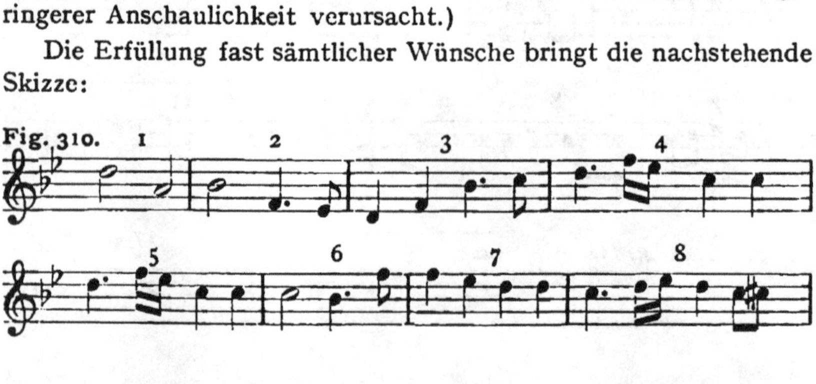

Das chorische Prinzip erscheint hier mindestens an sich mit Konsequenz — s. Takt 5, 9—10, 13—14 und endlich Takt 17 — durchgeführt; das viermalige Eingreifen der Bläser verlängert den Inhalt derart, daß er nunmehr im C-Takt dargestellt werden konnte; das Portamento dringt schließlich auch in die Takte 8—9 ein. Noch weist aber die Skizze eine letzte Inkonsequenz auf, nämlich die, daß die Bläser in Takt 5 und 10 gerade nur die jeweilige Abschlußformel echoartig erwidern, dagegen in Takt 13 bis 14 gar den gesamten Inhalt der vorausgegangenen Takte 11—12 wiederholen; welche Inkonsequenz umso auffallender wirkt, als die nachfolgende vierte und letzte Mitwirkung der Bläser in Takt 17 doch wieder nur in der echoartigen Erwiderung bloß des einen Taktes, nämlich des T. 16, ihren Ausdruck findet.

Doch auch mit dieser letzten Skizze, die den Entwurf schon in die nächste Nähe der endgiltigen Fassung gebracht hat, waren die Schöpferqualen Beethovens noch immer nicht zu Ende! Es folgt noch eine andere Skizze, die aber — welche Ironie, dies zu sehen! — einen sehr argen Rückfall bedeutet:

Fig. 311.

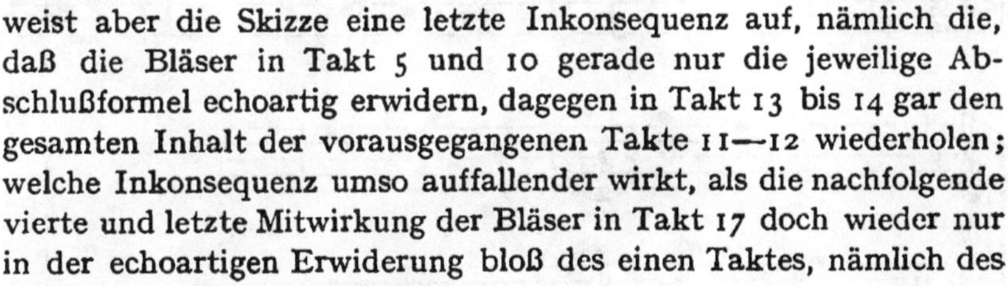

Welche Schwerfälligkeit des Meisters, so breite achttaktige Gruppen einfach nur zur Wiederholung zu bringen! Und wie fatal die melodische Linie gleich in den Takten 1—4!

Offenbar auf den Schluß des Adagio bezieht sich folgende, von Nottebohm auf S. 179 mitgeteilte Skizze:

Fig. 312.

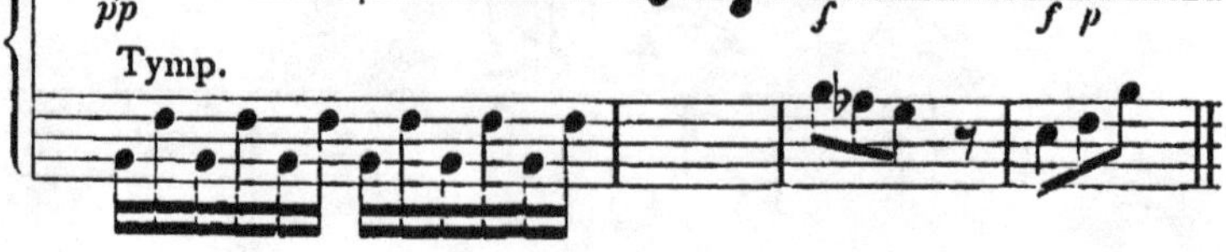

Kretzschmar (S. 117) schreibt: »Das Adagio, der dritte Satz der Sinfonie, hat eine abweichende, nichts destoweniger aber sehr klare Disposition.« »Klar«? es wird sich sofort zeigen, daß nicht eine, sage: nicht eine Note dem Autor im Sinne ihrer immanenten Wahrheit vertraut ist.

»Sein Hauptthema, der inbrünstige Ausdruck eines edlen, frommen Sinnes, der in die andere Welt hinüber Fragen zu richten scheint« (hier folgt das Zitat) »hat die Länge des Periodenbaues, welche der Beethoven der letzten Periode liebt.« Dieser an sich wohl vernünftigen Behauptung muß dahin entgegengetreten werden, daß, wie ich oben zeigte, die Länge des Themas durchaus keine organische ist, wie z. B. die des ersten Themas des Adagio in der Sonate Op. 106, sondern auf dem mehr äußerlichen Wege einer Schlußverstärkung und der Füllungen durch Bläser entstanden ist. Die beiden Arten von Länge aber sind schon aus dem Grunde ihrer Entstehung zu verschieden, als daß sie bloß wegen der Taktzahl für gleichwertig gehalten werden dürften.

»Es schließt nicht voll ab, sondern es schwebt unmittelbar in den Schoos des zweiten Thema über» (hier das Zitat des Andante moderato), »welches auch äußerlich, nach Tonart und Taktart, die Kennzeichen einer völlig anderen Sphäre trägt. Nach dieser Themengruppe beginnen Variationen, zuerst über beide Hauptgedanken, dann über das erste Thema allein. Der ganze Satz strebt einer höheren Art von Freude zu: da scheint ein Mensch zu träumen vom Himmel und vom Wiedersehen, von seinen Jugendtagen und von seinen Lieben.« Da haben wir es also: Wort um Wort ist falsch! Denn weder bilden das Hauptthema und das Andantethema eine »Themengruppe«, da, was Kretzschmar doch wissen sollte, das hervorragendste Zeichen einer Gruppe die Identität der Tonart ist, noch kann man von »den beiden Hauptgedanken« sprechen, wo das Andante lediglich zur Unterbrechung der Variationen bestimmt ist; das Fatalste ist aber endlich, daß er die Überleitung zur zweiten Variation ebenfalls schon für eine Variation selbst hält! Nun sieht man, was es mit Herrn Kretzschmars »Klarheit« für Bewandtnis hat, und wenn er »vom Himmel und vom Wiedersehen, von seinen Jugendtagen und von seinen Lieben« gerade dort träumt, wo er unter sich Abgründe von Irrtümern hat, so frage ich, was würde er erst träumen, wenn er der Wahrheit auch nur einen Augenblick lang ins Gesicht gesehen hätte? Ist denn nicht aber auch in Kunstdingen gerade nur die Wahrheit der schönste Traum? »Aber Träume gehen zu Ende« fährt er fort. Diese unsagbar hilflosen Worte stehen für die Überleitung und die zweite Variation!

»Am Schluß der ersten Zwölfachteltakt-Variation verkünden Trompeten und Hörner mit einem plötzlichen Signal die Nähe des rauhen Tages.« So viel Worte, soviel Irrtümer! Erstens ist die Zwölfachteltakt-Variation durchaus nicht die erste, sondern die zweite Variation (nicht einmal dieses ist ihm also noch klar gewesen in dem Augenblick, als er von der sehr »klaren« Disposition sprach!); zweitens ist das plötzliche Signal mehr als bloß ein Signal, da es thematische Bedeutung hat, und drittens muß für den »rauhen Tag« die herrliche Coda gesetzt werden, die wahrhaftig nur demjenigen rauh ist, der sie weder lesen noch hören kann. Als wahr bleibt davon also nur die eine Tatsache übrig, daß die »Trompeten und Hörner verkünden« — aber wer braucht denn, um dieses zu hören, einen »Führer?«!

Auch Grove hält, ähnlich wie Kretschmar, das Adagio für »Variationen auf zwei im Wesen und Tonart völlig verschiedene Themen«! Von der Einleitung weiß er nur soviel zu sagen, daß »in deren wundervolles *crescendo* der Meister den ganzen Überschwang seines harmbedrückten Herzens zu ergießen scheint«. Nun kann man sich darnach wohl eine Vorstellung machen, wie unzulänglich er hernach Takt 7, 14—15 des Themas und vollends den Schluß des Adagio gehört hat! Das Hauptthema selbst hat nach Grove gar vier Absätze; zu diesem Irrtum wurde er offenbar dadurch veranlaßt, daß die Bläser den dritten Absatz ganz zur Wiederholung bringen; — ich sagte aber, daß diese Wiederholung, trotzdem sie vier Takte umfaßt, nicht aufhört, bloß eine Wiederholung zu sein und daß sie, weit davon entfernt, einen vierten, selbständigen Absatz zu bilden, völlig im Range der vorhergegangenen Bläsereinschaltungen verbleibt.

Von der Adagio-Überleitung zur zweiten Variation spricht Grove als von einem »Höhepunkt«, als ob eine Überleitung je Höhepunkt werden könnte! Aber freilich, er weiß ja nicht, was der Inhalt der Takte 83ff. bedeutet; man höre doch nur, was er schreibt: »Klarinetten und Fagotte führen die in Es-dur stehende Melodie, ein tiefes Horn in B gibt den Baß und über die Streicher sind *pizzikato*-Noten verteilt.« Welcher Tiefstand, da wo ein vom Meister konsequent durchgeführter Plan (wie ich ihn oben dargestellt habe) zu erkennen und zu würdigen war, bloß Klarinetten und Fagotte, Es-dur, die Melodie, bloß ein tiefes Horn, den Baß, die Streicher und *pizzikato*-Noten zu sehen! Und welche Irrtümer sind nicht noch in der Folge der Darstellung anzutreffen! Kaum sieht er im Takt 89 den Ton ges, sofort, außer jeglichem Zusammenhang, fordert er auf: »Möge man auch die elegische Note ges« (»elegisch« steht hier für die Mischung Es-$\frac{\text{dur}}{\text{moll}}$) »zu beachten nicht vergessen«. In den Takten 85 ff. sieht er bloß die »Nachahmung der beiden einleitenden Takte der Klarinette durch das Horn«; daher ist ihm dann die Variante des Kadenzmotivs beim vierten Horn in Takt 96 auch wieder nichts mehr, als bloß eine »schöne, aber heikle Stelle in Gestalt einer auf- und absteigenden Ces-dur-Skala.«

Die zweite Variation nennt er die zweite eigentliche Variation. Von der Coda, die er, zu seiner Ehre sei es gesagt, als solche allerdings erkennt, weiß er nichts mehr zu vermelden, als nur: »Die Noten as und ges sind hier namentlich von tiefer Wirkung und nicht minder die Art, wie die Flöte zweimal den Gesang der ersten Violinen aufnimmt, zuerst in halben und dann in Achtelnoten. Noch eines wundervollen kurz hinter dem oben notierten Absatz eintretenden Klagegesanges sei hier gedacht, einer Phrase von vier Takten in Des-dur, die zum Schönsten gehört, was dieser Satz uns offenbart hat. Vanitatum vanitas, fühlt man sich versucht, als Überschrift diesen wie aus einem Jenseits herübertönenden Klängen voran zu stellen.« Was sollen alle diese Worte, wenn Grove nicht einmal noch das Einfachste uns zu sagen weiß, daß es sich hier doch nur um eine Situation aus dem Hauptthema handelt! Und wenn er die Vergrößerung des ersten Taktes des Hauptthemas unbekannterweise gar für eine »Phrase von vier Takten in Des-dur« hält und, solcherart schon gegenüber dieser Kleinigkeit unzulänglich, für die größeren Konstruktionsschwierigkeiten der Coda erst recht kein einziges Wort der Erklärung mehr findet, so möchte man, doch freilich in einem anderen Sinne, mit ihm ausrufen: Vanitatum vanitas!

Weingartner (S. 167) befaßt sich meistens mit dynamischen Nüancierungen, die entweder die eigenen Anweisungen Beethovens näher ausdeuten, oder, wo solche (mit gutem Grunde) fehlen, ersetzen sollen.

IV. SATZ.
PRESTO.

Vierter Satz.

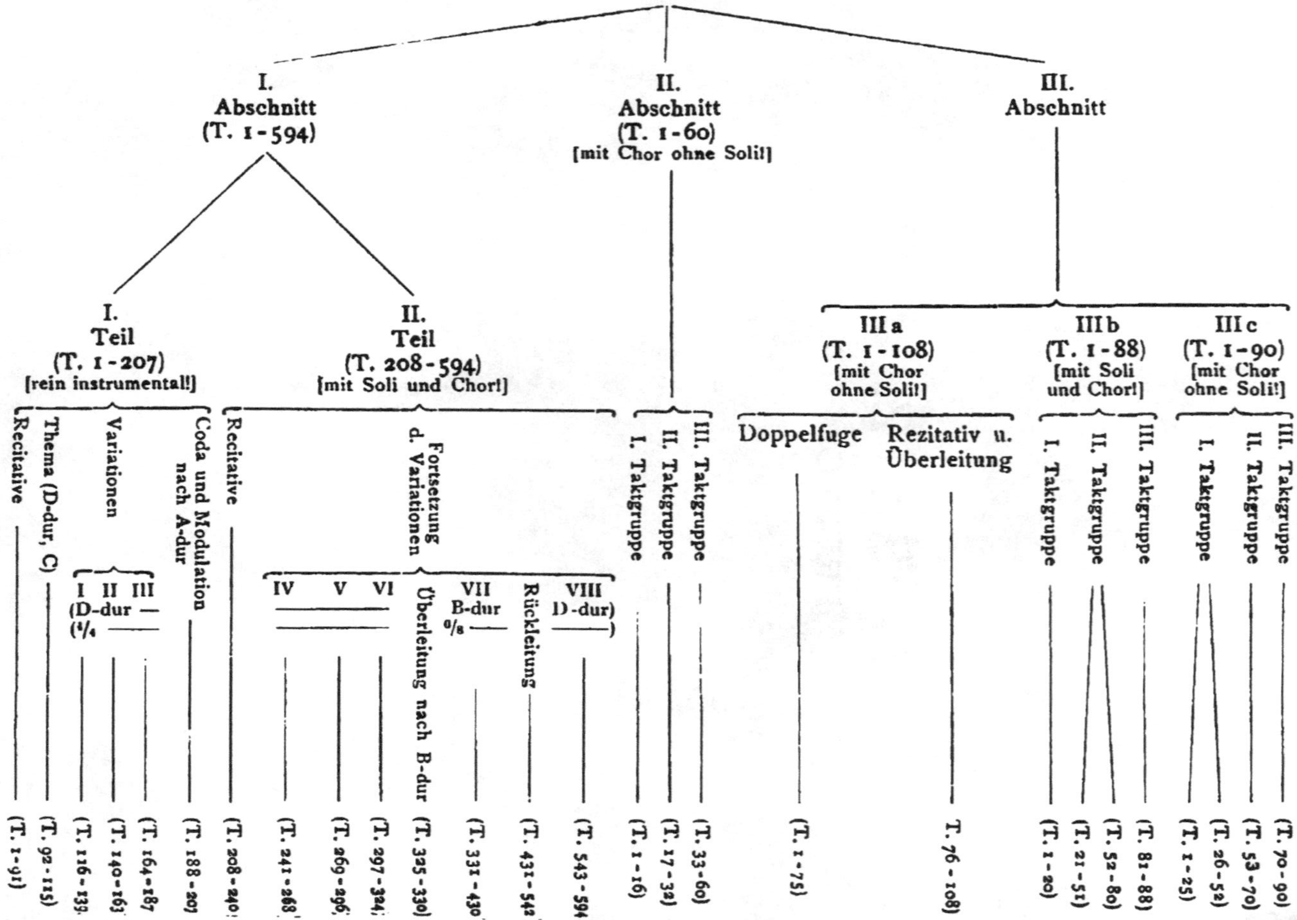

Allgemeines.

Der Instinkt zu den rein musikalischen Gesetzen hat Beethoven auch dort nicht verlassen, wo er sogenannte Programm- oder Vokalmusik schrieb. Ein Verstoß gegen musikalische Logik — diese im absoluten, d. i. von Programm oder Text völlig abstrahierten Sinne genommen — war ihm von Natur aus einfach unmöglich, und so hat er auch diesmal, da er an die Komposition des Schillerschen Textes ging — eben trotz Text —, sich doch wieder nur von den Gesetzen absoluter musikalischer Gestaltung leiten lassen.

Im wesentlichen und großen ging sein Kompositionsplan im Finale dahin, zuerst die »Freuden«melodie (siehe unten Fig. 322) selbständig in einem eigenen Abschnitt zu variieren, sodann in einem zweiten ebenso wieder selbständigen Abschnitte die Strophe »Seid umschlungen, Millionen« (siehe unten Fig. 390) durchzukomponieren, um dann in einem dritten Abschnitte die Anfangsmotive der vorausgegangenen endlich in einer Doppelfuge durchzuführen und damit den beiden ersten Abschnitten den ersten Abschluß zu geben. Da indessen der Abschluß in jeder Hinsicht der Größe jener Abschnitte zu entsprechen hatte, läßt er auf den dritten noch einen vierten, eben einen Schlußabschnitt folgen, der sogar Kadenzen bringt, wie sie sonst nur in reinen Instrumentalwerken (z. B. Konzerten, Sinfonien, auch Sonaten*) gegen den Schluß hin vorzukommen pflegen, bis endlich als fünfter Abschnitt eine wirkliche Stretta dem ganzen Finale den allerletzten Abschluß bietet. In Anbetracht dessen aber, daß der 4. und 5. Abschnitt lediglich nur mehr Schlußcharakter aufweisen, dürfte

* Haydn, Sonate G-dur, Adagio; Beethoven, Sonate C-dur, Op. 2 Nr. 3, erster Satz usw.

man wohl auch so weit gehen, sie einfach nur dem 3. Abschnitt als dessen weitläufige Schlußketten anzugliedern. In diesem Sinne wären also nur drei Abschnitte anzunehmen, deren letzter eben die Doppelfuge samt den Schlüssen in sich begreift. Ich habe daher, obgleich ich in der Analyse der Bequemlichkeit halber von fünf Abschnitten spreche, im Plan dennoch die Bezeichnung IIIa, IIIb, und IIIc für III., IV. und V. Abschnitt gewählt, um dort die Einheit auch optisch hervortreten zu lassen.

Schon durch sich selbst beweist somit diese Anlage ihre Richtung ausschließlich auf das absolut Musikalische: kennen wir doch die Art, zwei Themen zunächst selbständig zu behandeln, um sie im weiteren Verlaufe gemeinsam durchzuführen, zur Genüge aus der Instrumentalmusik (so z. B. aus der Doppelfuge); ferner ist uns von dorther nicht nur die sogenannte »Kadenz« sondern auch die Stretta sehr wohl vertraut.

Von der Perspektive dieses kolossal dimensionierten Planes aus gesehen, darf man daher die Einteilung des Finales, wie sie Beethoven selbst in der Partitur vorgenommen, durchaus nicht buchstäblich nehmen; vielmehr hat man die Gründe, weshalb er sich zu einer bloß rein äußerlichen Einteilung des Inhaltes bequemen ließ, einzusehen und folgende, dem wahren Inhalt einzig entsprechende Einteilung in das Finale hineinzutragen:

Zum ersten Abschnitt gehören nicht nur die beiden ersten großen Partien, die am Kopf mit der Presto-Bezeichnung versehen sind, sondern auch jene der äußeren Darstellung nach allerdings irreführend selbständig erscheinende Partie, die mit »Allegro assai vivace, alla Marcia« überschrieben ist.

Der zweite Abschnitt trägt als Tempoüberschrift »Andante maestoso«, der dritte »Allegro energico, sempre ben marcato», der vierte »Allegro ma non tanto« und endlich der letzte »Prestissimo«.

Somit ergibt sich aus dem Vergleiche beider Einteilungen, d. i. der in der Partitur von Beethoven und der von mir selbst hier angegebenen, daß ich im ersten Abschnitt nicht weniger als die ersten drei Teile der Partitur zu einer Einheit zusammenfasse. Der Grund, der mich dazu bestimmt, ist ein außerordentlich wichtiger und beleuchtet Beethovens kompositionellen Standpunkt auf das deutlichste: Denn auch hier im einzelnen, wo, wie gesagt, zunächst nur erst das »Freuden«thema allein zu variieren war, wollte der Meister den absoluten Gesetzen durchaus treu bleiben, und wenn er in diesem Sinne nun darauf ausging, die rein instrumental gehaltenen Rezitative und Variationen über das Freudenthema noch einmal (doch freilich mit Erweiterungen und sonstigen Änderungen) durch das Medium des Vokalen zu wiederholen, so hat man eben in dieser Wiederholung eine Beziehung beider Teile zueinander zu erblicken, die einer Beziehung von Vorder- und Nachsatz ähnlich ist, sofern nur eben die letzteren Formkategorien in so vielfacher Vergrößerung angenommen werden können!

Die innere Beziehung der beiden erwähnten Teile ist so stark, daß dagegen der Unterschied in der Quantität und Art der Variationen gar nicht wesentlich in Betracht kommt. Was will es denn gegenüber der Tatsache, daß beide Teile eben nur Variationen über dasselbe Thema vorstellen wollen, bedeuten, daß der erste rein instrumental gehaltene Teil (von den Rezitativen und vom Thema selbst abgesehen) nur drei Variationen, dagegen der zweite vokale Teil (wieder vom Rezitativ abgesehen) sogar deren fünf aufweist? Und wenn ferner im ersten Teil sämtliche Variationen in D-dur stehen und unmittelbar aufeinander folgen, hingegen im zweiten Teil eine der Variationen (die vierte) in B-dur erscheint, wobei außerdem noch die unmittelbare Aufeinanderfolge aufgehoben ist,— was will das alles sagen gegenüber der Gemeinsamkeit der Tendenz beider Teile?

So waltet denn über diesen letzteren — die Darstellung weiterer technischer Momente, die den Sachverhalt noch nachdrücklicher erläutern, folgt später — das Gesetz des Parallelismus (der Wiederholung), das ja Urgesetz aller absoluten Musik ist (vgl. Bd. I S. 4ff.). Sind doch übrigens die oben erwähnten Kadenzen auch wieder nur auf den rein musikalischen Parallelismus gestellt, da der vierte Abschnitt (Allegro ma non tanto) ihrer zwei (und nicht bloß eine) aufweist! Daher hat man sich dieses Prinzips durchaus bewußt zu werden, wenn man den ersten großen Abschnitt des Finale richtig erfassen will. Wie denn auch nur von diesem Standpunkt aus den Mißverständnissen entgegengetreten werden kann, die sich so verhängnisvoll (siehe später unten) gerade an das Finale geklammert haben.

Erster Abschnitt.

Presto.

(Takt 1—594.)

Erster Teil (Takt 1—207).

Der erste Teil des ersten Abschnittes enthält, wie schon oben gesagt wurde:

a) die Rezitativpartie (Takt 1—91), ferner:

b) das Thema mit drei Variationen (sämtlich in D-dur, Takt 92—187) und endlich:

c) die Coda (Takt 188—207), die zugleich eine Überleitung zum zweiten Teil des Abschnittes, als gleichsam zum Nachsatz des ersten Teiles, bringt.

ad a) Die Tendenz der Rezitative geht dahin, sozusagen das geistige Werben um ein neues Thema darzustellen. Indem nämlich Beethoven die Themen des ersten, zweiten und dritten Satzes noch einmal vor seiner Fantasie vorbeiziehen läßt, um gerade gegen die durch sie ausgedrückten Stimmungen in den einzelnen Rezitativen gleichsam zu protestieren, offenbart er dadurch sein Sehnen nach einem neuen Gedanken, der ihm eben besser als die früheren entspräche. Schließlich fällt seine Wahl auf das in Fig. 322 zitierte Thema, das er in der Tat freudig entschlossen endlich zum Hauptthema macht. Nach allgemeiner Annahme ist die Deutung der einzelnen Phasen der Rezitativpartie folgende:

In den Takten 1—8 eine fürchterliche Sturzwelle des heftig figurierten D-moll-Dreiklangs (Takt 5—7 führen zum Halbschluß): Takt 1—16.

Fig. 313.

Einen Ausweg aus dieser Stimmung sucht das (erste) Rezitativ in den Takten 9—16 (Stufengang V—I):

Fig. 314.

Dabei übt der erste Einsatz schon durch seine Konstruktion allein eine beklemmende Wirkung aus: gleich zu Beginn erscheint nämlich der Tonika-Dreiklang in der Umkehrung eines 6-Akkordes mit einem kreischenden, ganz und gar unvorbereiteten Quartvorhalt auf der Stirne, dessen Auflösungston überdies in der Mittelstimme enthalten ist:

Fig. 315.

Takt 17—29. Nun auf der Tonika, die ein Chroma bei der Terz erhält, wieder eine zweite, der ersten ähnliche Sturzwelle (Takt 17—24): ihr begegnet aber trotzig abwehrend das (zweite) Rezitativ in den Takten 24—29 (scheinbar B-dur, in Wahrheit nur VI. Stufe in D-moll):

Fig. 316.

Takt 30—47. In den Takten 30—37 zieht über dem 6-Akkord der Dominante(!) plötzlich das Urmotiv des ersten Satzes vorüber: das (dritte) Rezitativ in den Takten 38—47 lehnt es sichtlich ab (wobei A-moll angebahnt wird):

Fig. 317.

Takt 48—62. Es erscheint sodann in den Takten 48—55 das Motiv des Scherzo (A-moll nach F-dur): Ablehnung auch dieses Motivs durch das (vierte) Rezitativ in den Takten 56—62 (F-dur nach B-dur):

Fig. 318.

Hernach tritt noch das Motiv des Adagio auf (Takt 63—64): Takt 63—76.
doch auch gegen dieses wendet sich das (fünfte) Rezitativ in den Takten 65—76:

Fig. 319.

Endlich bringen die Takte 77—80 den Vorschlag des neuen Takt 77—91.
Themas auf der Dominante in D-dur:

Fig. 320.

und damit erklärt sich denn auch in den Takten 80—91 das (sechste) Rezitativ schließlich einverstanden.

Fig. 321.

6. Rezitativ.

Diese Deutung der oben geschilderten Einzelsituationen liegt viel zu nahe, als daß sie umgangen werden könnte, ist aber, da sie auf eine rein instrumentale Musik sich bezieht, unter allen Umständen doch nur als eine subjektive und willkürliche wohl von vornherein aufzufassen. Und zwar bleibt die Deutung subjektiv, trotzdem, wie schon oben gesagt wurde, alle Welt gerade in ihr einig ist. Nachträglich freilich, wenn man sieht, in welcher Beziehung die Takte 77—80 zum Hauptthema selbst stehen und wie sie offenbar nur präludierenden Charakter haben, kann man wohl a posteriori zugeben, daß die vorausgegangenen Reminiszenzen kaum etwas anderes als die Suche nach einem Thema zu bedeuten hatten; doch ist die Orientiertheit des Hörers wohlgemerkt erst eben nur auf das a posteriori allein gegründet und niemals hätte dieser gar a priori den Sinn der Rezitative so zu deuten gewagt, als er es nachträglich tun darf. Auch in dem hier vorliegenden Falle Beethovens also — und das ist die lehrreiche Moral desselben — war der Instrumentalmusik eine Deutung a priori versagt, und dagegen beweist die a posteriori sicherlich doch gar nichts!

Eine andere und delikatere Frage ist freilich die, ob gerade vom Standpunkte des Programms sich in dieser Situation die Zitierung der früheren Themen überhaupt empfohlen hat.

Denn wie durfte da Beethoven, sofern er ein neues Thema zu wählen vorhatte, noch ernstlich auf den Gedanken kommen, gerade die durch eine frühere Darstellung bereits ganz ausgeschöpften Themen, die ja nie mehr wiederkehren durften (!), auf ihre Eignung zu prüfen, statt dem Zuhörer eben nur neue Themen, eines ums andere, vorzuschlagen? Das Geschäft, unter Themen eine Wahl zu treffen, gehört unter allen Umständen ins Skizzenbuch. Unternimmt es aber der Komponist, dieses Geschäft vor dem Zuhörer offen zu demonstrieren, so ist das nur ein Schauspiel, vergleichbar etwa dem bekannten Trick »einer Bühne auf der Bühne«. Doch was der Dichter mit Erfolg anwendet, kann leider nicht eben so gut auch der Musiker erreichen. Denn in der Musik genügt die bloße Aufstellung von Tonreihen noch lange nicht, um sagen zu können, damit wären bereits wirkliche »Themen« gegeben, oder anders: die Eignung eines Themas in der Musik kann niemals vor dessen Durchführung festgestellt werden, und daher allein begreift es sich, daß schon das Medium der Musik die Ausführung eines Programms, wie es Beethoven vorschwebte, durchaus hindert. In diesem Falle haben also Programm und Musik von vornherein kollidiert, und es beruht nur auf einer sehr vagen Konvention, wenn wir Beethoven dennoch die Illusion eines Programms zugestehen, das, streng genommen, niemals verwirklicht werden konnte!

Allerdings befand sich Beethoven, da er ans Finale ging, in einer überaus schwierigen Situation. Nach drei von blühendsten Instrumentalkünsten erfüllten Sätzen urplötzlich Singstimmen eintreten zu lassen, widerstrebte seinem Naturell ebenso, wie es auch der Psyche des Zuhörers widerstrebt hätte, einen solchen Gewaltakt hinzunehmen, wenn nicht gleichzeitig auch dessen Rechtfertigung von seiten des Autors erfolgt wäre. Daher fühlte er sich denn auch verpflichtet, für den Eintritt der Singstimmen eigens einen Grund anzugeben. Freilich bedachte er dabei aber nicht, daß wohl kein

Grund in der Welt hinreichend genug sein kann, das plötzliche Aufeinanderprallen zweier so verschiedener Elemente rechtschaffen zu motivieren*!

Somit sah sich Beethoven einer Aufgabe gegenüber, die — das fühlte er genau — die Musik ja überhaupt nicht zu lösen vermag! Man gestatte mir, um die Situation, in der er sich eben als Musiker befand, besser zu verdeutlichen, folgende Parallele aus der Dichtkunst heranzuziehen:

So stand z. B. Shakespeare in seinen Dramen oft genug vor Voraussetzungen, die von Haus aus zwar unmöglich und unglaubwürdig waren, die er aber, da sie ihm im Drama als dessen Ausgangspunkt oder sonst irgendwie nötig schienen, vom Zuhörer dennoch als möglich und wahrscheinlich angenommen wissen wollte. Er ließ sich denn in solchen Fällen stets dringend angelegen sein, die anzuzweifelnden Voraussetzungen dem Zuhörer irgendwie zu erweisen und mundgerecht zu machen.

So beglaubigt er z. B. das »Gespenst« in »Hamlet« vor den Zuschauern einfach dadurch, daß er es sofort zu Beginn des Dramas, noch bevor wir selbst und Hamlet es gesehen haben, als von Horatio, Marcellus und Bernardo bereits gesehen und somit als durch diese eben schon erwiesen hinstellt! Was darf gegen solchen Beweis von der Bühne herab der Zuschauer noch vorbringen? Wurde doch gerade dessen Skepsis eben vom Dichter selbst — und darin besteht die Genialität der Technik in diesem Falle! — dramatisiert und eigens bühnenmäßig widerlegt: nun bleibt dem Zuschauer, ob er will oder nicht, nur das Eine übrig, das »Gespenst« glauben — zu müssen!

Eine ähnliche Technik zeigt nachstehendes Beispiel aus »Cymbelin« (erster Aufzug, erste Szene):

---

* Leider hat die Vergewaltigung der Psyche des Zuhörers heute bereits einen solchen Grad erreicht, daß es keinen Anstoß mehr erregt, wenn mitten in einer Sinfonie auch Gesänge plötzlich zu Worte kommen, deren Herkunft der Autor rein musikalisch zu erweisen einfach schuldig bleibt.

Zweiter Edelmann.

». . . . Aber bitte, sagt,
Ist sie des Königs einz'ges Kind?

Erster Edelmann.

Sein einz'ges.
Zwei Söhne hatt' er. Wollt ihr gern es hören,
So wißt: der ältste war drei Jahr; der andre
In Windeln noch, als aus der Kinderstube
Man beide stahl. Und niemand, bis zur Stunde,
Ahnt, wo sie blieben.

Zweiter Edelmann.

Ist es lange her?

Erster Edelmann.

Wohl zwanzig Jahr.

Zweiter Edelmann.

Wie? Eines Königs Kinder
Entführt auf solche Art? So schlecht bewacht,
So lässig aufgesucht, daß keine Spur
Sich finden läßt?

Erster Edelmann.

Wie seltsam es auch scheint,
Wie lächerlich selbst die Fahrlässigkeit,
Ist es doch wahr.

Zweiter Edelmann.

Ich glaub es euch.

Erster Edelmann.

Doch still!
Hier kommt der Herr, die Königin und Prinzessin.«

Wie man sieht, wird hier also eine Tatsache (die Entführung der Königskinder), die glauben machen zu wollen eine so krasse Zumutung des Dichters an die Urteilskraft des Zuschauers bedeutet, einfach schon dadurch plausibel gemacht, daß, wie in »Hamlet«, der Zweifel des Zuschauers wieder auf die Bühne verpflanzt und dort eigens dem zweiten Edelmann in den Mund gelegt wird, um sofort durch die pure Versicherung des ersten Edelmanns, daß jene Entführung dennoch durchaus auf Wahrheit beruhe, entkräftet zu werden. Es ist dann eben so, als hätte der Zuschauer selbst den Dichter um Aufklärung der unglaubwürdigen Erzählung gebeten und als hätte nun der letztere durch den Mund des ersten Edelmanns wirklich Auskunft erteilt. Frage und Antwort sind in diesem Falle schon an sich selbst, d. i. ohne Rücksicht auf Wahrheit oder Unwahrheit, eben jenes Mittel, das die unvermeidlichen Zweifel aus der Welt schafft; denn schon die Tatsache allein, daß diese vom Dichter auf der Bühne überhaupt nur diskutiert werden, genügt dem Zuschauer, und jede Antwort, sie sei, wie sie will, vermag ihn zu beruhigen. (Somit bedeutet es vom dramatisch-technischen Standpunkte aus einen schweren Fehler, die Zweifel des Zuschauers prinzipiell zu ignorieren!)

Und wie einfach ist am Schluß der oben zitierten Stelle überdies auch noch der andere technische Griff des Dichters, der darin besteht, daß er jene dramatischen Personen, die zwar vom Zuschauer noch gar nicht erwartet werden, gleichwohl aber gemäß dem Plane des Stückes bald auftreten sollen, eigens mit den Worten ankündigt: »Doch still! Hier kommt . . . .« usw. Selbst der Zufall also, der als Hebel eines Dramas oft genug dem Zuschauer so peinliche Gefühle verursacht, verliert, wenn er vom Dichter in ebensolcher Weise ausdrücklich angekündigt wird, viel von der sonst so üblen Wirkung; d. h. der Zuschauer empfindet dadurch den Zufall weniger hart, als er ihn sonst empfände, wenn der Dichter versäumt hätte, ein Wort darüber zu verlieren.

Wie reizend vom dramatisch-technischen Standpunkt ist daher auch z. B. in »Was Ihr wollt«, (zweiter Aufzug, fünfte Szene) das Wort des Junkers Tobias: »O, still! und der Geist der Schwänke gebe ihm ein, daß er laut lesen mag«, womit nämlich dem Zuschauer von der Bühne herab im Voraus angekündigt wird, daß Malvolio den Brief, den er in Olivas Garten soeben aufgenommen, gegen die allgemeine Gepflogenheit, Briefe still für sich zu lesen, diesmal ausnahmsweise — gar laut vor sich hin lesen wird!

So also half sich ein Shakespeare bei Unmöglichkeiten oder Unwahrscheinlichkeiten in seinen Dramen. Leider kann es dem Musiker auf seinem eigenen Gebiete durchaus nicht gelingen, mit ähnlichem Erfolge z. B. eine von Haus aus so unmögliche Voraussetzung, wie es in einer Sinfonie die der unmittelbaren Aufeinanderfolge von Instrumental- und Vokalsatz ist, zu bannen. Gilt doch die Beweiskraft der Musik ausschließlich nur für ihr eigenes Reich! Hier eben und nur hier allein erläutert sie sich selbst, erläutert sie die Motive als solche — eben darin liegt ja die majestätisch-stolze Hoheit ihres absoluten Wesens (vgl. Bd. I S. 4), wie zugleich ihre Überlegenheit gegenüber den anderen bloß nachahmenden Künsten! —; unmöglich ist es ihr aber, über das eigene Reich hinaus Beweise nach außen zu erbringen!

In diesem Sinne war Beethovens Vorhaben somit ein unausführbares, und es ganz aufzugeben, wäre nur gerecht gewesen. Indessen war unter den großen Meistern gerade Beethoven sicher der eigenwilligste, der alles, sogar das Unmögliche und obendrein oft selbst um den Preis einer Niederlage, zu wagen liebte. Sahen wir ihn in der IX. Sinfonie schon einmal die Variationenform auseinandertreiben, — obgleich die Variationenidee unter dem Verlust an Präzision, den er ihr dadurch verursacht, ohne Zweifel stark leiden mußte, — so sehen wir ihn nun auch im Finale darauf erpicht, wieder einmal ein Unmögliches zu wollen! Fast könnte man darauf, freilich nur die ursprüngliche Bedeutung variierend, sein eigenes Wort aus dem letzten Streichquartett, Op. 135: »Muß es sein? Es muß sein!« anwenden. Ja, es mußte sein — denn so wollte es Beethoven! Wie war dann aber das Unmögliche hier dennoch überhaupt möglich zu machen?

Bedenkt man nun, daß nach einem instrumentalen ein jeglicher vokaler Satz, sobald er nur eigenen thematischen Stoff führt, einerseits sowohl wegen der Plötzlichkeit des Eintrittes der Singstimme überhaupt, als andererseits eben auch wegen der Neuheit des Thematischen unter allen Umständen nur deplaciert hätte erscheinen müssen, so blieb dem Meister, wenn das Unmögliche dennoch gewagt werden sollte, nur der eine Weg mehr übrig, dem Vokalsatz mindestens die krasse Neuheit seiner Motive und Themen zu nehmen! Denn bringt der Vokalsatz ein Themenmaterial, das uns schon aus dem Vorausgegangenen bekannt ist, so liegt doch mindestens in eben dieser thematischen Beziehung eine halbwegs annehmbare, selbständige und wohlgemerkt auch absolut musikalische Begründung seines Erscheinens! Es ist dann sozusagen das Nachsatzartige in dieser Konstruktion, das — welcher hohe Triumph des absoluten musikalischen Gesetzes! — eine im Grunde unerfüllbare Aufgabe bis zu einem gewissen Grade dennoch zu erfüllen möglich machen kann! Eben diesen Weg einer Vorder- und Nachsatzkonstruktion ist Beethoven in der Tat denn auch schließlich gegangen!

Mir selbst geben indessen die hier aufgerollten Gesichtspunkte die willkommene Handhabe, jene hier schon mehrfach angedeuteten Irrtümer zu widerlegen, deren sich besonders Wagner (siehe später unten) in Hinsicht des Finale schuldig gemacht hat.

ad b) Nun zum *Hauptthema*:

Takt 92—115. Bei aller Bescheidenheit im Umfange weist das Thema gleichwohl bestimmteste Gliederung und mehr als das, sogar eine reiche innere Handlung auf:

Fig. 322.

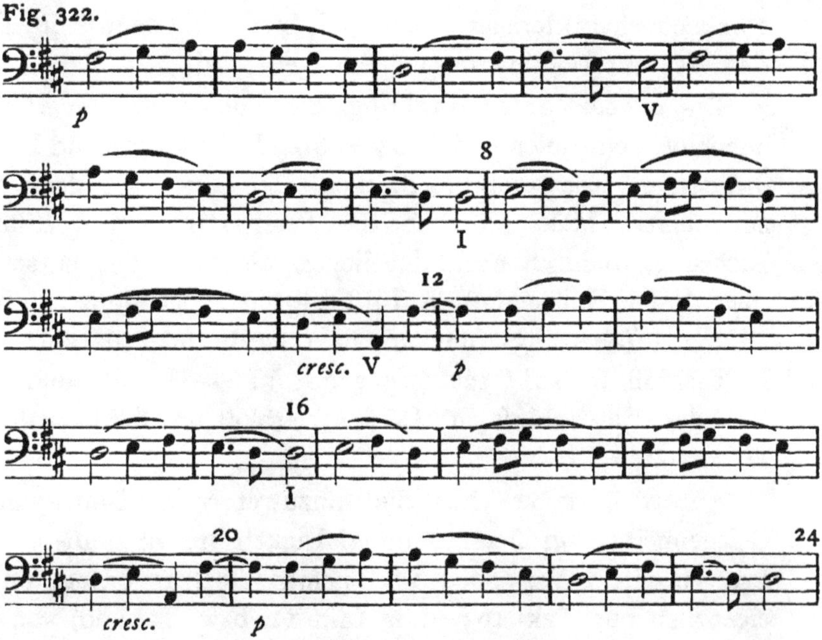

Es ist in einer dreiteiligen Liedform: a_1—b—a_2 gehalten, wovon a_1 die Takte 1—8 des Themas (d. i. Takt 92—99), b die nachfolgenden vier Takte (Takt 100—103) und endlich a_2 wieder nur vier Takte (Takt 104—107) in Anspruch nimmt. Durch die Wiederholung der Teile b und a_2 gewinnt das Thema so viel an Länge, daß es in Summa $8+(4+4)+(4+4)=24$ Takte zählt. Nun ist es eben interessant zu sehen, wie die einzelnen Teile, trotzdem die vertikale Richtung hier ja noch gar nicht entfaltet ist und auch sonst die Melodie durchaus nur Sekundenintervalle (mit Ausnahme des Taktes 103, der einen Quint- und Sextsprung enthält) benützt, ihre formalen Funktionen zum Ausdruck bringen. Wie deutlich sieht man den Teil a_1 außerdem selbst wieder in Vorder- und Nachsatz zerfallen, da Takt 4 (Takt 95) den Halbschluß und Takt 8 (Takt 99) den Ganzschluß bringt! Und wie ist doch gerade der Theil b, dessen Konstruktion (wie später zu zeigen sein wird) dem Meister so viel Mühe gekostet hat, als solcher insbesondere dadurch glücklich charakterisiert, daß auch hier (ähnlich wie in T. 4) der Weg zur Dominante eingeschlagen wird!

Takt 116—139. Die erste Variation bringt das Thema um eine Oktave höher bei den Violen und Celli, während Kontrabaß und Fagott die tieferen Kontrapunkte machen. So öffnet sich denn hier zum ersten Male plötzlich die Perspektive der vertikalen Richtung, wodurch noch deutlicher, als beim Thema selbst, sowohl der Halbschluß in Takt 119 und der Ganzschluß in Takt 123 (allerdings nur in 6-Akkordform), als auch der Halbschluß in Takt 127 (sogar mit $VI^{\#3}$—II—V!) und endlich der Ganzschluß in Takt 131 (bloß in 6-Akkordform) hervortreten.

Außerdem geben hier die hinzutretenden Kontrapunkte Gelegenheit zu größerer Mannigfaltigkeit im Artikulieren der *legato*-Bögen. War noch im Thema selbst in bezug darauf eigentlich nur Takt 103 (d. i. Takt 12, bzw. Takt 20) von besonderer Art, (welche dort sowohl durch den Halbschluß als durch die Notwendigkeit, die Teile a_2 und b innig durch eine Synkope zu verbinden, motiviert erschien, und außerdem ins Licht des *cresc.-p* gerückt wurde), so sehen wir hier in der ersten Variation aus neu sich ergebenden kontrapunktisch-rhythmischen Gründen wichtige, eben neue Artikulationsunterschiede bei den Kontrabässen und Fagotten, so in Takt 117, 123 (!), 127 (anders beim Baß, anders beim Fagott!), 136—139 (beim Fagott).

Takt 140—163. Noch reicher entwickelt sich die Polyphonie in der zweiten Variation (Takt 140—163), in der Vl. I das Thema vortragen, während die tieferen Instrumente Vl. II, Violen, Celli und Bässe mit ihren soeben freigewordenen Kräften der Polyphonie ausgiebige neue Beiträge leisten. Besonders achte man dabei auf die Schlüsse bei den einzelnen Teilen und wieder auch auf die Artikulation, wie sie (vgl. z. B. die Bässe in den Takten 150—151) im Dienst der Form eine bessere Verbindung der Einzelteile bewirkt. Das Auffallendste an dieser

Variation ist indessen die *cresc.*-Anweisung in Takt 156. Ihr Sinn ist folgender: während das Thema und die erste Variation durchaus nur im *piano* gehalten wurden (*cresc.-p* in den Takten 103, 111, 127 und 135 kommt nur als Innenschattierung in Betracht, und ausdrücklich heißt es bei Takt 120 »*sempre piano*«!), soll hier in der zweiten Variation die Wiederholung der Teile b—a_2, die eben bei Takt 156 beginnt, mit dazu benutzt werden, einen intensiveren Anschluß an die letzte, dritte Variation zu gewinnen. Als besonders drastisches Mittel der Verbindung hat nun Beethoven hier eigens das dynamische gewählt, und daher führt das *cresc.* der Takte 150—163 bis zum Forte der dritten Variation.

Die dritte Variation ist den Bläsern (mit Einschluß der D-Hörner und Trompeten) zugeteilt. Das Streichorchester befleißigt sich dabei der allereinfachsten Kontrapunktierung, die fast nur ans rein Kontinual-Füllende grenzt. Entsprechend dem Forte einerseits, sowie dem Bläsercharakter andererseits ist die Artikulierung des Themas selbstverständlich eine andere geworden: Takt 164—187.

Fig. 323. Hörner (Klang).

Und noch entschiedener als in den vorausgegangenen Variationen kommt der Halbschluß des Teiles b in Takt 174—175 durch folgende Baßführung zum Ausdruck:

Fig. 324.

Takt 188 ff. ad c) Die Coda beginnt in Takt 187. Die Takte 187—191 knüpfen an den letzten Takt des Themas an:

Fi. 325.

Dadurch aber, daß die Artikulation verändert wird, entsteht eine geistig völlig neue Motiveinheit:

Fig. 326.

(Am deutlichsten, weil am vollständigsten, wird obiger Inhalt von den Holzbläsern: Oboe I, Klarinette I, Fagott I wiedergegeben.)

Dagegen wird schon in den Takten 192—194 die frühere Artikulation wieder hergestellt und damit die Basis für eine neue motivische Einheitsbildung gewonnen:

Fig. 327.

Wie die Klammer anzeigt, erstreckt sich hier das Motiv vom ersten bis zum vierten Viertel. Nun führt die Zerteilung desselben zu folgenden weiteren Konsequenzen in Takt 195—196:

Fig. 328.

Inzwischen haben die Harmonien eine Modulation zurückgelegt:

Fig. 329.

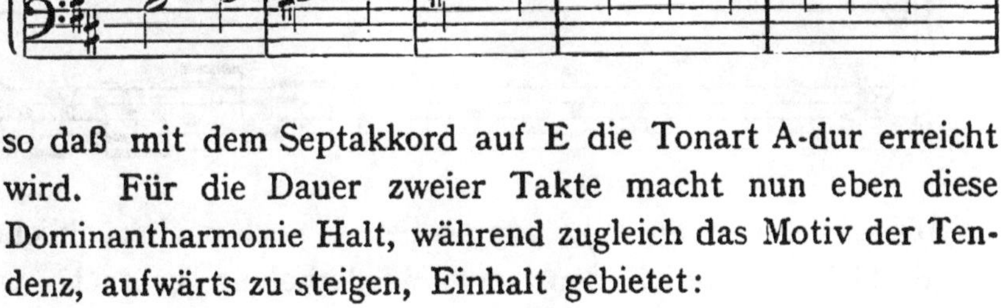

so daß mit dem Septakkord auf E die Tonart A-dur erreicht wird. Für die Dauer zweier Takte macht nun eben diese Dominantharmonie Halt, während zugleich das Motiv der Tendenz, aufwärts zu steigen, Einhalt gebietet:

Fig. 330.

Fl. I.

A-dur: V

Takt 199—207. Takt 199 bringt endlich die Tonika, die die Kadenz einleitet. Als das eigentliche Kadenzmotiv ist aber das Motiv aus Takt 199:

Fig. 331.

usw.

zu betrachten, das auf die Achtelgruppe des Taktes 198 (siehe Figur 330) wohl in dem Sinne zurückzuführen ist, als es offenbar deren Vergrößerung, s. S. 31, vorstellt. Entsprechend der Kadenzbedeutung des Inhaltes gestaltet sich nun der Stufengang in den Takten 199—200 drängender, so in Takt 199: I—IV und in Takt 200: I$^{\natural 7}$—IV—V. Sodann folgt in den Takten 201—202 eine Schlußbekräftigung:

Fig. 332.

bis schließlich von Takt 203 ab behufs noch nachdrücklicherer Bestätigung die Kadenz zur Wiederholung gebracht wird, jedoch in der Weise, daß dem Motiv wieder die ursprünglichen Achtel zurückgegeben werden und obendrein die Artikulation verändert wird:

Fig. 333.

Bei viermaliger Wiederholung eben dieses Motivs absolviert der Stufengang folgenden charakteristischen Weg:

Fig. 334.

Wie man sieht, sind in den ersten zwei Takten die Stufen rein diatonischer Natur. Im dritten Takt, beim poco adagio, kommen aber gleichzeitig mehrere verschiedene Wirkungen zum Ausdruck: Einesteils ist es so, als wäre der pure Sequenztrieb allein Ursache der Quintfolge Es—B (freilich dann auch der damit verbundenen chromatischen Umwechslung Dis = Es); wobei nur der Umstand, daß eben die Sequenz beim dritten Viertel den Grundton B erreicht, in überraschender Weise dahin ausgenützt wird, den letzteren als die erniedrigte zweite Stufe in A-$\frac{\text{dur}}{\text{moll}}$ zu erklären und damit den Weg in die Diatonie zurückzufinden. Andererseits mag die Gewinnung der ♭II. Stufe wohl auch schon von vornherein, also ohne primäre Absicht auf Sequenz, vom Komponisten angestrebt worden sein, nur daß statt der üblichen Tonikalisierung derselben durch den Quintfall (vgl. Bd. I, § 139 ff.).

Fig. 335.

A-dur: ♮VI - ♭II - V - I

hier gar der umgekehrte Weg eines Quintsteigens nach dem Modell I—V eingeschlagen wird; wobei freilich die Enharmonie zu Hilfe genommen werden mußte, um den Grundton Es überhaupt erst zu gewinnen, der somit hier nur eingeschalteten Charakter zeigt. (Ob nicht noch außerdem hinter Es, das ja für Dis steht, eine erhöhte IV. Stufe der Tonart (D—Dis) zu vermuten wäre, mag dahingestellt bleiben.)

In der zweiten Hälfte des fünften Taktes erscheint, die Kadenz abschließend, endlich die Tonika. Mit ihr ist aber, da sie auch als V. Stufe der D-moll-Tonart fungiert, zugleich die natürlichste Rückleitung zur letzteren gewonnen. Nun begreift man Beethovens Taktik: da zwischen dem instrumentalen und vokalen Teile eine intensive, harmonische Verbindung hergestellt werden sollte, benützte er eben den Aufstieg zur A-dur-Tonart mit der Wirkung eines Vordersatzabschlusses!

Um indessen die Verbindung noch intensiver, als durch jene Konstruktion allein erreichbar war, zu gestalten, nimmt Beethoven mit genial erdachtem Griff in den uns schon aus Takt 1 bekannten 6-Akkord, der durchaus analog eben auch den zweiten Teil eröffnen soll, außer dem Quartvorhalt noch weitere Vorhalte auf:

Fig. 336.

Man sieht also in diesem Klang mehrere Vorhalte zum Baß: zwei von oben nach unten, nämlich 7—6 (e—d) und 4—3 (b—a), einen von unten nach oben, ♯5—6 (cis—d), und muß über die Wirkung staunen, die diese Vorhalte hier im Dienste der Verbindung sogar auch von Teilen hervorbringen! Man beachte aber, deß die Vorhalte $^{7-6}_{\sharp 5-6}$ und die Terz a zusammengenommen eben die Töne des Dreiklangs A—Cis—E enthalten: $\sharp\begin{matrix}7-\\5-\\3-\end{matrix}\left(\begin{matrix}\text{e}\\\text{cis}\\\text{a}\end{matrix}\right)$.

Dazu kommt noch, daß die Pauke schon in Takt 207, also wohlgemerkt noch unter der Herrschaft des Tonikaklanges, mit ihrem die neue Wendung der Ereignisse so drastisch signalisierenden Wirbel einsetzt und die beiden ersten Pausen des $^3/_4$-Taktes ganz allein ausfüllt:

Fig. 337.

und man gewinnt endlich auch damit — man sehe des Kontrastes halber den Anfang des ersten Teiles — das Bild eines neuen originellen, sehr charakteristischen Mittels der Verbindung des ersten und zweiten Teiles!

Mit welcher Energie sehen wir hier demnach Beethoven auf das Ziel losgehen, beide Teile als Vorder- und Nachsatz zu konstruieren, um sie als solche einerseits ebenso selbständig gegeneinander herauszuarbeiten, als sie andererseits trotz aller Selbständigkeit umgekehrt doch wieder aufs innigste zu verknüpfen!

Nun zum vokalen Nachsatz des soeben dargestellten ersten Teiles:

Zweiter Teil (Takt 208—594).

Auch der zweite Teil enthält gleich dem ersten: a) eine Rezitativpartie und b) Variationen über das »Freudenthema«; die Coda dagegen entfällt.

Takt 208—240. ad a) Der Parallelismus des Nachsatzes erstreckt sich, wie man also sieht, nicht nur auf die Variationen, sondern seltsamerweise sogar auch noch auf den Anfang, d. i. auf den rezitativischen Teil.

Ich sage: »seltsamerweise«, weil die programmatische Tendenz, die den Rezitativen in der ersten Partie des ersten Teiles zugrunde lag, logischerweise unmöglich mehr auch noch im Nachsatz fortwirken durfte! Man denke doch nur: nach langem Ringen trifft der Komponist endgiltig die Wahl seines Themas, das er denn auch sofort in mehreren Variationen feiert, und nun sollte die getroffene Wahl noch immer nicht die rechte gewesen sein und die Suche nach einem neuen Thema wieder von vorne beginnen? Was sollte es denn bedeuten, wenn Beethoven verkündet: »Freunde, nicht diese Töne! sondern laßt uns angenehmere anstimmen und freudenvollere« (so lauten nämlich die Worte des Rezitativs im Nachsatz Takt 217—236), nachdem er doch soeben erst die »angenehmeren und freudenvolleren« gefunden und willkommen geheißen? Man wende nicht ein, die Worte Beethovens: »nicht diese Töne« bezögen sich vielleicht etwa nur auf den neuerdings wüst hereinbrechenden Sturm in den Takten 209 bis 215; denn die Figuration des D-moll-Dreiklangs allein drückt ebensowenig hier wie seinerzeit im ersten Teile schon irgendwelche »Töne« aus, da vielmehr unter wirklichen »Tönen« Beethoven durchaus nur mehr oder minder ausgeprägte »Themen« als Träger bestimmter Stimmungen verstehen durfte.

Wir stehen zu Beginn des Nachsatzes somit vor einem logischen Lapsus, der seine Sanierung glücklicherweise eben wieder nur in dem absolut musikalischen Urtrieb Beethovens zum Parallelismus findet! Welches Licht fällt nun aber gerade von einem solchen Lapsus auf die Macht der überragenden, rein musikalischen Instinkte bei Beethoven! Vom Standpunkt des Tonlebens empfand er einfach die Notwendigkeit einer Wiederholung auch des Kopfes des Vordersatzes so stark, daß er den Verstoß vom programmatischen Standpunkt aus übersehen konnte! Wie will man da, gegenüber einer so schreienden Tatsache, noch immer die Legende von der Abdizierung der Instrumentalmusik zugunsten der vokalen als der allein berechtigten (siehe Literatur unter Wagner) aufrecht erhalten, wenn man sieht, welche Huldigung das künstlerische Gewissen des Meisters eben dem Gesetze des Parallelismus — sogar über diesen oder jenen logischen Lapsus hinweg! — darbringt.

Im Speziellen sei hier bemerkt, daß auf den Sturm der Takte 208—215 das Rezitativ (Baritonsolo) in den Takten 216—236 erwidert. Letzteres ist in Form eines »begleiteten Rezitativs« srec. accompagnato) gehalten und auf die Worte (die von ihm selbst herrühren):

Fig. 338.

gesetzt. Damit ist aber auch das Ziel des Ringens erreicht, und der ohnehin auf einen Lapsus gegründete Parallelismus findet somit, nachdem er gegenstandslos geworden, sein natürliches Ende.

Die Einteilung des Textes im Rezitativ hängt mit dem Stufengang zusammen. In den Takten 216—221 ziehen über V—I die Worte: »O Freunde, nicht diese Töne!«; in den Takten 224—228 über der $\mathrm{II}^{\natural 7}_{\sharp 3}$ Stufe (die indessen schon in den Takten 221—223 vom Streichorchester gebracht wurde) die Worte: »sondern laßt uns angenehmere anstimmen«; nachdem ferner in den Takten 229—230 das Orchester mit dem Stufengang V—I zugleich auch die Wendung nach D-dur herbeigeführt hat, kann nun gerade das so bejahend pointierte Wort: »und freudenvollere« bereits auf der Tonika, eben in D-dur erscheinen; inzwischen wird in Takt 233 eine Tonikalisierung der IV. Stufe ($\mathrm{I}^{\natural 7}$—IV) vorgenommen, die nun den Takt 234 beherrscht, um von Takt 235 ab der Dominante Platz zu machen.

Man übersehe endlich die Sorgfalt nicht, mit der Beethoven den Gesang, ganz nach Art einer Instrumentalstimme, artikuliert!

Takt 241—294. ad b) Zunächst seien hier einige allgemeine Bemerkungen, die sämtliche Variationen betreffen, vorausgeschickt:

1. Die Takte 237—240 bringen eine Wiederholung der Takte 77—80 des ersten Teils, und zwar auch hier wie dort mit der Tendenz, dem Thema zu präludieren. (Neuerdings also ein Zug des Parallelismus, der wohl auf Rechnung der allgemeinen Absicht des Komponisten zu setzen ist!) Doch fällt es auf, daß, so bescheiden auch die Gelegenheit ist, sich schon an diesen

einleitenden vier Takten nebst den Chorbässen auch ein Baritonsolo beteiligt:

Fig. 339.

Die Bedeutung dieses kompositionellen Zuges kann allerdings aber erst später gewürdigt werden.

2. Um Beethovens Stellung zum Schillerschen Texte zu verstehen, ist es notwendig, das Gedicht hier dem Leser ungekürzt in Erinnerung zu bringen.

An die Freude.

Freude, schöner Götterfunken,
Tochter aus Elysium,
Wir betreten feuertrunken,
Himmlische, dein Heiligtum.
Deine Zauber binden wieder,
Was die Mode streng geteilt;
Alle Menschen werden Brüder,
Wo dein sanfter Flügel weilt.

Chor.

Seid umschlungen, Millionen!
Diesen Kuß der ganzen Welt!
Brüder — überm Sternenzelt
Muß ein lieber Vater wohnen.

Wem der große Wurf gelungen,
Eines Freundes Freund zu sein,
Wer ein holdes Weib errungen!
Mische seinen Jubel ein!

Ja — wer auch nur eine Seele
Sein nennt auf dem Erdenrund!
Und wer's nie gekonnt, der stehle
Weinend sich aus diesem Bund.

Chor.

Was den großen Ring bewohnet,
Huldige der Sympathie!
Zu den Sternen leitet sie,
Wo der Unbekannte thronet.

Freude trinken alle Wesen
An den Brüsten der Natur;
Alle Guten, alle Bösen
Folgen ihrer Rosenspur.

Küsse gab sie uns und Reben,
Einen Freund, geprüft im Tod;
Wollust ward dem Wurm gegeben,
Und der Cherub steht vor Gott.

Chor.

Ihr stürzt nieder, Millionen?
Ahndest du den Schöpfer, Welt?
Such ihn überm Sternenzelt!
Ueber Sternen muß er wohnen.

Freude heißt die starke Feder
In der ewigen Natur.
Freude, Freude treibt die Räder
In der großen Weltenuhr.

Blumen lockt sie aus den Keimen,
Sonnen aus dem Firmament,
Sphären rollt sie in den Räumen,
Die des Sehers Rohr nicht kennt.

Chor.

Froh, wie seine Sonnen fliegen
Durch des Himmels prächt'gen Plan,
Wandelt, Brüder, eure Bahn,
Freudig, wie ein Held zum Siegen.

Aus der Wahrheit Feuerspiegel
Lächelt sie den Forscher an.
Zu der Tugend steilem Hügel
Leitet sie des Dulders Bahn.

Auf des Glaubens Sonnenberge
Sieht man ihre Fahnen wehn,
Durch den Riß gesprengter Särge
Sie im Chor der Engel stehn.

Chor.

Duldet mutig, Millionen!
Duldet für die bessre Welt!
Droben überm Sternenzelt
Wird ein großer Gott belohnen.

Göttern kann man nicht vergelten;
Schön ist's, ihnen gleich zu sein.
Gram und Armut soll sich melden,
Mit den Frohen sich erfreu'n.

Groll und Rache sei vergessen,
Unserm Todfeind sei verziehen;
Keine Träne soll ihn pressen,
Keine Reue nage ihn.

Chor.

Unser Schuldbuch sei vernichtet!
Ausgesöhnt die ganze Welt!
Brüder — überm Sternenzelt
Richtet Gott, wie wir gerichtet.

Freude sprudelt in Pokalen;
 In der Traube goldnem Blut
Trinken Sanftmut Kannibalen,
 Die Verzweiflung Heldenmut — —

Brüder, fliegt von euren Sitzen,
 Wenn der volle Römer kreist,
Laßt den Schaum zum Himmel spritzen:
 Dieses Glas dem guten Geist!

Chor.

Den der Sterne Wirbel loben,
 Den des Seraphs Hymne preist,
 Dieses Glas dem guten Geist
Ueberm Sternenzelt dort oben!

Festen Mut in schweren Leiden,
 Hülfe, wo die Unschuld weint,
Ewigkeit geschwornen Eiden,
 Wahrheit gegen Freund und Feind,

Männerstolz vor Königsthronen —
 Brüder, gält es Gut und Blut —
Dem Verdienste seine Kronen,
 Untergang der Lügenbrut!

Chor.

Schließt den heil'gen Zirkel dichter,
 Schwört bei diesem goldnen Wein,
 Dem Gelübde treu zu sein,
Schwört es bei dem Sternenrichter!

Schon die Wahl des Textes zeigt an, daß Beethoven nicht etwa an ein ganz durchzukomponierendes, sondern an ein Strophenlied gedacht hat. Mit der Länge des Gedichtes war aber andererseits die Notwendigkeit, sich nur auf einige wenige Strophen zu beschränken, schon von vornherein verbunden; denn wie hätte er die an sich so schwerfällige Masse des Chors durch acht Strophen oder, was dasselbe, durch acht Variationen schleifen können!? Daher hat Beethoven bloß eine Auswahl unter den Strophen getroffen; er komponierte nur die erste, zweite und dritte, und zwar so, daß er jeder von diesen eine selbständige Variation einräumte, an der (nach gewissen später unten sub 3 zu definierenden Maßen) sowohl Soli als Chor teilnehmen.

Außer der Notwendigkeit der Reduktion der zu komponierenden Strophen brachte der Variationentypus aber auch noch die Folge mit sich, daß die Strophen, welche Schiller dem »Chor« als einem selbständigen Faktor zugedacht hat, vom Komponisten auf einen anderen Ort gestellt werden mußten, als ihnen der Dichter selbst zugewiesen. Denn, wenn die Variationen unmittelbar aufeinanderfolgen sollten, wäre da nicht das jeweilige Dazwischentreten einer selbständigen Chorstrophe ein naturgemäß eben unüberwindliches Hindernis für die Variationenform geworden? Zudem lag die Sache noch so, daß ja auch schon die Variationen selbst nebst den Soli den Chor beanspruchten, und daher mußte die Mitwirkung des Chors an den Variationen folgerichtig von dessen Auftreten als selbständiger Faktor getrennt werden, damit eben der Chor in seinen beiden so verschiedenen Funktionen nicht verkannt werde.

So kam es denn also, daß Beethoven die originalen Chorstrophen Schillers erst nach Erledigung sämtlicher Variationen, d.i. erst im zweiten Abschnitt des Finale vornimmt, wo er dann den Chor nun eben ausschließlich und ungestört seines Amtes walten lassen kann. Freilich hat er auch unter den Chorstrophen wieder nur eine Auswahl getroffen und bloß die erste und dritte in Chorform gebracht, wobei er anormalerweise die vierte Chorstrophe umgekehrt als Variation adaptiert und unter die Variationen als vierte (in B-dur) gereiht hat. Die Gründe dieser letzteren Anomalie werden an der betreffenden Stelle angegeben werden.

3. Die Technik der Variationen weist, um an dieser Stelle wie gesagt erst nur Allgemeines zu erörtern, durchgehends folgende Merkmale auf:

Jede Variation wird von Soli und Chor gemeinsam bestritten und zwar derart, daß zunächst die Soli den Inhalt der ganzen Strophe entsprechend nun auch in die ganze Form a_1—b—a_2 umsetzen, sodann aber der Chor die Wiederholung bloß der Teile b und a_2 (samt dem dazugehörigen Text) aufnimmt, welche Art der Wiederholung uns übrigens schon aus dem instrumentalen Teil — siehe das Thema selbst und dessen Variationen — bekannt ist. (Eine bescheidene Abweichung von diesem Arrangement wird erst bei Gelegenheit der vierten Variation in B-dur gezeigt werden.) Das Schema des Zusammenwirkens von Soli und Chor in den Variationen läßt sich nun wie folgt darstellen:

$$\text{Var.}\begin{cases}\text{Soli: } a_1 \text{ — } b \text{ — } a_2 \\ \text{Chor: } \qquad\qquad\qquad b \text{ — } a_2\end{cases}$$

Von hier aus mag man denn also begreifen, weshalb Beethoven in der oben sub 1 dargestellten Einleitung (Takt 237 bis 240) trotz so gedrängtem Raume von eben nur vier Takten gleichwohl noch den Wettstreit zwischen Baritonsolo und den Chorbässen heraufbeschwor. Damit sollte dort nämlich programmatisch eben die Technik erst angekündigt werden, die dann in den Variationen tatsächlich in Erfüllung geht: man hat in jenen Takten solchermaßen schon die künftige Technik sozusagen »in nuce« zu genießen!

Außerdem wird jeder einzelnen Variation (mit Ausnahme der letzten, fünften) auch noch die viertaktige Coda (vgl. im ersten Teil Takt 188—191) beigefügt, die zunächst in den Variationen 1 und 2 vom Orchester allein, in den Variationen 3 und 4 auch unter Mitwirkung des Chors ausgeführt wird. Welche Progression auch innerhalb dieses technischen Mittels!

Somit läßt sich das soeben aufgestellte Schema der einzelnen Variationen wie folgt ergänzen:

$$\begin{cases} \text{Soli: } a_1 - b - a_2 & \\ \text{Chor:} & b - a_2 \\ \text{Orch. (bzw. mit Chor):} & \text{Coda} \end{cases}$$

Dieser Planmäßigkeit in bezug auf den Wettstreit beider Mächte, d. i. der Soli und des Chores, sowie in bezug auf die Coda hat man sich nun durchaus bewußt zu werden, wenn man nicht dem bunten Eindruck der zusammen und ineinander wirkenden Kräfte hilflos preisgegeben sein will, der den Hörer (siehe unten die Literatur) leider regelmäßig verwirrt. Schließlich hätte selbst auch ein Beethoven eine Komposition von solchem Umfange wohl niemals durchführen können, wenn sie nicht von einem bestimmten Plan getragen worden wäre! Aus all dem folgt nun, daß man es sowohl sich selbst, als auch dem Komponisten dringend schuldet, sich über den Plan der Variationen zu orientieren.

4. Naturgemäß bringt es schon der Text mit sich, daß die dynamische Schattierung sich hier in den vokalen Variationen, insbesondere wegen der sogenannten rhetorischen Akzente, vielfach anders und mannigfaltiger als in den instrumentalen gestaltet.

5. Trotz der Zweiteilung des ersten Abschnittes hat man sämtliche Variationen dennoch nur als ein fortlaufendes, einheitliches Ganzes zu betrachten, so daß in diesem Sinne die erste Vokalvariation als Nachfolgerin der letzten instrumentalen, also als vierte bezeichnet werden dürfte usw. Der fortlaufende Charakter ist nämlich darauf gegründet, daß von Variation zu Variation sich eine stete Steigerung, sei es in bezug auf die Polyphonie oder sonstige Konstruktionsmomente bemerkbar macht. (Doch müßte schon auch nur ein Zug wie der folgende allein Grund genug sein, den Variationen über die Teilung hinweg eine Einheit zuzubilligen: so erscheint

nämlich in der ersten Vokalvariation der Kontrapunkt, der in den Instrumentalvariationen sich stets noch unter der Melodie befand, zum ersten Mal über ihr.) Von diesem Gesichtspunkt aus darf man also im Baritonsolo in den Takten 241—256 durchaus nicht etwa dasselbe formale Element wie zu Beginn des instrumentalen Teiles in den Takten 92—115 erblicken; vielmehr haben wir es hier mit einem organischen Bestandteil bereits der ersten Vokalvariation selbst zu tun, der nur aus Gründen künstlerischer Ökonomie hier eben in Form bloß eines Baritonsolos gefaßt wird. Ich wiederhole also: durch das Baritonsolo gibt sich kein Zug von Parallelismus (gegenüber Takt 92ff.), somit auch keine neuerliche Themaaufstellung kund, — nichts von alledem! — wir sind damit eben schon in der ersten vokalen Variation selbst.

Sagte ich oben, daß die Variationen im Grunde ein Ganzes bilden und daher die einzelnen wohl fortlaufend numeriert werden könnten und sollten, so ziehe ich es dennoch vor, hier im zweiten Teil — schon zu Ehren des vokalen Elements allein — mit Nr. 1 von vorn zu beginnen. Nun zu den Variationen im Speziellen.

Takt 241—268. Die erste (4.) Variation weist allereinfachste Struktur auf:

Baritonsolo:	a_1 — b — a_2		
Chor:		b — a_2	
Orch.:			Coda

Der neue Kontrapunkt (siehe besonders Oboe I und Klarinette I) ist durchaus bescheiden, so daß er auf dem Solo nicht allzuschwer lastet.

In dynamischer Hinsicht fällt das *cresc.* in den Takten 252—254 auf, das, anders als das *cresc.* im Thema selbst (vgl. Takt 103), sich sogar noch ins a_2 zwei Takte weit hinein erstreckt. Diese Dehnung dient dazu, speziell den rhetorischen Akzent des Solo beim Wort: »Brüder« in Takt 254 deutlicher ins Licht zu rücken:

Fig. 340.

Der Chor ist im *f* gehalten, desgleichen die hier noch vom Orchester allein ausgeführte Coda, die sich in den Takten 265 bis 268 an die Variation anschließt. Der Inhalt der letzteren bringt gegenüber dem ursprünglichen (Takt 190—191) eine Variante in den zwei letzten Takten:

Fig. 341.

Die **zweite** (5.) **Variation** weist gegenüber der ersten insofern eine Steigerung auf, als sie im a_1-Teil, statt nur eine Solostimme zu bringen, bereits sämtliche Stimmen und zwar zunächst drei, nach vier Takten aber alle vier vereinigt. (Es scheint, als hätte Beethoven mit der Dreistimmigkeit der Takte 269—272 lediglich einen stilvollen Übergang zur vollen Vierstimmigkeit der nachfolgenden gesucht.) Takt 269—296.

Ein Teil der Polyphonie wird demnach naturgemäß eben im Soloquartett selbst, der andere Teil aber, wie bis dahin, im Orchester abgewickelt. Doch wird mit Rücksicht auf das Soloquartett, das ja nicht erdrückt werden sollte, der Kontrapunkt im Orchester durchaus nur bescheiden gehalten.

Die Dynamik bewegt sich in der zweiten Variation zunächst ähnlich wie in der ersten: man sehe das *cresc.-dim.* in den Takten 280—292, das einem Sinnakzent Hilfe leistet:

Fig. 342.

sowie das *f* beim Chor. Andererseits bringt sie den Unterschied, daß das soeben erwähnte *cresc.-dim.* nun auch bei der Wiederholung im Chor beibehalten wird und daß die auch diesmal noch erst vom Orchester allein gebrachte Coda (statt im Forte) im *p* steht.

Takt 297—330. Die dritte (6.) Variation bringt zum ersten Male auch eine Figurierung des Themas selbst. Welche Steigerung diese Tatsache bedeutet, kann man nur ermessen, wenn man sich vergegenwärtigt, daß das Thema bis dahin stets unverändert einfach (wie eben noch am Anfang selbst) vorgetragen wurde und nur die Kontrapunkte (bald unter, bald über der Melodie) Veränderung erfuhren. Fast war es damit so, daß man Gefahr lief, den Begriff der Variation, da ja die Melodie nicht variiert wurde, im Grunde nur uneigentlich auf die vielen Wiederholungen anzuwenden. Anders, wie gesagt, wird es aber plötzlich in der dritten Variation, wo das Thema nunmehr selbst einer Variierung unterliegt:

Fig. 343.

Sie ist desto interessanter, je konsequenter sie trotz allen Schwierigkeiten gerade den Singstimmen zugemutet wird. Eine andere Frage ist freilich die, ob sie nicht von Haus aus instrumentalen Charakter trägt und nur als mehr oder minder glücklich auf Singstimmen übertragen aufzufassen ist. Ich wenigstens möchte den rein vokalen Ursprung und Charakter der Figurierung bestreiten.

Selbstverständlich hütet sich der Kontrapunkt, dieses Gewebe zu belasten; er beschränkt sich darauf, nur einfach den

Singstimmen zu folgen (siehe Oboe und Flöte), bzw. belanglose Füllsel zu bringen.

Die Dynamik folgt dem Sinne, daher in den Takten 309—312 bei den Worten: »Wollust ward dem Wurm gegeben, und der Cherub steht vor Gott« ein *cresc.* bis zum *f* (»Cherub«). Der Chor behält nun das *f* bei, doch heißt es bei der Wiederholung der soeben citierten Stelle in den Takten 317—320 analog steigend »sempre più *f*« bis zum *sf* bzw. *ff*.

Im *ff* verbleibt dann konsequenterweise die Coda in Takt 321—324, die hier wohlgemerkt zum ersten Mal bereits auch die Mitwirkung des Chors aufweist (vgl. dazu auch die Anweisung: ben marcato bei den Halben: 𝅗𝅥 𝅗𝅥)!

Die vierte (7.) Variation bringt mehrere Abweichungen von der bisher beobachteten Technik. Takt 331—430.

So zunächst in bezug auf die Tonart. Schon um die Monotonie der überlangen D-dur-Fläche, die sich seit Takt 208 bzw. 230 dehnt, endlich zu brechen, wählte der Komponist für die 4. Variation eine neue Tonart, u. zwar B-dur. Womit er zugleich auch den Vorteil erreicht, das Ohr für den Reiz der wiederkehrenden Haupttonart in der letzten Variation wieder neu empfänglich zu machen*! Die neue Tonart setzt aber nicht etwa, wie es füglich hätte geschehen können, plötzlich ein, vielmehr ist in den Takten 325ff. eigens eine Überleitung dazu bestimmt, sie zu bringen. Ihr thematischer Inhalt ergibt sich aus der Coda:

Fig. 344.

* Eine ähnliche Technik innerhalb anderer Formen ist anzutreffen, z. B. im letzten Satz (einem Rondo) des großen B-dur-Trio, wo plötzlich A-dur auftritt, um Es-dur aufzufrischen; vgl. auch im Rondo der Sonate Op. 7 das E-dur vor letztem Es-dur usw.

Die Modulation selbst aber ist folgende:

D-Dur: V
(F-Dur: III___I)
B-Dur: V___I.

Die zweite Abweichung der vierten Variation betrifft ferner den Rhythmus, der hier in $\frac{6}{8}$ (allegro assai vivace) verändert wird. Dieses hat aber naturgemäß zur Folge, daß erst der Inhalt von je zwei Takten im neuen $\frac{6}{8}$ Rhythmus dem je eines Taktes im früheren Rhythmus gleichkommt und daher zur Darstellung der Variation — bei sonst gleichbleibendem Inhalt! — eine doppelte Zahl von Takten notwendig wird.

Aber auch noch das Konstruktionsschema selbst erfährt endlich eine Veränderung, und zwar insofern, als a_1 — b — a_2 zunächst vom Orchester allein vorgetragen wird; erst hernach tritt die eigentliche Variationentechnik von früher wieder in Kraft, indem das Tenorsolo a_1 — b — a_2 der ganzen Länge nach bringt und dann der Chor, wohlgemerkt hier aber nur der der Tenöre und Bässe, die Teile b — a_2 aufnimmt. Füge ich hinzu, daß hier, wie in der 3. Variation, an der Coda sich auch wieder der Chor beteiligt, so lautet daher das Schema der IV. Variation:

Orchester: a_1 — b — a_2
Tenor solo: . . . . a_1 — b — a_2
Chor (der Tenöre und Bässe): . . . b — a_2
Orchester mit Chor: . . . . Coda

NB. tritt der Chor anormalerweise erst im dritten, hier fünften Takt des b (T. 411) ein, und auf die Coda bezieht sich ein eigenes NB. Beethovens, das in der Partitur vermerkt ist: »Diese sechs Takte können nicht vom Chor, wohl aber von dem Solosänger ausgelassen werden.« Die letztere Bemerkung verrät, daß der Meister in Hinsicht der Mitwirkung des vokalen Elementes an der Coda daran gedacht hat, zur letzten Steigerung dieser Technik mit auch das Solo heranzuziehen! Doch hat er die Verwirklichung dieser Idee bloß ad libitum der Ausführenden gestellt.

Insbesondere ist es also der die Variation einleitende Vortrag des Orchesters, der ihr das eigene signum gibt. Dennoch hüte man sich über dieser Besonderheit die Variation als Ganzes aus dem Auge zu verlieren!

Man erinnere sich auch, daß der Text zu dieser Variation der vierten Chorstrophe des Gedichtes entnommen wurde. Da nun eben aus diesem Grunde die verschiedenen Maße der letzteren und der Variationenstrophen kollidiert haben, sah sich der Komponist genötigt, die bisher beobachtete »syllabische« Setzweise aufzugeben und die in Vokalkompositionen üblichen Wiederholungen von Worten zu Hilfe zu nehmen.

Kolorit sowohl als auch Dynamik richten sich nach dem Inhalt:

Alle Elemente der Musik stellen sich in den Dienst der Worte: »Laufet, Brüder, eure Bahn, freudig, wie ein Held zum Siegen«. Daher der Rhythmus eines Marsches, der Charakter der sogenannten türkischen Musik (Triangolo, Cinelli, Gran Tamburo, dazu Flauto piccolo, Contrafagotti); daher auch im Vokalsatz nur männliche Stimmen usw.

Die Dynamik, die für die ganze Dauer des ersten Orchestervortrages noch ein sempre *pp* beobachtet, erhebt sich mit Eintritt des vokalen Elementes in steter, ununterbrochener Steigerung vom *pp* bis zum *ff*. Man sehe *pp* zu Beginn des Solo, *poco cresc.* bei Takt 383 (in der Mitte des a_1), *poco f* bei Takt 401 (d. i. ein Takt nach Beginn des a_2), ferner *più f* bei Takt 411 (d. i. im dritten Takt des zur Wiederholung gelangenden b; auch der Männerchor fällt an dieser Stelle ein!), noch weiter *f* bei T. 419 (zwei Takte vor Abschluß des a_2), und gleich in demselben Takte *più f*, das endlich zum *ff* bei Beginn der Coda führt.

Endlich sei hier der Melodie der Coda deren Figurierung gegenüber gestellt:

Fig. 345. T. 422.

Takt 431 ff. Die Rückleitungspartie hat vom technischen Standpunkt aus die Aufgabe, für die fünfte Variation die Haupttonart D-dur zurückzuerobern; im programmatischen Zusammenhange aber liegt es durchaus nahe, sie als tonmalerische Darstellung heldenhaften Ringens und Siegens aufzufassen. Die Worte der soeben verklungenen Strophe erfahren erst dadurch so recht eine Illustration ihres Inhaltes. Doch noch wichtiger als solch billige Erkenntnis ist der absolute musikalische Inhalt selbst, dem man leider bis jetzt so ängstlich aus dem Wege gegangen.

Die Form, in der sich der Inhalt von Takt 431 ab bewegt, ist am besten als eine Art Fugato zu erklären. Nur die erste Tonartenfolge B-dur—F-dur entspricht auch den Fugengesetzen, der weitere Verlauf der Tonarten aber: G-dur — C-moll — Es-dur — B-moll — Ges-dur — H-moll usf. bedeutet vollste Freiheit und Ungebundenheit, bis freilich am Ausgang der Szene die Tonart H-moll durch entsprechende Modulation die Haupttonart D-dur zurückbringt.

Das Thema des Fugato lautet:

Fig. 346.

Unschwer erkennen wir darin das Hauptthema selbst wieder, u. zw. streng genommen die letzten vier Takte desselben. Dennoch ist es künstlerisch wahrer, zu sagen, daß sie weit über diese engste Beziehung hinaus gleichsam den Auszug des ganzen, wohlgemerkt des ganzen Hauptthemas vorstellen; in ihnen verdichtet sich sozusagen der gesamte Inhalt des a_1 — b — a_2 und daher sind sie uns ebenso das Motto, die Inschrift, als das Wesen der Sache selbst! Es ist eben ein großer psychischer Unterschied, ob in einem Falle, wie der vorliegende, das Fugatothema das ganze Variationsthema oder nur dessen Teil ausdrückt. Um dieses genau zu verstehen, braucht man sich nur das ähnliche Verhältnis zu vergegenwärtigen, in dem z. B. die Schlußpassacaglia aus Brahms' Haydn-Variationen:

Fig. 247.

zum Variationenthema selbst stehen.

Nun wollen wir der Reihe nach die Einsätze uns einzeln vergegenwärtigen:

Erster Einsatz: B-dur; Thema bei den Bässen (und Takt 431 ff.
Fagotten); Kontrapunkt bei Vl. II (Hörnern u. Klarinetten):

Fig. 348.

(B-dur: I______V______I____VI♮3____II_V___I)

Beide Linien sind offenbar auf den Stufengang: I—V—I—VI—II—V—I gegründet, daher auch beim Fugatothema selbst der chromatische Schritt aus Anlaß der Folge VI—II.

Takt 435ff. Der zweite Einsatz: F-dur; Thema bei Vl. I; Kontrapunkt bei den Bässen (u. Fagotten). Im Thema entfällt bereits der chromatische Gang, der hier aus harmonischen Gründen keine Existenzmöglichkeit mehr findet. Nach Beendigung des Einsatzes führt in den T. 439—440 folgender Harmoniengang:

Fig. 349.

nach G-dur hinüber.

Takt 441ff. Dritter Einsatz: G-dur; Vl. II übernehmen das Thema; der Kontrapunkt bei Violen (u. Oboen) kreuzt es in T. 441—442. Diese Situation sowohl, als die Beschaffenheit der Figurierung bei Vl. I — man sehe auch den Part der Flöten:

Fig. 350.

der (als wäre der Kontrapunkt einer der Dezime) sich zunächst in einer Terz- sodann aber in einer Sextverstärkung bewegt — sind Ursache jener Veränderung im Thema, die in Takt 443 bei Vl. II zu sehen ist. Von Takt 445 bis 448 erstreckt sich die Überleitung zum vierten Einsatz. Man beachte dabei, daß, während die Überleitung vom zweiten zum dritten Einsatz erst nur zwei Takte zählte, die vom dritten zum vierten nunmehr bereits vier Takte beträgt.

Vierter Einsatz: C-moll; das Thema wieder bei den tieferen Instrumenten (Celli und Violen); der erste Kontrapunkt bei Vl. I (Oboen und Flöten). Hier erscheint zum ersten Male das Thema nach Moll transponiert! Der chromatische Gang verbietet sich hier (s. Takt 451 beim vierten Achtel) schon kraft der harmonischen Situation, da das Intervall einer kleinen Sext eine weitere Chromatisierung nicht zuläßt. Nach zwei überleitenden Takten, die das Motiv der Takte 451—452 um eine Sekund höher treiben: Takt 449ff.

Fig. 351.

erscheint der fünfte Einsatz.

Fünfter Einsatz: Es-dur; das Thema wieder bei den Bässen (u. Fagotten); Kontrapunkt bei Vl. I (Klarinetten u. Oboen). Doch schon im letzten Takt des Themas, d. i. in Takt 458, ereignet sich das Unerwartete, daß statt einer Rückkehr zur Tonika die Harmonien erst recht ins Freie steuern: Takt 445ft.

Fig. 352.

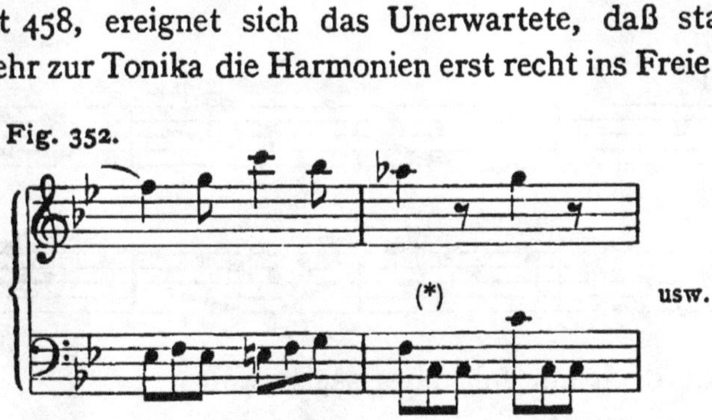

Dieser Bruch ist es eben, der das Signal zu weiteren Sequenzen gibt, mit denen wir schließlich nach B-moll gelangen. Auf dem Wege dorthin treffen wir außer dem bereits in Figur 351 erwähnten Motiv auch noch das folgende neue bei T. 463ff.:

Fig. 353.

Bei oberflächlicher Betrachtung läuft man Gefahr, auch schon hier einen selbständigen Einsatz (etwa in B-moll) anzunehmen, doch liegen die beiden Charaktere zu weit auseinander, um für identisch genommen zu werden; fehlt doch dem Motiv der Fig. 353 jene aus Melodie und Stufengang gleichermaßen resultierende höhere Einheit, wie sie dem Thema selbst zu eigen ist!

Takt 469ff. Der sechste Einsatz: B-moll; das Thema bei Vl. II; der Kontrapunkt bei den Bässen. Das oben erwähnte plötzliche Ereignis des Taktes 458 zeitigt nicht minder bei dem sechsten Einsatz seine Folgen, denn auch hier kehrt das Thema im vierten Takt, d. i. Takt 472, nicht mehr zur Tonika zurück, sondern verliert sich ähnlich wieder nur in Sequenzen! Man beachte, wie Vl. II und I von T. 471 ab:

Fig. 354.

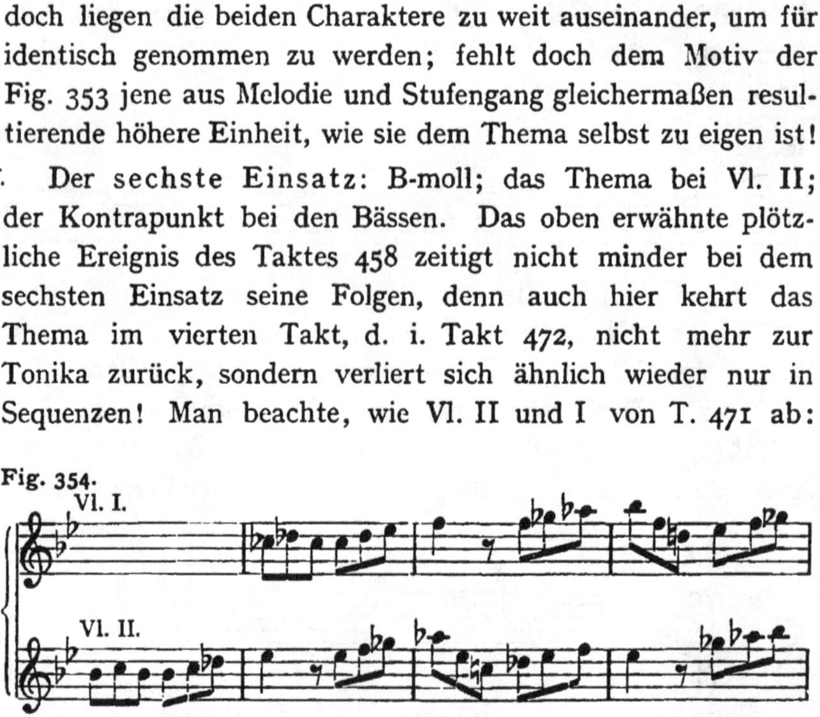

im Grunde doch nur folgendes sagen wollen:

Fig. 355.

In Takt 475 gelangen wir nach Ges-dur. In dieser Tonart erscheinen nun bei Vl. I die beiden ersten Takte des Themas, mit denen indessen bereits eine Engführung verbunden ist:

Fig. 356.

Die Bestimmung dieser Engführung ist, eine noch weitergehende Reduktion des Themas auf bloß zwei Takte vorzubereiten, nachdem doch auch schon der fünfte und sechste Einsatz, wie wir gesehen, im Grunde genommen eine Reduktion auf drei Takte gebracht haben. Übrigens entfallen an diesen Stellen bereits die angestammten Kontrapunkte, wodurch schon allein den Motiven die Würde eines Themas verloren geht. Inzwischen führt in den T. 485 ff. der Harmoniengang:

Fig. 357.

zum nächsten Einsatz.

Der siebente Einsatz: H-moll; das Thema ist hier — der schon früher angelegten Reduktion gemäß — eben nur mehr zweitaktig; ähnlich wird hier aber auch der Kontrapunkt in sehr bedeutungsvoller Weise gekürzt: Takt 491 ff.

Fig. 358.

In solcher Verkürzung eignet sich das Thema nun zu beweglichstem Dienst. In der Tat überstürzen sich die Ereignisse in den nachfolgenden Takten 491 ff.:

Fig. 359.

Welch mächtiger Ausdruck wohnt doch hier speziell dem Kontrapunkt inne, und welche Gewalt steckt schon nur in der so genial angewandten, leider aber auch so stark verkannten Pause allein!

Wie man aus dem oben angeführten Stufengang sieht, wird das in Takt 491 erreichte H-moll nicht mehr verlassen.

Die Dominante findet ihre Lösung endlich in Takt 529—530, wo die Tonika erscheint. Über dieser ziehen die drei ersten Töne des Themas, gleichsam als dessen letzte Reduktion auf blos einen Takt, zugleich aber auch als Ankündigung der fünften Variation:

Fig. 360. Oboi.

Der Dur-Charakter weicht in Takt 535 dem Moll-Charakter:

Fig. 361.

worauf durch einfache Umdeutung: $\frac{\text{H-moll I}}{\text{D-Dur VI}}$ —V—I der Weg zur D-dur-Tonart gewonnen wird, in der endlich die letzte Variation erscheint.

Takt 543—594. Die fünfte (8.) Variation entbehrt jeder solistischen Mitwirkung und bleibt durchaus nur Chorsatz. Die Kontrapunkte bei den Streichern bedeuten kaum mehr als aus den Harmonien gewonnene Figurierungen, während die Bläser den Chor blos verstärken. Alle differenzierte Kunst verzieht sich somit, und es bleibt nur jene elementare Einfachheit zurück, die, weil von Massen getragen, unfehlbar die größte Wirkung übt. In diesem Sinne verdient die fünfte Variation den Platz, wo sie den ganzen Zyklus mit Macht und Majestät krönt. Es versteht sich von selbst, daß der Chor unter solchen Umständen durchweg im *f* gehalten ist. Trotzdem fehlen aber auch im Chorsatz die rhetorischen Akzente nicht; man sehe das sforzato in Takt 549 beim Wort »Elysium«, das zweite beim Wort »feuertrunken«, in Takt 553, das dritte beim Wort »Heiligtum« in Takt 557; und was mehr bedeutet, die Steigerung des *f* zum *ff* bei Takt 565, ohne daß aber deshalb siehe Takt 570, auf das sforzato, verzichtet würde. Daß das Orchester schon seit Beginn der Variation sich am *ff* berauscht, ist nur zu selbstverständlich.

Vortrag.

Takt 1ff. Die metronomische Bezeichnung des ersten Presto hat Beethoven mit 𝅗𝅥. = 96 fixiert; doch hat man zu beachten, daß dieses Zeitmaß als Grundtempo nur für Takt 1—65, d. i. nur für die beiden Fanfaren Takt 1—8 und Takt 17—25, sowie für die Rezitative Nr. 1—4 gedacht und anwendbar ist. Dieses ergibt sich aus folgendem Sachverhalt: sofern nämlich Beethoven nach dem Zitat des ersten Satzes bei Takt 30 (Allegro ma non troppo), desgleichen nach dem Zitat des Scherzo bei

Takt 48 (vivace) wieder »Tempo I« notiert, kann er darunter sicher doch nichts anderes als nur eben Presto verstanden haben. Fügt er aber nach dem Zitat des Adagio cantabile bei Takt 65 zum »Tempo I« ausdrücklich auch noch die Bezeichnung »Allegro« — »Tempo I. Allegro.« — hinzu, so will er damit doch offenbar sagen, daß zwar das Adagio aufgehoben und ein früheres Tempo restituiert, daß jedoch das letztere bei dieser Gelegenheit bereits bis zum Allegro gemäßigt werden soll. (Ähnlich, also wieder »Tempo I allegro«, lautet unmittelbar nach dem Allegro assai der Takte 77—80, die die Freudenmelodie ankündigen die Tempobezeichnung beim letzten Rezitativ, Takt 81 ff.) Kurz gesagt: Tempo I gebraucht Beethoven hier im doppelten Sinne, je nachdem er es einfach bloß Tempo I nennt, in welchem Falle nämlich Presto zu verstehen ist, oder mit Allegro verbindet, in welchem Falle dann freilich eben nur die letztere Allegrobezeichnung allein zu gelten hat.

Der Vortrag der ersten Fanfare verursacht große Schwierigkeiten. Man hat diese Frage bisher zu lösen versucht, indem man entweder zur Erhöhung der Wirkung das Presto unmittelbar an das Adagio anschloß, oder die angeblich allzu schwere Bürde der Holzbläser durch mehr oder weniger erweiterte Mitwirkung der Hörner und Trompeten erleichterte. Am besten wäre es aber freilich, den uns schon hinlänglich bekannten Grundsatz von der Notwendigkeit der Schattierung eines länger anhaltenden *ff*-Zustandes nun auch hier walten zu lassen, und so glaube ich denn — jenseits von Retouchen oder unmittelbarem Anschluß des Presto an das Allegro — die Wirkung des hier in Frage kommenden Inhaltes dadurch aufs deutlichste zu sichern, wenn ich die nachstehend skizzierte Schattierung vorschlage:

Fig. 362.

Das *ff* wird hier sozusagen in drei Aufwallungen gegliedert: die erste verläuft in Takt 1—3 bei Pauke, Trompeten, Hörnern und Fagotten, die zweite bei den Holzbläsern allein, die dritte und letzte endlich bei sämtlichen Instrumenten. Eine solche Gliederung verbürgt den Vorteil, daß abwechselnd die Holz- und Blechbläser in den T. 1—2 und 3—4 der Figur ihre Kräfte sparen, und daß eben dadurch das *ff* immer neue

Kraftquellen aufweist. Die Hauptsache bleibt unter allen Umständen also die, daß, während die Flöten, Oboen und Klarinetten nach dem ersten Aufschrei des Vorhalttones b plötzlich in ein *p* zurücksinken, um im *p* während der T. 1—2 zu verbleiben, die Fagotte, Hörner, Trompeten und Pauke dagegen von dem nur gleichsam tückisch-lauernden *p* sofort in ein kraftvolles *cresc.* übergehen.

Takt 9ff. Das Rezitativ muß streng im Presto vorgetragen werden (vgl. die ausdrückliche Bemerkung in der Partitur: »Selon le caractère d'un Recitatif, mais in tempo«). Das Unwetter der ersten Fanfare hat demnach auch noch im Rezitativ fortzutoben; will man aber in Takt 15 beim *dimin.* durchaus auch ein ritenuto anwenden, so darf es, wie selbstverständlich, nur ein sehr flüchtiges sein.

Takt 16ff. Die dynamische Schattierung dieser Takte führe man analog wie bei Takt 1—7 durch.

Takt 30ff. Für das Zitat aus dem ersten Satz hat Beethoven auch dessen Tempo, »Allegro ma non troppo ♩ = 88« vorgeschrieben; bedenkt man indessen, daß er die beiden folgenden Zitate (aus dem Scherzo und Adagio) einfach nur mit »vivace« und »Adagio cantabile« ohne jede metronomische Bezeichnung notiert, so mag man mit Recht daran zweifeln, ob es ihm selbst mit der metronomischen Bezeichnung des ersten Zitates ganz ernst war. Wie immer man darüber denkt, so viel ist sicher, daß schon durch den Kontrast gegen den vorausgegangenen Sturm beinahe jedes Allegro, also auch ein um etwas schnelleres, als das von Beethoven metronomisch geforderte, die Wirkung eines »ma non troppo« von selbst hervorbringen wird. Noch wichtiger aber ist es nicht zu übersehen, daß man es hier doch nur mit einem Zitat zu tun hat, daß demgemäß der Tonfall hier ein durchaus anderer zu sein hat, als er am Anfang des ersten Satzes war, da man sich anschickte, dem Hauptgedanken seine Zukunft zu erobern. Das will sagen: Man gebe sich hier dem Zitat als einem gleichsam nur imaginierten, nicht aber in der Gegenwart etwa schon reell existierenden oder gar in die Zukunft hinausweisenden Tonkomplex hin, welche Bemerkung ein für allemal auch von den übrigen Zitaten zu gelten hat.

Takt 38ff. Tempo I bedeutet hier nach den oben gegebenen Darlegungen ein Presto. Im übrigen halte man sich streng an die Vorschrift Beethovens, der in den Takten 44—47 mit: *dim.*, *ritard.*, *poco adagio* zugleich auch der Modulation nach A-moll den adäquatesten Ausdruck verleiht. Was insbesondere das *poco adagio* anbelangt, so sei grundsätzlich erklärt, daß die Bezeichnung »Adagio« mitten in einem schnelleren Satze (gleichviel ob nach einem *ritardando* oder auch ohne ein solches) nicht, wie man vielfach meint, bereits ein wirkliches Adagio, sondern nur eine dem Haupttempo angemessene Dehnung bedeutet (vgl. unten Takt 204—205)*.

Takt 65ff. Zum ersten Mal erhält hier Tempo I den Beisatz »allegro«; demgemäß trage man das Rezitativ in gemäßigterem Tempo vor. Sonst halte man sich an die dynamische Vorschrift Beethovens, der *cresc.* genau dort (in Takt 71) notiert, wo der Quintfall Des—Ges erledigt und Ges enharmonisch in Fis umgedeutet wird; und da die Harmonie von hier ab mit gleichsam neu erwachtem Triebe über Gis und Cis nach E in Takt 76 (vgl. Fig. 319) fortstürmt, so verbinde man eben im Sinne dieses Enharmonie- und Modulationsdranges mit dem *cresc.* zugleich auch eine Beschleunigung! Endlich versäume man nicht, bei den nur kontinual mitwirkenden Holzbläsern — u. zwar über die Pausen der Takte 73—74 hinweg, und trotz der scheinbar trennenden Bezeichnung: *cresc.* in T. 71 und *p* in T. 75! — gleichwohl einen strengen, geradezu melodischen Anschluß der Oboe I in Takt 75 an Flöte I in Takt 72 zustande zu bringen, was sicher nicht wenig zu der vom Autor beabsichtigten Wirkung beitragen wird.

---

* Vgl. Sonate Op. 10, Nr. 1, letzter Satz; Op. 31, Nr. 1, letzter Satz; Op. 111, erster Satz, usw.

Takt 77ff. Die Ankündigung der Freudenmelodie darf, trotzdem Beethoven an dieser Stelle bereits ihr zuständiges Tempo notiert, noch durchaus nicht in derselben Art, wie etwa später das ganze Thema, vorgetragen werden, vielmehr verleihe man diesen vier Takten durch einiges Zögern und Tasten den Charakter nur eben erst einer Ankündigung!

Takt 81ff. Auch hier hat (wie oben bei Takt 65) Tempo I den Beisatz des »Allegro«. Großes Gewicht lege man bei diesem Rezitativ auf die Ausführung der so unendlich schönen Artikulationen in Takt 85—87, lasse sich aber durch diese nicht abhalten, das in Takt 88 gleichsam zu Ehren der Unterdominante! — vermerkte *sf* als den höchsten dynamischen Akzent auszuführen. Es versteht sich endlich, daß die beiden Orchesterschläge in Takt 91 mit bejahendster Gesinnung im Allegrotempo effektuiert werden müssen.

Takt 92ff. Das Tempo schreibt Beethoven mit Allegro assai 𝅗𝅥 = 80 bei C-Takt vor. Folgt nun daraus, daß er mit der Bezeichnung C-Takt (also nicht ₵!) einerseits die Bewegung offenbar doch nur der Viertel kennzeichnen wollte, so führt andererseits die metronomische Notierung 𝅗𝅥 = 80 zu dem Schlusse, daß ihm hierbei dennoch zugleich so etwas wie ein Alla breve-Takt vorgeschwebt haben mag. In der Tat liegt denn auch das eigentliche Tempo im Resultat beider Notierungen, und vielleicht gelangt man dazu am ehesten, wenn man die noch ziemlich fern liegende Coda (Takt 187ff.), zu Rate zieht: eben das Tempo, das dort gemäß den 16tel-Figuren bei Vl. II und Violen kaum schneller denn als ein *allegro moderato* ₵ definiert werden kann, mag sich nun am besten wohl auch für den Anfang des *allegro assai* eignen. (Auf den latenten gemäßigten Alla breve-Charakter weist außerdem noch der Umstand hin, daß die 4. und 5. Variation im $\frac{6}{8}$-Takt und die Doppefuge im $\frac{6}{4}$-Takt stehen, welch beide Taktarten ja als zweiteilige (Dupel-) Takte anzusehen sind; ₵ erscheint erst in den beiden letzten Abschnitten IIIb und IIIc.)

Endlich sei daran erinnert, daß als dynamischer Grundzustand sowohl im Thema als in den Variationen bis knapp vor die dritte Variation (siehe das *cresc.* in den Takten 156—163) durchwegs *piano* zu gelten hat, und daß demgemäß die sonstigen ganz bescheidenen *cresc.*-Anwandlungen nicht zu drastisch über das *p*-Niveau hinausragen dürfen.

Takt 164 ff. Das *f* dieser Variation betrachte man mehr als psychische Wärme denn als physische Äußerung; verlangt doch schon das Gesetz der Ökonomie innerhalb des von Beethoven aufgestellten Planes Schonung der rein physisch materiellen Wirkungen zu gunsten der letzten Chorvariation, Takt 543 ff.

Takt 187 ff. Mit größter Energie verfolge man hier die Fabel, wie sie am deutlichsten durch Vl. I in Takt 187—189 und durch Fl., Ob., Kl. und Fag. in Takt 190—202 zum Ausdruck kommt, und dränge alle übrigen Stimmen, den Bass freilich ausgenommen, (der unter allen Umständen Zeichnung, Farbe und Dynamik mit der Melodie zu teilen hat!) ohne weiteres zurück.

Takt 199. Hier sei man sich der erreichten A-dur-Tonika als des Kopfes der folgenden Kadenz, sowie auch der Modulation in dem oben in der Analyse dargestellten Sinne deutlich bewußt. Man freue sich der erreichten Gipfelung und mische dieser Freude nur gerade soviel beharrenden Gefühls bei, als nötig ist, um den Eindruck überstürzter Hast zu vermeiden.

Takt 203—207. All die Wandlungen der von Beethoven beigefügten Anweisungen: *poco ritenente* in Takt 203, *poco adagio* in Takt 205 setze man so in Verhältnis zum Grundtempo des *allegro*, daß sie durchaus nur als bescheidene Ritardationen des letzteren wirken; mit anderen Worten: muß vermieden werden, daß uns durch eine allzu starke Entfernung vom Grundtempo das in Takt 206 rückkehrende *allegro* als eine plötzlich neue und unmotivierte Bewegung erscheine.

Takt 208ff. Wegen der dynamischen Schattierung dieser Stelle vergleiche oben Takt 1.

Takt 231ff. Bei sorgfältiger Atemtechnik muß es dem Solisten wohl gelingen, die Phrase auch ohne Schaden der Artikulation getreu zum Ausdruck zu bringen. Er lasse sich dabei den Wink Beethovens in Takt 234 nicht entgehen und setze den Ton g — analog wie es im Orchester geschieht — zuerst mit *p* ein, um erst dann das *cresc.* zu bringen.

Takt 241ff. Die sorgfältigste Beachtung eines dynamischen Grundzustandes, sei es *p* oder *f*, verbunden mit der intensivsten Befolgung der Singakzente, wie sie Beethoven selbst unterstreicht, sei hier Regel des Vortrages. So ist in Takt 254 das Wort »Brüder« mit Nachdruck zu versehen.

Takt 269ff. Hier gehe man bei Takt 280—284 der Anweisung Beethovens nach, die dem Sinn so förderlich ist (vgl. oben S. 279, Fig. 342).

Takt 297ff. Nur die leichteste Tongebung der Singstimme bringt hier die Figurierung überhaupt zum Ausdruck; man übersehe doch auch nicht, daß das *cresc.* erst in Takt 309 und das *f* in der zweiten Hälfte des Taktes 311 einsetzt, wo indessen die Lage neuerdings bereits eine bequemere geworden.

Takt 330. Man beachte bei der Pauke die Anweisung:

Fig. 363.

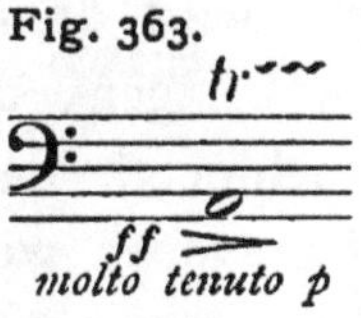

Sie zielt darauf hin, die Schallkraft des Akkordes im *ff* oder mindestens im *f* noch eben über den Paukenwirbel hinaus ungeschwächt zu erhalten! Fast erinnert diese Wirkung an jenen schönen Pedaleffekt des Klaviers, wobei der Spieler das Pedal abzieht, während seine Hand den Akkord auf der Klaviatur noch immer festhält; nach Abzug des Pedals klingen dann die

Umrisse des letzteren so eigentümlich rein und geläutert fort, wie sich zuweilen bei klarer Luft Konturen vom Abendhimmel abheben!

Takt 331ff. Die metronomische Bezeichnung ♩. = 84 bei *allegro assai vivace* zeigt gegenüber dem vorausgegangenen Zeitmaß eine kaum merkliche Beschleunigung an. Der Vortrag dieser Variation erfordert das vollste Bewußtsein der Konstruktion, sowohl im großen als auch im kleinsten. Insbesondere ist es notwendig, den Inhalt der Takte 359ff. auf die analoge Stelle im Hauptthema selbst zurückzuführen, um speziell Takt 362 und 363 trotz scheinbarer Identität gleichwohl in ihren verschiedenen Funktionen auseinander zn halten und die scharfe Ecke der Synkope an der Wende des Taktes 364 mit voller Einsicht in ihre wahre Bedeutung behandeln zu können. Wegen der bis zum Fugato anhaltenden großen Steigerung, die schon Beethoven selbst aufs genaueste bezeichnet hat, siehe oben S. 283—284.

Takt 431ff. Unbeschadet des *sempre ff* ist es durchaus erforderlich, die beiden *sf*, wie sie jeweilig beim Kontrapunkte wiederkehren, auf Kosten der übrigen Töne hervorzuheben; es empfiehlt sich sogar veritable *p*-Schatten vor den *sf* auszubreiten, nur um mit desto frischerer Verve die nachfolgenden *sf* hinausschleudern zu können. Eine so drastische Darstellung jener Akzente wird dann das *ff* ungleich überzeugender zum Ausdruck bringen, als wenn man, die Bezeichnung beim Worte nehmend, das Fugato nur in einem wüsten unnuancierten *ff* austoben würde.

Takt 491ff. Eine meines Wissens im Vortrag noch niemals beachtete Nüance sei hier endlich aufs nachdrücklichste den Dirigenten empfohlen: Kein Zweifel nämlich, daß es von höchster dramatischer Kraft wäre, wenn es gelänge, auch die Achtelpausen nach dem jeweiligen *sf* in Takt 492, 494, 504 und 508 auszudrücken! Ob sich dazu bei den Vl. I bzw. den Bässen am besten ein mit Leidenschaft verlängerter Bogenstrich eignen würde, der dann freilich aber vor der Pause um so plötzlicher abgerissen werden müßte, bleibe dem Experiment des Dirigenten überlassen. Unternehme letzterer übrigens zu diesem Zwecke, was er wolle, für keinen Fall darf er dieser Schwierigkeit aus dem Wege gehen, zumal er doch, besonders von Takt 503 ab, sofern nur die Achtelpause zu ihrem Rechte gelangt, wohl der spannendsten Wirkung sicher sein darf!

Takt 543ff. Man übersehe nicht, mit welcher Sorgfalt Beethoven mittelst der *sf*-Akzente die Worte »Elysium«, »feuertrunken« und »Heiligtum« aus dem *f* des Chores emporhebt; nicht minder, wie er bei Takt 566 zwar auch für den Chor bereits ein *ff* vorschreibt, selbst aber noch unter diesen Umständen für das Wort »Brüder« in T. 570 und 586 gleichwohl erhöhten Nachdruck fordert.

Literatur.

Den Darstellungen Nottebohms (S. 179—192) folgend, darf man in Beethovens Komposition des Finale drei Stadien unterscheiden:

Als das erste würde dasjenige zu bezeichnen sein, in welchem er nicht einmal noch zum festen Entschluß gelangt ist, ob das Finale überhaupt vokal oder instrumental zu halten sei.

Im zweiten Stadium sehen wir ihn zwar bereits entschlossen, den Vokalsatz zu Schillers »Freude, schöner Götterfunken« durchzuführen, gleichwohl aber vom Plane erfüllt, dem Chor mindestens ein Instrumentalvorspiel auf eigener motivischer Basis vorangehen zu lassen.

Als das dritte und letzte Stadium aber hat man jenen Zeitpunkt anzunehmen, in dem er plötzlich, mitten in der Arbeit zur Komposition des Schillerschen Textes, den Gedanken gefaßt hat, den Chor durch instrumentale Rezitative sowohl als Variationen über die Freudenmelodie vorzubereiten. Ich gebe nun Nottebohm selbst das Wort.

Über das erste Stadium weiß er, da er über den Stand der Arbeit im Jahre 1822 berichtet, folgendes zu erzählen (S. 165ff.): »Das wichtigste ist, daß, wie aus dieser Skizze

Fig. 364.

hervorgeht, Beethoven inzwischen auf den Gedanken gekommen war, Schillers Hymne zum Finale heranzuziehen. Unabänderlich fest stand, wie wir sehen werden, der Gedanke davon noch nicht.

Bemerkenswert sind einige in demselben Skizzenheft vorkommende Aufzeichnungen, die sich auf die Einrichtung der Sinfonie im Ganzen beziehen. Die erste Aufzeichnung erscheint gleich nach jener Melodie zu Schillers Worten, gehört aber, nach Handschrift und Inhalt, nicht dazu und lautet, soweit sie leserlich ist, wie folgt:

> Die Sinfonie aus vier Stücken darin das zweite Stück im $^2/_4$ Takt wie in d . . . . die . . könnte in $^6/_8$-tel dur sein und das 4te Stück

Fig. 365.

> recht fugirt

Nach dieser Aufzeichnung sollte dem letzten Satz das Fugenthema aus dem Jahre 1817 zu Grunde gelegt werden. Zum nicht erwähnten ersten Satz war, so müssen wir annehmen, der in Arbeit stehende bestimmt.

Die nächste Aufzeichnung:

Fig. 366. 2tes Stück *presto.*

oder anderer Ton

bringt zwei neue Themen und läßt es dahingestellt, was für ein Thema zum Finale genommen werden sollte.

Die dritte Aufzeichnung

> Sinfonie allemand entweder mit Variation nach der (?) Chor

Fig. 367.

> alsdann eintritt oder auch ohne Variation. Ende der Sinfonie mit türkischer Musik und Singchor

bringt die Schillerschen Worte mit einer neuen Melodie. Es ist möglich, daß diese Melodie früher entstand, als die zuerst mitgeteilte.

In der letzten Aufzeichnung

Fig. 368.

ist dem zweiten Satz das Fugenthema aus dem Jahre 1815, dem vorletzten Satz ein in der zweiten Aufzeichnung aufgestelltes Thema und dem letzten Satz die früher verzeichnete Melodie zu Schillers Worten zugeteilt.

Erwähnenswert ist noch eine zwischen den angeführten Aufzeichnungen vorkommende Bemerkung, welche so lautet:

> auch statt einer neuen Sinfonie eine neue Overture auf Bach sehr fugirt mit 3 (Posaunen? Subjekten?).

Unter der »neuen« Sinfonie kann schwerlich unsere neunte, mit anderen Worten, diejenige Sinfonie gemeint sein, zu der der angefangene erste Satz gehören sollte.

Die Verschiedenheit obiger Aufzeichnungen und einige darin vorkommende Erscheinungen (so z. B. die, daß bei der ersten Aufzeichnung das Fugenthema aus dem Jahre 1817, kurz vorher und bei den letzten Aufzeichnungen aber eine Melodie zu Schillers Worten dem Finale zu Grunde gelegt werden sollte; ferner die Überschrift bei der dritten Aufzeichnung »Sinfonie allemand« usw.) können wir uns nicht anders als durch die Annahme erklären, Beethoven habe, wie er im Jahre 1812 die siebente und achte Sinfonie gleichsam als Zwillinge zur Welt gebracht hatte, auch diesmal zwei Sinfonien schreiben wollen, habe also seinen vor vier Jahren gefaßten Plan nicht aufgegeben. Wir werden in dieser Annahme bestärkt durch eine Äußerung Beethovens, welche Friedrich Rochlitz, der im Sommer 1822 in Wien war und Beethoven kennen lernte, mitteilt und welche lautet: ‚Ich trage mich schon eine Zeit her mit drei andern großen Werken. Viel dazu ist schon ausgeheckt, im Kopfe nämlich. Diese muß ich erst vom Halse haben; zwei große Sinfonien, und jede anders, jede auch anders als meine übrigen, und ein Oratorium.

Beethoven muß die Absicht, zwei Sinfonien zu komponieren, bald aufgegeben haben. Wenigstens findet sich keine Andeutung mehr, aus der sich das Gegenteil entnehmen ließe. Schon in der zuletzt angeführten Bemerkung, nach welcher Beethoven »statt einer neuen Sinfonie« eine Ouverture auf den Namen »Bach« zu schreiben gedachte, läßt sich eine Einschränkung seines Vorsatzes erblicken. Längere Skizzen zu einem Satz, der zu der aufgegebenen Sinfonie gehören könnte, sind nicht vorhanden. Wir sind lediglich auf jene Aufzeichnungen angewiesen, und diese sagen uns über das Verhältnis, welches die projektierten Sinfonien haben könnten, nichts. Lag doch nach den Aufzeichnungen und nach den bisherigen Entwürfen unsere neunte Sinfonie, höchstens mit Ausnahme eines Teils des ersten Satzes, noch ganz im Chaos. Von anderer Seite jedoch kommen uns einige aufklärende Andeutungen zu.

Am 10. November 1822 beschloß die Direktion der Philharmonischen Gesellschaft in London, Beethoven zur Komposition einer Sinfonie aufzufordern. Beethoven nahm den Antrag, auf den er vorbereitet war, an. Am 6. April 1822 hatte er an Ferd. Ries geschrieben: »Was würde mir wohl die philharmonische Gesellschaft für eine Sinfonie antragen?« Und am 20. Dezember 1822 schrieb er: ,Mit Vergnügen nehme ich den Antrag an, eine neue Sinfonie für die philharmonische Gesellschaft zu schreiben.' Die Sinfonie, welche Beethoven nach London schickte, war bekanntlich die neunte. Bei der ersten Aufführung durch die Philharmonische Gesellschaft (am 21. März 1825) war sie auf dem Programm angezeigt mit dem Beisatz: ,composed expressly for this Society.' Die Anwendung, welche sich nun auf die Aufzeichnungen machen läßt, liegt nahe. Letztere fallen in die Zeit, in der der Antrag nahe bevorstand oder eben geschehen war. Von den zwei Sinfonien, welche Beethoven zu schreiben gedachte, war eine für England bestimmt, die andere nicht. Bei der für England bestimmten mußte Beethoven, wenigstens anfangs, Bedenken tragen, einen Vokalsatz mit deutschem Text anzubringen. Die Sinfonie mußte ganz instrumental sein. Eine solche Sinfonie ist in der ersten Aufzeichnung ins Auge gefaßt. Bei der anderen Sinfonie fiel jenes Bedenken weg. Hier sollte Schillers Gedicht herangezogen werden. Die Worte in der dritten Aufzeichnung: ,Sinfonie allemand' sagen es deutlich, daß sie nicht für England bestimmt war.

Die Arbeit wurde, zunächst nur unterbrochen durch die zu den Variationen Op. 120, nun fortgesetzt. Zunächst wuchs der erste Satz heran. Die Arbeit dazu zieht sich bis in die zweite Hälfte des Jahres 1823 hinein. Themen und Motive, Bestandteile und Stellen kommen zum Vorschein, die sich in den früheren Skizzen nicht finden. Erst als der erste Satz in den Skizzen fast ganz fertig und gesichert war, erscheinen, abgesehen von den wenigen früher aufgefundenen Motiven oder Themen, nach und nach einzelne kürzere oder längere Stellen, die den übrigen Sätzen gelten. Die Erscheinung, daß Beethoven an zwei oder drei Sätzen gleichzeitig arbeitete, wiederholt sich. Das Heranwachsen, die Vollendung des ersten Satzes war, wie es sich auch bei anderen Werken, z. B. bei der Sinfonia eroica, nachweisen läßt, für die Entstehung und Gestaltung der folgenden Sätze entscheidend. Es sollte Beethoven nicht gelingen, die Grundlinien zu den folgenden Sätzen und zum ganzen Werke zu ziehen, bevor der großartige Unterbau des ersten Satzes gelegt war. Die Idee der neunten Sinfonie erwuchs während des Schaffens.«

Und über den Stand der Frage aus dem Jahre 1823 berichtend, teilt Nottebohm auf S. 179 ff. mit:

»Aus den Skizzen zum Finale ergibt sich zunächst, daß Beethoven, als die Komposition des Schillerschen Liedes schon begonnen und vorgeschritten war, schwankte, ob er der Sinfonie ein vokales oder ein instrumentales Finale geben sollte. Auf einigen zusammenhängenden Bogen, welche größtenteils der endgiltigen Form nahe kommende Entwürfe zum zweiten Satz enthalten, findet sich die Bemerkung:

Vielleicht doch den Chor Freude schöner —

Diese Worte, welche ungefähr im Juni oder Juli 1823 geschrieben wurden, drücken offenbar eine Unentschiedenheit im Entschluß aus. Das instrumentale Finale sollte eine Melodie bekommen,

Fig. 369.

Finale instromentale.

die mit einigen Änderungen und mit Versetzung in eine andere Tonart später im Quartett in A-moll (Op. 132) verwendet wurde. Die Skizze, über deren Bestimmung die Überschrift keinen Zweifel läßt, findet sicl. in einem Skizzenheft, das vor- und nachher fast nur Entwürfe zur Komposition des Schillerschen Textes enthält. Die nämliche Melodie findet sich gegen Ende desselben Skizzenheftes vollstänc'iger und in einer etwas anderen Version.

Fig. 370.

1ster Teil.

Im Herbst 1823 ist Beethoven wieder auf das Thema zurückgekommen. Hier hat es wieder eine etwas andere Fassung.

Fig. 371.

Was daraus geworden wäre, wenn Beethoven diese Arbeit fortgesetzt und statt des vokalen ein instrumentales Finale geschrieben hätte, ist bei der Eigentümlichkeit seines Schaffens, wo nichts auf vorausgegangener bloß verstandesmäßiger Berechnung, sondern alles auf einer gleichsam organischen, an das Vorhergehende, Vorhandene anknüpfenden Entwicklung beruht, schwer zu sagen.«

Die autentischen Pläne Beethovens bezeugen somit aufs deutlichste, daß mit der Komposition des Schillerschen Gedichtes von ihm durchaus nicht etwa schon eine letzte Absage an die Instrumentalmusik überhaupt beabsichtigt wurde, daß vielmehr nur ein seit frühester Zeit gehegter Lieblingswunsch, das genannte Gedicht zu vertonen, damit in Erfüllung ging! Bedenkt man, welch üblen Einfluß die künstlerisch allzu selbstsüchtigen Gedanken Wagners in bezug auf das Finale geäußert haben, so muß man Brahms doppelt dankbar dafür sein, daß er die Nottebohmsche Arbeit dem Verleger ans Herz legte, die ja, wie gesagt, die autentischeste Widerlegung Wagners ans Licht gefördert hat. Mag vorläufig in Wirklichkeit nur erst ein verschwindend kleiner Bruchteil der Musiker den wahren Sachverhalt kennen; mag im Publikum das geschickt, ja raffiniert ersonnene Schlagwort Wagners bekannter geworden sein, als die eigenen Notizen Beethovens: dennoch muß die Zeit kommen, in der Beethovens zwei Worte »Finale instromentale« schon allein das ganze Theorem Wagners zu Schanden machen werden!

Über das **zweite** Stadium finden wir bei Nottebohm S. 186ff. folgenden Aufschluß:

»Aus anderen Skizzen geht hervor, daß Beethoven längere Zeit hindurch im Sinne hatte, das Finale mit einem thematisch für sich bestehenden Instrumentalvorspiel zu beginnen und dann entweder unmittelbar oder nach der vorher vom Orchester erst einfach und dann variiert vorgetragenen Freudenmelodie den Chor eintreten zu lassen. Zu einer solchen instrumentalen Einleitung finden sich die verschiedensten Entwürfe. Wir setzen die meisten der vorkommenden Entwürfe her:

Fig. 372. Finale.

Fig. 373.

Finale.

Finale.

müssen jedoch dahin gestellt sein lassen, ob nicht einer oder einige derselben zu dem früher erwähnten instrumentalen Finale bestimmt waren. Der erste von diesen Entwürfen, der spätestens im Juli 1823 geschrieben wurde und noch zwischen Arbeiten zum ersten Satz vorkommt, läßt durch die beigefügten Worte ‚Vor der Freude' keinen Zweifel über seine Bestimmung aufkommen. Dasselbe ist vom zweiten Entwurf zu sagen. Die dann folgenden Entwürfe wurden später geschrieben. Von einer vokalen und instrumentalen Ein- oder Überleitung zum chorischen Teil, wie wir sie kennen, findet sich in den Skizzen aus der Zeit vor Juli 1823 keine Spur.«

Auch mit diesen Plänen, so sehr sie nach den oben im Texte von mir gegebenen Beweisführungen sicher als künstlerischer Irrtum bezeichnet werden müssen, drückt also Beethoven seinen noch immer vorhandenen Glauben an die Instrumentalmusik aus!

Über das dritte (letzte) Stadium lesen wir bei Nottebohm S. 188 ff.:

»Erst in der zweiten Hälfte des Jahres 1823 und während der fortgesetzten Arbeit zur Komposition des Schillerschen Textes kam Beethoven, wie diese Skizze zeigt,

Fig. 374.

auf den Gedanken, die zuerst von den Blasinstrumenten vorgetragene Hauptmelodie mit einem rezitativartigen Vorspiel, ferner mit einem Anklang an den ersten Satz der Sinfonie und mit einem jene Melodie ankündigenden Motiv einzuleiten. Damit war der erste Schritt zur jetzigen Einleitung geschehen. Es fehlte zunächst noch die Motivierung des Eintritts der Singstimmen durch Worte. Diese zu finden, hat Mühe gekostet. Schindler weiß davon zu erzählen. Auch sagen es die Skizzen . . . . . In den Skizzen, die nun vorzulegen sind und von denen die ersten, nach einer Angabe Schindlers, frühestens Ende Oktober 1823 geschrieben wurden, hat

Beethoven, um die geeigneten Worte zu finden und um überhaupt den Eintritt des Chores zu begründen, umständliche Versuche angestellt. Er holt weit aus und spricht sich mit voller Unbefangenheit aus. Man muß seine Worte auch so nehmen und darf nicht daran mäkeln. Sind sie doch nicht für uns geschrieben. An mehreren Stellen ist wegen Unleserlichkeit der Wortlaut nicht herzustellen. Solche Stellen müssen offen bleiben.

Die ersten Worte, die vorkommen,

Nein diese . . . er - innern an unsre Verzweifl.

Fig. 375.

usw.

stehen über einem rezitativischen Vorspiel, zu dem sie wahrscheinlich gehören. In einem bald darauf erscheinenden Entwurf

Fig. 376.

werden die der Reihe nach vorgeführten Hauptthemen der ersten drei Sinfoniesätze apostrophiert. Hier

Fig. 377.

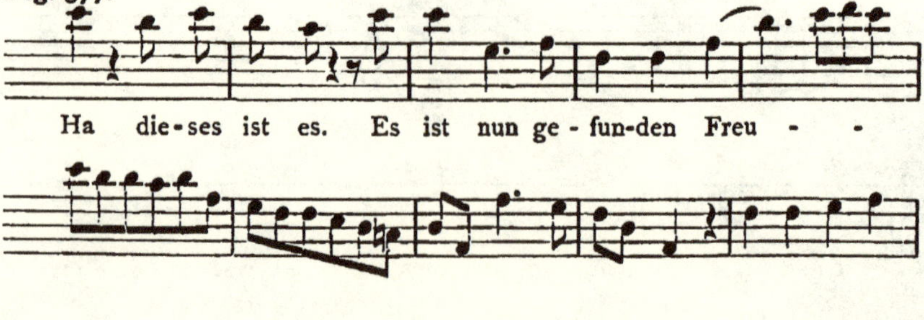

wird die Schlußstelle des vorigen Entwurfs anders gefaßt und weiter ausgeführt, wobei ein Gang zu Tage kommt, der mit einiger Änderung in die Partitur übergegangen ist. Nach kürzerer oder längerer Unterbrechung wird eine kürzere Fassung des Rezitativtextes gesucht. Beethoven schreibt erst:

Laßt uns das Lied des unsterblichen Schillers singen

Fig. 378.

und dann:

Fig. 379.

Fig. 380.

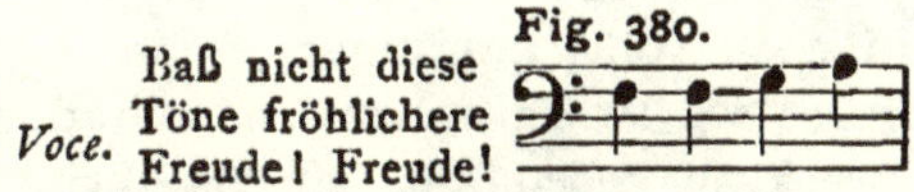

Damit war der Weg zur endgiltigen Fassung gebahnt.«

Jedoch beachte man auch nachfolgende Bemerkung Nottebohms:

»Vom Finale, wie es gedruckt ist, entstand zuerst der chorische Teil und die diesem vorangehenden Instrumentalvariationen über die Freudenmelodie; dann wurde die instrumentale und rezitativische Einleitung in Angriff genommen.«

Über die Freudenmelodie selbst teilt Nottebohm (S. 182 ff.) folgendes mit:

»Außer den bereits mitgeteilten Melodien zu den ersten Worten des Schillerschen Gedichtes hat Beethoven noch andere gesucht. Hier ein Beispiel.

Fig. 381.

Dieser Entwurf fällt noch in die letzten Monate des Jahres 1822. Von da an scheint Beethoven bei der jetzigen Melodie, wie sie in den im Sommer oder Herbst 1822 gefundenen ersten vier Takten angedeutet ist, geblieben zu sein. Die Melodie mußte manche Wandlungen durchmachen, bis sie die endliche Form fand. Namentlich gilt das vom zweiten Teil. Dieser mußte noch gefunden werden. Ungefähr im Juli 1823 lautet die Melodie so:«

Fig. 382. Baß.

Davon sind die Takte 9—12, wie Nottebohm richtig hervorhebt, in noch völlig unfertigem Zustand. Es hat Beethoven viele Mühe gekostet, der Taktreihe jenen Grad von Bestimmtheit und Selbstzweck zu geben, den sie als Mittelstück der Liedform immerhin haben mußte. Es ist von höchstem künstlerischen Interesse, den Werdeprozeß dieser nur wenigen vier Takte zu beobachten:

Fig. 383.

Auf S. 186 teilt Nottebohm eine auf das Allegro alla marcia in B-dur bezügliche Bemerkung mit:

»Türkische Musik — erst pianissimo — einige laute pp — einige Pausen — dann die vollständige Stärke.«

Wagner wird gleich zu Beginn des Presto durch »die Schreckensfanfare der Blasinstrumente« zu einer Retouche veranlaßt: »Der chaotische Ausbruch einer wilden Verzweiflung ergießt sich hier in ein Schreien und Toben, das jedem sofort verständlich wird, der sich diese Stelle nach dem Gange der Holzblasinstrumente im schnellsten Zeitmaße vorführt, wobei ihm sogleich als charakteristisch auffällt, daß dieser ungestümen Folge von Tönen eine rhythmische Taktart kaum zu entnehmen ist. Soll dieser Stelle der Dreivierteltakt deutlich aufgedrückt werden, und geschieht dies in dem, von der Angst des Dirigenten gewöhnlich eingegebenen, behutsamen Tempo, welches man, zur Vermeidung des Umwerfens desselben, für den Vortrag des darauffolgenden Rezitatives der Bässe rätlich hält, so muß sie notwendig eine fast lächerliche Wirkung machen. Ich fand nun aber, daß selbst das kühnste Tempo diese Stelle, außerdem daß es den melodischen Gang des Unisono der Blasinstrumente immer noch im Unklaren ließ, auch von der Fessel des rhythmischen Taktes, welche hier gänzlich abgestreift erscheinen soll, nicht befreite. Das Übel lag wiederum in der lückenhaften Mitwirkung der Trompeten, welcher selbst andererseits nach der Intention des Meisters durchaus nicht zu entraten war: diese schmetternden Instrumente, gegen welche die Holzbläser sich nur wie andeutend verhalten können, unterbrechen ihre Mitwirkung an dem melodischen Gange derselben in der Weise, daß man nur den hieraus entstehenden Rhythmus« (hier zitiert Wagner den Part der Trompeten) »vernimmt, welchen prägnant zu machen jedenfalls gänzlich außer der Absicht des Meisters lag, wie dies die letzte Wiederkehr der Stelle, unter Mitwirkung der Streichinstrumente, offenbar zeigt. Somit war es hier wiederum nur die beschränkte Beschaffenheit der Naturtrompete, welche Beethoven davon abhielt, seine Intention entsprechend auszuführen. Ich griff diesmal, in einer dem Charakter dieser furchtbaren Stelle sehr gut entsprechenden Verzweiflung, dazu, die Trompeten den Gang der Holzbläser vollständig mit ausführen zu lassen, und ließ dies nach folgender Vorschrift geschehen:

Fig. 384.

Bei der späteren Wiederkehr der Stelle spielten die Trompeten wieder wie das erste Mal.

Nun war Licht gewonnen: die furchtbare Fanfare stürmte in ihrer rhythmischen Chaotik über uns herein, und wir begriffen, warum es endlich zum ‚Worte' kommen mußte.«

Wagner übersieht hier, daß es Beethoven doch nur aus rein stilistischen Gründen widerstrebt hat, die Trompete (bezw. das Horn) ganz genau so, wie die weniger aufdringlichen Holzbläser zu setzen. Was er nämlich von der Trompete jederzeit und prinzipiell forderte, war jene Bestimmtheit kontinualer Töne, die eben nur der Trompete eigen ist, niemals aber etwa auch ein länger anhaltendes, geschweige ununterbrochenes Mitgehen mit den melodieführenden Instrumenten. Daraus erklären sich in den Takten 1—4 die Pausen des Trompetenpartes ungleich besser, als aus der angeblichen Verlegenheit in bezug auf den mangelnden Ton es. Denn nur erst so gleichsam aufgespart und gelüftet, vermag dann die Trompete in den folgenden Takten 5—7 durch ihre Mitwirkung das letzte entscheidende cresc. mit zu schüren. Am besten entnimmt man die Wahrheit obigen Sachverhaltes daraus, daß ja Beethoven, wenn er es nur so gewollt hätte, doch mindestens die Hörner in B an dem Motiv hätte mitbeteiligen können, ohne in irgendwelche Verlegenheit zu geraten. Wenn er nun dieses gleichwohl unterließ, welche anderen Gründe können es dann aber, frage ich, gewesen sein, als die durch die Natur des Hornes geforderte prinzipielle Rücksicht auf den Stil des Satzes und hier noch außerdem die Notwendigkeit auch einiger anderer unter allen Umständen bloß füllender Stimmen? Und wie durfte endlich Wagner übersehen, daß Beethoven die Mitwirkung der Hörner und Trompeten übrigens auch in thematischer Hinsicht mit jenen Erfordernissen vereint hat?! Man sehe doch, wie die Hörner in B und die Trompeten in ihrer Aufeinanderfolge:

Fig. 385.

genau die Linie des in diesem Takt fälligen Motivteiles ergeben! Nur die D-Hörner beläßt er in continualer Funktion, wobei allerdings, wenn man durchaus will, in Takt 4 der Ton es (= f) in Verbindung mit dem Trompetengang desselben Taktes doch auch wieder als thematischer Beitrag gelten könnte! Wie immer man die Sache auch betrachtet, muß jedenfalls als ausgemachte Wahrheit gelten, daß es Beethoven bei der Abfassung der Horn- und Trompetenstimmen in erster Linie darum zu tun war, sie bis zur Steigerung in Takt 5 ff. zu schonen.

Nun sei hier noch eine Änderung Wagners erwähnt, die sich auf das Barytonsolo zu Beginn der ersten Vokalvariation bezieht: »Zum guten Ende erwähne ich nur, ohne dieses weiter zu motivieren, daß ich den vortrefflichen Sänger Betz, als . . . . ., mühelos dazu bestimmte, statt:

Fig. 386.

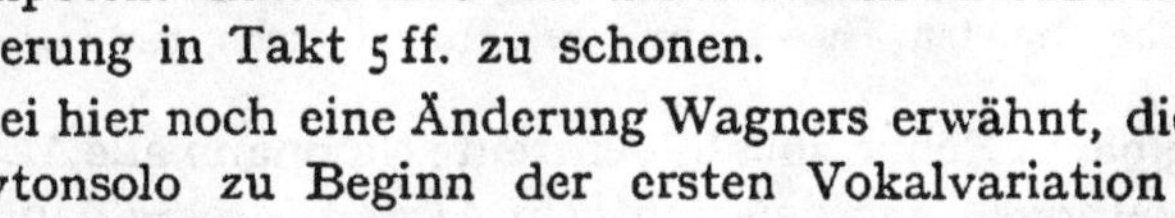

mit Anschluß an den vorangehenden Takt zu singen:

Fig. 387.

Unseren akademischen Sängern der gediegenen englischen Oratorienschule bleibe es dagegen überlassen, in alle Zukunft mit gehöriger Korrektheit, ihre ‚Freude' zweiviertelweise loszuwerden.«

Die Unerquicklichkeit des Tones im letzten Satz richtet sich, streng genommen, wohl auch gegen Beethoven, und da mag eine Abwehr recht am Platze sein. In der Abhandlung »Über das Operndichten und Komponieren im besonderen« zitiert Wagner Naumanns Melodie zu Schillers Ode an die Freude:

Fig. 388.

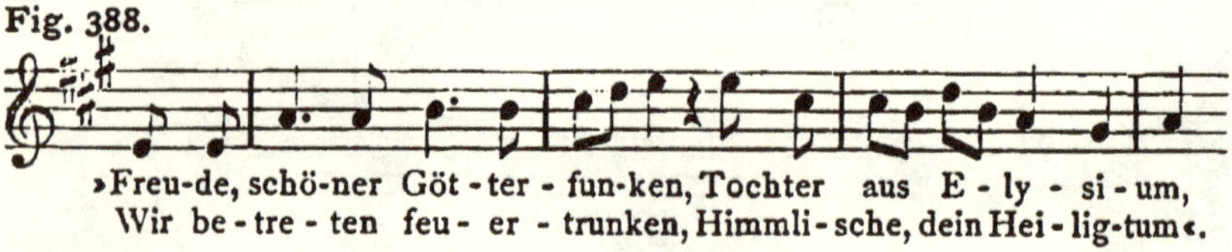

Gleich darauf stellt er ihr Beethovens Melodie mit folgenden Worten gegenüber:

»Nun aber Beethoven, der Wahrhaftige:

Fig. 389.

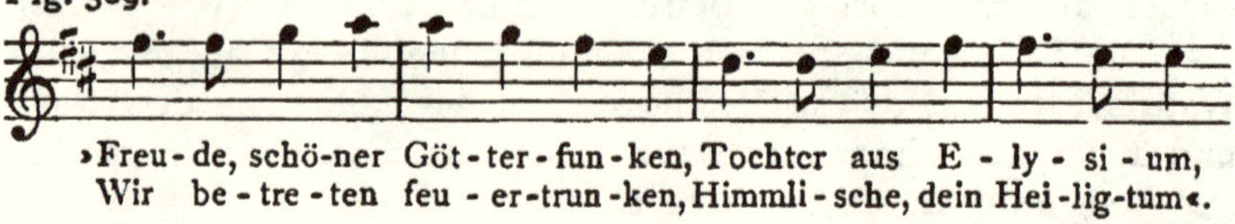

Dem imaginären Reime zulieb, verdrehte Naumann alle Akzente des Verses: Beethoven gab den richtigen Akzent, deckte dadurch aber auf, daß bei zusammengesetzten Worten im Deutschen der Akzent auf dem vorderen Wortteile steht, somit der Schlußteil nicht zum Reime gebraucht werden kann, weil er den schwächeren Akzent hat; beachtet dies der Dichter nicht, so bleibt der Reim nur für das Auge vorhanden, ist ein Literaturreim: vor dem Gehöre, und somit für das Gefühl wie für den lebendigen Verstand, verschwindet er gänzlich.« Im Namen eben der von Wagner so gepriesenen Wahrhaftigkeit Beethovens frage ich nun aber: wie verträgt es sich mit dieser, daß ein völlig logischer und selbständiger musikalischer Gedanke, wie es die Freudenmelodie Beethovens ist, dem ein sprachlich ebenfalls völlig selbständiger Gedanke, wie es eben die erste Zeile der Strophe ist, entspricht, aus der strengen Zusammengehörigkeit — beim ersten Viertel fis des Taktes 241 treten beide in den Zustand der Kongruenz! — herausgerissen und gegen seine wahre, ursprünglich geborene Konstruktion um ein paar Töne, wie Wagner vorschlägt, zurückdatiert werde? Kann denn Beethovens Melodie ‚Wagner zuliebe‘ wirklich schon in Takt 240 begonnen haben? Doch sicher nicht! Muß nun so aber der Anfang der Melodie unabänderlich erst in Takt 241 angenommen werden, so muß folglich in demselben Takte auch der Text der Zeile seinen Anfang nehmen, wenn nicht anders die musikalische Bildung von Takt 241 ab die sprachliche Lügen strafen sollte, die nach Wagner schon in Takt 240 begänne!

Kretzschmar schreibt (S. 118): »Das schöne Bild verschwindet, und nun kommt im vierten Satze das, was Faust meint, wenn er sagt: ‚Des Morgens wach ich mit Entsetzen auf.‘ Gemeint ist damit wohl ohne Zweifel der Anfang des Finale im unmittelbaren Kontrast zu den Himmelsklängen des Adagio. Im möglichst schnellen Anschluß an das Ende des letzteren verliert die wirre Fanfare, der Höllenlärm, mit welchem das empörte, heulende Orchester einsetzt, den Charakter des Unbegreiflichen, Kapriziösen, am besten. Dieser wüste Anfang bedeutet den Rückfall in die chaotische Stimmung des ersten Satzes. Bässe und Celli warnen in kühnen, heftigen Rezitativen. Jetzt suchen die Geigen und die Bläser nach rettenden Ideen. Die einen bringen eine Weise aus dem ersten Satz, die anderen aus dem zweiten, dann kommt ein Zitat aus dem dritten. Nichts gefällt den Bässen. Endlich intonieren die Oboen etwas ganz Neues. Das findet Gnade bei den Vätern des Orchesters. Nachdem sie ihre Zustimmung in einem letzten Rezitative ausgesprochen, ergreifen sie selbst das Motiv und führen es zu einer breiten Melodie aus:« (Hier steht das Zitat des Freudenthemas.) »Es ist dieselbe, zu der dann die Freudenode angestimmt wird, und die, rein oder variiert, den leitenden Faden des ganzen Finale bildet. Zunächst wird sie in einer Fuge durch das ganze Orchester geführt, ohne aber demselben auf die Dauer einen genügenden Halt bieten zu können.« Schon der erste Schritt Kretzschmars ins rein Sachliche bedeutet ein Straucheln, denn von einer Fuge ist hier, wie man übrigens allgemein weiß, wahrhaftig noch durchaus keine Rede. Unaufgeklärt bleibt dabei außerdem, was er unter »genügenden Halt« verstanden haben konnte. Da er aber offenbar selbst nicht weiß, was er meint, fällt es ihm um so leichter, Konsequenzen aus der unklaren Idee zu ziehen: »Denn es taumelt nach einem Moment des Herumirrens wieder zu jener Schreckensszene zurück, mit welcher der Satz begann. Da kommt weitere Hülfe. Es ist diesmal der Sänger des Barytonsolo, der mit den von Beethoven selbst eingeschriebenen Worten ‚O Freunde, nicht diese Töne — sondern laßt uns angenehmere anstimmen und freudenvollere' die Ordnung wiederherstellt.« Wie unfreiwillig komisch klingt es, wenn der Kommentator, statt die Beziehung der beiden Teile des letzten Abschnittes zu beleuchten und aus der erhabenen Sphäre des Beethovenschen Genies eine der schönsten Proben künstlerischer Taktik und Konsequenz dem Musiker oder Laien näher zu bringen, von der so kühnen Überleitung und Coda als von »einem Moment des Herumirrens« spricht; wie naiv, wenn er, offenbar mehr darauf bedacht, in einer argen Verlegenheit sich selbst Hilfe zu bringen, eine Verlegenheit gar bei Beethoven konstruiert: »da kommt weitere Hilfe«, womit er indessen nichts mehr und nichts weniger, als die musikalisch organische Notwendigkeit des zweiten Teiles abgetan haben will! »Und nun beginnt er den Hymnus in obiger volkstümlicher Melodie — einer der wenigen, die Beethoven gleich beim ersten Anlauf fand—, in welche die anderen Solisten und der Chor dann einfallen.« Beim ersten Anlauf? Wie wenig wahr das ist, hat der Leser bereits oben aus Nottebohms Mitteilungen erfahren. Welche Begriffe vom Ablauf des Finales muß aber Kretzschmar gehabt haben, wenn er dort, wo ein so festgefügter Plan sich geradezu aufdrängt, nichts anderes sieht, als eben nur, daß »die anderen Solisten und der Chor dann einfallen«! Man denke nur, für den grandiosen Variationenplan steht hier das Wörtchen »dann« .....

»Von Schillers Ode hat Beethoven nur einige Strophen benutzt und aus ihnen eine Reihe musikalischer Bilder entwickelt. Er läßt die Kreaturen jauchzen um Küsse und um Reben, er tritt mit dem Cherub vor Gott, er malt die Bahn, die der Held durchläuft, in einem wilden, stürmischen Fugato, dessen Kampfgetöse in einem festen sieghaften Pochen endigt. Der Refrain aller Szenen, die Beethoven ausführt oder skizziert, ist das vom Chor wieder eingesetzte ‚Freude.' Am ausführlichsten hat Beethoven die Szene des Helden behandelt; die Rücksicht auf die Dimensionen des Satzes gestatteten leider nicht, mit allen Themen des Gedichtes in gleicher Weise zu verfahren. Es steht Vollendetes und Angefangenes neben einander, und bei aller Begeisterung über die entzückende Schönheit des Einzelnen empfinden wir, bewußt oder unbewußt, in der Totalform des Finale einen Mangel.«

Aus Schillers Gedicht zu zitieren ist billig; schwieriger aber fällt es, sich im Tonleben auszukennen. Auch will ich nicht erst untersuchen, ob das Fugato wirklich in einem »festen siegbaren Pochen endigt,« denn mehr als alle Deutungen Kretzschmars interessiert mich die kompositionelle Funktion z. B. einer Achtelpause, wie der in Takt 492; doch kann ich mir nicht versagen, speziell seinen Gedanken, daß der »Refrain aller Szenen, die Beethoven ausführt oder skizziert«, das Freudenthema sei, als einen ganz unverzeihlich falschen zu bezeichnen, da man doch nicht einmal über Beethovens Konstruktion näher unterrichtet zu sein braucht, um eine solche Unwahrheit zu vermeiden! Welche Bewandtnis es ferner mit der B-dur-Tonart und der Rückleitung nach D-dur hat, habe ich aus Anlaß der vierten Vokalvariation (alla marcia $^{6}/_{8}$) dargestellt; und daraus wird man entnommen haben, daß durch den Tonartwechsel eine tonartliche Notwendigkeit zur Erledigung kam; somit bedeutet es wahrhaftig noch keine »Rücksicht auf die Dimensionen des Satzes«, wenn ein ähnliches Ereignis an anderen Stellen fehlt. So muß es mir denn endlich erlaubt sein, es geradezu für den Gipfel der Abgeschmacktheit — ich sage nur dieses und nicht mehr — zu erklären, wenn der Kommentator, der, wie sich der Leser wohl selbst überzeugt hat, doch nirgends ordentlich gelesen hat, jene Kritik sich anmaßt, die der letzte Satz ausspricht!

Weingartner (S. 176) plaidiert für unmittelbaren Anschluß des Presto an das Adagio: »Der eminent drastische Charakter dieses Anfangs kam mir nie zur wahrhaftigen, erschütternden Wirkung, wenn nach dem Adagio eine längere Pause eintrat, die durch Beifall und womöglich noch durch das Auftreten der Solisten oder gar des Chores unterbrochen wurde.« Betreffs des Arrangements macht er treffende Vorschläge: »Ich fordere bestimmt, daß der Chor vollzählig sich vor Beginn der Aufführung auf seinen Plätzen befindet und daselbst in Ruhe verharrt, bis er sich zum Singen erhebt. Ich stelle dieselbe Forderung an die Solisten, gestehe aber hier die Möglichkeit einer Ausnahme zu ..... Ich forderte aber in den letzten Jahren dann stets, daß die Solisten nach dem Scherzo auftraten, nicht aber nach dem Adagio, an das sich das Finale unmittelbar anschließt.«

In der Retouche der »Fanfaren« geht er (S. 179) noch weiter, als Wagner selbst, indem er auch die Hörner zur thematischen Mitwirkung heranzieht.

Das Fugato wünscht er (S. 189—190) in seinem ganzen Verlauf mit derselben Kraft. Daß Weingartner, der, wenn auch unbewußt, dennoch aus gutem Instinkt, Schatten in dynamische Zustände hineinzutragen liebt, gerade beim Fugato eine Ausnahme macht, mag offenbar mehr auf seine eigene Vorstellung des Fugato, als auf die Sicherheit jenes Instinktes zurückzuführen sein.

Zweiter Abschnitt.

Andante maestoso.

(Takt 1—60.)

Der II. Abschnitt ist, wie schon oben gesagt wurde, bloß der ersten und dritten Chorstrophe des Schillerschen Gedichtes gewidmet, und ohne Beimengung von Soli singt hier ausschließlich der Chor.

Die nötigen Kontraste werden ersatzweise dadurch gewonnen, daß entweder, wie es bei der 1. Chorstrophe der Fall ist, zunächst nur die Tenöre und Bässe mit dem unisono-Vortrag der Melodie vorangehen, worauf erst dann der ganze Chor mit allem Aufwand an Harmonie und Stimmführung die Melodie wiederholt, oder daß das Orchester dem Chor vorangeht, wie bei der 3. Chorstrophe zu sehen ist.

Die neue Taktart $^3/_2$ bedeutet schon durch sich selbst einen starken Kontrast gegenüber den geraden Takten des früheren Variationenzyklus. Mit der Metrik des Gedichtes wird aber die neue Metrik der Musik derart in Einklang gebracht, daß jede Hebung des Versmaßes je einen Takt in Anspruch nimmt.

Drei Posaunen treten hinzu.

Takt 1—8. Die Melodie der ersten Taktgruppe (Takt 1—16, erste und zweite Zeile) lautet:

Fig. 390. Tenöre und Bässe.

Vcl., C.B. u. Baßpos.

Dieser Melodie hat man den von so charakteristischer Wirkung begleiteten Auftakt zu Beginn jeder Zeile (man sehe bei obiger Figur die schrägen Linien zu den Worten: »Seid« und »diesen«) als einen konstruktiven und durchaus integrierenden Bestandteil beizufügen. Welche Bedeutung indessen diesem Auftakt zukommt, werden wir in der Folge freilich noch besser zu erkennen Gelegenheit haben.

In Takt 9 setzt der Chor mit der Wiederholung ein. Nun ist auch die Harmonie entfesselt: Takt 9—16.

Fig. 391.

Die Folge III#3—IV in Takt 14 involviert eine Trugschluß-Chromatisierung (Wirkung: V—VI in E-moll, vgl. Bd. I § 143). Erhabenste Kunst verwendet Beethoven auf die Figurationen, mit denen Vl. I und II, Celli, Bässe und Kontrafagott (verstärkend) die einfachen Grundlinien der Kontrapunkte ausgestalten:

Fig. 392.

(Grundtöne: G______ D______

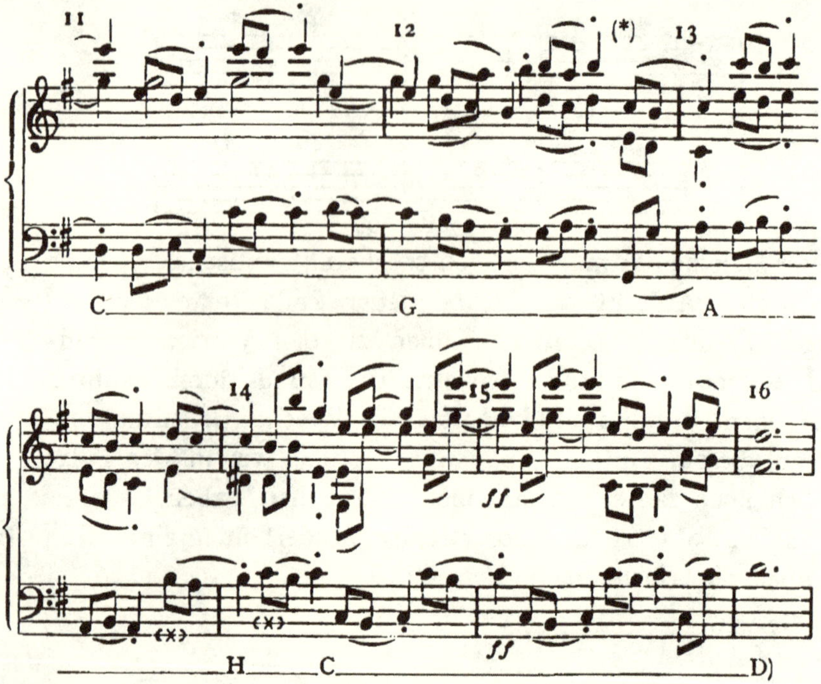

Darnach haben wir es in Takt 10 bei der dritten Halben mit einer Antizipation (Ton e) und in Takt 11 bei der ersten Halben im Baß mit einem Sekundvorhalt: d—c zu tun.

Wie schön sind noch außerdem in Takt 12 bei der dritten Halben, und in Takt 13 ebenfalls bei der dritten Halben die Nebennoten; wie wirkungsvoll in Takt 14 bei der ersten Halben die Antizipation h—c—c bei den Bässen und darüber gleichzeitig die ausdrucksvolle Wendung der Vl. I und II!

(NB. darf in Takt 10 bei der Wende von der ersten zur zweiten Halben die Oktavfolge zwischen Vl. I und den Bässen beileibe nicht als ein Stimmführungsfehler betrachtet werden; heißt es doch nach Abzug der Diminutionen an dieser Stelle einfach nur so:

Fig. 393.

usw.

eine Stimmführung also, die, wie man sieht, nichts von einer Oktavenfolge weiß. Vgl. Bd. II[1] S. 176ff).

Von den beiden oben erwähnten Auftakten erscheint der erste in Takt 8 bei den Holzbläsern, und der zweite, zuliebe der Harmonie freilich verändert (h statt c), in Takt 12 und zwar wieder bei den Holzbläsern, jedoch mit Einschluß auch des Altes und der Altposaunen.

Die dynamische Anweisung in den Takten 1—8 lautet *ff* für alle beteiligten Stimmen, doch ragen daraus als noch höhere Akzente: *sf* in Takt 4 und 6, und endlich *ff* in Takt 7 (bei den Worten: »ganzen Welt«) hervor. Bei Eintritt des Chors und sämtlicher Instrumente schreibt Beethoven wohlgemerkt nur *f* vor, sich das *ff* erst für Takt 15 und zwar wieder bei den Worten »ganzen Welt« vorbehaltend. Die Reduktion der Dynamik ist aber nur eine scheinbare, da der gesamte Instrumental- und Chorkörper sich wohl auch schon selbst genügend stark vorträgt; außerdem mußte doch für die Möglichkeit einer weiteren Steigerung (in Takt 15) eben von vornherein gesorgt werden. Man übersehe endlich nicht als willkommene Akzente im Dienste des Auftaktes und des Textes die *sf* in Takt 12, 13 und 14!

Größere Schwierigkeiten bereitet dem Verständnis die Melodie der zweiten Taktgruppe (Takt 17—32) dritte und vierte Zeile. Takt 17—24.

Fig. 394.

Welche Harmonie wird nun durch diese Töne in horizontaler Richtung (vgl. Bd. I § 76) ausgedrückt? Kein Zweifel zunächst darüber, daß in Takt 17—18 die Harmonie f—(a)—c zur Auskomponierung gelangt, da die steigende Quart doch nichts anderes als die fallende Quint (vgl. Bd. II[1] S. 111 ff.) bedeutet:

Fig. 395.

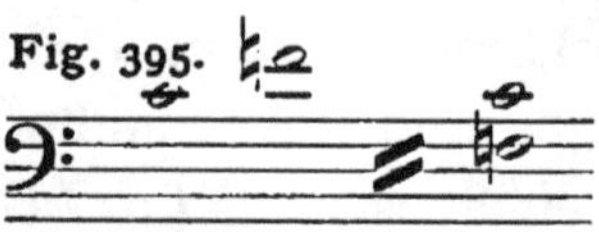

Wohl aber stehen wir von Takt 20 ab vor Rätseln, deren Lösung uns die horizontale Linie allein nicht bescheren kann: Haben wir die Harmonie auf *F* auch noch in den Takten 20—21 zu hören? Sollen wir ferner in Takt 22 die fallende Quart (c—(a)—g) in eine steigende Quint (c—g) umdeuten und dadurch wieder eine neue Harmonie auf C annehmen? Ist endlich in Takt 22 an den Ton g etwa die nachfolgende Tonreihe anzuknüpfen und demnach die Harmonie auf G — also mit Ton d in Takt 24 als Quintton — zu hören? Doch wie gesagt gestattet die horizontale Richtung hier noch keine definitive Lösung.

Der erste Auftakt geht über der Verbindung der Takte 16—17 verloren und nur der zweite kehrt in Takt 20 wieder.

Trotzdem die ausdrückliche Angabe fehlt, scheint *ff* vom Komponisten auch für die Takte 17—24 beabsichtigt worden zu sein.

In Takt 25 setzt der volle Chor ein. Der Harmoniengang gestaltet sich wie folgt: Takt 25—32.

Fig. 396.

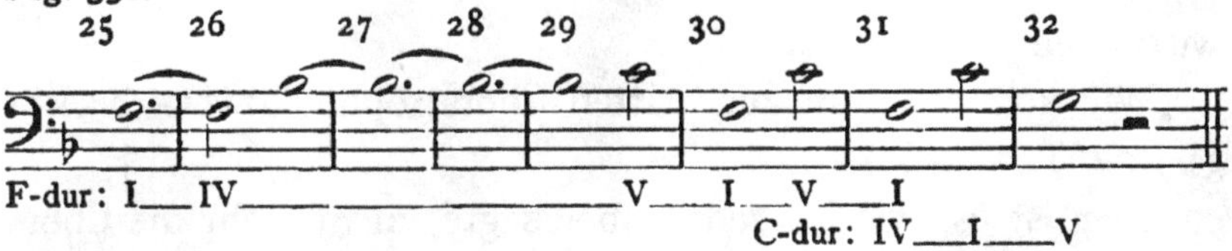

Somit haben wir, nach rückwärts gedeutet, hier eine Bestätigung dafür, daß schon die Takte 17—18 die Harmonie auf F ausdrücken wollten, so daß in den Takten 16 und 17 ein Terzschritt nach oben (mit Chromenwechsel) angenommen werden muß. Im übrigen liegt bei Takt 30 offenbar eine Modulation von F-dur nach C-dur vor, die indessen nicht einmal noch der Chorsatz selbst, da auch er hier zu wenig auskomponiertes Tonmaterial mit sich führt, beweiskräftig genug ausdrücken kann. (Um wieviel weniger darf eine solche Beweiskraft von der horizontalen Linie allein erwartet werden!) Man muß daher die harmonische Konstruktion in den Takten 25—32 weniger auf moderne Tonalität als auf die Prinzipien der Stimmführung allein zurückführen.

Auch hier sind es die Vl. I und II, Celli, Bässe und Kontrafagott, die dem Geschäft der Figurierung und Diminuierung obliegen. Besonders interessant ist Takt 31:

Fig. 397.

wo beim vierten Viertel der Ton d des Basses einen Durchgang bildet, gleichwohl aber noch eine Antizipation (c—e) ins Schlepptau nimmt.

In Takt 24 und 28 finden sich auch die beiden Auftakte wieder ein!

Takt 33 ff. Wir kommen nun zur dritten Chorstrophe (dritte Taktguppe T. 33—60).

Hier ist es, wie ich schon oben sagte, nicht mehr die Chorhälfte der Tenöre und Bässe, sondern ein Teil des Orchesters, der die Melodie, überdies bereits harmonisiert, vorträgt:

Fig. 398.

Welch aparte Wirkung ergibt sich aber aus der Instrumentierung (tief gehaltene Flöten, ferner Klarinetten, Fagotte, Violen und Celli divisi!) und aus dem Harmoniegang:

Fig. 399.

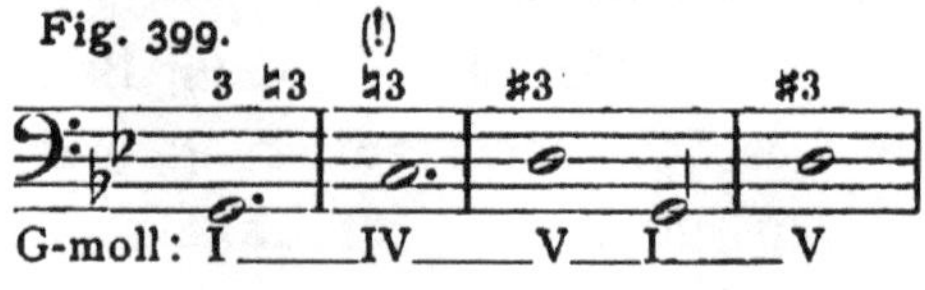

Der Satz ist im *p* gehalten, und so wirken alle Elemente dahin, die Stimmung rein und fromm zu gestalten (Adagio ma non troppo, ma divoto!).

Und noch immer heftet sich an die Melodie, wie in Takt 32—33 zu sehen ist, der bereits mehrfach erwähnte Auftakt!

Der ganze Chor wiederholt in den Takten 37—40, und zwar ebenfalls im *p*, die Melodie der Takte 33—36, womit nun die erste Zeile der Strophe bestritten wird.

Für die zweite und dritte Zeile hat Beethoven — unter Beibehaltung der Auftakte, siehe Takt 40, 43 und 44! — eine aufsteigende Tonreihe mit Rezitativcharakter kreiert:

Fig. 400.

Ist dabei schon der Harmoniengang suchend und drängend genug, so wird diese Wirkung noch ganz besonders durch die Dynamik gefördert. Beide Elemente weisen nun übereinstimmend darauf hin, daß wir die erste Zäsur in Takt 44 beim Worte »Welt« anzunehmen haben, da hier sowohl die IV. Stufe erreicht, als auch das *cresc.* der vorausgegangenen Takte im *ff* zur Entladung gebracht wird. Mit diesem Ergebnis stimmt übrigens die Tatsache überein, daß wir im obigen Takt beim Schluß der zweiten Zeile angelangt sind.

Mit ähnlichen Mitteln wird in Takt 48 auch der Schluß der dritten Zeile auf die V. Stufe und auf ein *f* gestellt.

Die letzte Zeile aber ist in harmonischer Hinsicht aus einem Trugschluß: V—VI geschöpft. Überdies steigert sich das *f* hier zum *ff*, womit nun endlich der Abschluß der ganzen Strophe angedeutet wird:

Fig. 401.

Eben diese VI. Stufe wird in der Folge in eine ♭II. der D-moll-Tonart umgedeutet, so daß in Takt 53 bereits die V. Stufe der neuen Tonart eintreffen kann. Doch bringt der Baß in Takt 53 nicht gleich auch schon den Grundton A selbst, vielmehr macht er innerhalb der Harmonie — vgl. dazu den Baßgang in Takt 47! — den Weg der fallenden Quint e—a, wie es im Falle einer Auskomponierung auch sonst vielfach üblich ist:

Fig. 402. Takt 53.

Darauf hinzuweisen ist schon aus diesem Grunde nötig, weil der Hörer sonst Gefahr läuft, die Harmonie in Takt 53 mißzuverstehen und als eine selbständige anzunehmen.

Indessen wird das schöne Quintereignis im Baß noch weit übertroffen durch das herrliche Schauspiel, das uns über dem Basse die übrigen Instrumente darbieten. Ich spreche mit Absicht von einem Schauspiel, obgleich im Grunde es die Ohren sind, die uns Klänge zum Herzen vermitteln; denn, was wir von Takt 53 ab hören, ist derart auch unserem Auge wahrnehmbar, daß in diesem Falle obiges zunächst aus dem Bezirk des Auges entnommene Wort wohl ohne weiteres auch in den des Ohres übertragen werden darf! Fürwahr, hören wir Instrument um Instrument gleichsam eine Leiter, eine wahre Himmelsleiter erklimmen, so ist uns zumute, als würden uns fromme Hände

Fig. 403.

nach den Sternen weisen: wir schauen den wegweisenden Händen nach und siehe, oben flimmern die Sterne ... — »über Sternen muß er wohnen!«

Vortrag.

Takt 1ff. Andante maestoso, 𝅗𝅥 = 72. Alle Aufmerksamkeit konzentriere der Dirigent auf die Darstellung der so charakteristischen Auftakterscheinungen, von denen oben des näheren die Rede war; der Auftakt wird als solcher aber zu desto eindrücklicherer Wirkung gebracht, je mutiger man eine Art drangvoller Beschleunigung vom Auftakt zum nächsten schweren Taktteil anwendet. Unter allen Umständen muß also eine Zusammengehörigkeit des Auftaktes und der darauf folgenden schweren halben Note ausgedrückt werden!

Desgleichen seien auch die ebenfalls in der Analyse dargestellten rhetorischen Akzente der energischesten Fürsorge des Dirigenten empfohlen. Man kann diese, soll der Vortrag den Intentionen und ausdrücklichen Anweisungen Beethovens entsprechen, eben nicht stark genug unterstreichen!

Ich erinnere, daß Chor wie Orchester von Takt 9 ab nur ein *f* zu bringen haben, um sinngemäß erst in Takt 15 der Gipfelung beim Wort »ganzen« mit *ff* gerecht zu werden.

Takt 33ff. Adagio ma non troppo, ma divoto 𝅗𝅥 = 60. Von den Auftakten abgesehen, die auch hier zu ihrem Rechte kommen müssen, strebe der Dirigent vor allem jenen dynamischen Höhepunkten zu, die den Abschluß je einer Zeile vorstellen: siehe das *ff* beim Wort »Welt« in Takt 44, und das *f* bei der Silbe »zelt« in Takt 48.

Literatur.

Die von Nottebohm auf S. 186 mitgeteilte Bemerkung Beethovens aus den Skizzen: »Auf Welt Sternenzelt forte Posaunenstöße« ist in Takt 44 und 48 zur Tat geworden.

Kretzschmar schreibt (S. 119—120): »Besonders weihevoll und hinreißend sind die Momente, in denen sich Beethoven dem Sternenzelt und dem himmlischen Vater nähert, der darüber wohnt. Die Worte: ‚Seid umschlungen, Millionen' hat er in eine Art Zeremonie gefaßt, die da oben am ewigen Throne zu spielen scheint. Sphärenhaft sind ihre Schlußklänge.« Dazu habe ich nur zu sagen, daß dieses doch schon aus dem Schillerschen Gedicht selbst zu entnehmen ist!

Mit der Quantität des Inhaltes verringert sich bei Grove (S. 347) naturgemäß auch die Quantität der Irrtümer. Die Darstellung nicht zu übersehender Tatbestände (wie z. B. daß Posaunen erscheinen), ferner die Mitteilung einiger Eindrücke betreffs dieser oder jener Stelle füllen nur wenig Zeilen; — die einzige sachliche Bemerkung aber: »dem der volle Chor unter Begleitung folgenden machtvollen Orchestermotivs antwortet«:

Fig. 404.

Kontrafag. und Bässe.

bedeutet freilich einen groben Fehler, da nämlich der Baß, wenn er auch figuriert erscheint, bloß dadurch allein noch lange kein »Motiv« in der wahren Bedeutung des Wortes vorführt, vielmehr noch immer bloß stützend auftritt und sich ausschließlich nur in den erforderlichen Grundtönen bewegt.

Dritter Abschnitt (III a).

Allegro energico, sempre ben marcato ($^6/_4$).

(Takt 1—108.)

»Über Sternen muß er wohnen!« — das Gefühl, im Schöpfer Takt
geborgen zu sein, wie macht es den Menschen so dankbar und 1—75.
glücklich! Eins mit seinem Schöpfer zu sein, seine waltende Hand in Liebe und Scheu zu verehren, welche Dithyrambe ist stark genug, das Glück des Erdenkindes auszudrücken!

Den durch Ahnung des Schöpfers so unendlich gesteigerten Jubel der menschlichen Seele darzustellen, unternimmt nun der dritte Abschnitt. Die Glückssteigerung findet musikalisch hier ihren äquivalenten Ausdruck in einer Doppelfuge über die beiden Hauptthemen der vorausgegangenen Abschnitte:

Fig. 405.

Nun tritt wieder das Freudenthema (Thema des ersten Abschnittes) auf den Plan und beherrscht, da es im Sopran ist, den Satz! Es bringt mit sich die gerade Taktart zurück, der sich hier nunmehr auch das zweite Thema (Thema des zweiten Abschnittes) — das ursprünglich im Tripeltakt ($^3/_2$) stand — gleichsam beugt und unterwirft. Dieses macht den Sieg des Freudenthemas umso markanter, als im Gegensatz zum ersten Thema gerade nur das zweite ganz vollständig erscheint. Indessen ist von einem noch höheren Standpunkte aus der Sieg des Freudenthemas in Tonart, Taktart und Lage zugleich dahin zu deuten, daß — über den dazwischen liegenden zweiten Abschnitt hinweg! — die Variationen des ersten Abschnittes (die Instrumental- wie Vokalvariationen) nun offenbar erst in der Doppelfuge des dritten Abschnittes gleichsam ihre allerletzte Variation, ihren wirklichen Abschluß finden! Daher also die Einheit der geraden Taktart und der Tonart im ersten und dritten Abschnitt! Welcher Horizont im Entwurf des Variationenzyklus, welche Weite im Finale!

Die beigegebene Tabelle bietet das Bild der Einsätze und Zwischenspiele:

Dort sehen wir sechs Einsätze, die abwechselnd D-dur und A-dur bringen; fernere Tonarten werden nicht berührt. Es versteht sich aber, daß dabei schon wegen der Stimmgattungen allein die Oktavenlagen sich verändern. So differieren der erste und dritte Einsatz, beide zwar in D-dur stehend, dennoch um eine Oktave, dort Sopran und Alt, hier Tenor und Baß. Ebenso verhalten sich der zweite und vierte Einsatz, die beide in A-dur stehen, das erste Mal aber von Tenor und Baß, das zweite Mal von Sopran und Alt (eine Oktave höher) vorgetragen werden. Bezeichnenderweise sind die beiden letzten Einsätze, der fünfte und sechste, der Schlußwirkung zuliebe in D-dur gehalten.

Der erste Einsatz moduliert mit seinen drei letzten Takten 6—8 (s. in der Tabelle die Klammern) in die Tonart der Dominante (A-dur); umgekehrt bringt daher der zweite Einsatz, von A-dur ausgehend die frühere Tonart D-dur zurück. (Man beachte, wie die Sext der Takte 6—7 des ersten Einsatzes in

Fig. 406.

Takt: 1
2
3
4
5
6
7
8
9
10
Sopran und Alt.
1. Einsatz: (Takt 1—8)
Tenor und Baß.
2. Einsatz: (Takt 9—16)
Tenor und Baß.
3. Einsatz: (Takt 17—24)
Sopran und Alt.
4. Einsatz: (Takt 25—32)
I. Zwischenspiel.
a) (Takt 32—34)
Baß.
b) (Takt 34—36)
Sopran
c) (Takt 36—38)
Baß.
Sopran und Alt.
5. Einsatz (Takt 39—46)
II. Zwischenspiel.
Sopran.
d) (Takt 47—48)
Baß.
e) (Takt 49—50)
Sopran.
f) (Takt 51—54)
Alt.
g) (Takt 55—56)
Alt und Baß.
6. Einsatz:
9
10

den analogen Takten des zweiten Einsatzes (+ und +), eben um D-dur zurückzugewinnen, zur Sept a—g erweitert wird.) Dasselbe ist beim dritten und vierten Einsatz zu beobachten. Entspricht diese Technik durchaus nur den normalen Fugengesetzen, so ist als desto interessanter der Abschluß des letzten, sechsten Einsatzes zu bezeichnen. Denn hier wird zunächst die fallende Terz in Takt 6 in eine steigende Sext verwandelt und außerdem findet eine Verbreiterung des siebenten Taktes (drei Takte statt eines!) statt, so daß, was endgiltig die Partitur aufweist, im Grunde für folgende Abschlußwendung steht:

Fig. 407.

Die Zwischenspiele der Doppelfuge haben zum Motiv bald die letzten Takte des Themas, also Takt 6—8, bald die beiden ersten, Takt 1—2.

Wie die Tabelle zeigt, ist das erste Zwischenspiel zwischen den vierten und fünften, und das zweite zwischen den fünften und sechsten Einsatz eingeschaltet.

Endlich ist zu bemerken, daß der ehemalige Auftakt des zweiten Themas (»Seid umschlungen, Millionen«) auch hier, und zwar in Form einer Synkope wiederkehrt! Wie ungeheuer, ja wie ungeheuerlich ist doch diese künstlerische Konsequenz!

Die sonstigen Veränderungen, die beide Themen hier und dort aufweisen, gehen sämtlich auf Rechnung des Stufenganges: so z. B. im vierten Takt des zweiten Einsatzes g statt gis auf Grund der Tonikalisierung der vierten Stufe; desgleichen in Takt 4 des dritten Einsatzes c statt cis; in Takt 4 des vierten Einsatzes wieder g statt gis; in Takt 5 des fünften Einsatzes gar gis statt g auf Grund von $II^{\sharp 3}$—V = V—I;

endlich in Takt 4 des sechsten Einsatzes wieder c statt cis (vgl. dritten Einsatz) auf Grund von $I^{\natural 7}$—IV.

Alle Choreinsätze des Freudenthemas werden zugleich von figurierenden Instrumenten begleitet: so im ersten Einsatz der Sopran von den Vl. I; im zweiten Einsatz der Baß von Celli, Kontrabässen und Fagotten; im dritten Einsatz der Tenor von der Viola; im vierten Einsatz der Alt von den Vl. II; im fünften Einsatz der Sopran wieder von den Vl. I und endlich im sechsten Einsatz der Alt von den Vl. II; unbeschadet dessen, daß ähnlich auch in den Zwischenspielen die Streichinstrumente, bzw. die Fagotte die Figurierung fortsetzen.

Das Bild der Figuration:

Fig. 408.

zeigt eine gewisse Rücksichtslosigkeit in der Führung der Linie, sofern bei den schwachen Taktteilen in Takt 2, 4, 5 usf. starke Reibungen entstehen. Es ist aber klar, daß, da in erster Linie die starken Taktteile, also das erste und vierte Viertel hervorgetrieben werden sollen, dadurch schon allein die Härte zum Verschwinden gebracht wird.

Als ein besonders wirkungsvolles Moment sei endlich noch der Orgelpunkt über dem ganzen letzten Einsatz, Takt 64 bis 75, hervorgehoben!

Mit Takt 75 ist die Doppelfuge zu Ende. Nun setzt bei Takt 76—108. Takt 76 eine Überleitung zum Schlußabschnitt ein, die schon aus technischen Gründen umso notwendiger war, als ja die Doppelfuge mit der Tonika selbst abschloß! Der Komponist bedient sich zu diesem Zwecke eines Rezitativs über den Text der dritten Chorstrophe: »Ihr stürzt nieder, Millionen?«, wobei er aber nur drei Zeilen derselben (siehe Takt 76—91) benützt, um (in den Takten 92—108) die vierte Zeile durch die beiden letzten Zeilen wieder der ersten Chorstrophe:

»Brüder, überm Sternenzelt
Muß ein lieber Vater wohnen«

zu ersetzen. (Somit wird die erste Chorstrophe auch im dritten Abschnitt vollständig gesungen, wogegen von der dritten Strophe nur drei Zeilen neu vertont werden.)

Der Gesang in den Takten 76—91, der vom Baß über Tenor und Alt zum Sopran aufsteigt, lautet:

Fig. 409.

Scheinbar nur irrational und jede Deutung zurückweisend, läßt sich dieser Gesang bei näherer Betrachtung gleichwohl auf folgenden durchaus logischen Harmonien- bzw. Stufengang zurückführen:

Fig. 410.

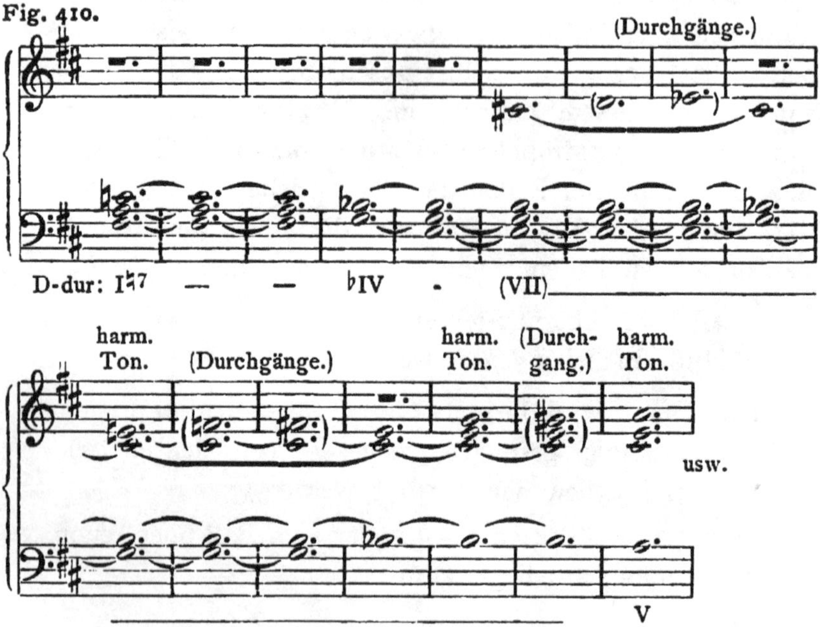

Daraus folgt, daß es Beethoven offenbar darum zu tun war, nach der Tonika der Takte 75—78 zunächst wieder die Dominante zu erreichen. In der Tat baut er auf der V. Stufe, die sich von Takt 91 bis 104 dehnt, die beiden letzten Zeilen der ersten Strophe, indem er abwechselnd mit auch die Nebennoten-Harmonie der Dominante:

Fig. 411.

benützt und überdies aus beiden Harmonien ein neues Motiv schöpft:

Fig. 412.

Erst in Takt 104 setzt er mit V—I$^{\natural 7}$ den Weg zur IV. Stufe in Takt 105 fort*. Die letztere bleibt nun bis Takt 108, d. h. bis

---

* In Takt 104 scheint Beethoven ein Lapsus unterlaufen zu sein: Bratsche und Altstimme weisen:

Fig. 413.

auf, wogegen Flöte I und II, Klarinette I und II, und Fagott I und II folgende Figur bringen:

Fig. 414.

Es ist nun klar, daß das Cis dort und das C hier selbst vom liberalsten Standpunkt aus nicht zu vereinbaren sind. Ich selbst entscheide mich dafür, den Lapsus Beethovens bei Flöten, Klarinetten und Fagotten wie folgt zu korrigieren:

Fig. 415.

und gebe meinerseits folgende Begründung:

ans Ende des dritten Abschnittes. Dennoch wäre es falsch, sie schon darum allein als eine beschließende Harmonie aufzufassen. Vielmehr dient gerade sie, die ja naturgemäß einer weiteren Fortsetzung harrt, dazu, eine nur desto intensivere Überleitung zum vierten Abschnitt herbeizuführen.

Sehen wir nämlich, wie der nächste Abschnitt mit der Stufenfolge IV—V—I in D-dur beginnt, so wird uns sofort klar, daß

Ist es nämlich außer Frage, daß hier im Sinne des Tonikalisierungsprozesses Cis nach C chromatisiert werden muß, so frägt sich nur, wann dieses zu geschehen habe, ob schon zu Beginn des Taktes, beim ersten Viertel, wie Fig. 414 zeigt, oder erst in der zweiten Hälfte des Taktes, siehe Fig. 413. Darüber gibt uns der besondere Rhythmus der vorausgegangenen Takte 91 ff. Aufschluß:

Fig. 416.

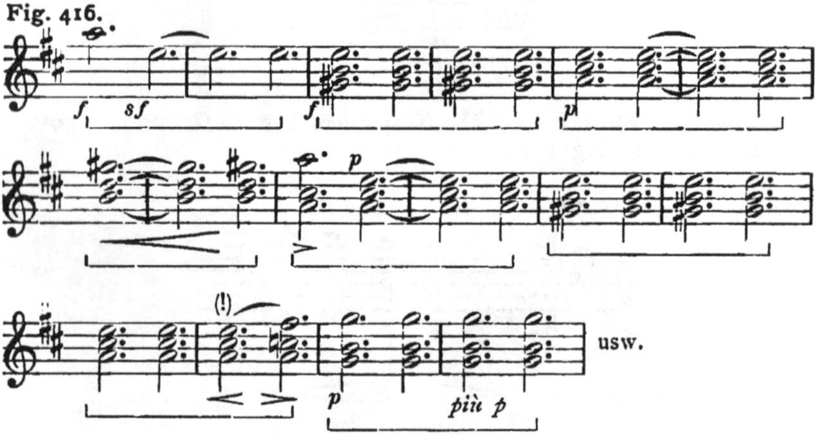

Man sieht hier in den Takten 91—92 eine Synkope, und so jedesmal bei der Tonikaharmonie in den Takten 95—96, 99—100, während in den dazwischenliegenden Takten 93—94, 101—102, 105—106, die die Dominantenharmonie (bzw. bereits die IV) enthalten, eine solche Synkope des Gegensatzes halber fehlt. Dieser Rhythmus nun einer regelmäßigen Abwechslung je zweier mit einer Synkope versehenen und zweier synkopenfreien Takte führt mit Notwendigkeit dazu, bei der punktierten ersten Halben des Taktes 104, die ja gemäß jenem Rhythmus eigentlich für die Synkope bestimmt war, aus diesem Grunde eben noch Cis anzunehmen, welcher Ton doch nur allein die Synkope ermöglicht hätte! Mit anderen Worten: zu Beginn des Taktes 104 muß noch dieselbe Harmonie verbleiben, wie sie zu Ende des Taktes 103 lautete, und zwar wegen jener Synkope, die gemäß den vorausgegangenen Synkopenvorbildern schließlich auch hier eventuell möglich war!

erst zu Beginn des folgenden vierten Abschnittes die schon am Ende des dritten Abschnittes angebahnte Kadenz endlich zum Abschluß gebracht wird:

T. 91—104,	104,	105—108	‖	1—2,	3—4,	5ff.
V —	$\text{I}^{\flat 7}$ —	IV —	‖	IV —	V —	I

Lehrreich ist es bei dieser Gelegenheit, die Verbindungen der früheren Abschnitte sich in Erinnerung zu bringen und sie hier zum Vergleiche heranzuziehen. So geschieht die Verbindung des ersten und zweiten Abschnittes in den T. 590—594 durch I—IV in D-dur und die des zweiten und dritten Abschnittes in den Takten 53ff. durch: $\frac{\text{G-moll: VI}}{\text{D-dur: II—V—(I}}$

Vortrag.

Takt 1ff. Allegro energico, sempre ben marcato 𝅗𝅥. = 84. Schon die in den Worten »sempre ben marcato« enthaltene generelle Anweisung gibt über die Erfordernisse des Vortrags den denkbar klarsten Aufschluß*. Kommt dazu noch, daß Beethoven trotz dieser generellen Anweisung bei sämtlichen Instrumenten von Takt zu Takt unermüdlich *sf* bzw. *f* beim Nieder- und Aufstreich notiert, so weiß man, was man diesen Anweisungen schuldet: Nieder- und Aufstreich müssen eben scharf, mit selbständigem Nachdruck gestoßen werden, während die übrigen Viertel dagegen künstlich im *p* zu halten sind. Insbesondere gilt obige Bemerkung von den Streichern, die die Achtelfiguration führen, und zwar noch mehr als von allen anderen Instrumenten oder gar von den Singstimmen, denen diese Art des Vortrages eine ziemlich vertraute ist. Nur auf diese Weise lassen sich die Härten vermeiden, die sonst

* Vgl. als ähnlich generelle Anweisung z. B. »Vivace ma non troppo. Sempre legato« beim ersten Satz der Sonate Op. 109.

entstehen, wenn die Figurationen neben dem Hauptinhalt im unschattierten *f* fortrollen.

Auch hier biete man genau so, wie im zweiten Abschnitt, alle geistige Energie auf, um die Auftakte — eben das Vermächtnis der Konstruktion des zweiten Abschnittes an den dritten! — so ostentativ als möglich zu bringen. Man eifere darin Beethoven selbst nach, der die ganze Doppelfuge entlang jeden Auftakt mit *ff* auszeichnet, um die weiteren Töne des Themas nur mit einem einfachen *sf* bzw. *f* zu bedenken (siehe z. B. im Auftakt zu Takt 1 das *ff* bei Vl. II, Trompete und Klarinetten, dem später nur *sf* folgen; ähnlich in Takt 8, 16,. 24, usw.). Es darf nicht übersehen werden, daß der Chor selbst durchweg erst bloß im *f* zu halten ist, da alle physische Kraft für den letzten Einsatz in Takt 64ff. aufzusparen ist, der endlich im energischesten und schallkräftigsten *ff* dahinzubrausen hat.

Nichtsdestoweniger sollen die Zwischenspiele bei Takt 30ff. ihre eigene Schattierung erhalten:

Fig. 417.

wie denn auch in Takt 73 dem Sinnakzent zuliebe bei den Worten »ganze Welt« über ausdrücklichen Wunsch Beethovens schließlich die letzte, denkbar höchste Steigerung gesucht werden muß! Doch über alle Kunst in bezug auf Schattierung gilt als das hier die Lebendigkeit des Vortrages am mächtigsten fördernde Mittel die Drastik in der Ausführung der Auftakte: ihr jeweiliges Einreißen in die Tonflut gliedert deutlicher, als es sämtliche andere Hilfsmittel zu tun vermöchten!

Takt 64ff. Das a^2 beim Sopran, das neun Takte liegen bleiben und obendrein im *ff* klingen soll, macht begreiflicherweise dem Dirigenten wie den Sopranistinnen große Schwierigkeiten. Da ist es denn einzig praktisch, die Sängerinnen dazu anzuhalten, den Atem zu beliebiger Zeit, ausgenommen gerade einen guten Taktteil, immer wieder neu zu holen. Setzen so nämlich die vielen Sopranistinnen zu verschiedenen Zeiten den Ton neu an, so wird er dadurch gleichwohl unmerklich sozusagen als Gesamtton fortfließen! Es muß somit verhütet werden, daß der Ton in mehrere Einzeltöne zerfällt, was nämlich als unvermeidliche Folge sich dann ergäbe, wenn mehrere Sängerinnen zu gleicher Zeit Atem holten. Im übrigen betrachte man die hier geschilderte Technik als Abart einer wunderschönen, uralten *portamento*-Technik, die ehedem beim Kunstgesang in Flor war. Noch weiß darüber in der oben S. 15 erwähnten Sammlung Rochlitz zu vermelden: »Das Festhalten des Tons, was Intonation, dann das Binden und Tragen desselben, was die Folge der Töne betrifft, leuchtet, als bei dieser Kompositionsart doppelt notwendig, von selbst ein. Darum möge als Haupthilfsmittel für das erste in Erinnerung gebracht werden, daß der Direktor oder Gesanglehrer jeden einzelnen Sänger anweise und anhalte, zu rechter Zeit für die gleichmäßige Ausdauer seiner Brust, und nach rechtem Maße für die Kraft derselben, Atem zu schöpfen; letzteres hier ganz besonders beim Ansetzen mit neueingezogener Luft. Wer im Verhältnis zur gleichmäßigen Ausdauer seiner Brust zu spät neuen Atem schöpft, ist geneigt, den Ton (beim Ausgange) zu erniedrigen — unter zu ziehen: wer im Verhältnis zum rechten Maße für die Kraft derselben zu schnell oder zu stark neuen Atem schöpft ist geneigt, den Ton (beim Anfange) zu erhöhen — auf zu ziehen. Dieses beides aber hindert zugleich, oder stört doch das wichtige Binden und Tragen der Töne ihrer Aufeinanderfolge nach. Ist nun in dem hier Empfohlenen der einzelne Sänger unterrichtet, wie das jeder Sänger, für welcherlei Gesänge er auch sich bestimme, sein sollte; ist er dazu angehalten, darin eingeübt: so fällt es niemals schwer, nun auch alle insgesamt im Chor an dasselbe zu gewöhnen, und werden sie dann nur noch darauf aufmerksam zu machen und in Aufmerksamkeit zu erhalten sein, daß sie, und zwar die Sänger jeder einzelnen Stimme des Chors (ich meine: die Sopranisten tutti, die Altisten tutti usw.) nicht zugleich Atem schöpfen, sondern in dieser Hinsicht aufeinander selbst achten — am bequemsten, der Nachbar auf den Nachbar —, so daß, wenn die einen neu einsetzen, die andern um so sicherer es nicht tun. So bildet sich ohne sonderliche Schwierigkeiten dasselbe schöne, wirkungsreiche, und jetzt so oft vermißte Portamento im Chor, wie es früher am einzelnen Sänger gebildet worden ist; und wenn dieser Vorzug zum wahrhaft guten Vortrage jedes bedeutenden Gesangstückes notwendig ist, so ist er es, wie gesagt, bei Gesängen jener frühen Zeit und Schreibart zwiefältig.«

Literatur.

Die von Nottebohm auf S. 185 mitgeteilten Skizzen:

Fig. 418.

liegen der endgiltigen Fassung der auf die Doppelfuge folgenden Takte 76—108 zu Grunde. Wenn Nottebohm meint, die Skizze zeige »in ihrem Anfang eine von Grund aus von der gedruckten Form verschiedene Auffassung des Textes«, und ausdrücklich sagt: »Nur in den rhetorischen Akzenten, mit denen einzelne Wörter belegt sind, läßt sich eine Ähnlichkeit mit der späteren Behandlung der Wörter erkennen«, so ist das wohl als eine bei ihm sonst nur selten anzutreffende Flüchtigkeit zu bezeichnen. Denn vom Rhythmus freilich abgesehen, der in der Skizze allerdings noch mit $^4/_4$, in der Partitur aber mit $^6/_4$ notiert ist — beide sind indessen gerade Taktarten, sofern $^6/_4$ zweimal 3 bedeutet —, ist nicht nur die steigende Anordnung der Stimmen: Baß, Tenor, Alt und Sopran, sondern auch die klar zutage liegende Tendenz zur Auskomponierung eines verminderten Vierklangs in die Partitur übergegangen. Daß aber die letztere uns Ausgereifteres und Konsequenteres als die Skizze bringt, mag doch als selbstverständlich gelten; — man sehe in den Takten 88—91 der Partitur die Fortsetzung des rezitativischen Materials der vorausgegangenen Takte, während nach der Skizze der Sopran an der analogen Stelle bereits zu neuen Worten: »über Sternen muß er wohnen« und damit auch zu halben Noten überging; oder man vergleiche den individuell geprägten Rhythmus der T. 91ff. der Partitur mit dem noch chaotischen Gestammel in der Skizze usw.

Kretzschmar (S. 120): »Die irdische Musik vergeht in dieser Nachbarschaft ganz ins Stille. Nur wie heimlich setzen die Solostimmen wieder mit ihrem ‚Freude, Tochter aus Elysium' ein; bald aber gewinnt das Ensemble seinen Mut wieder.« Wie man sieht, war Kretzschmar außer stande, aus der Doppelfuge auch nur ein Stimmungsbild zu gewinnen; er wußte damit nichts anzufangen, und so setzte er, als gäbe es einen dritten Abschnitt überhaupt gar nicht, heimlich erst beim vierten Abschnitt ein, also dort, wo auch die Solostimmen »nur wie heimlich« wieder mit ihrem »Freude, Tochter aus Elysium« beginnen.

Er beschließt seine Analyse mit den Worten: »..und rauscht in einem Enthusiasmus einher, welcher immer stärker wird und schließlich in einen völligen Freudentaumel übergeht. Dieses Schlußbild hat Beethoven in dem realistisch schwungvollen Stile ausgeführt, der mit ihm zuerst in die Tonkunst eintrat.« —

Weingartner (S. 191) schreibt in bezug auf den ersten Einsatz: »Nicht recht verständlich ist es, warum Beethoven nicht bereits die erste Note durch die Altposaune verstärkt hat, diese vielmehr hier und auf Seite 246, wo sogar noch die ergänzende Trompete fehlt, erst auf dem cis eintreten läßt. Wenn ein guter erster Posaunist, der sichere Höhe besitzt, vorhanden ist, so ersehe ich keinen Grund, warum die erste Posaune an beiden Stellen nicht so

Fig. 419.

spielen soll.« Nebenbei bemerkt scheint Weingartner die Stelle in Takt 74—75 entgangen zu sein, wo Beethoven trotz letztem Enthusiasmus ostentativ doch wieder nur:

Fig. 420.

schreibt! Daß Angst vor der Höhe — jene den alten Meistern ewig vorgeworfene Platz- und Höhenangst — bei Beethoven nicht vorhanden war, muß schon daher einleuchten, daß er z. B. in der Missa solemnis, also im sozusagen benachbarten Werk, die Posaune gar mehreremale zum d^2 emporführte, so in der Gloriafuge, im Credo usw. Und hat denn übrigens Beethoven sonstwo und irgendwann Scheu vor gefährlichen hohen Lagen gezeigt? Wie oft hat man es doch nacherzählt, daß er nach dieser Richtung hin niemals zu Konzessionen zu bewegen war, nicht an Schuppanzigh, nicht an die Sängerinnen Sontag, Unger, nicht an den Chor, nicht an das Orchester, — stets blieb es aber nur dabei, daß man all dieses bloß erzählte, las oder hörte (desto behaglicher, je mehr die Erzählungen die Sachlichkeit ersetzen sollten!), während man seltsamerweise die einzige Moral davon abzuziehen sich bis heute unfähig erwies, nämlich die, daß Beethoven stets nur der thematischen Notwendigkeit und triftigen Gründen des Stils folgte, denen zuliebe er dann aber sich durchaus nicht scheute, unter Umständen die gefährlichsten Höhen aufzusuchen. Hätte man doch nur den Sinn jener Mitteilungen verstanden, und damit ferner zusammengehalten, wie er z. B. die Posaunen hier ohne weiteres bis d^2, dort aber nur bis höchstens cis^2 führt, man wäre da notwendigerweise auf den Stil, d. i. auf die vollste Kongruenz der besonderen in Frage kommenden Situation, sowie der Natur des Instrumentes, als auf den einzig und allein maßgebenden Grund gekommen!

Analog verhält es sich ja auch mit der viel berufenen angeblichen Angst unserer Meister vor der Höhe der Trompete. Schrieb nicht aber schon Mozart — obendrein aus ganz geringfügigem Anlaß! — in der Es-dur Sinfonie (Köch.-V. Nr. 543)?

Fig. 421.

Trombe in Es.

(Und vor Mozart schrieben doch bekanntlich ein S. Bach, ein Händel noch ungleich höher liegende Parte!) Wenn nun ein Beethoven diese Höhe hier oder dort dennoch vermeidet, muß man dann nicht ausschließlich kompositionelle stilistische Gründe dafür annehmen? Wann wird man sich endlich vom widerwärtigen Argument der (partiellen!) Taubheit freimachen, wann endlich von der künstlerisch so falschen Vorstellung, daß die Kunst der Instrumentierung darauf beruhe, das Instrument selbst auch gegen die Notwendigkeit der Situation allemal nur voll und ganz auszunutzen und die höchste Höhe schon aus dem Grunde allein, weil sie ja vorrätig ist, in Anspruch zu nehmen?! Nicht doch! Die Deutlichkeit in einer Beethovenschen Sinfonie ist nicht die banale Deutlichkeit des Theaters, der Gasse, und die Kraft der Instrumentierung beruht hier, da das Erfordernis einer banalen Deutlichmachung entfällt, auf rein stilistischen Gründen, die an jeder Stelle als besondere nachgewiesen werden können! Welcher Abstand von der künstlerischen Haltung eines Beethoven in bezug auch auf Instrumentierung zur Haltung der »modernen« Musiker, die ihre Instrumente, wo nur irgend möglich, auch ohne zureichenden Grund, mit höchster Höhe und Tiefe einfach nur protzen lassen!

In bezug auf das a^2 der Soprane in Takt 64 ff. kommt auch Weingartner auf den einzig richtigen Ausweg, das Atemholen außerhalb der guten Taktteile von den einzelnen Sängerinnen zu fordern. Und es verdient, zumal in der heutigen von den Giften des Neides und Undankes so geschwollenen Zeit, als besonders charaktervoll ihm angerechnet zu werden, wenn er hinzufügt (S. 192): »Ich weiß nicht mehr, welcher Chordirigent so freundlich war, mir diesen Rat zu geben, den ich stets befolgt und bewährt gefunden habe.«

Aus dem cis und c in Takt 104 gesteht er, keinen Ausweg zu wissen: »Dieser Takt enthält ein noch ungelöstes Rätsel, ... ohne daß man die Möglichkeit hat, in irgend einer Stimme einen Fehler nachzuweisen.« Die diesbezügliche Bemerkung schließt er mit den Worten: »Ich habe diese Stelle so ausführen lassen, wie sie steht, gebe aber zu, daß das Ohr, trotz aller Gegengründe, einen Mißklang empfindet. Ich verdenke es daher niemandem, wenn er im Alt und in der Bratsche die entsprechenden Korrekturen vornimmt.« Wie ich selbst darüber denke, s. oben S. 339ff.

Vierter Abschnitt (IIIb).

Allegro ma non tanto.

(Takt 1—88.)

Der eigentliche Kadenzabschnitt.

Takt 1—20. Die gerade Taktart kehrt endlich in der ersten Form von C (hier ₵) wieder und eine Kadenz, die, wie oben gesagt wurde, noch in den dritten Abschnitt zurückreicht, leitet in den Takten 1—4 den Abschnitt ein.

Das Motiv der Kadenz ist dem dritten Abschnitt entnommen, wo es als Thema der Doppelfuge fungiert hat. Doch übersehe man den Unterschied der Variante nicht, der sich darin ausdrückt, daß genau genommen das Motiv in Takt 1 ja anders, nämlich so hätte lauten müssen:

Fig. 422.

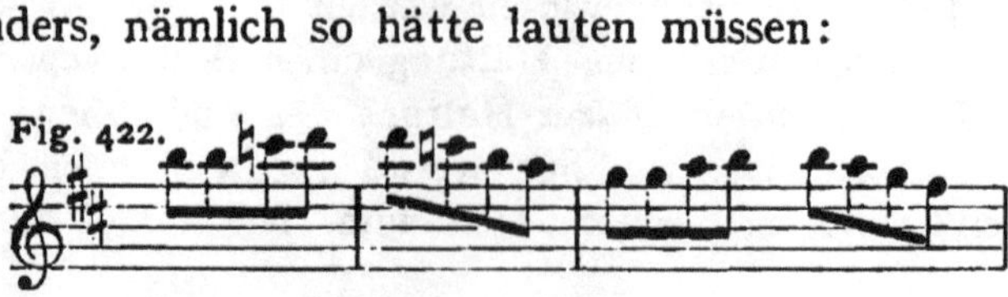

usw.

Auch die Imitation zwischen Vl. I und II sei der Beachtung empfohlen.

So beginnt denn der vierte Abschnitt eigentlich erst mit Takt 5.

Die Soli, die seit dem zweiten Abschnitt nicht mehr zu Worte gekommen sind, übernehmen neuerdings die Führung! Gleich in den Takten 5—7 eröffnen Tenor und Baß den Gesang mit:

Fig. 423.

in den Takten 7—8 wiederholen in Sextumkehrungen denselben Gesang Sopran und Alt:

Fig. 424.

was den Komponisten unterdessen nicht hindert, mit Zuhilfenahme auch der begleitenden Instrumente die Imitationen noch enger zu treiben:

Fig. 425.

Es ist unschwer zu erkennen, wie es hier Beethoven darum zu tun war, das Motiv systematisch aus der Tiefe von Baß und Tenor auf dem Wege über die Sextumkehrung bei Sopran und Alt in die Höhe der Oboen zu bringen. (Doch bleibt die Stufe in den Takten 5—10 nichtsdestoweniger dieselbe, d. i. unverändert die Tonika in D-dur.)

Die Takte 11—20 folgen dem Gesetze des Parallelismus, indem sie auf der Dominante den Inhalt der Takte 5—10, nur in umgekehrter Anordnung — aus der Höhe in die Tiefe — wiederholen. Dabei fällt es auf, daß auch die Takte 1—4 mit in den Parallelismus einbezogen sind, also jene vier Takte, von denen ich sagte, daß sie ihrer Tendenz gemäß zunächst bloß den vorausgegangenen Abschnitt abzuschließen bestimmt waren! Nun gerade aber darin, daß sie noch eine Nachbildung (in den Takten 11—14) erfahren, liegt das Geniale der technischen Konstruktion: es ist den Takten 1—4 damit nicht bloß die zuerst geschilderte Funktion zugedacht, einfach nur die Kadenz zum Abschluß zu bringen und den dritten und vierten Abschnitten besser zu verbinden, sondern noch eine zweite, nämlich die, selbst das Vorbild eines ähnlichen Stufenganges in den Takten 11—14 zu sein. Nun versteht man es, weshalb Beethoven den Inhalt der Takte 1—4 nicht schon im dritten Abschnitt, sondern eben erst im vierten plaziert hat; denn nur zu Beginn des vierten Abschnittes gesetzt, lassen sie im Vergleich zu den Takten 11—14 die ihnen innewohnende vorbildliche Kraft klar erscheinen!

Takt 21—51. Mit Takt 21 setzen die Soli den Gesang fort. Die Melodie des Soprans zu den Worten: »Deine Zauber binden wieder, was die Mode streng geteilt« lautet:

Fig. 426.

Nach vier Takten, d. i. in Takt 25, setzt, dieselbe vollständig imitierend, der Baß ein (Takt 25—32); mit bescheidener Imitation bloß der Takte 1—4 des neuen Gesanges begnügt sich dagegen der Tenor in den Takten 22—25 und der Alt in den Takten 26—29.

Endlich schließt sich auch der Chor in Takt 33 mit der Wiederholung der Melodie an. Doch gedeiht diese, wie beim Tenor und Alt, wieder nur bis zu Takt 4 derselben; daher werden gleichsam zum Ersatz die Takte 3—4 (der Fig. 426) noch einmal angeschlossen:

Fig. 427.

wodurch aber ein so eigentümlich starker Nachdruck auf dem höchsten Ton a (*) sich anhäuft, daß es unwillkürlich den Komponisten auch noch in der Folge zu jener Höhe zieht:

Fig. 428.

Von der Dominante geht es dann in den Takten 44—47 über I—VI—IV—II endlich zur ersten »Kadenz« in Takt 48—51, die der Chor über den Stufen (II)—V—VI—II—V^{6}_{4}-$^{5}_{3}$ vorträgt:

Fig. 429.

Takt 52—80. Hierauf bei Takt 52 Rückkehr des ersten Tempo, in den Takten 56—68 Wiederholung der Situation der Takte 33ff., bis endlich in Takt 68 die Soli eintreten, um analog die zweite Kadenz (Takt 68—80) vorzutragen:

Fig. 430.

Brü - der, wo dein sanf - - - - - - - -
sanf - - - - - - - -
sanf - - - - - - - -
sanf - - - - - - - - -
- - - - - - - - - - - - - ter
- - - - - - - - - - - - - - ter
- - - - - - - - - - - - - - - -
- - - - - ter Flü-gel weilt,

Gegenüber der ersten Kadenz weist die zweite einen größeren Reichtum auf, was stilistisch schon dadurch zu rechtfertigen ist, daß sie ja von den Solisten vorgetragen werden soll!

Durch Mischung gelangt Beethoven von E—G—H zu E—Gis—H und von hier aus bahnt er sich den Weg zur $VI^{\sharp 3}$. Stufe in Takt 79, um ihr endlich in Takt 80 die V folgen zu lassen.

Der eigentliche Kadenzkern lautet:

Fig. 431 (Sopran.)

und findet sich, Takt um Takt, bei je einer anderen, tieferen Stimme ein (Sopran—Alt—Tenor—Baß).

In den nachfolgenden Takten (Poco allegro, stringendo il tempo, sempre più allegro) wird die V. Stufe festgehalten und in ihr eine ganz primitive Steigerung erzeugt, die lediglich den Zweck hat, den nächsten, mit der I. Stufe beginnenden Abschnitt herbeizuführen. Takt 81—88.

Vortrag.

Allegro ma non tanto 𝅗𝅥 = 120.

Für den Vortrag kommt in diesem Abschnitt hauptsächlich die Kadenz der Solisten in Frage. Speziell ist es der Tenor, dessen Part schier unüberwindlich scheint. Von ihm zu verlangen, daß er in Takt 75, da der Alt mit seiner Figuration im Vordergrunde steht, vorläufig noch zurücktrete und erst einen Takt später seine Figuration mit Ausdruck gestalte, — dieses allein, sage ich, zu fordern und erfüllt zu sehen, ist wohl einfach genug; indessen besteht die wirkliche Schwierigkeit in der Einteilung des Atems, da die einzige Silbe »sanft« nicht weniger als vier Takte lang zu tragen und außerdem aber noch, wie gesagt, zwei je einen Takt lange Figurationen von ganz verschiedener Bedeutung und Färbung zu bewältigen hat! Wenn man dabei den auf S. 343 dargestellten Grundsatz betreffs des *portamento* im Auge behält, so muß man Beethoven im Grunde wohl Dank dafür wisssen, daß er jeweilig die Hauptfiguration (Fig. 431) mit einem sozusagen von früher her bereits gebundenen Atem bringen, die anderen Stimmen dagegen um dieselbe Zeit umgekehrt eben Atem schöpfen läßt. Die kompositorische Technik Beethovens erfüllt hier somit aufs schönste den *portamento*-Grundsatz, und es bliebe danach nichts übrig, als sie schon um der schönen Atemeinteilung willen, wie sie in sämtlichen Stimmen von ihm selbst disponiert wurde, durchaus in Erfüllung zu bringen. Nichtsdestoweniger mag es sich — im Notfall! — empfehlen, dem Tenor zu gestatten, daß er schon in Takt 74 die zweite Silbe »ter« bringe und neu in Takt 75 einsetze; keinesfalls dürfte er es aber in Takt 76 tun, wo ja Sopran und Alt zugleich Atem schöpfen und er selbst nun in die Hauptfiguration eintritt, die, wie ich schon sagte, mit einem neuen Atem durchaus nicht zusammenfallen darf! Diese Gesichtspunkte sind es nun, die mich veranlassen, an den Vorschlägen Wagners und den weitaus akzeptableren Weingartners — s. unten in der Literaturrubrik — Kritik zu üben.

Literatur.

Unmittelbar auf die beim vorigen Abschnitt (S. 344) mitgeteilte Skizze folgt nach Nottebohm (S. 185) folgender Entwurf:

Fig. 432.

welcher mindestens in den ersten vier Takten deutlich auf den Anfang des vierten Abschnittes (Allegro ma non tanto) hinweist.

Wagner wäre eben nicht Wagner gewesen, wenn er sich nicht auch an der Kadenz mit einer Retouche versucht hätte. »Nicht nur aber, daß die melodische Intention des Meisters hierdurch undeutlich wird, sondern daß der Tenorist die zwei figurierten Takte hintereinander nicht mit der Sicherheit bewältigen kann, wie ihm dies mit der Figur des zweiten Taktes allein durchaus unschwer fallen würde, schadet der Wirkung dieser herrlichen Stelle. Ich habe mich daher nach reiflicher Überlegung entschlossen, dem Tenor künftighin die seinem Haupteintritte vorangehende, in der Sekundierung der Altstimme bestehende, schwierige Figuration zu ersparen, indem ich ihm nur die wesentlichen harmonischen Noten derselben zuteile; demgemäß er dann so singen würde:

Fig. 433.

Ich bin überzeugt, daß jeder Tenorist, der sich bisher mit dieser Stelle erfolglos abquälte, wenn er statt dessen« (hier steht das Zitat des Originalpartes) »singen mußte, mit sehr dankbar sein, und nun desto schöner den ihm wirklich gehörenden melodischen Gang vortragen wird, welchen er nach meinem Rate folgende dynamische Nüance

Fig. 434.

angedeihen läßt, um ihren richtigen Ausdruck ganz in seine Gewalt zu bekommen.«

Ich glaube, daß es keinen Zweifel darüber gibt, daß die Rücksicht gegenüber dem Tenoristen allezeit hinter der Rücksicht gegenüber Beethoven selbst zurückzustehen hat. Was Beethoven dazu veranlaßte, den Tenor auch schon in Takt 11 figurieren zu lassen, war nämlich die Empfindung, daß noch ein Takt mehr des ungebundenen, bloß durch irrelevante Töne ausgefüllten Zustandes nach bereits vorausgegangenen zwei Takten derselben Art eine durchaus unerfreuliche Wirkung der Monotonie hervorrufen müßte. Dazu kommt, daß gerade jene Deutlichkeit, für die Wagner so schwärmt und der zuliebe er die Änderung vorschlägt, einem an höhere sinfonische Kultur (zumal die Beethovens) angepaßten Ohr geradezu peinlich Beleidigendes zumutet: wäre es denn wirklich so erfreulich, die Pointe der Kadenz in ihrer völligen Nacktheit dadurch enthüllt zu hören, daß jede Singstimme bloß Takt um Takt ihre Figuration bringt?! Müßte man denn nicht, um die Deutlichkeit im irrigen Sinne Wagners womöglich zu steigern, folgerichtig etwa auch noch die letzten Sechzehntel des Tenors als überflüssig irreführend bezeichnen und daher die geschmackvolle Variante ausmerzen, um an ihre Stelle die vier Sechzehntel wieder einfach nur so zu setzen, wie sie zwei Takte vorher und einen Takt nachher der Sopran bzw. der Baß übereinstimmend bringen? So ist es denn wahrlich nicht anders als tragisch zu bezeichnen, wenn es einem Künstler vom Range Wagners nicht beschieden war, die Gesetze einer sinfonischen Deutlichkeit unseren Meistern nachzuerleben und die Prinzipien des Kontrastes und der Mannigfaltigkeit als die vitalsten der absoluten Musik zu ahnen, geschweige zu erkennen!

Bei Grove (S. 349—350) findet sich aus Anlaß der Kadenz der Soli ein treffender Hinweis auf die Kadenz des Credoteiles in der Missa solemnis.

Weingartners Vorschlag (S. 194), in Takt 70 zu Beginn der Kadenz die Solisten piano einsetzen zu lassen, »um bis zum Wort ‚Menschen' ein zartes Crescendo auszuführen« usw., möchte aus dem Grunde entgegenzutreten sein, weil ja gerade die Eroberung des Chromas gis im E-Klange (E-G-H schreitet zu E-Gis-H vor!) auch mit Zeichen physisch gesteigerter Erregung, also im Forte, zu geschehen hat. Ist nun erst der Klang E-Gis-H erobert, der die Kadenz wirklich einleitet, dann, im Takt 71, spanne man — Beethoven schreibt ausdrücklich >— beim ersten Viertel des Taktes 71 vor! — die Kraft ab und sinke für die Dauer des zweiten Viertels zum p hinab; eine kleine cresc.-Welle treibe dann bedeutungsvoll-warm zum Worte »Brüder« beim ersten Viertel des Taktes 72 hin, worauf wieder eine kleine Abspannung (siehe dort >— beim ersten Viertel!) zu jenem dynamischen Niveau hinüberzuführen hat, auf dem die Solisten ihre Figuration ausführen zu können hoffen.

Mit Recht wendet sich Weingartner — schade nur, daß die Begründung fehlt! — gegen Wagners Korrektur des Tenorpartes in der Kadenz Takt 75. Er selbst macht folgenden Vorschlag: »Hingegen ist es klar, daß eine Atemeinteilung vorgenommen werden muß, da keine der drei oberen Stimmen imstande sein wird, die auf die Silbe »sanft« gelegten Noten in einem Atem zu singen. Da es häßlich und unkünstlerisch ist, während einer und derselben Silbe zu atmen, so nehme ich, unter Aufopferung eines Bindebogens in der Altstimme, eine Wortwiederholung vor, die ich im nachfolgenden mit einigen mir notwendigen Vortragsbezeichnungen mitteile«:

Fig. 435.

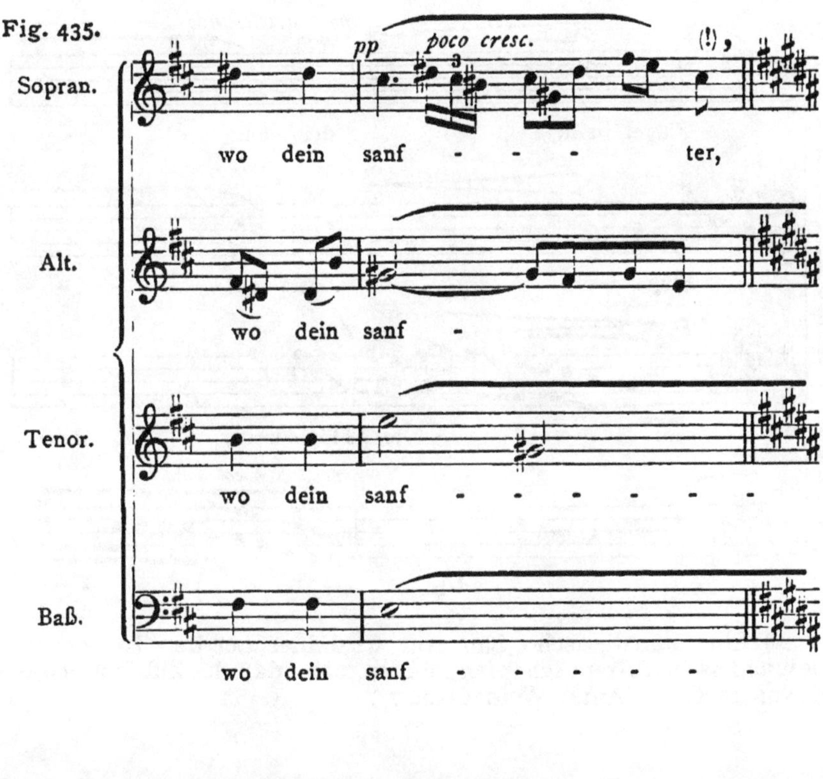

*) Eine künstlerische Sängerin wird hier bei der Tonwiederholung frischen Atem schöpfen können, ohne daß der Zuhörer etwas davon merkt. (Anm. Weingartners.)

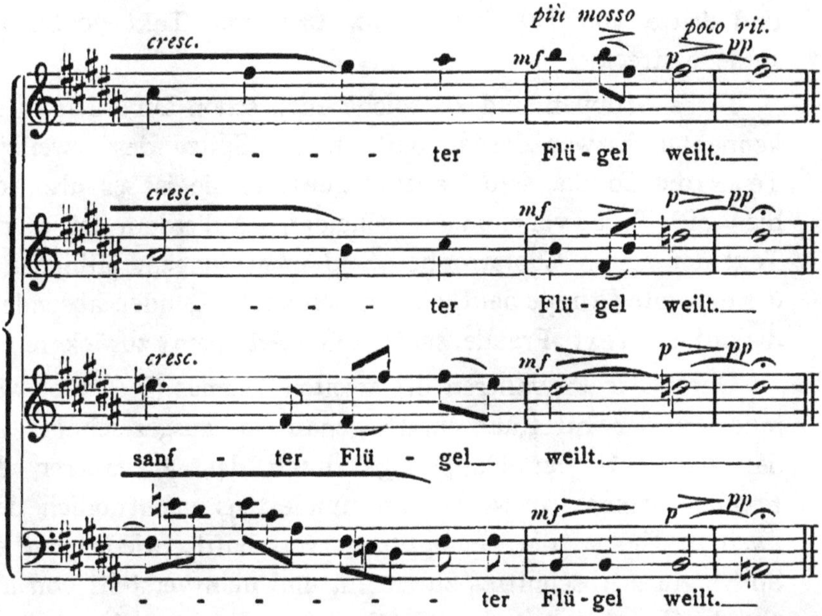

Als Mängel der von Weingartner vorgeschlagenen Ausführung sind zu bezeichnen: 1. daß an der Wende des Taktes 74 (des Taktes 2 des obigen Zitates) sämtliche vier Stimmen gleichzeitig Atem zu holen hätten, was aber gegen das schöne Portamento, wie es Beethoven vorschreibt, sicher einen argen Verstoß bilden würde, und 2. daß durch die Atemteilung beim Sopran in den Takten 73—74 das eigentliche Kadenzmotiv (Takt 74), weil mit Anfang und Ende durchaus genau dem neuen Atem angepaßt, allzunackt bloßgestellt erscheinen müßte!

Fünfter Abschnitt (III c).

Prestissimo ₵.

(Takt 1—90.)

Letzter Akt des Finale, die Stretta.

Scheinbar nur ein wüstes Chaos von halben und ganzen Kadenzbildungen, die einander zu überrennen scheinen, läßt dieser Abschnitt gleichwohl einen bestimmten Plan erkennen! Es ist hier nämlich eine Gliederung in drei Taktgruppen anzunehmen, deren erste sich von Takt 1 bis 52, deren zweite und dritte von Takt 53 bis 70, bzw. von Takt 70 bis ans Ende erstrecken.

Diese Gruppen sind als solche auch schon äußerlich zu erkennen und zwar daran, daß an der Spitze des jeweiligen Teiles die Tonika selbst anzutreffen ist: sie ist es also, die hier die Teile voneinander scheidet. Außerdem ist es der Text der ersten Chorstrophe »Seid umschlungen, Millionen!«, der die erste Gruppe deutlich von den nachfolgenden absondert, die auf den Text »Freude, schöner Götterfunken« zurückgreifen.

Durch das Prävalieren des zweiten Themas (Fig. 390) wird indessen der Strettaabschnitt genau so ausgezeichnet, wie der Abschnitt der Doppelfuge durch das Prävalieren des Freudenthemas: so wird denn mindestens nachträglich dem zweiten Thema die Genugtuung verschafft, wieder an die Spitze eines Abschnittes zu treten, und man versteht von hier aus die Gerechtigkeit des künstlerischen Gewissens bei unserem Meister, der das Freudenthema im ersten und dritten Abschnitt, das zweite Thema aber im zweiten und vierten dominieren läßt! Welche Kunst, welche Logik in den Plänen Beethovens!!

Die erste Taktgruppe zerfällt selbst wieder in zwei Teile: Takt 1—25 und Takt 26—52.

Takt 1—25. Nun zum ersten Teil. Das erste Motiv lautet:

Fig. 436.

und wird in den Takten 5—8 wiederholt. Dann werden die beiden letzten Takte noch einmal (Takt 9—10) gesetzt, und zwar um Nachdruck auf die Dominante zu legen, die nun zum dritten Male (vgl. Takt 4, 8 und 10) erscheint. Die Dominante verharrt in den Takten 11—18 und bringt folgendes Motiv:

Fig. 437.

das viermal bei den Bläsern und ebenso viermal beim Chor erscheint, bis endlich die Takte 19—25 folgende Kadenz aufstellen:

Fig. 438.

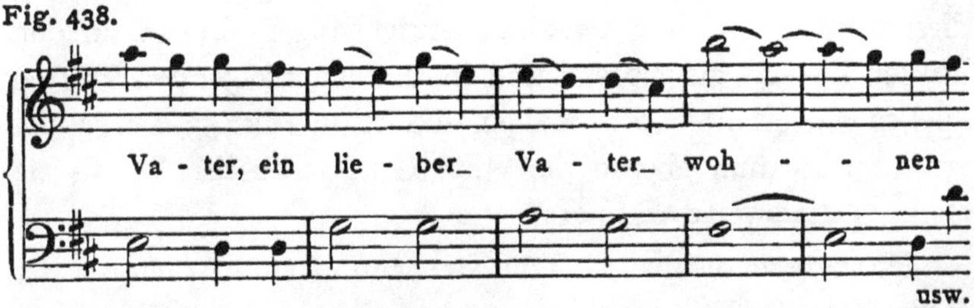

und wiederholen.

Ähnlich dem ersten Teil beginnt nun auch der zweite — Takt 26—52.
in diesem Sinne also wohl mit Charakter eines Nachsatzes! — mit dem Motiv der Fig. 436, nur findet dabei eine Verdopplung des Taktes 1 und 2 statt:

Fig, 439.

Doch schon nach vier Takten (Takt 26—29) geht der zweite Teil seinen eigenen Weg fort. Mit folgender, auf der Mischung von D-dur und D-Moll gegründeten Harmonieführung wird ein Halbschluß gesucht:

Fig. 440.

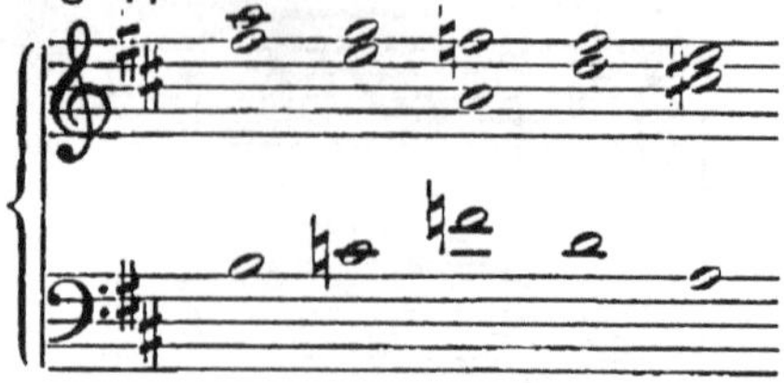

In Takt 36 wird nun die Dominante erreicht und in den Takten 37—44 die Taktgruppe 30—36 einfach zur Wiederholung gebracht. So muß denn, da in Takt 44 doch wieder nur erst die Dominante abschloß, die Kadenz zu Ende gebracht werden; diese finden wir, und zwar mit Stufengang I—IV—V in den Takten 45—48 ausgeprägt und in den nachfolgenden Takten 49—52 wiederholt. So wird denn endlich in Takt 53 die Tonika erreicht, die nun ebenso die erste Gruppe abschließt, als sie zugleich die zweite eröffnet.

Takt 53—70. Ich sagte schon oben, daß die zweite Taktgruppe unter der Herrschaft des Freudenthemas steht; nicht aber der Chor ist es hier, der es zuerst bringt, sondern das Orchester und zwar die Violen, Celli, Kontrabässe und Kontrafagotte:

Fig. 441.

Man erkennt darin sofort jene Figur wieder, die bereits den vierten Abschnitt eingeleitet hat, nur daß hier in Takt 53 — kaum mag man sich vor Staunen und Entzücken fassen, wenn man wahrnimmt, bis zu welchem Grade Beethovens technische Differenzierungslust selbst in bezug auf die allergeringfügigsten Details aufgepeitscht werden konnte! — das Motiv eben wieder der originalen Fassung selbst (vgl. Fig. 422) angenähert wird.

Während in den Takten 56—57 der Stufengang den letzten zur Kadenz gehörigen Quintfall V—I absolviert, bringt der Chor zum ersten Mal folgende Quintwendung:

Fig. 442.

und damit nun auch seinerseits den Schlußfall zum Ausdruck, so daß man an dieser Stelle beinahe von einem unisono zu sprechen das Recht hätte. Derselbe Inhalt gelangt auch in den nachfolgenden Takten 58—59 zur Wiederholung, mit der Änderung nur, daß des Kontrastes halber die Bläser das Quintmotiv (Fig. 442) bringen. Und in der Tat gestaltet sich, wie wir gleich sehen werden, von nun ab das letztere Motiv sozusagen zum Kehrreim aller kommenden Ereignisse.

Die Anordnung in der Gruppierung der Takte 56—65 (zunächst zweimal zwei, sodann zweimal drei Takte) drängt inzwischen nun auch ihrerseits zur Steigerung. Diese effektuiert Beethoven mittels einer die Wucht und den Sturm gleichsam retardierenden Taktgruppe, Takt 66—69:

Fig. 443.

deren eigentliche Bestimmung, wie man sieht, zwar nur auf eine formelle Kadenzbildung hinausläuft, die dennoch aber zugleich (s. Takt 69—70) jenen Kehrreim nicht weniger als zweimal, und zwar unmittelbar nacheinander, bringt:

Fig. 444.

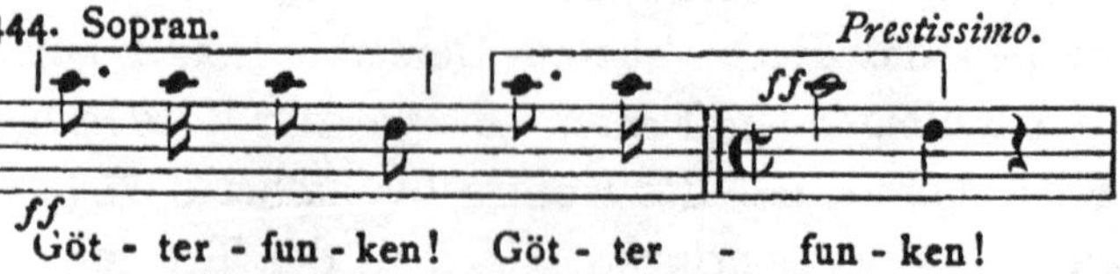

Takt 70—90. Damit hat der Chor sein letztes Wort gesagt und scheidet aus!

Ihm fällt nun in Takt 70 das Orchester ins Wort und gibt sich von da ab, in der dritten Taktgruppe — bei restituierter Taktart und im prestissimo — grenzenlosem Jubel hin! Sieht man, wie im Laufe zweier Takte, z. B. Takt 70—71 oder 72—73, die beiden ersten Takte des Freudenthemas sowohl in der originalen Fassung als auch in der Verkleinerung (vgl. Fig. 441) buchstäblich durcheinander wirbeln, so daß, wie folgendes Bild zeigt:

Fig. 445.

je zwei Verkleinerungen auf je eine originale Fassung fallen, so mag man den Taumel begreifen, der das Orchester bis ans Ende mit sich fortreißt!

In Takt 78 erreichen Violini I endlich die Höhe des dreigestrichenen a:

Fig. 446.

womit wir denn neuerdings gleichsam beim Stichwort des Refrains sind! Nun schleudern die Violini I in den Takten 86—88 den Refrain hinaus, und sofort ihnen nach in den letzten Takten 89—90 wieder die Bläser:

Fig. 447.

Welch unbändige Schöpferkraft und Lust drückt sich doch in dieser Technik Beethovens aus: seit in den Takten 56—59 Chor und Bläser den Refrain kreiert haben, blieb es sowohl ihm selbst als den Tönen, denen er befahl, gleichsam Gesetz, daß es auch fernerhin dabei verbleibe, — so wollte er es, so mußte es sein! Nun hallt es in den Räumen vom Refrain wieder, der sich ins Unendliche fortzupflanzen scheint:

Chor	in den	Takten	56—57
Bläser „	„	„	58—59
Chor „	„	„	60—62
Bläser „	„	„	63—65
Chor u. Bläser „	„	„	69—70
V. I. „	„	„	86—88
Bläser „	„	„	89—90

Des Künstlers Werk ist zu Ende; unbegrenzt aber die Wirkung, die es auslöst! Zum letzten Mal ist der Refrain verklungen, der Jubel aber zieht unendliche Kreise in den Herzen der Zuhörer, in den Lüften, und verliert sich in der Unendlichkeit, wie der Mensch selbst im Schöpfer! Will man aber wissen, wer der Künstler war, der einen solchen Jubel in die Welt hinaussenden konnte, so mag man vor allem den Dämon der Energie preisen, der ihn beherrscht hat! Eben dieser hieß ihn das Werk, dessen erstes Motiv mit der Quart begann, mit deren Umkehrung, d. i. der Quint, schließen:

Fig. 448.

Es ist, als wäre das ewige Gesetz der Fuge in den Adern Beethovens plötzlich lebendig geworden und nun konnte er nicht anders, als mit einer Quint gleichsam die Frage der Quart beantworten!

Vortrag.

Prestissimo 𝅗𝅥 = 132. Es ist durchaus notwendig, die oben dargestellte Konstruktion nach außen hervorzutreiben, wenn ein chaotischer Eindruck vermieden werden soll. Die scheinbare Grenzenlosigkeit des überwältigenden Enthusiasmus, wie sie Beethovens Stretta hervorbringt, war für den Komponisten doch nur mit den Mitteln eines festumrissenen Planes zu erreichen (siehe oben S. 277). Weniger bestimmte kompositionelle Mittel hätten ohne Zweifel, statt wirklichen Jubel hervorzubringen, nur ein deprimierendes Chaos verschuldet. So wenig man es nur fürs erste begreifen mag, gilt dasselbe nicht minder aber auch für die Ausführung! Daher verbürgt nur das peinlichste Festhalten an dem Plane der Komposition dem Dirigenten die erwünschte Wirkung, und keiner darf je hoffen, dasselbe Ziel auch auf umgekehrtem Wege, d. h. bei Vernachlässigung der Grundkonstruktion, zu erreichen! Man versäume daher nicht, bei den einzelnen Akzenten, die hier so hageldicht fallen, sofort die nötige Abspannung der Kraft eintreten zu lassen, um für die Dauer des ganzen Abschnittes die Elastizität im Abschnellen der Akzente zu bewahren.

Aber auch bei größeren Taktkomplexen lasse man dasselbe Gesetz walten. So schattiere man z. B. Takt 30ff. wie folgt:

Fig. 449.

oder Takt 45—48:

Fig. 450.

Besonders von Takt 53 ab sei man der geheim waltenden Konstruktion eingedenk und lasse mit größter Deutlichkeit die blitzenden Quinten zum Wort »Götterfunken«, wie sie Chor und Bläser einander zujauchzen, sieghaft aufleuchten.

Takt 66ff. Maestoso 𝅗𝅥 = 60. Man übersehe nicht, daß das *p* beim Wort »Elysium« plötzlich eintritt; auch hier übrigens müssen die beiden letzten Refrains, Takt 69—70, vom Chor nach entsprechender Steigerung mit höchster Kraft gesungen werden.

Literatur.

Zur Vervollständigung des in bezug auf die IX. Sinfonie wissenswerten Materials sei hier aus Nottebohm noch folgendes mitgeteilt:

S. 163: »Ein anderes Blatt, das in die zweite Hälfte des Jahres 1818 zu setzen ist und später beschrieben wurde, als das vorige Blatt, bringt eine Bemerkung,

> Adagio Cantique — Frommer Gesang in einer Sinfonie in den alten Tonarten — Herr Gott dich loben wir — alleluja — entweder für sich allein oder als Einleitung in eine Fuge. Vielleicht auf diese Weise die ganze zweite Sinfonie charakterisiert, wo alsdenn im letzten Stück oder schon im Adagio die Singstimmen eintreten. Die Orchester Violinen usw. werden beim letzten Stück verzehnfacht. Oder das Adagio wird auf gewisse Weise im letzten Stücke wiederholt, wobei alsdenn erst die Singstimmen nach und nach eintreten — im Adagio Text griechischer Mithos Cantique Eclesiastique — im Allegro Feier des Bachus

aus der hervorgeht, daß Beethoven zwei Sinfonien, eine davon mit eintretenden Singstimmen komponieren wollte. An Schillers Lied wird aber auch da noch nicht gedacht.« ......

S. 170: Das Jahr 1823 ist vorzugsweise der neunten Sinfonie gewidmet. Wie die Vollendung des ersten Satzes, so gehört, den instrumentalen Eingang zum letzten Satz und vielleicht andere bedeutende Stellen ausgenommen, auch die Entstehung und Komposition der letzten drei Sätze dem Jahre 1823 an. Man kann dieses Jahr, wenn auch nicht als das der Empfängnis, so doch als das der Geburt der neunten Sinfonie in ihrer Ganzheit bezeichnen.«

S. 192: »Ende 1823 oder ganz zu Anfang 1824 war die Sinfonie in den Skizzen, ungefähr im Februar 1824 in Partitur fertig. Die Dauer der Komposition läßt sich verschieden bestimmen. Wollte man die allerersten Entwürfe einrechnen, die in der Sinfonie benutzt sind, so müßte man wenigstens 8 Jahre zählen. Diese Entwürfe sind jedoch von der Rechnung auszuschließen. Den Beginn der Komposition können sie nicht bezeichnen. Dieser kann erst mit dem Beginn des ersten Satzes bezeichnet werden, und von da an sind ungefähr $6^1/_2$ Jahre bis zur Vollendung des Werkes hingegangen. Will man die sich lang hinziehende, längere Zeit unterbrochene Arbeit zum ersten Satz zum Teil als Vorarbeit ansehen und faßt man nur die Zeit ins Auge, in der die Grundlinien zur ganzen Sinfonie gezogen wurden und der Bau ausgeführt wurde, so hat man ungefähr ein Jahr als die Dauer der Komposition anzunehmen.«

W a g n e r s Auffassung des letzten Satzes als eines Ganzen hat bekanntlich, rein ästhetisch-philosophisch genommen, ungeheuren

Eindruck auf die Welt gemacht. Da es sich aber oben so oftmals gezeigt hat, wie schlecht beraten Wagners Instinkte in bezug auf absolute Musik gewesen, ist es durchaus nötig, jene Auffassung ganz genau zu lernen, um sie auf ihre Richtigkeit zu prüfen.

Mehrmals habe ich schon hier angedeutet, daß mit der Erfüllung eines Lieblingsgedankens, den Beethoven die längste Zeit mit sich herumtrug, irriger Mißbrauch getrieben wurde von Seiten derjenigen, die, der absoluten Musik mehr oder weniger fernstehend, die zufällige Erscheinung des letzten Satzes der neunten Sinfonie um so sicherer ausnützten, als sie darin leider nicht durch eine zehnte Sinfonie Beethovens widerlegt werden konnten. Besonders war es aber Wagner, der mit aller ihm zu Gebote stehenden Beredsamkeit jenen krassen Zufall seinen eigenen Zwecken dienstbar zu machen suchte. Ihm, dem es versagt blieb, zu verstehen, wie die Musik sich durch sich selbst erläutert, der ihr daher irrtümlicherweise einen Drang zuschrieb, die Deutlichkeit, statt aus sich selbst, d. h. von innen, eben nur von außen zu empfangen; ihm, der mit allen Fasern nur am Drama hing, mußte begreiflicherweise der Übergang von der absoluten zur vokalen Musik, wie er im Finale zutage tritt, ein durchaus willkommenes Argument pro domo vorstellen. Und so schreibt er denn im Aufsatz über Beethoven: »Von je hat es nicht nur der Kritik, sondern auch dem unbefangenen Gefühle Anstoß gegeben, den Meister hier plötzlich aus der Musik gewissermaßen herausfallen, gleichsam aus dem von ihm selbst gezogenen Zauberkreise heraustreten zu sehen, um somit an ein von der musikalischen Konzeption völlig verschiedenes Vorstellungsvermögen zu appelieren. In Wahrheit gleicht dieser unerhörte künstlerische Vorgang dem jähen Erwachen aus dem Traume; wir empfinden aber zugleich die wohltätige Einwirkung hiervon auf den durch den Traum auf das äußerste Geängstigten; denn nie hatte zuvor uns ein Musiker die Qual der Welt so grauenvoll endlos erleben lassen. So war es denn wirklich ein Verzweiflungssprung, mit dem der göttlich naive nur von seinem Zauber erfüllte Meister in die neue Lichtwelt eintrat, aus deren Boden ihm die lange gesuchte göttlich süße, unschuldsreine Menschenmelodie entgegenblühte.

Auch mit dem soeben bezeichneten ordnenden Willen, der ihn zu dieser Melodie führte, sehen wir somit den Meister unentwegt in der Musik, als der Idee der Welt, enthalten; denn in Wahrheit ist es nicht der Sinn des Wortes, welcher uns beim Eintritte der menschlichen Stimme einnimmt, sondern der Charakter dieser menschlichen

Stimme selbst. Auch die in Schillers Versen ausgesprochenen Gedanken sind es nicht, welche uns fortan beschäftigen, sondern der trauliche Klang des Chorgesanges, an welchem wir selbst einzustimmen uns aufgefordert fühlen, um, wie in den großen Passionsmusiken S. Bachs es wirklich mit dem Eintritte des Chorals geschah, als Gemeinde an dem idealen Gottesdienste selbst mit teilzunehmen. Ganz ersichtlich ist es, daß namentlich der eigentlichen Hauptmelodie die Worte Schillers, sogar mit wenigem Geschicke, notdürftig erst unterlegt sind; denn ganz für sich, nur von Instrumenten vorgetragen, hat diese Melodie zuerst sich in voller Breite vor uns entwickelt, und uns dort mit der namenlosen Rührung der Freude an dem gewonnenen Paradiese erfüllt.

Nie hat die höchste Kunst etwas künstlerisch Einfacheres hervorgebracht als diese Weise, deren kindliche Unschuld, wenn wir zuerst das Thema im gleichförmigsten Flüstern von den Baßinstrumenten des Saitenorchesters im Unisono vernehmen, uns wie mit heiligen Schauern anweht. Sie wird nun der Cantus firmus, der Choral der neuen Gemeinde, um welchen, wie um den Kirchenchoral S. Bachs, die hinzutretenden harmonischen Stimmen sich kontrapunktisch gruppieren: nichts gleicht der holden Innigkeit, zu welcher jede neu hinzutretende Stimme diese Urweise reinster Unschuld belebt, bis jeder Schmuck, jede Pracht der gesteigerten Empfindung an ihr und in ihr sich vereinigt, wie die atmende Welt um ein endlich geoffenbartes Dogma reinster Liebe.«

Der Vergleich mit dem »jähen Erwachen aus dem Traum« gehört auf Rechnung Schopenhauers, in dessen Bann Wagner seine Kunst begreifen lernte. Wie sehr diese Anschauung dem wahren Wesen der Musik widerspricht, muß der Darstellung an einem anderen Orte vorbehalten bleiben. Was aber als Hauptfehler in Wagners übriger Betrachtung auffällt, ist, daß er viel und schön von dem instrumentalen Vordersatz der vokalen Variation spricht, mit keinem Worte aber verrät, in welchem Sinne jener von Beethoven überhaupt konzipiert wurde. Niemals hätte doch Wagner das Finale so mißverstanden, wenn er begriffen hätte, weshalb sich Beethoven scheute, die Singstimmen ohne jedweden instrumentalen Vordersatz plötzlich einzuführen; so liegt denn der Schlüssel zum Verständnis des Finale einzig und allein in dem genannten instrumentalen Vordersatz, und wir wissen, wie sich Beethoven die erdenklichste Mühe nahm, den Eintritt der Singstimme zu motivieren! Nicht also, wie Wagner es meint, um den Aufstieg zur Deutlichkeit war es Beethoven dabei zu tun, denn noch immer wird das Finale im Grunde nur von dem instrumentalen Vordersatz beherrscht, der aber auf absolute Gesetze gegründet ist. Was nützt es denn also, der Freudenmelodie die Vorzüge nachzurühmen, die sie ja wirklich hat, wenn man damit die irrige Vorstellung verbindet, es habe sie Beethoven eigens auserkoren, um aus der Undeutlichkeit der Musik endlich heraus und in die Deutlichkeit des Wortes einzutreten!

Noch unverhüllter erscheinen Wagners Gedanken in dem bekannten dichterischen Programm zur neunten Sinfonie (aus dem J. 1846): »Den Übergang vom dritten zum vierten Satze, der wie mit einem grellen Aufschrei beginnt, können wir ziemlich bezeichnend noch durch Goethes Worte deuten:

,Aber ach! schon fühl' ich bei dem besten Willen
Befriedigung noch nicht aus dem Busen quillen:
Welch holder Wahn — doch ach, ein Wähnen nur!
Wo faß' ich dich, unendliche Natur?
Euch Brüste, wo? Ihr Quellen alles Lebens,
An denen Himmel, sowie Erde hängt,
Dahin die welke Brust sich drängt. —
Ihr quellt, ihr tränkt, und schmacht' ich so vergebens?'

Mit diesem Beginne des letzten Satzes nimmt Beethovens Musik einen entschiedenen sprechenderen Charakter an: sie verläßt den in den drei ersten Sätzen festgehaltenen Charakter der reinen Instrumentalmusik, der sich im unendlichen und unentschiedenen Ausdrucke kundgibt; der Fortgang der musikalischen Dichtung dringt auf Entscheidung, auf eine Entscheidung, wie sie nur in der menschlichen Sprache ausgesprochen werden kann. Bewundern wir, wie der Meister das Hinzutreten der Sprache und Stimme des Menschen als eine zu erwartende Notwendigkeit mit diesem erschütternden Rezitativ der Instrumentalbässe vorbereitet, welches, die Schranken der absoluten Musik fast schon verlassend, wie mit kräftiger, gefühlvoller Rede den übrigen Instrumenten, auf Entscheidung dringend, entgegen tritt und endlich selbst zu einem Gesangsthema übergeht, das in seinem einfachen, wie in feierlicher Freude bewegten Strome die übrigen Instrumente mit sich fortzieht und so zu einer mächtigen Höhe anschwillt. Es erscheint dies wie der letzte Versuch, durch Instrumentalmusik allein ein sicheres, festbegrenztes und untrübbares freudiges Glück auszudrücken; das unbändige Element scheint aber dieser Beschränkung nicht fähig zu sein: wie zum brausenden Meere schäumt es auf, sinkt wieder zurück, und stärker noch als vorher dringt der wilde, chaotische Aufschrei der unbefriedigten Leidenschaft an unser Ohr. Da tritt eine menschliche Stimme mit dem klaren, sicheren Ausdruck der Sprache dem Toben der Instrumente entgegen, und wir wissen nicht, ob wir mehr die kühne Eingebung oder die große Naivität des Meisters bewundern sollen, wenn er diese Stimme den Instrumenten zurufen läßt:

›Ihr Freunde, nicht diese Töne! Sondern laßt uns angenehmere anstimmen und freudenvollere!‹

Mit diesen Worten wird es Licht in dem Chaos; ein bestimmter, sicherer Ausdruck ist gewonnen, in dem wir, von dem beherrschten Elemente der Instrumentalmusik getragen, klar und deutlich das ausgesprochen hören dürfen, was dem gequälten Streben nach Freude als festzuhaltendes höchstes Glück erscheinen muß.«

Hätte Wagner eine größere Literaturkenntnis besessen, als er sie tatsächlich besaß, — er würde es ohne Zweifel vermieden haben, aus den Rezitativen der Instrumentalbässe solch allzu gewagte Schlüsse zu ziehen, wie er sie oben zieht. Ist es doch bekannt, daß außerhalb der neunten Sinfonie auch noch in so vielen Instrumentalwerken, z. B. Sebastian Bachs, Haydns und auch Beethovens Rezitative vorkommen, ohne daß sie »auf Entscheidung drängend« dort je das angeblich erlösende Wort herbeigeführt hätten! Daß sonst aber Rezitative sprechenden Charakter haben, ist doch nur eine Tautologie, die für Wagners Suppositionen noch gar nichts beweist! Ebenso wieder ist es nur eine Tautologie, wenn er der Sprache nachrühmt, daß sie »klar und deutlich« das ausspreche, was die Musik so klar auszusprechen nicht vermag. Viel wichtiger als diese Selbstverständlichkeit wäre es gewesen, wenn Wagner, jenseits von Schopenhauer und fern von den ihn präokkupierenden Interessen der Bühne, vielmehr aus gründlicher Kenntnis der Werke eines Bach, Haydn (wie Unrecht tut er speziell diesem über Volkstanzweisen doch so hoch hinausragenden Meister!), Mozart, Beethoven erkannt hätte, daß in ihrem eigenen Bezirke die Musik ihren Inhalt nicht minder »klar und deutlich« ausspricht, wie die Sprache den ihrigen! Ist es doch einer jeden Kunst gegeben, sich klar und deutlich vorzutragen, sofern sie nur ihr eigenes Wesen nicht verleugnet! Und so genügt denn schon die Tatsache allein, daß Beethoven den instrumentalen Vordersatz dem vokalen Element vorausschickte, um sagen zu können, daß er der Musik bis zum letzten Blutstropfen treu geblieben, dagegen umgekehrt Wagner in seiner Deutung des Finale sowohl Beethoven als die Musik überhaupt verkannte! —

Grove (S. 350—351) zeigt sich unfähig den weiten Plan Beethovens zu verstehen, der, wie ich oben zeigte, das Motiv des zweiten Abschnittes hier eben mit Absicht an die Spitze gestellt hat. Ebensowenig ist ihm der wahre, innere konstruktive Grund des letzten (bei Takt 66) so dringend ritardierenden maestoso bekannt, und er erlaubt sich, davon zu sagen: »In jenen vier Takten aber, doppelt weihevoll in ihrer extatischen Jubel atmenden Umgebung, bekräftigt Beethoven noch mit einem letzten Wort, was ihn zu diesem hohen Lied begeistert:

‚Tochter aus Elysium,
Freude, schöner Götterfunken!
Götterfunken!'

Lesenswerter sind aber freilich die auf S. 351 ff. fleißig von ihm zusammengestellten Daten über die ersten Aufführungen der neunten Sinfonie in Wien, Frankfurt, Aachen, Leipzig, Paris usw.

Weingartner (S. 156) gibt als Parole für den Vortrag des letzten Abschnittes aus: »Ungeheure Kraft, aber kein wüster Lärm!« Dagegen meine ich, daß den richtigen Weg allezeit doch nur die Empfindung der inneren Konstruktion weisen kann!

Druck von Breitkopf & Härtel in Leipzig.

CPSIA information can be obtained
at www.ICGtesting.com
Printed in the USA
LVHW030118210323
742063LV00002B/429

9 783965 066847